DENHAM

DAS TYRRHENISCHE MEER

H. M. DENHAM

Das Tyrrhenische Meer

Führer für Sportschiffer

4. überarbeitete Auflage

Delius Klasing Verlag, Bielefeld

Autor, Bearbeiter und Verlag übernehmen für Irrtümer, Fehler und Weglassungen keinerlei Gewährleistung oder Haftung. Die Pläne dienen zur Orientierung und nicht zur Navigation; sie ersetzen also keineswegs Seekarten und Seehandbücher.

Überarbeitung und Ergänzung der 4. Auflage:
Barbara Böhm und Klaus-Jürgen Röhring

ISBN 3-7688-0035-0

Titel der englischen Originalausgabe „The Tyrrhenian Sea“

Übersetzung: Karl F. Kohlenberg
Lektorat: Ursel Müller-Seegers
Fotos: Bavaria (30)
Zeichnungen: Klaus-Jürgen Röhring, H. M. Denham
Einband: Siegfried Berning
Printed in Germany 1986
Druck: Kunst- und Werbedruck, Bad Oeynhausen

Vorwort

Korsikas Steilküste im Westen, Sandstrände im Osten – die rätselhaften, einer fernen Vorzeit entstammenden Nuraghen oder Wehrtürme Sardiniens – die Straße von Messina mit ihren großartigen Ausblicken – die vulkanischen Inseln von Lipari – Palermos Kunstschätze in den Museen und die kunstvollen Bauten der großen Stadt – die griechischen Tempel von Segesta und Paestum – das Symbol der Sehnsucht nach südlichen Gefilden, Capri – vor allem aber das bunte Völkergemisch und die zahllosen Relikte einer bewegten Vergangenheit inmitten einer an Kontrasten und Abwechslungen reichen Meeres- und Küstenlandschaft: Das alles macht die Inseln und Küsten des Tyrrhenischen Meeres zu einem Ferien- und Reiseland, mit dem so leicht kein zweites konkurrieren kann.

Der Autor führt den Leser systematisch vom Festland gegenüber Elba durch den Toskanischen Archipel hinüber nach Korsika und von dort durch die Straße von Bonifacio weiter nach Sardinien. Durch die einst wegen ihrer Strudel berüchtigte, heute meist friedliche Straße von Messina gelangen wir nach Sizilien. Abschließend wird Italiens Küste von Civitavecchia bis Saline Joniche behandelt, wobei der Golf von Neapel – seiner Bedeutung entsprechend – eine besondere Würdigung erfährt.

Wie seine anderen Bücher, so fasziniert auch dieser Führer für Sportschiffer durch die Vielfalt und die Farbigkeit dessen, was H. M. Denham schildert. Aber was noch wichtiger ist: Der Autor bietet dem Sportschiffer einen ganzen Sack voll handfester Informationen. Er unterrichtet ihn über die besten Liegeplätze, über die Versorgungsmöglichkeiten an Ort und Stelle, über Wind und Wetter, über Strömungsverhältnisse und behördliche Formalitäten, über Landverbindungen jeder Art vom Ankerplatz aus sowie über die Bevölkerung und die Sehenswürdigkeiten der jeweiligen Umgebung.

Barbara Böhm und Klaus-Jürgen Röhring, die diese 4. Auflage mit viel Engagement von Grund auf überarbeitet und um zahlreiche Häfen und Ankerplätze in Text und Bild ergänzt haben, kennen das Tyrrhenische Meer so gut wie H. M. Denham: Seit vielen Jahren ist es ihr Hausrevier.

Dem Buch, seinem Autor und seinen Überarbeitern könnte denn auch nichts Besseres widerfahren als der Entschluß möglichst vieler Sportschiffer, einmal die altgewohnten Reviere zu verlassen mit dem Ziel, die Küsten, Häfen und Inseln des Tyrrhenischen Meeres zu erkunden.

Der Verlag

Vorwort

Inhaltsverzeichnis

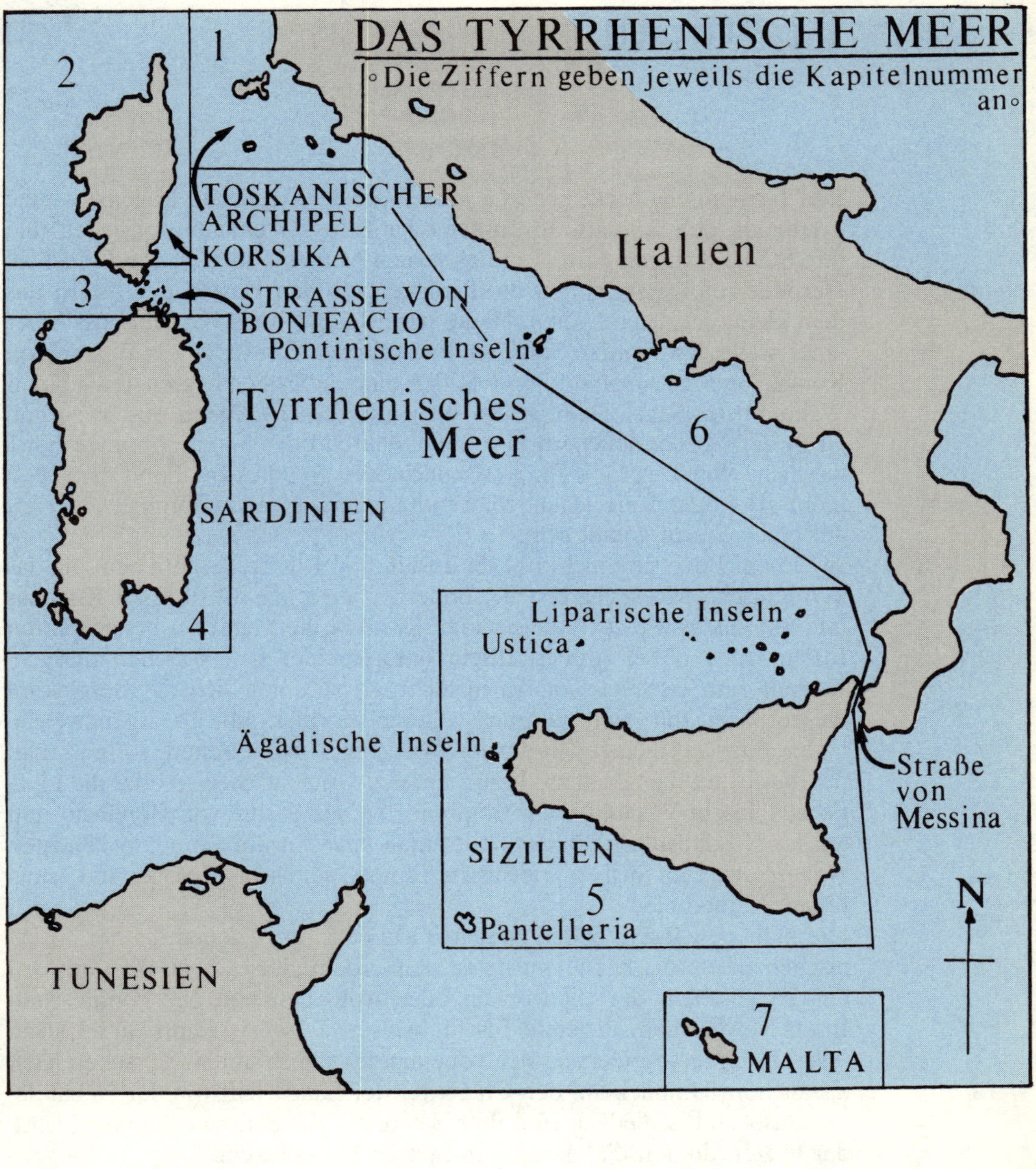
DAS TYRRHENISCHE MEER
◦Die Ziffern geben jeweils die Kapitelnummer an◦
1
2
3
4
5
6
7
TOSKANISCHER ARCHIPEL
KORSIKA
STRASSE VON BONIFACIO
Pontinische Inseln
Italien
Tyrrhenisches Meer
SARDINIEN
Liparische Inseln
Ustica
Ägadische Inseln
Straße von Messina
SIZILIEN
Pantelleria
N
TUNESIEN
MALTA

Einführung

Das Tyrrhenische Meer, jene Gewässer vor der Westküste Italiens, wo die Tyrrhenoi, den Römern als Tusker oder Etrusker bekannt, gesiedelt und ihre Städte errichtet hatten, erhielt seinen Namen einst von den Griechen. Herodot zufolge stammten die Etrusker von den Küsten der Ägäis, aus dem kleinasiatischen Lydien. Heute bezeichnen wir als Tyrrhenisches Meer jenes weite, im Norden von den Toskanischen Inseln, gegen Westen von Korsika und Sardinien und nach Süden hin von Sizilien begrenzte Gebiet.

Während der Segelsaison ist das Wetter in dieser Gegend durchweg gut. Nach den Seehandbüchern herrschen während der Sommermonate nordwestliche Winde vor, die für gewöhnlich Stärken von 1 bis 3 und nur selten mehr als 4 oder 5 erreichen. Man sollte jedoch auch im Sommer jederzeit auf einen Sturm gefaßt sein.

In diesem Buch sind nicht nur die Inseln und Küsten beschrieben, die das Tyrrhenische Meer begrenzen, sondern ebenso die Westküsten Korsikas und Sardiniens wie auch die gesamte Küste Siziliens und der benachbarten Inseln. Jede dieser großen Inseln unterscheidet sich von den übrigen. Kommt zum Beispiel Korsika in Sicht, so zeichnen sich die Bergketten dieser Insel mit viel eindrucksvolleren Formen ab als irgendwelche anderen im westlichen Mittelmeer. Will man Vulkane sehen, so muß man den Vesuv auf dem Festland besuchen, den Ätna auf Sizilien oder die Liparischen Inseln Vulcano und Stromboli. An der Straße von Bonifacio und an der Nordküste Sardiniens findet man eine Anzahl der verlockendsten Ankerplätze, auf Sizilien griechische Tempel, römische Mosaike und romanische Kathedralen.

Die kleineren Inseln bilden zumeist Gruppen, unter denen die der Toskanischen Inseln die bedeutendste ist. Außerdem gibt es noch die Gruppen der Ägadischen, der Liparischen oder Äolischen und der Pontinischen Inseln sowie allein liegende Inseln, wie etwa Ischia, Capri und Ustica. Allesamt unterscheiden sie sich voneinander sowohl ihrem Aussehen nach als auch im Hinblick auf den Charakter der Landschaft wie der Gebäude. Genauso unterschiedlich sind ihre Bewohner. Überall hat die Geschichte der letzten dreitausend Jahre ihre Spuren hinterlassen.

Schreibweise der Ortsnamen Die Ortsnamen in diesem Buch werden in der Regel genauso geschrieben wie im Lande. Des besseren Verständnisses wegen aber werden dort Ausnahmen gemacht, wo die deutschen Ortsnamen bekannter sind: zum Beispiel Neapel statt Napoli, Liparische Inseln für Isole Aeole und so weiter.

Marina Dieser Begriff hat in Frankreich wie in Italien eine andere Bedeutung und steht nicht nur für modernen Yachthafen. Die Ortsbezeichnung Marina di… (italienisch) beziehungsweise Marine de… (französisch) bedeutet häufig, daß es sich dabei um die am Meer gelegene „Sommerdependence" eines weiter binnenwärts liegenden Ortes handelt.

Seekarten und Seehandbücher Neben den offiziellen deutschen (D), britischen (BA), französischen (F) und italienischen (I) Seekarten sind die französischen *Carte-Guide* (CG) 1006 bis 1008 sowie die italienischen *Plastiroute*-Karten (P-Karten, in gleicher Numerierung wie die offiziellen Seekarten) zu empfehlen. Die französischen CG-Karten sind in ihrer Darstellung sehr anschaulich und enthalten zusätzlich Hafenpläne. Auf der Rückseite der italienischen P-Karten findet man Hafenpläne, das Leuchtfeuerverzeichnis, den nautischen Funkdienst sowie auch Auszüge aus dem Seehandbuch für das betreffende Gebiet.

Beide Kartenwerke sind feuchtigkeitsunempfindlich und können auch gut im Cockpit benutzt werden. Wegen ihrer glatten Oberfläche kann man freilich schlecht auf ihnen zeichnen. Die P-Karten lassen sich mit einem feuchten Lappen und Haushaltsreiniger saubermachen.

Wer keine ausreichenden Sprachkenntnisse besitzt, sollte ausländische Seekarten nicht als alleinige Navigationsunterlagen benutzen.

Im Zusammenhang mit der Beschreibung der Ansteuerungen sind in diesem Buch nur solche Seekarten angegeben, die bei den deutschen Seekarten-Vertriebsstellen auf Lager sind. Darüber hinaus gibt es in Frankreich und Italien weitere Karten, vor allem Detailkarten mit größerem Maßstab. Viele Schiffszubehörhändler in den Häfen verfügen über eine gute Auswahl an Karten.

Seehandbücher:

- Mittelmeer, I. Teil (Ostküste Spaniens und Balearen, Südküste Frankreichs und Korsika), DHI-Nr. 2027
- Mittelmeer, II. Teil (Italien mit Sardinien und Sizilien), DHI-Nr. 2028
- Leuchtfeuerverzeichnis, Teil V (Mittelmeer und Schwarzes Meer), DHI-Nr. 2105
- Jachtfunkdienst Mittelmeer, DHI-Nr. 2159

Nützlich ist auch der jährlich erscheinende *Reed's Mediterranean Navigator,* der Leuchtfeuerverzeichnis und Jachtfunkdienst in einem ist und viele andere Informationen enthält.

Die französische *Carte des Radiosignaux* (Carte-Guide RX 5), eine mehrfarbige Übersichtskarte des westlichen Mittelmeers, ist ebenfalls sehr zu empfehlen. Sie kann als Übersegler und nautischer Jachtfunkdienst gleichermaßen dienen.

Einklarieren und Zollvorschriften Generell ist das Einklarieren, vor allem für Yachten aus dem EG-Raum, in den letzten Jahren vereinfacht worden.

Frankreich (Korsika): Förmliches Einklarieren wird normalerweise nicht praktiziert. In der Capitainerie erhält man das sogenannte *Fiche d'Escale* (je nach Nationalität in französisch, englisch, italienisch oder deutsch), das man ausgefüllt wieder abgibt. In einigen Häfen kommen Gendarmerie und/oder Zoll *(douane)* an Bord, um sich Ausweise und Schiffspapiere zeigen zu lassen und eine Crewliste zu verlangen, zumeist auf einem besonderen Formular, so daß es nicht lohnend ist, Crewlisten vorher anzufertigen.

Wassersportfahrzeuge dürfen für sechs Monate innerhalb einer Zwölfmonatsperiode vorübergehend eingeführt werden; ein Grenzdokument (Triptik bzw. Carnet) ist dann nicht erforderlich. Es ist jedoch nicht erlaubt, sie gegen Entgelt einzusetzen (beispielsweise Vercharterung).

Soll eine Yacht mehr als sechs Monate ununterbrochen in französischen Gewässern bleiben (Winterlager), so wird sie während der Abwesenheit des Eigners unter Zollverschluß genommen.

Italien: Ausländische Wassersportfahrzeuge, ob über See oder über Land kommend, müssen beim Hafenamt des Anreisehafens angemeldet und einklariert werden. Hier wird das *Costituto in arrivo,* die Ankunftsbescheinigung, ausgestellt. Es muß vor Verlassen der italienischen Hoheitsgewässer wieder abgegeben werden.

Für italienische und ausländische Boote muß eine Aufenthaltssteuer *(Tassa di Stazionamento)* bezahlt werden. Sie kann bei jedem Postamt gegen Vorlage der Schiffspapiere entrichtet werden und wird nach der Tonnage bemessen: Motorboote bis 50 t = 120 Lire, Segelboote bis 50 t = 60 Lire je Tag und Tonne.

Vorübergehend eingeführte Wassersportfahrzeuge bleiben zwölf Monate lang zollfrei. Sie dürfen jedoch nicht für gewerbliche Zwecke genutzt werden. Halten sie sich länger in italienischen Gewässern auf, müssen sie eingeführt oder für mindestens drei Monate unter Zollverschluß genommen werden.

Für die Zeit der Zollverschlußnahme entfällt die Aufenthaltssteuer, sofern die Yacht auf einem Privatgrundstück (Marina, Club oder ähnliches) an Land gelagert wird.

Bootspapiere In **Frankreich** ist für das Befahren der Küsten- und Seegewässer mit Wassersportfahrzeugen bis 50 m^3 Bruttoraumgehalt unter deutscher Flagge der *Flaggenausweis* (Rechtslagebescheinigung des Bundesamtes für Schiffsvermessung) erforderlich; er wird auf Antrag vom Deutschen Segler-Verband (DSV), vom Deutschen Motoryachtverband (DMYV) oder vom ADAC ausgestellt.

Für Wassersportfahrzeuge über 50 m^3 Bruttoraumgehalt wird das amtliche *Schiffszertifikat* verlangt.

In **Italien** sind Wassersportfahrzeuge zulassungs- und kennzeichnungspflichtig. Für deutsche Boote wird das *Internationale Verbandszertifikat* anerkannt (ausgegeben vom DSV, DMYV oder ADAC).

Führerscheine Zum Führen von Booten mit Motoren über 3,68 kW (5 PS) ist sowohl in französischen als auch in italienischen Küstengewässern der amtliche *Sportbootführerschein* erforderlich. Im übrigen gelten für in Frankreich zugelassene Boote die französischen, für in Italien zugelassene die italienischen Führerscheinbestimmungen.

Haftpflichtversicherung In **Frankreich** ist eine Wassersport-Haftpflichtversicherung nicht vorgeschrieben, jedoch zu empfehlen.

In **Italien** sind Boote mit Motoren über 3 italienische Steuer-PS haftpflichtversicherungspflichtig. Als Deckungsnachweis gilt die Blaue Versicherungskarte. Die Mindesthöhe der zu versichernden Summe ist vorgeschrieben; Auskunft erteilen die deutschen Versicherungsgesellschaften.

Sicherheitsausrüstung Ausländische Boote und Yachten bis 50 BRT, welche die **italienischen** Küsten- und Binnengewässer befahren, müssen über eine *Minimalausrüstung an Rettungs- und Sicherheitsmitteln* verfügen. Ist das nicht der Fall, sind die Behörden berechtigt, die sofortige Ausreise aus dem italienischen Hoheitsgebiet anzuordnen und Strafen zu verhängen. Bei groben Verstößen kann das Boot beschlagnahmt werden.

● *Minimalausrüstung für Segelboote ohne Motor, Segelboote mit Motor bis 20 PS und Motorboote bis 20 PS von jeweils weniger als 3 BRT oder weniger als 6 m Länge innerhalb eines zulässigen Fahrbereichs bis zu 6 sm Landabstand:*

- 1 Schwimmweste pro Person
- 1 Rettungsring mit 30 m Leine
- Rettungsflöße, aufblasbar, ausreichend für alle Personen an Bord
- 1 Handpumpe oder sonstige Lenzvorrichtung
- 1 Anker mit mindestens 30 m Leine
- 1 Paar Riemen oder Hilfsmotor, ausreichend für die Bewegung des Bootes
- 1 Bootshaken
- 2 Handfackeln (rot)
- 2 Handsignalraketen (rot) oder 1 Signalpistole mit 2 Patronen (rot)
- vorschriftsmäßige Positionslaternen (mit Attest)
- Feuerlöscher (Brandklassen ABCD)

Auf Antrag sind bei Selbstbegrenzung des Fahrbereichs auf 3 sm keine Rettungsflöße erforderlich, und anstelle der Schwimmwesten ist ein Rettungsring für je zwei Personen ausreichend. Die abgestempelte Kopie des Antrages ist an Bord mitzuführen.

● *Minimalausrüstung für Segel- und Motorboote über 3 BRT und über 6 m Länge sowie mit Motoren von über 20 PS – zulässiger Fahrbereich über 6 sm Landabstand:*
– 1 Schwimmweste pro Person
– 1 Rettungsring mit 30 m Leine
– Rettungsflöße, aufblasbar, ausreichend für alle Personen an Bord
– 3 Handfackeln (rot)
– 3 Fallschirmsignale (rot)
– vorschriftsmäßige Positionslaternen (mit Attest)
– Lenzvorrichtung
– Feuerlöscher (Brandklassen ABCD)
– 1 Notsteueranlage
– Anker mit Kette oder Kettenvorlauf mit Leine
– Festmacheleinen
– Typhon
– Verbandskasten
– Kompaß
– Echo- oder Handlot
– Barometer
– Uhr
– Fernglas
– Seekarten und Navigationsbesteck

Der *Feuerlöscher* ist am Steuerpult bzw. in der Nähe des Steuerstandes zu befestigen. Für Boote mit Motoren bis 20 PS sind ein, von 20 bis 100 PS zwei, über 100 PS drei Feuerlöscher vorgeschrieben. Die zusätzlichen Feuerlöscher müssen in der Nähe des Motors angebracht werden. Bei Booten, die über eine beziehungsweise mehrere Kabinen verfügen, muß zusätzlich ein Feuerlöscher je Raum beziehungsweise Raumgruppe angebracht werden.

Signalpistolen müssen an Bord gut unter Verschluß gehalten werden.

Für *gewerblich genutzte Boote* gelten weitergehende Bestimmungen, die in der Gewerbegenehmigung aufgeführt sind.

Liegegebühren Auf *Korsika* machen die Liegegebühren für ein 10-m-Schiff je Tag in den Sommermonaten zwischen 60 und 80 FF aus (von Oktober bis März etwa die Hälfte). Lediglich in Bastia liegt man kostenlos. Für die Benutzung der Duschen sind in den korsischen Häfen zwischen 7 und 10 FF pro Person zusätzlich zu zahlen.

In *Italien* werden in den öffentlichen Häfen keine Liegegebühren erhoben. Private Betreiber von Yachthäfen und Steganlagen fordern saisonabhängige Liegegebühren: in den Monaten Juli und August für ein 10-m-Schiff 40000 bis 60000 Lire pro Tag. In der übrigen Zeit sind die Gebühren von Yachthafen zu Yachthafen so unterschiedlich, daß keine allgemeinen Angaben gemacht werden können.

Die Benutzung der Duschen ist in den meisten italienischen Häfen kostenlos.
Die französischen und in der Regel auch die privaten italienischen Yachthäfen sind über UKW-Kanal 9 zu erreichen. Im Juli und August empfiehlt sich eine telefonische Voranmeldung, damit ein Liegeplatz reserviert wird.

Kraftstoff erhält man in der Regel an Zapfsäulen am Kai. Manchmal muß man ihn jedoch im Kanister von einer meist nahegelegenen Tankstelle holen. Die Preise für Dieselkraftstoff sind sowohl auf Korsika als auch in Italien niedriger als an deutschen Straßentankstellen.

Trinkwasser bekommt man in den meisten Häfen gratis, sonst aber zu geringen Preisen. Es sollte nur abgekocht verwendet werden. Im übrigen empfiehlt sich das überall preiswert erhältliche Mineralwasser.

Lebensmittel und Getränke Das Angebot an Obst und Gemüse ist jahreszeitbedingt. So gibt es im Frühjahr und Sommer keine Weintrauben, dafür im Sommer Äpfel, Pfirsiche und Tomaten zu niedrigen Preisen. Ungeziefer wird mit Obst oder Gemüse nicht eingeschleppt; sie können also wie gewohnt verarbeitet und verzehrt werden.
Fleisch ist sowohl in Italien als auch auf Korsika teuer und entspricht oft nicht unseren Ansprüchen.
Bier ist teuer und sollte von zu Hause mitgebracht werden. Guten Wein erhält man in fast jedem Ort. Man kauft ihn am besten vom Faß in den Cantinas, wo man ihn gewöhnlich vorher probieren kann.

Gesundheit Während der Monate Juli, August und Anfang September ist die Sonneneinstrahlung sehr intensiv, insbesondere auf dem Wasser. Einen beginnenden Sonnenbrand nimmt man während des Segelns häufig erst dann wahr, wenn es zu spät ist. Für diesen Fall empfiehlt es sich, ein Antihistaminikum in Gelform in der Bordapotheke mitzuführen. Wer lichtempfindlich ist, sollte sich vorsorglich mit einer Sonnencreme mit hohem Lichtschutzfaktor (z. B. 17) einreiben.
Magenverstimmungen rühren meist vom allzu reichlichen Genuß kalter Getränke und der ungewohnten Kost her. Für solche Fälle gehören Kohlecompretten in die Bordapotheke.
Gegen Seekrankheit ist ein Cinnarizin-Präparat das Mittel der Wahl, denn es hat keine Nebenwirkungen.

Umweltverschmutzung Die größte Gefahr droht dem Yachtskipper durch überall umherschwimmende Plastiktüten, die sich gern um die Schiffsschraube wickeln und sie blockieren. Einen bevorstehenden Landfall erkennt man am ehesten an dem vermehrt wenige Zentimeter unter der Wasseroberfläche schwimmenden Zivilisationsmüll.

Ansonsten gibt es noch genügend Badebuchten mit klarem Wasser, wo ein Mann vom Bug aus den Steuermann zu einem krautfreien Ankerplatz dirigieren kann, weil der Grund deutlich zu sehen ist.

Winde Im Sommer herrschen Winde aus Nordwest und Südwest vor. Starkwind und Sturm gibt es häufiger im Herbst, Winter und Frühjahr. Aber auch in den Sommermonaten kann es schon mal unangenehm blasen, besonders wenn ein ausgewachsener Mistral aus dem Golfe du Lion über Korsika und die Bonifacio-Straße herfällt. Das Ganze spielt sich ohne Vorankündigung und bei strahlendem Sonnenschein ab. Es kann daher jedem Skipper nur dringend empfohlen werden, regelmäßig die Wetterberichte abzuhören und die Wetterentwicklung zu verfolgen. Eine ständige Hörbereitschaft auf UKW-Kanal 16 ist angebracht, da hier die Sturmwarnungen durchgegeben werden.

Wasserhosen Dieses Phänomen tritt gelegentlich im August und September auf, wenn das Wetter trübe ist und es kleine Nimbuswolken gibt. Eine davon erweitert sich nach unten und bildet einen Trichter, der in der Form eines Kegels bis auf die Meeresoberfläche herunterreicht. Der Durchmesser kann 15 m und mehr betragen. Wo sie die See berührt, wird das Wasser dunkel und bewegt. Es gibt jedoch keine authentischen Berichte über dadurch verursachte Schäden an Schiffen. Im „Circolo Velico" in Marciana Marina (Elba) sind faszinierende Bilder einer Wasserhose ausgestellt.

Wetterberichte Angaben über Wetterberichte in deutscher, französischer, italienischer und englischer Sprache sind in dem jährlich im Frühjahr erscheinenden Jachtfunkdienst Mittelmeer enthalten.

Der Wettervorhersage in italienischer Sprache kann man leicht folgen, selbst wenn man kaum Italienisch versteht, denn das Vokabular ist wenig umfangreich, und viele Wörter kennt man als Fremdwörter. Im übrigen wird das *bullettino del tempo* (die Wettervorhersage) stets nach folgendem Schema gesendet:

- Warnungen *(avisi):* Starkwindwarnung (ab 7 Bft), Gewitterwarnung, Starkwindvorhersage, Gewittervorhersage
- Übersicht *(situazione)*
- Vorhersage für die einzelnen Seegebiete *(previsione)* und weitere Aussicht *(tendenza):*

Wind *(vento):*	Richtung und Stärke in Beaufort; *intensificazione* = zunehmend, *attenuazione* = abnehmend, *rotazione* = drehend
Himmel *(cielo):*	*sereno* = klar, *nuvoloso* = bewölkt, *coperto* = bedeckt
Sicht *(visibilità):*	*buona* = gut, *discreta* = mittel, *scarza* = schlecht
See *(mare):*	*calmo* = ruhig, *mosso* = bewegt, *agitato* = grob

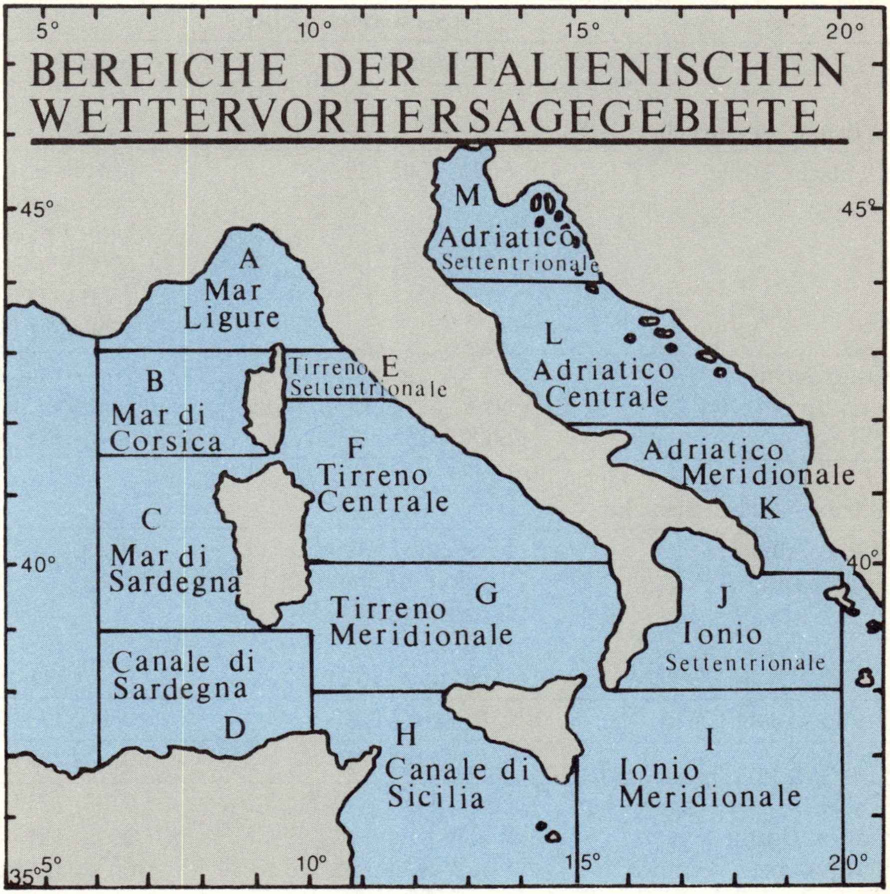

Tendenz *(tendenza)*: *miglioramente* = Besserung, *peggioramente* = Verschlechterung, *condizione stazionarie* = gleichbleibend

In fast allen Hafenbüros werden zweimal täglich die neuesten Wetterberichte sowie Starkwindwarnungen ausgehängt.

Wetterberichte über UKW-Telefon werden normalerweise auf Kanal 16 angekündigt:

– die italienischen mit *chiamata generale*

– die französischen mit *appel à tous*

Starkwindwarnungen geht die Ankündigung *sécurité, sécurité* voraus.

Nach dem allgemeinen Aufruf wird der Arbeitskanal mitgeteilt, auf dem der Wetterbericht zu empfangen ist.

Die meisten italienischen Küstenstationen wiederholen den Aufruf in englischer Sprache *(all ships, all ships)* und verlesen den Wetterbericht sowohl in Italienisch als auch in Englisch.

Seewetterberichte		
Sender	*Frequenz*	*Sendezeit*
in deutscher Sprache:		
Deutsche Welle	6075, 9545 kHz	jeweils im Rahmen des Reisejournals: Mo–Fr zwischen 0835 und 0900 UTC sowie 1550 und 1600 UTC, Sa zwischen 1750 und 1800 GZ
Österreichischer Rundfunk (ORF)	6000, 6155, 15410 kHz 6000, 6155, 7170 kHz	von Anfang Mai bis Mitte Oktober: 0610 UTC täglich 1045 UTC werktags
in französischer Sprache:		
Radio France – France Inter	Marseille 675 kHz Toulon 1584 kHz Nizza 1350 kHz Bastia 1071 kHz Ajaccio 1161 kHz	0555, 1905 UTC
Radio Monte Carlo	218, 1466 kHz	0800, 1900 UTC*
Marseille	1906 kHz J 3 E	0103, 0705, 1220, 1615 UTC
Grasse Station Bastia Station Porto Vecchio	2649 kHz J 3 E UKW-Kanal 24 UKW-Kanal 25	0733, 1233, 1645 UTC 0633, 1133 UTC* 0633, 1133 UTC*
CROSS/Corse (Ajaccio)	UKW-Kanal 09	0845, 1845 GZ (nur Küstengewässer von Korsika)
Monaco	UKW-Kanal 28	0803, 1303, 1715 UTC* in franz. Sprache 0903, 2033 UTC* in engl. Sprache
in italienischer Sprache:		
RAI II (due)	Rom 846 kHz San Remo, Genua, Neapel 1035 kHz Tarent 1430 kHz Salerno, Catania 1449 kHz Palermo, Messina 1116 kHz	Mo–So 0700 und 2235 GZ Sa 1535 GZ So 1635 GZ

* während der Sommerzeit eine Stunde früher

Funkfeuer Franzosen und Italiener haben ununterbrochen sendende Flugfunkfeuer in Betrieb. Darüber hinaus sendet die französische Marine alle sechs Minuten für zwei Minuten (= zehn Aussendungen pro Stunde).
Die italienische Marine verfährt mit ihren Funkfeuern bei Nebel in ähnlicher Weise, aber bei klarem Wetter senden sie mit vierstündigem Abstand. Doch das wird bei guter Sicht einen Skipper kaum in Verlegenheit bringen, weil er seine Position vor der nächsten Sendung längst anderweitig bestimmt hat.
Position, Kennung, Frequenz, Reichweite und Sendefolge der *Seefunkfeuer* und *Flugfunkfeuer* entnehme man dem jährlich erscheinenden Jachtfunkdienst Mittelmeer.

Loran C Da das gesamte Tyrrhenische Meer durch Loran-C-Sender abgedeckt wird, hat sich dieses Hyperbelnavigationsverfahren hier in den letzten Jahren immer mehr durchgesetzt. Mehrere Fabrikate, die auch in Deutschland erhältlich sind, werden von italienischen und korsischen Schiffsausrüstern vertrieben. Die Preise sind wegen des unterschiedlichen Mehrwertsteuersatzes geringfügig höher als in Deutschland, jedoch liefern und installieren italienische Firmen die Geräte für deutsche Yachten *ohne* Mehrwertsteuer (in Italien 18 %) – sie wird bei der Überführung der Yacht nach Deutschland fällig.

Satellitennavigation Auch Satellitennavigationsgeräte sieht man in zunehmendem Maße auf Yachten im Tyrrhenischen Meer. Diese Geräte sind allerdings nicht so effektiv wie die Loran-Geräte, da die Abstände der Satellitendurchgänge zu groß sind – man erhält nur alle ein bis zwei Stunden einen zuverlässigen Standort.

Yachtreparaturen und Winterlager In fast allen Häfen gibt es kleinere und größere Werftbetriebe sowie Mechaniker, die in der Lage sind, alle Arten von Reparaturarbeiten an Yachten auszuführen. Auch findet man immer mehr Spezialfirmen, die elektronische Ausrüstung verkaufen und installieren. Die größeren Werften verfügen über eigene Landliegeplätze, wo Yachten preiswert überwintern oder unter Zollverschluß genommen werden können. Die entsprechenden Möglichkeiten werden innerhalb der jeweiligen Hafenbeschreibungen genannt. Auch geben die Hafenmeister entsprechende Auskünfte und vermitteln Serviceleistungen.

Auskünfte die speziell den Wassersport betreffen, erteilen die Fremdenverkehrsämter:

Amtliches Französisches Verkehrsbüro
6000 Frankfurt am Main, Kaiserstraße 12, Telefon 069/752020

Staatliches Italienisches Fremdenverkehrsamt E.N.I.T.
4000 Düsseldorf, Berliner Allee 26, Telefon 0211/377035
6000 Frankfurt, Kaiserstraße 65, Telefon 069/231213
8000 München 2, Goethestraße 20, Telefon 089/530369

Darüber hinaus kann man beim
ADAC, Referat Sportschiffahrt
8000 München 70, Am Westpark 8, Telefon 089/76766107
„Wassertouristische Informationen" über die beiden Länder anfordern.

Und schließlich gibt es noch, herausgegeben von der
Kreuzer-Abteilung des Deutschen Segler-Verbandes
2000 Hamburg 60, Gründgensstraße 18, Telefon 040/6306051
die Informationsbroschüren „Wassersport in Frankreich" und „Wassersport in Italien".

1 Die Festlandsküste, Elba und der Toskanische Archipel

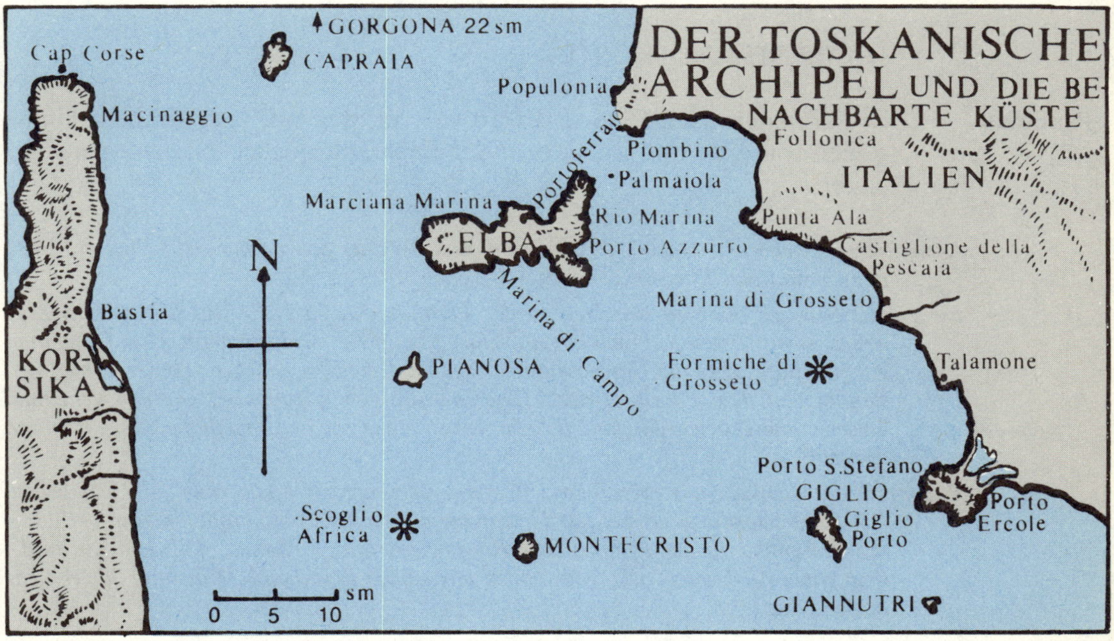

Festlandsküste	Die kleineren Toskanischen Inseln
Piombino	Gorgona
Marina di Punta Ala	Capraia
Castiglione della Pescaia	Pianosa
Marina di Grosseto	Montecristo
Forno-Bucht	Giglio
Talamone	Giglio Porto
S. Liberata	Campese-Bucht
Porto Santo Stefano	Giannutri
Porto Ercole	Cala Spalmatoio
Marina di Cala Galera	Cala Maestra

ELBA

Portoferraio
Maggazzini
Cala Bagnaia
Cavo
Rio Marina
Porto Azzurro
Golfo Stella
Golfo della Lacona
Marina di Campo
Golfo di Barbatoja
Marciana Marina
Golfo di Procchio
Capo d'Enfola

DIE FESTLANDSKÜSTE

Piombino ist Fährhafen nach Elba und wird von Yachten nur zum Kranen, Unterstellen von Auto und Trailer oder der Reparaturmöglichkeiten wegen angelaufen.

Ansteuerung (Seekarten: D 504, BA 158, I 4 und 5): Aus den darauf befindlichen Hafenplänen sind alle Einzelheiten klar zu ersehen.

Liegeplatz: Nur zeitweilig zu benutzen ist der Premuda-Kai in Nähe des Hafen- und Zollamtes; etwas besser liegt man am südlichen Kai bei der Molo Batteria. Hier findet man guten Schutz, aber die Umgebung ist unschön. Der Elba-Anleger (Pontile Elba) wird ständig von dem Fährboot nach Elba in Anspruch genommen. Deshalb geht man besser in die Darsena Magona d'Italia, die so etwas wie den Yachthafen von Piombino darstellt.

Versorgungsmöglichkeiten: Lebensmittel, Wasser und Kraftstoff erhält man im Hafengebiet. Die Stadt selbst liegt etwa 2 km landeinwärts. Der Stadtbahnhof Piombino verbindet mit Campiglia an der Hauptstrecke Rom – Livorno – Genua. Auf dem Kai findet man einen Auskunftskiosk. Vom Hafen aus gibt es Eisenbahn-, Bus- und Taxiverkehr in die Stadt.

Zu der alten Etruskerstadt Populonia gelangt man auf einem Spaziergang durch die Korkeichenwälder. Heutzutage gibt es dort nur noch eine Ortschaft und ein mittelalterliches Kastell, im Altertum war der Ort jedoch berühmt wegen seiner Hüttenwerke, in denen nicht nur das Eisenerz von Elba, sondern auch das Zinn und Kupfer aus den Minen der Umgebung geschmolzen wurden. Daß diese für Wassersportler am bequemsten von allen zu erreichende etruskische Nekropole so gut erhalten ist, hat einen einzigartigen Grund: Auf der Jagd nach optimaler Gewinnmaximierung zuckten die dortigen pietätlosen Schlotbarone vor 2500 Jahren nicht davor zurück, die Gräber ihrer Ahnen mit sieben Meter dicker „Asche" ihrer Eisenkochereien zuzudecken, als der Platz knapp wurde – ein für die damalige Zeit unerhörter und einmaliger Vorgang.
Es ist nicht weniger makaber, daß wir ihre Freilegung weniger archäologischem Eifer als vielmehr faschistischem Autarkiestreben während der Mus-

solini-Ära verdanken. Da die antike Technik nur wenige Prozent Eisen aus dem Erz zu schmelzen verstand, war der einstige Abfall für die Techniker unserer Zeit noch durchaus lohnender Rohstoff für zwei Millionen Tonnen Eisen. (Wer denkt da nicht an Futorologen, die unsere Enkel mit dem gleichen Ziel in unseren Mülldeponien buddeln sehen! Ob auch mit dem gleichen Erfolg?)
Getreu dieser jahrtausendealten Tradition ist Eisenindustrie auch heute der wichtigste Wirtschaftszweig in Piombino – und sorgt für entsprechende Luftverschmutzung.

Die Küste verläuft von nun an auf 40 sm in südöstlicher Richtung. Hier und dort durchbrechen Flüsse die küstenparallelen Höhenzüge.

Marina di Punta Ala liegt 11 sm südöstlich von Piombino. Sie bietet 950 Yachten mit bis zu 40 m Lüa absolut sichere, bequeme Liegeplätze und ist an der Einfahrt 6 m tief. An sämtlichen Liegeplätzen liegen Grundleinen aus. Auch sonst sind alle Einrichtungen einer modernen Marina vorhanden – einschließlich Werkstätten und Läden sowie Ferienwohnungen (s. Skizze Seite 24).

Östlich der Punta Hidalgo befindet sich eine große Bucht mit sauberem, klarem Wasser und herrlichem Sandstrand, vor dem im Sommer viele Yachten ankern.

Ansteuerung (Seekarten: D 504, BA 158, I 5): Bei der Ansteuerung sieht man schon von weitem das auffällige Fort, die Turmruine auf dem Scoglio dello Sparviero und die weiß-rot bzw. weiß-grün gestreiften Türme der Hafeneinfahrt (je 10 m hoch). In acht nehmen muß man sich vor der Klippenkette der Porcellini, die sich südlich der Halbinsel Punta Ala knapp 1 sm nach Südwesten erstreckt. 0,25 sm weiter liegt die Felseninsel Scoglio dello Sparviero mit der Turmruine – im Volksmund heißt diese Steinansammlung „La Troja e i Porcellini“ (die Muttersau mit ihren Ferkeln). Zwischen dem Scoglio dello Sparviero und der letzten Klippe – sie hat tatsächlich die Form eines Sparviero (Sperber) – ist eine 200 m breite und 17 m tiefe Durchfahrt, die man aber nur bei gutem Wetter benutzen sollte. Bei nördlichen Winden steht hier oft eine bis zu 1 kn starke Strömung. Bei Nacht brennt auf dem südlichen Ende der Außenmole ein 11 sm weit tragendes Leuchtfeuer (Blz. 2s). Auch die Hafeneinfahrt ist befeuert.

Liegeplatz: Tagsüber einlaufenden Yachten wird vom rot-weiß gestreiften Kontrollturm aus ein Liegeplatz zugewiesen; man kann sich auch über UKW-Kanal 9 einen Liegeplatz im voraus reservieren lassen. Ist der Kontrollturm nicht besetzt, macht man am ersten Steg an Backbord fest, größere Yachten legen sich an die Außenmole.

Versorgungsmöglichkeiten: Strom- und Wasseranschluß an allen Liegeplätzen, zum Teil auch Telefon- und Kabelfernsehanschluß. Duschen und Toiletten neben der Capitaneria und an zwei Stellen der Außenmole (siehe Zeichnung). Kraftstoff erhält man an der Tankstelle neben dem Kontrollturm.
Die Yachtwerft Cantiere Navale di Punta Ala führt Reparaturen jeder Art aus und verfügt über ein großes Gelände mit Landliegeplätzen. Die Firma Sailing in der Ladenpassage oberhalb des Hafens liefert und installiert elektronische Geräte jeder Art und

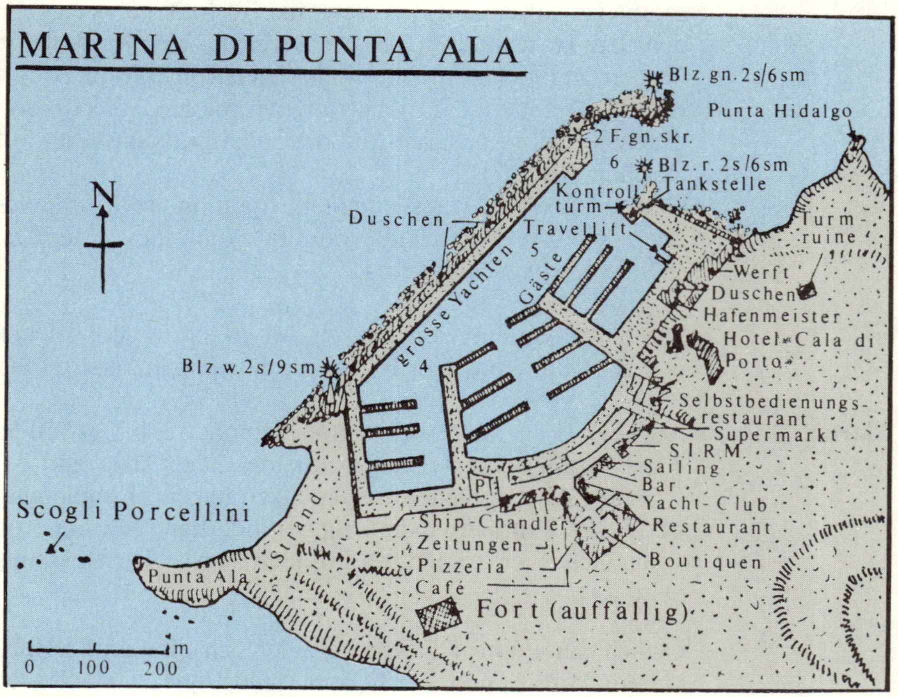

führt zuverlässig Reparaturen an solchen Geräten aus. Die Niederlassung der S.I.R.M. (Società Italiana di Radio Marittima) in der Ladenzeile ist nur im Sommer geöffnet. Schiffszubehörhändler (mit deutsch sprechender Bedienung), Supermarkt, Boutiquen, Galerien, Cafés, Restaurants, Selbstbedienungsrestaurant, Yacht-Club etc. in der Ladenzeile oberhalb des Hafens. Viele Geschäfte und Restaurants sind nur in den Sommermonaten geöffnet.

Castiglione della Pescaia ist ein hübscher Fischerhafen, der um einen Yachthafen erweitert worden ist.

Ansteuerung und Liegeplatz: Siehe Skizze. Das Kastell des alten Wehrdorfes, das sich in dessen Schutz an den Berghang drängt, ist weithin sichtbar; später treten dann die beiden Leuchttürme auf den Molenköpfen ins Blickfeld. Der Kanal dazwischen versandet leicht. Dies ist der Grund für die ungewöhnliche Pier und den Wellenbrecher auf der Südostseite der Einfahrt.

Der Kanal, mit normalerweise 2,50 bis 3 m Tiefe, führt in ein Becken, das nach allen Seiten Schutz bietet. Yachten machen am stadtseitigen Kanalufer, gegenüber der Werft, oder im Yachthafen fest.

Behörden: Hafenmeisterei und Zoll.

Versorgungsmöglichkeiten: Wasserzapfstellen an beiden Kanalufern, im Yachthafen an den Liegeplätzen; Kraftstoff an der Tankstelle; ausgezeichnete Lebensmittelgeschäfte, Restaurants und Hotels eines internationalen Seebades. In der Werft können Reparaturen aller

Art ausgeführt werden. Im Ort selbst gibt es noch weitere Werftbetriebe, die auch über Landliegeplätze verfügen.

Castiglione della Pescaia ist ein interessantes Beispiel für einen rührigen Fischerhafen. Ein Gang auf die Zinnen des Kastells wird mit einer herrlichen Aussicht belohnt. Die Burg selbst, jetzt Behördensitz, ist für Besucher nicht zugänglich.

Marina di Grosseto ist ein Kanalhafen mit etwa 1000 Liegeplätzen für kleinere Boote. Die Zufahrt wird zwar regelmäßig auf 1,50 m ausgebaggert, jedoch ist Yachten mit mehr als 1 m Tiefgang das Anlaufen des Hafens nicht zu empfehlen.

Die Forno-Bucht liegt südöstlich vom Ombrone-Fluß; sie bietet einen bequemen Ankerplatz, der Anker hält gut in dem flachen Sandgrund. Offen zwischen West und Nordwest, ist sie bei ruhigem Wetter ein angenehmer Liegeplatz.

Talamone hat ein gut geschütztes Hafenbecken an der Einfahrt zum Orbetello-Kanal. Die mit Mauern umgebene Ortschaft nahe beim Hafen lohnt einen Besuch (s. Skizze S. 26).

Ansteuerung (Seekarten: D 504, BA 158, 3015, I 5): Beim Passieren von Capo Uomo halte man sich 400 m der Küste fern, bis man die Silos am Kopf des Beckens etwa über West peilt. Dann steuere man nach Westen und folge dem Fahrwasser, das etwa 5,50 m tief ist. Die Zufahrt zum Hafen ist durch ein Tonnenpaar (rot und grün) markiert.

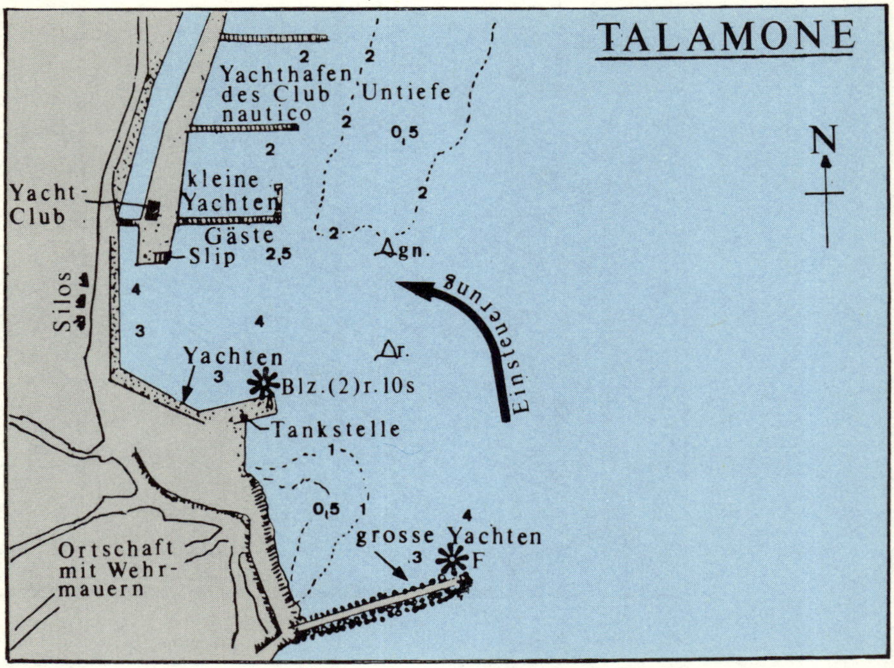

Liegeplatz: Yachten machen am Kai oder vor der Südmole fest (siehe Plan). Die fünf Stege des Club nautico können nur von Yachten mit 1,50 bis 1,80 m Tiefgang angelaufen werden.

Versorgungsmöglichkeiten: Wasser am Kai bzw. an den Stegen des Club nautico, Kraftstoff an der Tankstelle. 12-t-Kran. Busverbindung nach Grosseto und nach Rom.

Nachdem er im Zweiten Weltkrieg teilweise zerstört worden war, wurde der im Mittelalter zur Festung ausgebaute Ort wieder vollständig aufgebaut. Sein Name geht auf Telamon, den König von Salamis, zurück, der hier nach seiner Rückkehr von der Argonautenfahrt gelandet sein soll. 1860 gingen Garibaldis Truppen hier an Land. Eine kleine Abteilung der Irregulären wurde ins Innere entsandt, um den Gegner abzulenken, wobei man hoffte, die Päpstlichen über die wahren Absichten Garibaldis täuschen zu können. Nachdem sie Kohlen übernommen hatten, setzten die beiden Dampfer des Freiheitskämpfers ihre Reise fort, um die „Tausend" nach Sizilien an den Ort ihrer künftigen Operationen zu bringen.

Der Küste südwärts folgend, erblickt man bald den hohen Monte Argentario, wie er sich über die felsige und ziemlich kahle Halbinsel erhebt.

San Liberata ist ein kleiner Kanalhafen am Übergang vom Tombola della Gionella, der die Orbetello-Lagunen nach Westen abschließt, zur Halbinsel Argentario. Hier münden zwei kleine Kanäle ins Meer. Der östliche Kanal führt in die

Lagune, aber die Zufahrt ist durch eine Kette versperrt. Der westliche führt unter einer Straßenbrücke mit ca. 1,50 m Durchfahrtshöhe zu einem Campingplatz. Vor der Brücke können Yachten mit maximal 1 m Tiefgang festmachen; kleinere Yachten legen vor dem Campingplatz an.

Porto Santo Stefano ist ein hübscher Fischereihafen mit regem Betrieb, in dem es Reparaturmöglichkeiten für Yachten und auch allerlei Annehmlichkeiten für Touristen gibt. Bei frischen nördlichen Winden liegt man hier jedoch ungeschützt.

Ansteuerung und Liegeplatz (Seekarten D 504, BA 158, I 5 und 6): Man hat die Wahl: Der Stadtkai oder Porto Vecchio, wo es sauberer und luftiger ist als im Hafen, läßt sich bei gutem Wetter empfehlen. Der Hafen Porto del Valle ist bei ungünstigen Wetterverhältnissen vorzuziehen. Yachten legen dort an, wo es im Plan angegeben ist. Die große in Porto Santo Stefano beheimatete Fischereiflotte nimmt den größten Teil des Hafens ein, auch über die für sie reservierten Liegeplätze hinaus.

Behörden: Die Hafenmeisterei befindet sich am Porto Vecchio.

Versorgungsmöglichkeiten: Zahlreiche Hotels, Geschäfte, Restaurants und Bars. Trinkwasser und Kraftstoff am Stadtkai und auf den Hafenmolen. Die Yachtwerft Cantiere Navale dell'Argentario führt auch größere Reparaturen aus und nimmt Yachten ins Winterlager.

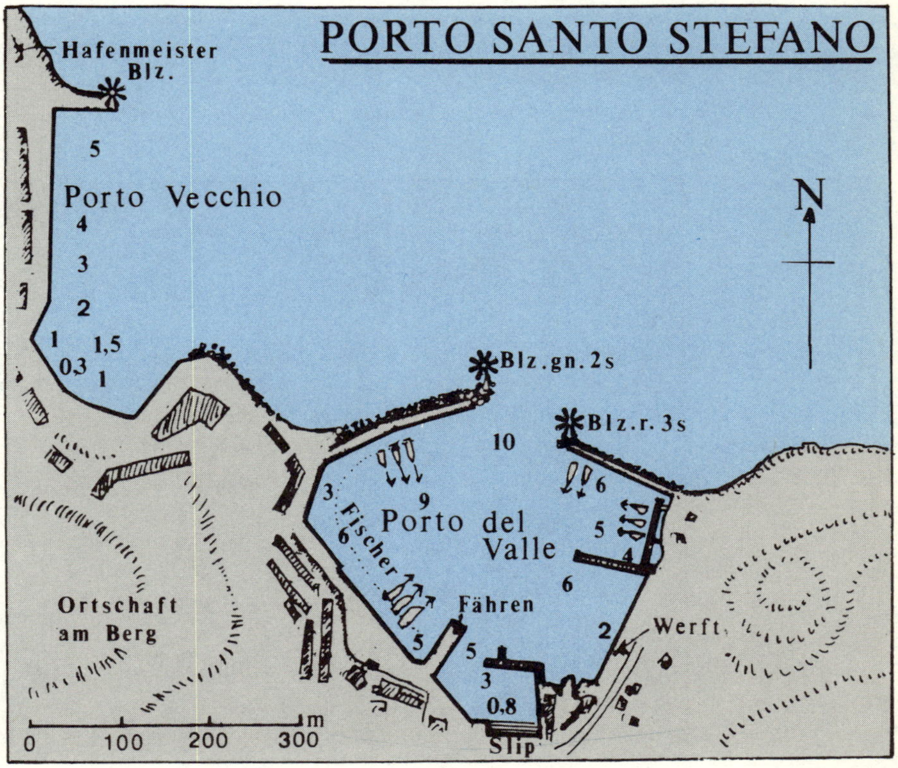

15-t-Kran und 400-t-Slip. Täglich fahren Busse nach Rom; die Fahrt dauert drei Stunden. Die Hauptstrecke der Eisenbahn führt durch Orbetello, das man mit dem Bus in einer halben Stunde erreicht. Die Fähre nach Giglio verkehrt mehrmals täglich.

Porto Santo Stefano hat 14000 Einwohner. Nachdem es im Zweiten Weltkrieg zu 80 Prozent zerstört worden war, hat man es nahezu vollständig wiederaufgebaut. Die Haupterwerbsquelle ist die Fischerei. Täglich werden die Fänge nach Rom gebracht. Während des späten Mittelalters war Porto Santo Stefano ein kleiner Handelsstadtstaat, der einen beträchtlichen Einfluß auf die nahegelegenen Hafenorte ausübte. An der Seeschlacht von Lepanto nahmen die Ritter von Porto Santo Stefano mit zwölf Schiffen teil.

Porto Ercole ist ein entzückender kleiner Fischerhafen, eingebettet zwischen zwei Hügeln mit aragonesischen Burgen.

Ansteuerung und Liegeplatz (Seekarten: D 504, BA 158, I 5 und 6): Der Hafen wird von Zeit zu Zeit ausgebaggert, so daß die Wassertiefe selbst für größere Yachten ausreicht. Der Wellenbrecher besteht aus unbehauenen Steinen und hat keinen Kai. Yachten legen deshalb den Anker am besten nach Westen hin aus und machen mit einer langen Warpleine am Wellenbrecher fest. Unter Umständen findet man auch einen Liegeplatz an der südöstlichen der inneren Piers, an deren Kopf die Wassertiefe etwa 3 m beträgt. Der Grund besteht im allgemeinen aus Sand, Schlamm und Geröll. Man liegt hier gut geschützt. Die Fischerboote, die meist recht betriebsam sind, ankern unweit des Ufers zwischen den Piers.

Behörden: Die Hafenmeisterei befindet sich am Südostende des Kais.

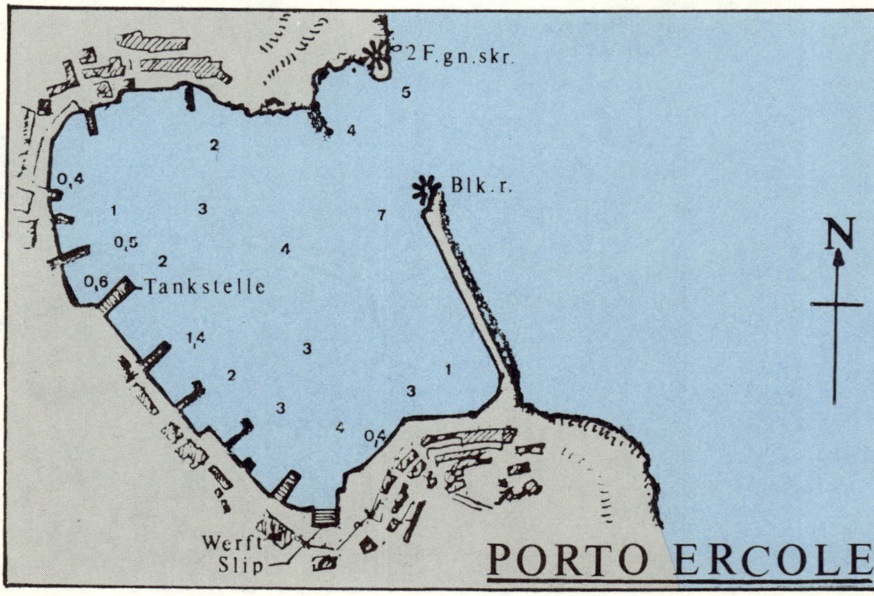

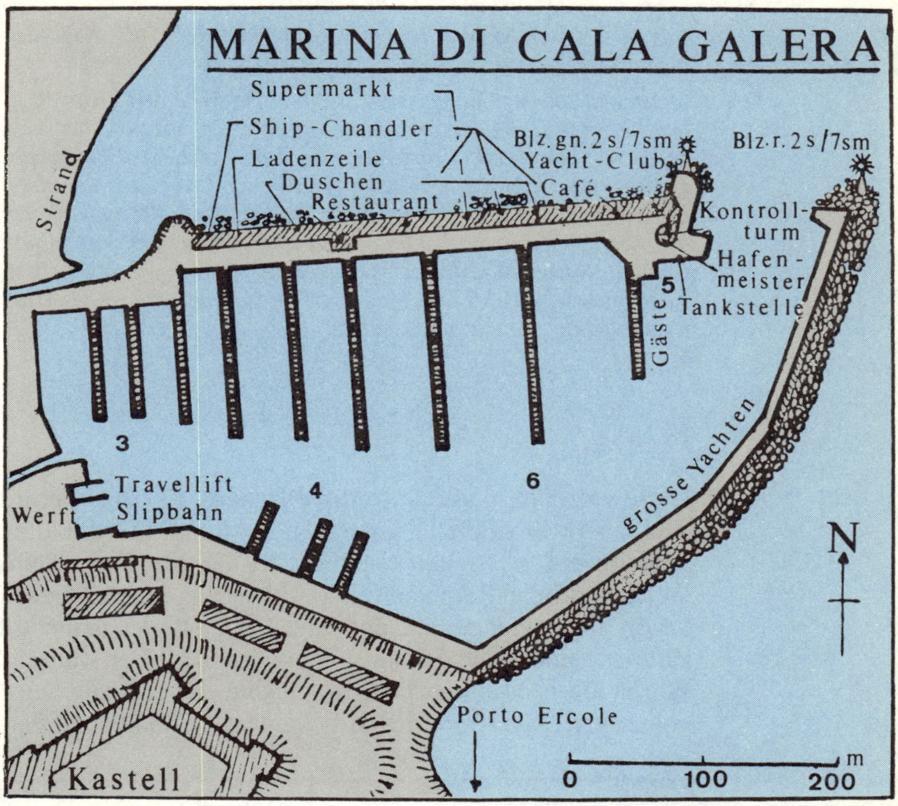

Versorgungsmöglichkeiten: Lebensmittel im Ort, einige gute Hotels und Restaurants an der Kaiseite. Trinkwasser auf den beiden großen Piers, auf der nördlichen eine Shell-Tankstelle. Reparaturmöglichkeiten (400-t-Helling).

In Porto Ercole starb im Juli 1610 der bedeutende italienische Maler Caravaggio, der die Helldunkelmalerei begründete, die in der Kunst von Rubens, Rembrandt und anderen großen Malern der Zeit fortwirkte.

Marina di Cala Galera grenzt an Porto Ercole. Der gut geschützt liegende Hafen weist alle Annehmlichkeiten einer modernen Yacht-Marina auf. Cala Galera ist neben Punta Ala eines der Zentren des Yachtsports an der toskanischen Küste. Hier finden regelmäßig Regatten statt.

Ansteuerung (Seekarten: D 504, BA 158, I 5, 6 und 122): Die Marina liegt etwa 0,5 sm nördlich von Porto Ercole. Die Einfahrt öffnet sich nach Norden. Die Molenköpfe sind befeuert.

Liegeplatz: Gäste machen einlaufend am ersten Steg an Steuerbord fest; er ist mit „Transito" markiert. Große Yachten legen sich an die Ostmole. Sämtliche Liegeplätze verfügen über Grundleinen. Meist wird vom Kontrollturm aus über Megaphon ein Liegeplatz zugewiesen. Man kann sich über UKW-Kanal 9 auch einen Platz reservieren lassen, was sich besonders im Sommer empfiehlt, denn die Zahl der Gastliegeplätze ist begrenzt.

Versorgungsmöglichkeiten: Wasser- und Stromanschluß an den Liegeplätzen (Achtung: Wasseranschlüsse mit Bajonettverschluß; fünfpoliger Stromstecker erforderlich, den man gegen Kaution und Leihgebühr in den Geschäften am Hafen ausleihen kann). Duschen und Toiletten an zwei Stellen in der Ladenzeile am Hafen. Kraftstoff an der Tankstelle beim Kontrollturm. In der Ladenzeile findet man alle Arten von Geschäften, mehrere Schiffszubehörhändler (auch einen deutschen), Restaurants, Cafés, Bank. Die Cantiere Navale di Cala Galera, einer der größten Werftbetriebe weit und breit, führt Reparaturen aller Art aus. Auch verfügt sie über ein großes Winterlager. In der Auftragsannahme spricht man deutsch.

ELBA

Diese große Insel, die drittgrößte Italiens, ist ein außerordentlich beliebtes Ziel bei Yachtseglern. Die kleinen Städte und Ortschaften, die Häfen und Ankerplätze – sie alle haben ihren eigenen Reiz. Selbst bei heißestem Wetter sind die Berghänge und Täler stets mit frischem Grün bedeckt.
Schon Jahrhunderte vor den Tagen der Römer nahm Elba wegen seiner Eisenerzminen eine Sonderstellung ein. Als aber während des 17. und 18. Jahrhunderts Frankreich, Spanien und die italienischen Herzogtümer zu politischen Rivalen wurden, bekamen die Häfen größere Bedeutung als

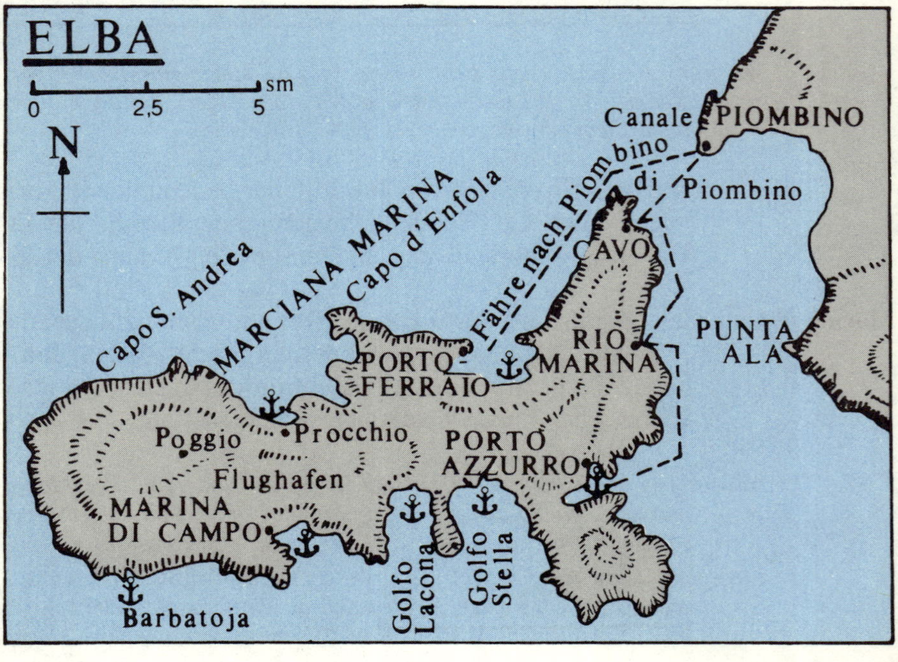

die Erzvorkommen. Obwohl Elba eigentlich unter die Oberhoheit des Herzogtums Toskana gehörte, wurde es gegen Ende des 18. Jahrhunderts für zwei Jahre von Großbritannien besetzt, bis es sogar zum zeitweiligen Königreich des verbannten Kaisers Napoleon avancierte. Nachdem es immer wieder den Herrn gewechselt hatte, wurde es 1862 schließlich zu einem Teil des neuen geeinten Italiens.

„Mannschaften und Schiffe sicher vor Anker in Porto Ferraio, dem wohl besten Hafen der Welt.“ Nelson, 1796

Portoferraio Die Hauptstadt von Elba mit 11000 Einwohnern besitzt einen der sichersten Häfen im gesamten Mittelmeerraum. Für den zunehmenden Verkehr der Fähren und Tragflächenboote wurde nach Westen hin ein neuer Hafen mit drei Piers gebaut.

Ansteuerung (Seekarten: D 504, BA 158, I 4, 5 und 117): Das Einlaufen in den Hafen ist einfach, bei Tage wie bei Nacht.

Liegeplatz: Bug oder Heck zum Kai, wo immer es am bequemsten erscheint.

Versorgungsmöglichkeiten: Zahlreiche Geschäfte in der Nähe des Hafens, ebenso Hotels, Bars und Restaurants. Trinkwasseranschluß befindet sich auf dem Kai, eine Tankstelle an der Südostseite des Hafens (die Wassertiefe davor reicht für Yachten von mittlerem Tiefgang aus); eine Wäscherei findet man an der Kaistraße.
Täglich verkehren mehrmals Fähren nach Piombino. Während des Sommers gibt es auch noch andere Verkehrsmöglichkeiten, darunter eine Verbindung mit Tragflächenbooten nach Livorno sowie einen Flugdienst nach Mailand.

Ist der Hafen im Sommer überfüllt, so findet man westlich davon am Ende der Bucht zwei große Yachtwerften, die Liegeplätze anbieten. Hier können auch Reparaturen jeder Art ausgeführt und Yachten für die Überwinterung eingelagert werden.

Dicht hinter dem Hafenkai liegt die Piazza della Repùbblica mit ihren schönen Gebäuden aus dem 18. Jahrhundert, welche die für jene Zeit typischen Giebel aufweisen. Hier sollte man sich für eines der verschiedenen Restaurants entscheiden und auf der Terrasse speisen, umgeben vom Geist der Vergangenheit.
Außerdem sollte man auf den Festungshügel hinaufsteigen, um von dort aus den herrlichen Blick auf den Hafen zu genießen. Die heutige Stadt Portoferraio sowie die beiden den Hafen beherrschenden Forts stammen aus dem 16. Jahrhundert; damals baute Cosimo I., Fürst von Florenz, den Hafen zu einem bedeutenden Handelszentrum aus. Hoch über dem Hafen erhebt sich – von ihrem Garten hat man einen der schönsten Ausblicke auf die Bucht – die Villa dei Mulini, die Napoleon während seines Exils auf der Insel als Residenz gedient hat und heute ein Museum ist.
Die Bedeutung Portoferraios als strategischer Stützpunkt wurde von den rivalisierenden Mächten im Mittelmeer durchaus richtig eingeschätzt, vor allem sein Nutzen als Flottenstützpunkt, um fremde Eroberer abzuwehren, die es auf die Festlandhäfen der Toskana abgesehen hatten. Nachdem die Briten Portoferraio besetzt hatten, pflegten Nelsons Schiffe diesen Hafen anzulaufen. Hier wurden sie überholt, nahmen Trinkwasser an Bord und ergänzten ihre Vorräte. Nach etlichen Jahren mußte es jedoch aufgegeben werden und wurde abermals zum Zankapfel zwischen jenen Nationen, die in den Besitz der Insel kommen wollten.
15 Jahre später – man hatte eben vernommen, daß die langen napoleonischen Kriege zu Ende seien – wurde der Bevölkerung eine neue Überraschung zuteil. Unerwartet lief im April 1814 H.M.S. „Undaunted" mit dem abgesetzten Kaiser an Bord in den Hafen von Portoferraio ein. Napoleon war von den siegreichen Allierten zum König von Elba ernannt worden. Aber in den zehn Monaten, während derer er diesen Thron innehatte, entwarf er den Plan für seine Flucht. Am 26. Februar 1815 ging er an Bord seiner 300-t-Brigg „Inconstant", wich erfolgreich den Wachschiffen der Alliierten aus und betrat drei Tage später wieder den Boden Frankreichs.

Maggazzini im Südosten der Bucht von Portoferraio ist eine kleine Ortschaft mit einem Hafen für Yachten bis 1,70 m Tiefgang. Hier befindet sich eine Yachtschule unter deutscher Leitung.

Cala Bagnaia ist eine hübsche Bucht an der Ostseite des Golfo di Portoferraio mit drei Stegen, wovon der mittlere am Kopf 3 m Wassertiefe aufweist. Die beiden anderen Stege sind Privateigentum. Auch hier gibt es eine deutsche Segelschule.

Südwärts an der Ostküste Elbas entlangsteuernd, sieht man an den begrünten Berghängen jene rostbraunen Flecken, die von der seit nahezu drei Jahrtausenden betriebenen Eisenerzgewinnung Zeugnis ablegen. Die Schütten und Piers in den geschützten Buchten bezeichnen die Stellen, wo kleine Erzschiffe anlegen. Heute sind die Erzlager nahezu erschöpft, und die Arbeiten beschränken sich größtenteils darauf, aus den seit alter Zeit angehäuften Schlackenhalden die letzten Reste von Erz zu gewinnen.

Cavo ist ein kleiner Hafen an der Nordostecke Elbas, kann aber nur von Yachten bis 1,80 m Tiefgang angelaufen werden. Die Liegemöglichkeiten sind knapp bemessen.

Rio Marina ist Elbas alte Eisenerzstadt; sie liegt in der Nähe der Minen und hat einen kleinen Hafen.

Ansteuerung und Liegeplatz (Seekarten: D 504, BA 158, I 4, 5 und 117): Man lege sich mit Bug oder Heck zum Südkai. Der Hafen ist gegen Nordosten offen. Die Fähren legen am äußersten Nordostteil des Wellenbrechers an.

Versorgungsmöglichkeiten: Wasser aus einem Hydranten am Kai, Duschen auf der anderen Seite der Mole in dem ausgetrockneten Flußbett. Lebensmittelgeschäfte, gute Restaurants, Bank und Postamt sowie eine Cantina, in der man hervorragenden einheimischen Wein preiswert erhält, im Ort.

Die städtischen Behörden versuchen neuerdings, Touristen anzulocken, doch dürfte es unwahrscheinlich sein, daß Rio Marina jemals die beliebteren Badeorte auf der Insel ausstechen wird.

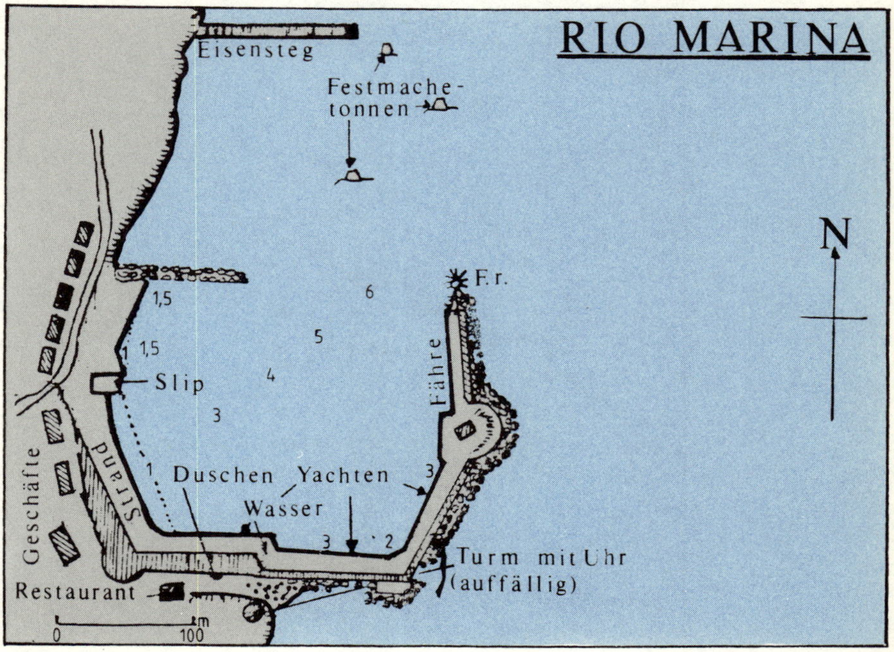

Porto Azzurro ist ein malerischer kleiner Hafen mit einer Ortschaft in einer großartigen gebirgigen Umgebung, der während der letzten Jahre von Touristen geradezu überlaufen wurde.

Ansteuerung (Seekarten: D 504, BA 158, I 5 und 117): Keinerlei Schwierigkeiten bei Tag oder Nacht.

Liegeplatz: Die Nordecke des Hafenbeckens ist ausgebaggert worden, um größere Yachten aufnehmen zu können, die dort auf die übliche Weise, Heck zum Kai, festmachen. Aber der Platz für Yachten ist beschränkt, weil die Fähren den größeren Teil des Kais in Anspruch nehmen. Ist hier kein Platz mehr, bietet sich der Golf von Azzurro als Ankerplatz an. Bei Schirokko sollte man das südliche Ufer aufsuchen und vor der kleinen Werft ankern – hier wurde 1986 mit dem Bau eines Yachthafens begonnen.

Versorgungsmöglichkeiten: Auf dem Ostkai Kraftstoff und Trinkwasser. Geschäfte aller Art, Hotels und Restaurants. Täglich verkehren Fähren nach Piombino.

Das große Kastell von Longone wurde Mitte des 16. Jahrhunderts von Santa Cruz, dem damaligen spanischen Vizekönig von Neapel, erbaut, aber schon wenige Jahre später von den Franzosen genommen und stark befestigt. Dennoch erkämpften die Pisaner das Kastell. Von den Franzosen zurückerobert, wechselte es noch mehrfach den Besitzer. Nachdem es im vergangenen Jahrhundert an Italien gefallen war, wurde es zu einem Gefängnis umgebaut. Infolgedessen begann sich die Ortschaft am Wasser auszudehnen, und im Laufe unseres Jahrhunderts wurden die steinernen Piers errichtet, die die Bauten gegen die Winterstürme schützen sollen.

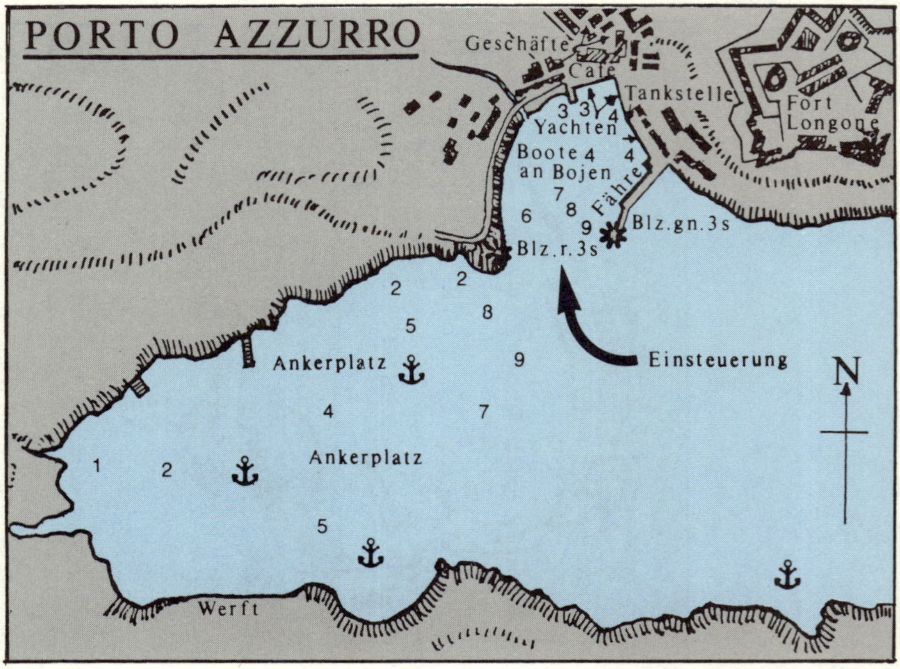

Die Möglichkeit, den Ort für den Tourismus zu erschließen, bestand zwar, doch hatte der Name Longone, seit so vielen Jahren mit dem Geschick der Sträflinge verbunden, einen düsteren Klang für die Italiener, weshalb er geändert wurde. Azzurro erwies sich nun als durchaus erfolgreicher Badeort; heute sieht man hinter den verlockenden Stränden rings um die langgestreckte Bucht zahlreiche Hotels. Gleich außerhalb der Ortschaft befindet sich eine fruchtbare Ebene mit Weinanbau. Den trockenen oder halbtrockenen Weißwein kann man in den Cantinas Porto Azzurros vom Faß kaufen.

Nach dem Runden von Punta dei Riparti und Punta della Calamita öffnen sich an Steuerbord die Golfe Stella und Lacona. Vor allem im **Golfo Stella** gibt es herrliche Sandstrände und kleine Ankerbuchten. In der Nordwestecke liegen hinter einer 70 m langen Steinmole kleine Yachten an Bojen. Auf den Campingplätzen bekommt man Lebensmittel aller Art. In der nordöstlichen Ecke des **Golfo della Lacona** findet man gleich gute Versorgungsmöglichkeiten, ein großes Hotel sowie zwei kleinere Geschäftszentren.

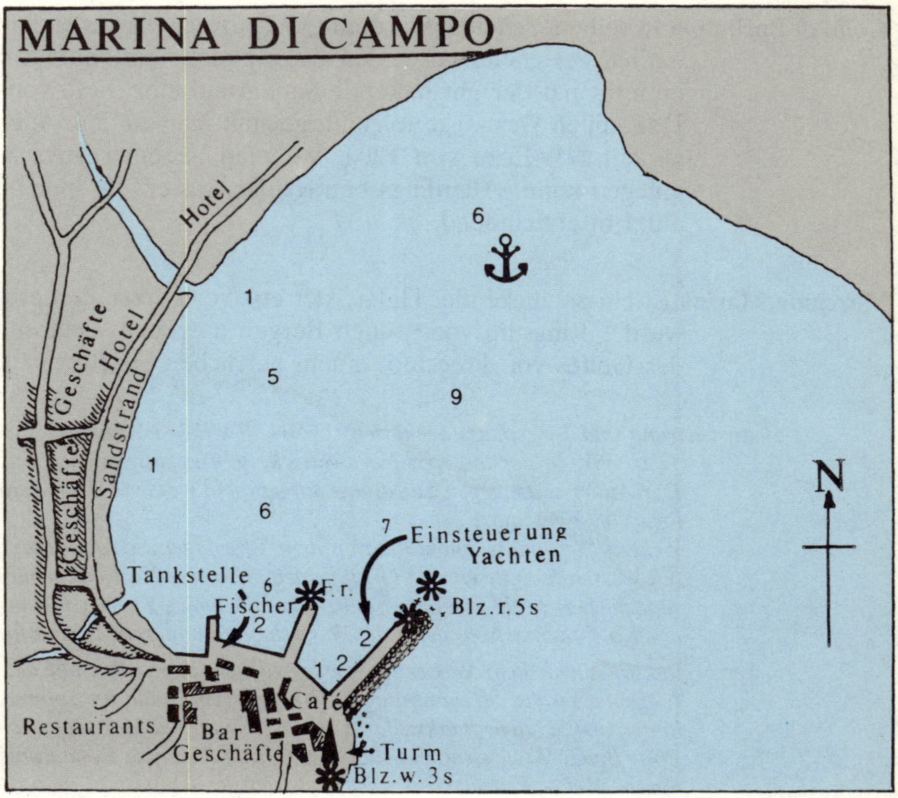

Marina di Campo früher ein kleiner Fischerort, hat in den letzten Jahren ein modernes Viertel erhalten, vor allem für Touristen. Der von zwei Molen gebildete Hafen bietet guten Schutz (s. Skizze S. 35).

Ansteuerung (Seekarten: D 504, BA 158, I 5 und 117): Am Capo di Poro brennt ein Leuchtfeuer (Blz. 5 s/16 sm). Auch die Molenköpfe sind befeuert. Der Hafen wird durch eine sich in nordöstliche Richtung erstreckende Außenmole geschützt. Etwa 50 m vor ihrem Kopf liegt eine Leuchttonne (Blz. r.), die unbedingt an Backbord gelassen werden muß.

Liegeplatz: Yachten legen im östlichen Hafenbecken je nach Tiefgang an der Außenmole oder am Stadtkai an – mit Buganker, Heck zur Mole oder zum Kai. Größere Yachten ankern entweder querab des Hafens in der Bucht oder südlich davon vor dem Ufer.

Versorgungsmöglichkeiten: In nächster Nähe gibt es einige gute Geschäfte sowie ein Restaurant und eine Bar am Kai. Trinkwasser nahe am Kai, dort auch Dieselkraftstoff und Benzin. Duschen und Waschgelegenheiten findet man beim Diurno in der Stadt. Einheimische Weine, weiße wie rote, werden zu annehmbaren Preisen im Desposito del Vino verkauft. Eis erhält man auf dem Fischmarkt oder in der Eisfabrik 1 km außerhalb der Ortschaft. Nur wenig landeinwärts liegt der Flughafen von Elba.

3 sm westlich von Marina di Campo öffnet sich der

Golfo di Barbatoja In seinem Scheitel, vor dem Ort Fetovaia, gibt es einen für kürzeren Aufenthalt geeigneten reizenden Ankerplatz. 50 m vom schmalen Sandstrand entfernt hat der gut haltende Sandgrund eine Tiefe von 2 m.
Der steilen Westküste folgend, gelangt man zu dem **Ankerplatz S. Andrea** an der NW-Ecke von Elba, wo man an einer etwa 30 m langen Pier anlegen kann. Allerdings beträgt die Wassertiefe hier nur 2 m zum Ufer auf 1 m abnehmend.

Marciana Marina ist ein entzückender Hafen, der erst vor kurzer Zeit erheblich vergrößert wurde. Ringsum von grünen Bergen umgeben, liegt er an der NW-Seite des Golfes von Procchio, einem herrlichen Segelrevier auch für Jollen.

Ansteuerung und Liegeplatz (Seekarten: D 504, BA 158, I 5 und 117 sowie Skizzen auf Seite 37 u. 38): In der äußeren Nordwestecke gibt es ausreichend Wassertiefe für Yachten. Der Anker sollte gegen Südsüdost ausgebracht werden. Der Grund hält gut, und man liegt völlig geschützt.
Weitere Liegeplätze findet man an dem T-förmigen Schwimmsteg des Circolo Nautico mit Wasseranschlüssen und Grundleinen. Hier werden Liegegebühren verlangt. An der südöstlichen Mole vor dem Stadtzentrum können Yachten nur auf den ersten Metern am Kopf festmachen, denn die Wassertiefe nimmt zum Strand hin rasch ab.

Versorgungsmöglichkeiten: Wasser aus verschiedenen Zapfstellen auf der Mole sowie an den Liegeplätzen des Schwimmsteges. Duschen kann man im Sommer in der Badeanstalt hinter dem Hafen. Tankstelle in der Nordwestecke des Hafens. Geschäfte aller Art, Post, Bank, Wechselstube, Schiffszubehörhändler, gute Restaurants im Ort. Der einheimische Wein „Procanico dell'Elba“ ist ausgezeichnet.

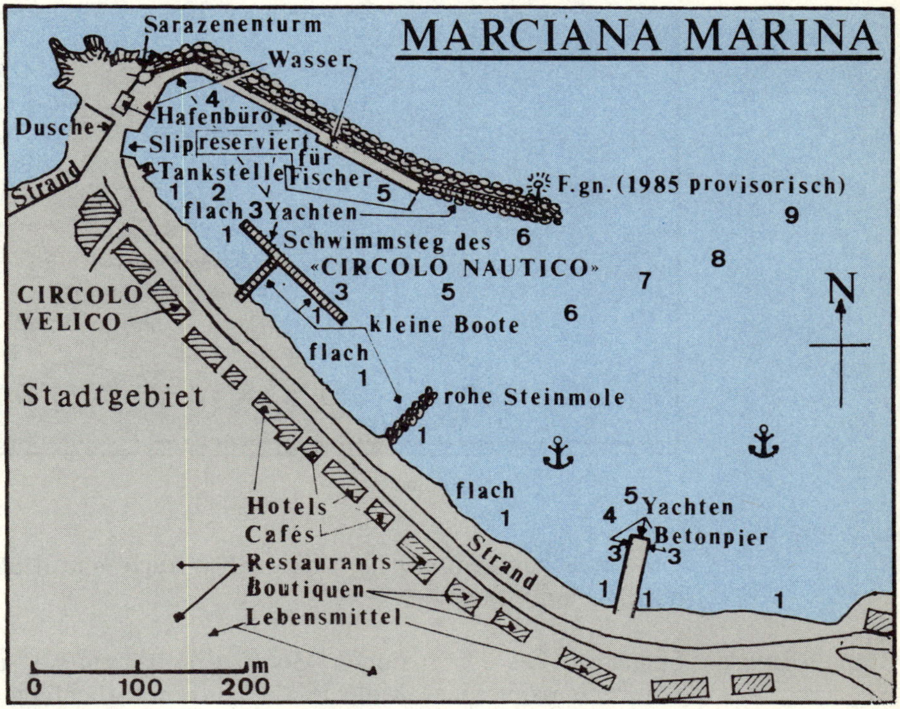

Marciana Marina war einst die „Landhausgegend“ der Insel. Reizvoll wirkt der Ort vor allem durch seine bunt getünchten Häuser sowie durch Tamarisken und Oleander – ein Landschaftsbild, das Napoleon so gut gefiel, daß er befahl, auch noch Maulbeerbäume anzupflanzen. Durch das gebirgige Hinterland gelangt man nach Marciana Alta, der früheren Bergfeste, in der die Bewohner des Hafenortes Zuflucht suchten, wenn sie von Piraten angegriffen wurden. Oberhalb dieser Ortschaft, nur über einen Pfad erreichbar, liegt das Kloster „Hermitage“, wo Napoleon die Gräfin Walewska während ihres kurzen Besuches auf der Insel bewirtete. Auf diesen Berghängen findet man auch noch den Ort Poggio mit der Fonte Napoleone, deren Wasser der Kaiser zu trinken pflegte, und dem eleganten Grandhotel Fonte Napoleone. Ursprünglich war geplant, daß Napoleon von Marciana Marina aus flüchten sollte, aber seine seemännischen Berater gelangten zu dem Schluß, daß der Hafen für diesen Zweck nicht hinreichend Schutz böte.
Ein empfehlenswerter Ausflug ist die Fahrt nach Poggio und von dort nach Marciana Alta, von wo eine Drahtseilbahn auf den Gipfel des 1019 m hohen Monte Capanna fährt (alles in allem etwa drei Stunden).

Der Golfo di Procchio bietet herrliche Sandstrände, vor denen man ankern und mit dem Beiboot an einem der kleinen Holzstege anlegen kann. Hotels und

Geschäfte befinden sich in Strandnähe. Auch eine deutsche Segelschule hat hier ihren Standort.

Capo d'Enfola Südöstlich des 135 m hohen Monte Enfola befindet sich eine schmale Landzunge mit einer Mole in südwestlicher Richtung, an deren Kopf einige Yachten anlegen können. Die Wassertiefe beträgt am Molenkopf 2 bis 2,50 m, zum Ufer hin abnehmend. An der Ostseite liegt unter Wasser ein großer Stein vor der Mole. In der Bucht vor der Mole gibt es etliche Bojen, an denen kleinere bis mittlere Boote vorübergehend festmachen können. Auf der Landzunge stehen ein Restaurant und ein Café. Die Bucht an der Nordostseite der Landzunge ist zu flach zum Ankern.

DIE KLEINEREN TOSKANISCHEN INSELN

GORGONA ist die nördlichste Insel des Toskanischen Archipels; sie ist bergig und hat an ihrer Ostküste am inneren Ende einer steilwandigen Bucht einen kleinen Hafen für die Versorgungsschiffe. Die Insel dient als Strafkolonie. Fahrzeuge dürfen sich ihr bei Tage nicht mehr als 500 m nähern, bei Nacht nicht mehr als 3 sm. Es ist ratsam, auch bei Tage einen größeren Abstand zu halten. Die Insel darf nur bei schwerer Havarie oder schwerem Sturm mit Genehmigung des Wachpersonals angelaufen werden. In diesem Falle setze man bei Tage die Signalflaggen „QX“ und warte die Genehmigung der Wachmannschaften ab, die mit „QX 1“ signalisiert wird. Bei Nacht werden die entsprechenden Morsesignale gegeben.

Im Laufe der Jahrhunderte ist die Insel immer wieder durch kleine Gruppen von Siedlern in Besitz genommen worden; da sie jedoch niemals richtig verteidigt wurde, fiel sie ebenso oft – und zwar bis in die jüngste Zeit hinein – in die Hände von Piraten. Sogar Ordensbrüder versuchten wiederholt, die Insel zu besiedeln, jedoch ohne nachhaltigen Erfolg. Seit rund hundert Jahren dient sie dem Strafvollzug.

CAPRAIA eine weitere Sträflingsinsel, ist groß und weithin mit Macchia bedeckt. Auf der Ostseite liegen Punta di Ferraione mit einem Dörfchen aus mittelalterlichen Gebäuden sowie eine Befestigung mit Wachtturm, die an die Hafeneinfahrt grenzt. Der Hafen faßt 20 bis 30 Yachten und ist ein bezaubernder Platz.

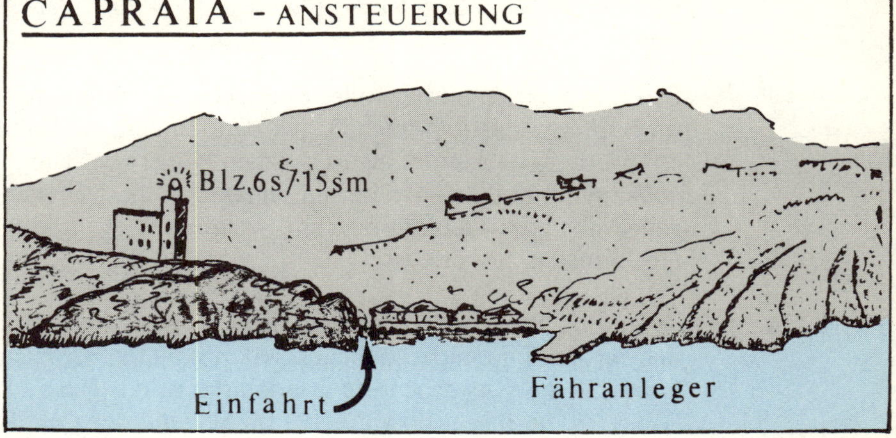

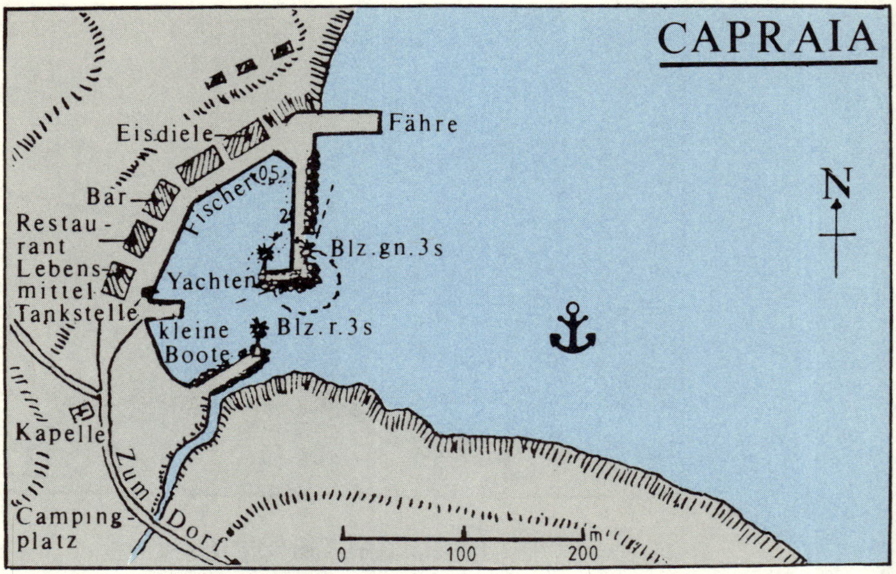

Ansteuerung (Seekarten: D 499 und 504, BA 158, I 4 und 116): Da der Norden der Insel Strafkolonie ist, darf man sich von Punta Manza an der Westseite bis Punta della Fica an der Ostseite der Insel bei Tage nicht mehr als 500 m nähern, bei Nacht nicht mehr als 1 sm. Eine Ausnahme bildet lediglich der Hafen von Capraia, der noch im Sperrgebiet liegt. Der Leuchtturm auf Punta di Ferraione und die schon erwähnten Gebäude überragen das Kap. Man kann sich dem Hafen auf der Deckungslinie südlicher (Einfahrts-)Leuchtturm – Glockenturm einer kleinen Kapelle nähern.

Ankerplatz: Bug oder Heck zum Hauptkai, den Anker auf 3 bis 4 m Wasser nach Südosten auslegen. Sehr guter Schutz, aber gelegentlich starke Fallwinde vom Gebirge aus West und leichter Schwell bei nordöstlichen Winden.

Versorgungsmöglichkeiten: Wasserzapfstelle mit beschränktem Vorrat, Kraftstoff, Bar, Restaurant und Lebensmittelgeschäft im Hafenbereich. Weitere Lebensmittelgeschäfte in dem Dörfchen (20 Minuten Spaziergang bergauf). Fährverbindung mit dem Festland.

Die Insel zieht mittlerweile zahlreiche Touristen an. Moderne Villen wachsen geradezu sprunghaft aus dem Boden, und alte Häuser werden renoviert. Aber das Gefängnis auf dem Hügel oberhalb des Hafens besteht noch immer und dient weiterhin seinem Zweck. Man kann schöne Spaziergänge über das Gebirge machen, wenn auch der nördliche Teil der Insel für Touristen gesperrt ist.

PIANOSA ist eintönig und flach; diese Insel dient ebenfalls als Strafkolonie. Man darf sich ihr bei Tage nicht mehr als 500 m nähern, bei Nacht nicht mehr als 1 sm. Die hervorstechendste Landmarke ist das Eiland La Scala, das sich höher als die Insel selbst erhebt. Im Scheitel der Cala San Giovanni gibt es eine Ortschaft mit einem kleinen, geschützten Hafen, der jedoch nur im Falle höherer Gewalt angelaufen werden darf (siehe Insel Gorgona, Seite 38).

MONTECRISTO ist klein, konisch geformt, bergig und dicht überwuchert. Die steilen Küsten bieten keinerlei Schutz. Die Insel ist Naturschutzgebiet: Eine Sperrzone von 500 m darf weder durchfahren noch darf darin geankert, gefischt, getaucht oder gebadet werden. Durch diese Einschränkungen sollen die wenigen dort noch lebenden Mönchsrobben geschützt werden.

GIGLIO mit seinem kleinen malerischen Hafen ist ein ganz entzückendes bergiges Eiland, das immer mehr Touristen anzieht. Giglio Porto ist der Hauptort der Insel.

Ansteuerung (Seekarten D 504 und 505, BA 158, I 5, 6 und 119): Am Berg liegt eine befestigte Ortschaft. Rings um den Hafen erblickt man die halbkreisförmige Wasserfront aus bunt getünchten Häusern, und auf den Molenköpfen stehen Leuchttürme. Bei der Einsteuerung halte man sich in der Mitte der Einfahrt.

Liegeplatz: Der Hafen bietet nur wenige Liegeplatzmöglichkeiten und ist im Sommer stets überfüllt. Yachten machen vor Buganker an der Ostmole fest. Weitere Liegeplätze sind an der Innenseite der Nordmole, doch achte man beim Heranfahren auf die Steinschüttungen vor der Pier. Beim Ausbringen des Ankers ist auf die im Hafenbecken liegenden schweren Ketten zu achten.

Behörden: Hafenmeisterei und Zollamt befinden sich in der Südostecke des Hafens.

Versorgungsmöglichkeiten: Trinkwasseranschlüsse gibt es auf dem Kai und beim Anleger für die Fähren. Auch eine Tankstelle ist ganz in der Nähe. Lebensmittel erhält man im Ort. Mehrmals täglich verkehrt die Fähre nach S. Stefano.

Die etwa 1700 Einwohner der Insel leben fast ausschließlich vom Tourismus. Die Geschichte Giglios ist fast identisch mit der der anderen Inseln des Toskanischen Archipels. Die Bewohner mußten ständig vor den Piraten auf der Hut sein. Das Kastell und die Wachttürme legen hiervon ein beredtes Zeugnis ab. Vor dem Eingang zu dem ummauerten Giglio Castello erinnert noch heute eine Marmortafel an den Sieg über 2000 tunesische Piraten, die 1799 die Insel attackierten. Empfehlenswert ist ein Besuch des 400 m hoch gelegenen historischen Zentrums Giglio Castello mit seinen engen, winkligen Gassen und den dicht zusammengedrängten dekorativen Häusern, die sich um die schützende Festung scharen.

Die Campese-Bucht von Giglio hat einen langen Sandstrand. Hier liegt auch die gleichnamige Feriensiedlung. Ein Steinwall bietet kleinen Booten Schutz.

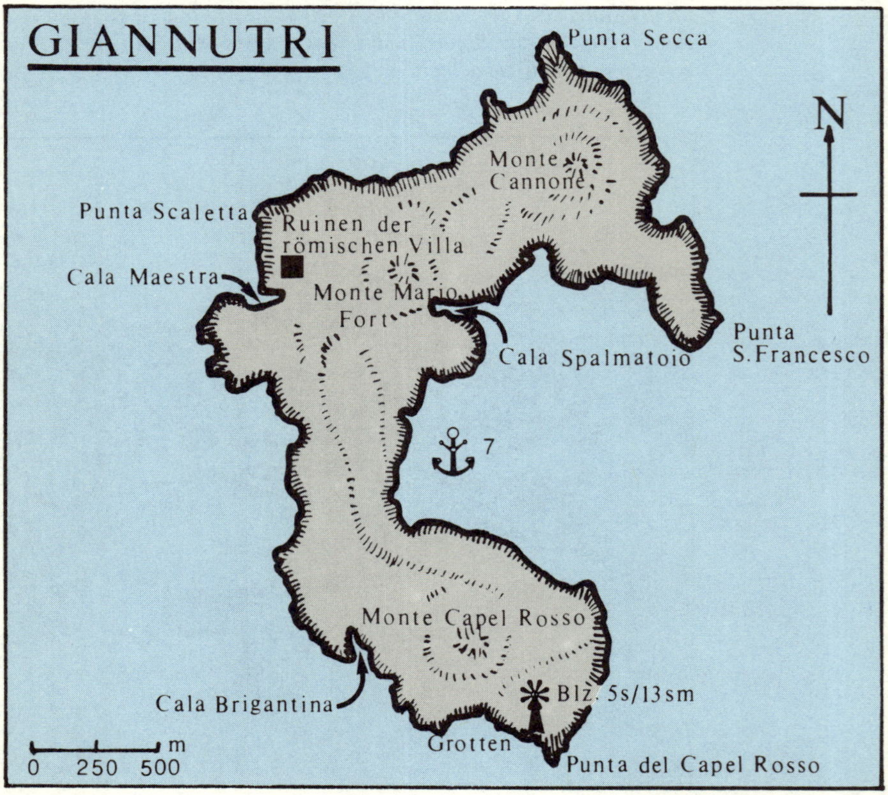

Ansteuerung: Sobald man von den zwei Untiefen klar ist, halte man auf den Turm von Campese zu.

Ankerplatz: 50 m westlich vom Turm und 30 bis 50 m vor dem Strand lasse man auf 5 m Wasser den Anker fallen.

GIANNUTRI ist die kleinste Insel des Toskanischen Archipels. Sie ist hügelig und ansonsten ohne besondere Kennzeichen. Bisher bestand ihr Reiz in ihrer Weltentlegenheit. Man konnte durch das grüne Buschdickicht, das die ganze Insel überwuchert, zu der römischen Villa hoch über der See wandern, ohne auch nur eine Menschenseele zu sehen – es sei denn ein Mitglied der Familie Scaletta, die ihr Sommerhaus an der Cala Maestra hat. Die Reste der prächtigen, möglicherweise vor zweitausend Jahren gebauten Römervilla bestehen in der Hauptsache aus geborstenen Säulen, von denen einige noch ihre Kapitelle tragen. Sie bilden eine reizvolle Kulisse so dicht vor dem blauen Meer. Ein paar Überreste des Mosaikfußbodens vervollständigen das Bild.

Doch ganz plötzlich wurde diesem Frieden durch den Tourismus ein Ende gesetzt. In der Cala Spalmatoio entstanden ein Feriendorf mit einem Restaurant, eine Pizzeria und ein Café in der Cala Maestra. In den Sommermonaten kommen außer den Gästen des Feriendorfes und der Sommerhäuser sehr viele Tagesbesucher mit Motorbooten und den regelmäßig verkehrenden Fährschiffen auf die Insel. Die

Spalmatoio-Bucht liegt am Fuße des Feriendorfes und ist Anlegestelle für die Fährschiffe.

Ansteuerung (Seekarten: D 504 und 505, BA 158 und 1911, I 6 und 118): Die in der Nordwestecke des Golfes gelegene Bucht ist leicht zu finden. Sie ist nur 200 m lang und 100 m breit. Von der San-Francesco-Spitze sollte man sich möglichst weit fernhalten, weil sie sich unter Wasser noch etwa 30 m weit fortsetzt.

Liegeplatz: Man lasse auf 5 m Wassertiefe den Anker auf Sandboden fallen und bringe eine Warpleine zu den Felsen hin aus. Schutz ist im Sommer gegeben, außer gegen den Schirokko. Aus einem Teil der Bucht hat man einen kleinen Hafen für Beiboote gemacht.
Ein besserer Ankerplatz, aber ohne Zugang zur Küste, befindet sich unmittelbar südlich der Landestelle auf knapp 10 m Wassertiefe über sandigem Boden.

Cala Maestra auf der Westseite der Insel liegt auf etwa gleicher Höhe wie die Spalmatoio-Bucht. Ihre Einfahrt ist sehr schmal, aber für die Versorgung der Insel wichtig. Denn es gibt da auf dem Kai einen großen Kran, der oft geschäftig Proviant von den Fährbooten ablädt. Dicht bei der Landungsstelle gibt es ein gutes Restaurant.

Ankerplatz: Man lasse den Anker auf passender Wassertiefe gegenüber der Pier fallen. Der Grund ist meist Sand, jedoch mit ein paar Felsbrocken durchsetzt. Man sollte eine Warpleine zu einem der Felsen im Scheitel der Bucht ausbringen. An dem kurzen Kai kann man dann mit dem Beiboot landen.

2 Korsika

Giraglia
CAPRAIA
CAP CORSE
Centuri
Macinaggio
ELBA
Bastia
L'Ile Rousse
St.Florent
PIANOSA
St. Ambrogio
Calvi
Campoloro
Galeria
Girolata
Porto
KORSIKA
Cargese
Sagone
N
Ajaccio
Solenzara
Iles
Sanguinaires
P.Pollo
Pinarello
Propriano
Campo
Moro
Porto-Vecchio
Tizzano
Figari
S.Manza
Bonifacio
Lavezzi
STRASSE VON BONIFACIO
La Maddalena
SARDINIEN
sm
0 10 20

WESTKÜSTE

Cap Corse
Barcaggio
Tollare
Centuri
Pinot
St. Florent
Ile Rousse
Algajola
St. Ambrogio
Calvi
Galeria
Insel Gargalo
Girolata-Bucht
Porto
Cargese
Sagone
Port Provencal
Fico-Bucht
Ajaccio
Porticcio
Sainte Barbe
Port Cacao
Anse de Cupabia
Porto Pollo
Propriano
Campo Moro
Port de Tizzano
Roccapina
Anse de Fornello
Anse d'Arbitro
Figari-Bucht

SÜDKÜSTE

Bonifacio
Lavezzi
  Cala Lazavina
  Cala di Giunco
  Cala di Greco
Cavallo
  Cala di Greco
  Zeri-Bucht
  Palma-Bucht

OSTKÜSTE

Santa Manza
Port de Rondinara
Porto Nuovo
Golfe de Santa Giulia
Porto Vecchio
Baie de Stagnolo
St. Cyprien
Pinarello-Bucht
Solenzara
Campoloro
Bastia
Erbalunga
Sisco
Porticciolo
Marine de Luri/Santa Severa
Macinaggio

„Ich erklomm einen Felsen auf Korsika, und so sprang ich mitten hinein ins Leben."
James Boswell

Korsika ist ungefähr 20000 km^2 groß, sehr gebirgig, mit großen Wäldern bedeckt und von tiefen Tälern durchschnitten. Obwohl im Sommer die belebten Häfen von Ajaccio und Bastia den Eindruck vermitteln, daß die Insel dichtbevölkert sei, ist sie in Wirklichkeit dünn besiedelt. Sie hat nur 180000 Bewohner: 11 pro km^2, während sich auf Malta – als gegensätzlichem Beispiel – 1000 pro km^2 drängen.

Die Westküste ist schön und bietet romantische Landschaftsbilder. Man findet hier ein herrliches Segelrevier und bei gutem Wetter zahlreiche reizende Ankerplätze. Der Golf von Porto ist des Kontrastes wegen, den die zerklüftete Küste mit ihren karmesinroten Felswänden zu den grünen, sich an den Bergen im Hintergrund hinanziehenden Wäldern bildet, ganz besonders bemerkenswert. Im Inneren erreichen diese Berge Höhen von nahezu 3000 m, die dann zu den Alluvia-Ebenen im Osten abfallen. Weithin sind die Hänge mit niedrigem Buschwerk bedeckt, der Maquis oder Macchia.

Geschichte

Zeugen der korsischen Megalithkultur sind die Menhire und Dolmen, die man überwiegend im südwestlichen Teil der Insel, um Filitosa herum, findet. Abbildungen von Waffen, Schwertern und Dolchen auf den Menhirstatuen, die dem 2. Jahrtausend v. Chr. zugeordnet werden, deuten auf die Eroberung der Insel durch ein Volk hin, das wegen der von ihm errichteten kultischen Rundbauten als „Torreaner" bezeichnet wird. Dieses Volk scheint um 1000 v. Chr. untergegangen zu sein.

Die übriggebliebenen Ureinwohner mußten eine Reihe weiterer Invasionen durch Phöniker, Punier, Etrusker, Karthager und Römer über sich ergehen lassen. Letztere hatten Kolonien in Aleria und Mariana gegründet, und mit Ausnahme dieser beiden Orte wurde die ganze Insel rasch christianisiert.

Die Vandalen und Ostgoten drangen im 5. Jahrhundert n. Chr., die Byzantiner im 6. Jahrhundert ein, beide ohne nennenswerte Spuren zu hinterlassen. Im 8. Jahrhundert übergab der Vater Karls des Großen, Pippin der Kurze, die Insel dem Papst, und von da an bis ins 10. Jahrhundert erlebte Korsika unzählige Maureneinfälle. Doch abermals blieben nur geringe Spuren zurück. Die beiden folgenden Jahrhunderte sind geprägt von den Kämpfen zwischen örtlichen Machthabern. Schließlich überließ der Papst die Insel den Pisanern, die jedoch in einer Seeschlacht 1284 von den Genuesen besiegt wurden. Was man heute noch sieht, stammt meist von den Genuesen, doch sind einige schöne romanische Kirchen aus der Zeit der Pisaner erhalten.

Das 18. Jahrhundert war eine Zeit nationaler Aufstände. Im Jahre 1755 machte sich Pasquali Paoli, ein korsischer Patriot, zum Oberhaupt eines selbständigen Korsika. 1768 kam Korsika jedoch unter die Herrschaft Frankreichs, und Paoli sah sich aufgrund interner Meinungsverschiedenheiten der Regierungsmitglieder gezwungen, die Insel auf einer britischen Fregatte fluchtartig zu verlassen. Seine Freundschaft mit Boswell* trug dazu bei, daß ihm im Ausland viel Sympathie entgegengebracht wurde.

Nach ungefähr 20 Jahren im Exil wurde er von den französischen Royalisten eingeladen, nach Korsika heimzukehren; bei seiner Landung wurde

* James Boswell (1740–1795), englischer Schriftsteller

er von einer Abordnung von Volksvertretern empfangen. Unter ihnen befand sich auch ein junger Artillerieoffizier von 21 Jahren: Napoleon Bonaparte. Die beiden Männer sollten einander nur dieses eine Mal begegnen, denn bald darauf floh Napoleon (nachdem er auf Korsika Unruhen ausgelöst hatte) nach Frankreich. Er kam nie wieder hierher zurück.
Aufgrund der bedrohlichen Maßnahmen, die von der revolutionären Regierung in Paris getroffen wurden, sah sich Korsika gezwungen, bei England um Schutz nachzusuchen. Im Jahre 1794 vertrieben Nelson und Hood die Franzosen. Statt jedoch Paoli mit der Regierung zu betrauen, wurde an seiner Stelle Sir Gilbert Elliott dorthin entsandt.
Korsika wurde zweieinhalb Jahre später wieder geräumt, doch mittlerweile war Paoli nach England zurückgekehrt, wo er 1807 im Alter von 82 Jahren starb. In der Westminster-Abtei wurde eine schöne Büste von ihm aufgestellt mit der Inschrift: „Zur Erinnerung an Pasquali de Paoli, einen der hervorragendsten und erlauchtesten Männer seines Zeitalters …"
Von 1923 an versuchten die Italiener, dem Faschismus auf der Insel zur Herrschaft zu verhelfen, und landeten mit ihren Truppen 1942 in Bastia. Nach der Kapitulation Italiens schlossen sich viele von ihnen der korsischen Widerstandsbewegung an und trugen 1943 zum Fall von Bastia bei, der ersten französischen Stadt, die befreit wurde.
Seit die Franzosen 1931 dem Banditenunwesen ein Ende bereitet haben, ist Korsikas Schicksal heute weitgehend vom Tourismus und den 12000 Algerien-Franzosen bestimmt, die die Ebenen im Osten der Insel durch moderne Bewässerungsmethoden ertragreich machten. Die alte korsische Lebensweise hat sich freilich nur noch in einigen entlegenen Dörfern erhalten.
Seit 1981 besitzt Korsika eine weitgehende Autonomie innerhalb des französischen Staates. Allerdings ist diese Autonomie den korsischen Separatisten nicht ausreichend, weshalb immer wieder Anschläge auf französische Einrichtungen Schlagzeilen in der Presse machen.

Wetter

Während an der gesamten *Westküste* Korsikas Winde aus Nordwest bis Südwest vorherrschen, ist die Insel Gargalo eine Windscheide. Nördlich der Insel sind die Winde stärker und kommen häufiger aus Nordwesten, südlich davon sind sie leichter und wehen mehr aus West bis Südwest. Dieser Erscheinung verdankt das Kap an der Westküste der Insel Gargalo seinen Namen: Spartivento (*spartire* teilen, *vento* Wind).
Es sind auflandige Winde, vor denen nicht alle Ankerplätze vollkommenen Schutz bieten. Soweit es sich dabei nur um die Tagesbrise handelt, die am Vormittag zu wehen beginnt und gegen Abend einschläft, besteht kein Grund zur Sorge. Aber man muß stets mit der Möglichkeit rechnen, daß der herrschende Wind eine Kombination aus der Tagesbrise und dem Einsetzen von Libeccio oder Mistral ist, die hier oft heftig wehen.

An der *Ostküste* Korsikas werden Mistral und Libeccio durch die hohen Gebirgsketten abgeschwächt. Und da die östlichen Winde hier normalerweise sowieso schwächer sind, kann man auch eine ruhigere See erwarten.
Libeccio ist ein West- oder Südwestwind, der bei tiefem Druck über dem Golf von Genua entsteht. Er kündigt sich gewöhnlich durch Fallen des Barometers an und ist begleitet von einer Wolkenformation über dem Gebirge, die die Einwohner als *balles de coton* (Baumwollbälle) bezeichnen.
Mistral ist in diesem Seegebiet ein Nordwestwind, oft kalt und stark. Er wurde früher Magistralis genannt (der Herrschende), jetzt verkürzt zu Mistral im Französischen, zu Maestrale im Italienischen. Er entsteht im Rhonetal und weht manchmal nur an der französischen Küste, obgleich er eine fächerförmige Dünung auf hundert Meilen und mehr verursacht. Zu anderer Zeit kann er über dem Meer zwischen den Balearen und Korsika Sturmstärke erreichen, und zwar bei blauem Himmel. Wenn die Dünung Korsika erreicht, mag der Sturm allerdings noch einen Tag oder gar mehr auf sich warten lassen.
Manchmal erreicht er Korsikas Strände überhaupt nicht, weil er nur in den höheren Luftschichten weht oder weil er nicht so weit nach Süden vordringt wie gewöhnlich. Anstatt aus Nordwesten kommt er oft aus Westen, weiter im Süden kann es sogar aus Südwesten sein. Er läßt sich dann vom Libeccio nur durch den Temperatursturz unterscheiden. Eine Yacht sollte bei drohendem Mistral immer darauf vorbereitet sein, an einem sicheren Platz Schutz zu suchen.
Erreicht man den Golf von Ajaccio, so sind die Westwinde weniger häufig, und östliche haben einen größeren Anteil. Obgleich in der Straße von Bonifacio westliche Winde vorherrschen, kommt ein hoher Prozentsatz auch aus Nordosten.

Wettervorhersage Rundfunk: Die Zeiten der französischen und italienischen Wettervorhersagen für das Seegebiet um Korsika sind auf Seite 18 angegeben. Unter den Rufnummern 213271, 310880 und 360496 kann man die Vorhersagen in französischer Sprache vom Band abhören.

Ansteuerung Die Sichtweite an der gebirgigen Küste von Korsika ist oft nur gering und die Chance, den erwarteten Landfall bereits auf größere Entfernung auszumachen, nicht immer günstig. Der Duft der Macchia aber schwebt weit auf See hinaus und ist manchmal das erste Zeichen dafür, daß man sich der Insel nähert. Bei Nacht sind die stärkeren Leuchtfeuer für die Navigation hervorragend (s. Skizze S. 49).

Luftverkehr Sowohl von Paris und Marseille als auch von Nizza fliegen täglich Maschinen nach Ajaccio, Bastia, Calvi und Figari. Im Sommer gibt es regelmäßig Direktflüge von deutschen Flughäfen aus.

Seeverkehr Alle Tage fahren Fährschiffe von Marseille, Toulon und Nizza nach Ile Rousse, Calvi, Ajaccio und Bastia. Die Schiffe der italienischen Tirrenia-Linie verkehren ebenfalls täglich von Genua und Livorno nach Bastia und Calvi.

Ins Innere Korsikas gelangt man entweder, indem man eine eindrucksvolle Fahrt mit der Eisenbahn über die Berge zwischen Bastia und Ajaccio macht oder auch, indem man einen der Busse besteigt, deren Routen jedoch meistens an der malerischen Küste entlangführen. Jedenfalls besteht zwischen den Städten Korsikas Flugzeug-, Eisenbahn- und Busverbindung.

Nahrungsmittel und Weine Gewohnte Nahrungsmittel sind in jedem Hafen zu erhalten, ebenso die diversen korsischen Spezialitäten wie „Coppa“ (geräucherte Schweineschulter), „Lonzo“ (geräuchertes Schweinefilet) und die verschiedenen Ziegen- und Schafskäse. Die einheimischen Weine werden im Hinterland von Ajaccio gekeltert, bei Figari und Sartene im Süden, bei Cervione und Patrimonio im Norden, bei Calenzana im Nordwesten. Sehr zu empfehlen sind der Rosé „Clos de Bernadi“ sowie der Weißwein „Paviglia“ und der Rotwein „Capitoro“. Weine mit dem Aufdruck „Syndicat des Producteurs des Vins d'Origine Corse“ sind für gewöhnlich gut; solche von Campo d'Unico und Clos Pozzo di Borgo erhält man in einigen Weinhandlungen von Ajaccio. Die meisten Sorten kann man auch preiswert vom Faß kaufen. Französische Aperitifs bekommt man ebenfalls und zwei einheimische Liköre: „Myrte“, hergestellt aus den Beeren der Myrte, die in der Macchia wächst, und „Cedratine“ aus Zitronen.

Fischfang Zahlreiche Sportfischer gehen an den Felsenküsten Korsikas auf Unterwasserjagd; die Beute besteht aus *rouget* (Rotäsche), *rascasse* (Schwarzbarsch, dieser wird nur für die Bouillabaisse verarbeitet), *loup de mer* oder *ragnola* (Wolfsbarsch), *denti* (Brasse), *deurade* oder *dorade* (Goldforelle), *congre* und *murico* (Seeaal und Muräne), welche schon zur Römerzeit in dem Ruf standen, besondere Delikatessen zu sein.
Fischen ist in den Gebirgsbächen zwischen der dritten Woche im Februar und dem letzten Montag im September erlaubt.

Sprache Die korsische Sprache ist ein Gemisch aus Lateinisch, etwas Italienisch und wenig Französisch. Dazu kommen uralte, kaum erforschte vorlateinische Sprachquellen. Bedingt durch die jahrhundertelange italienische Besetzung der Insel klingt das Korsische fast wie Italienisch – mit etwas italienischen Sprachkenntnissen kann man es einigermaßen verstehen. Im übrigen kommt man mit Französisch zurecht, abgesehen von den ländlichen Gegenden, wo viele alte Leute Französisch weder sprechen noch verstehen.

DIE NORDWESTKÜSTE

Die große Halbinsel Cap Corse ist ungefähr 45 km lang und weist eine zentrale Gebirgskette von etwa 1200 m Höhe auf; sie hat schöne Küsten – so mag die Riviera ausgesehen haben, als sie noch unberührt war.
Am Ende mancher kleinen Bucht sieht man Weiler, jeder beschützt durch einen Wachtturm. An den Berghängen erkennt man noch die Terrassen, auf denen einst Weinanbau betrieben wurde; heute sind sie von der Macchia überwuchert. Vor zweihundert Jahren schrieb Boswell: „Der

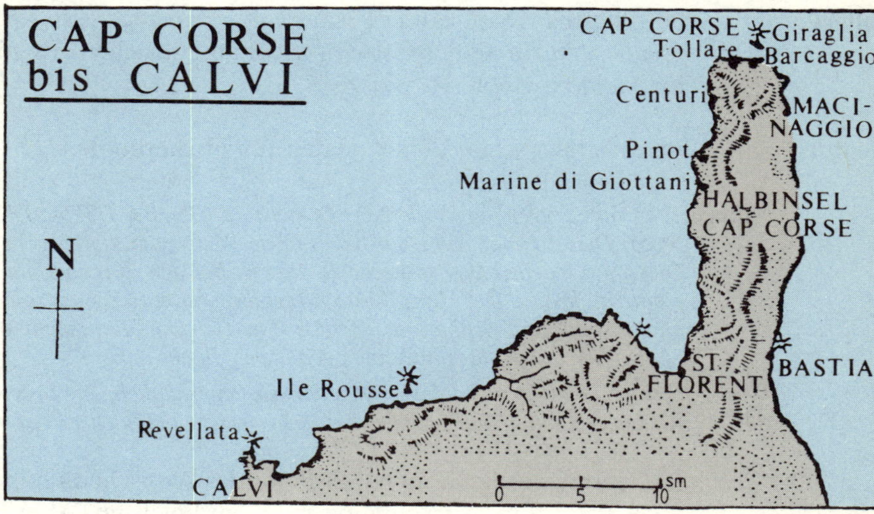

Anblick der mit Weingärten bedeckten Berge war sehr erfreulich, und die Düfte der Myrten sowie anderer aromatischer Sträucher und Blumen, die hier wachsen, wirkten erfrischend." Es lohnt sich durchaus, diese Landschaft zu erkunden.

Barcaggio ist ein kleiner Fischerhafen am Cap Corse, der nur für Yachten bis maximal 1,50 m Tiefgang zugänglich ist. Der Hafen wird durch eine von West nach Ost verlaufende, 100 m lange Steinmole gebildet, die zum größten Teil von einheimischen Fischerbooten belegt ist. Am Molenkopf sind noch etwa 1,50 m Wassertiefe, die zum Innern hin schnell abnehmen. In dem hübschen, ruhigen Dorf gibt es ein hervorragendes Restaurant; ansonsten sind die Versorgungsmöglichkeiten gering.

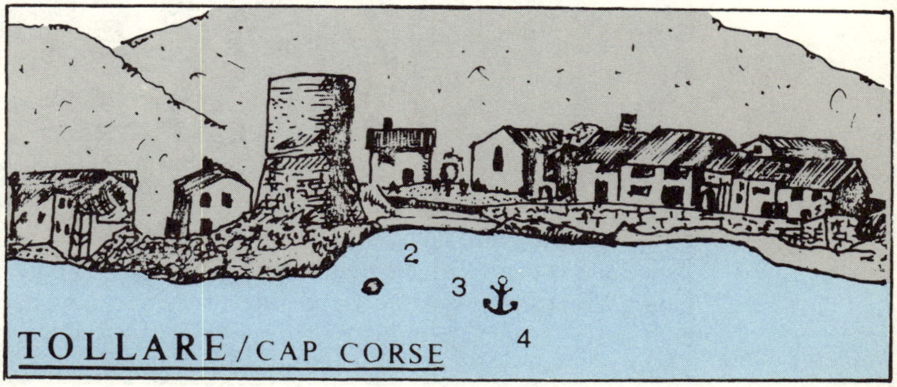

Tollare ein kleines Dorf etwa 1 sm weiter westlich, ist an seinem runden Genuesenturm an der Ostseite leicht auszumachen. Es gibt hier zwei Slips für kleinere Boote (s. Skizze S. 51).

Centuri ist ein malerischer kleiner Hafen für Fischerboote.

Ansteuerung und Liegeplatz (Seekarten: D 499 und 675, BA 1131 und 158, F 6969 und CG 1006): Dieser Hafen sollte nur bei ruhigem Wetter und klarer Sicht angelaufen werden. Die rote Untiefenbake Sèche de la Teja ist bei der Einsteuerung unbedingt an Steuerbord zu lassen. Der Hafen bietet Liegeplätze für etwa zehn kleinere Yachten, aber nur für maximal drei Schiffe mit 1,50 bis 2 m Tiefgang. Bei gutem Wetter kann man im Südteil der durch die Ile Centuri gebildeten Bucht ankern.

Versorgungsmöglichkeiten: Trinkwasser ist am Hafen erhältlich; ein Lebensmittelgeschäft und Restaurants mit hervorragender korsischer Küche befinden sich unmittelbar an Hafen.

In Centuri wurde die Invasionsflotte des korsischen Freiheitskämpfers Pasquali Paoli für die Expedition nach Sardinien im Jahre 1792 gebaut. Von der Moulin Mattei an der Route Nationale 198 aus hat man einen eindrucksvollen Rundblick über das Cap Corse.

Fährt man weiter an der Küste entlang, so kann man die großartige Gebirgslandschaft bis zu dem kleinen Ort Nonza bewundern, „in die rauhesten Kliffe gebettet wie ein kleines Nest“. 7 sm weiter öffnet sich der Golf von St. Florent.

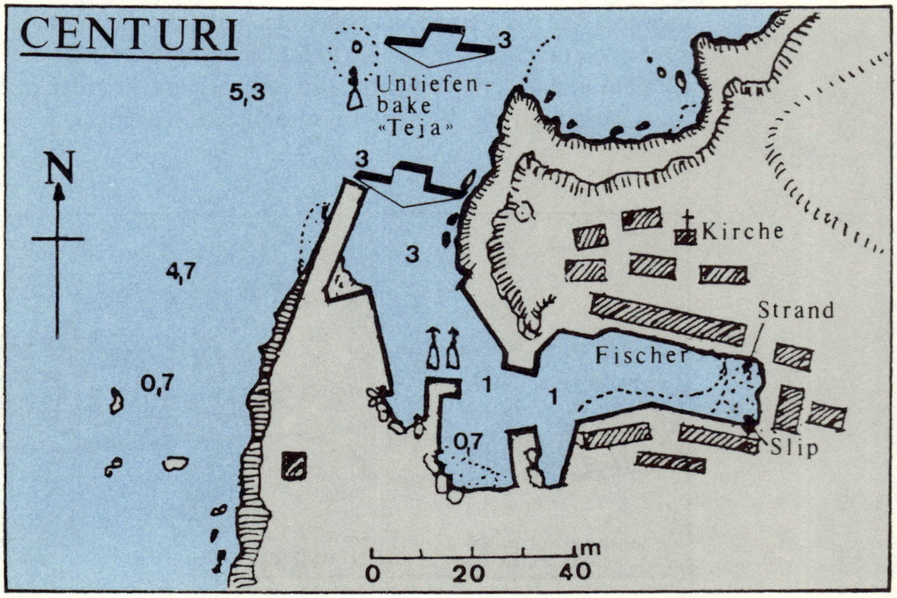

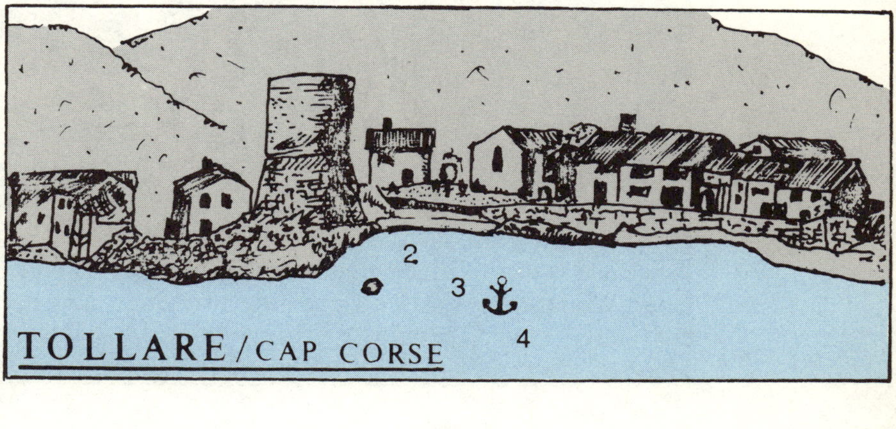

Pinot ist eines der schönsten und ursprünglichsten Dörfer am Cap Corse. Es thront auf einem etwa 140 m hohen, steil abfallenden Felsvorsprung über dem Meer. Bei ruhigem Wetter kann man vor dem Strand auf 5 m Wassertiefe über gut haltendem Sandgrund ankern und mit dem Beiboot an Land fahren. Ein Besuch des mittelalterlichen Klosters und der Klosterkirche Sainte Marie lohnen die Mühe des Ankerns.

Saint Florent ist ein altes Genuesendorf aus dem 15. Jahrhundert inmitten einer Gebirgslandschaft. Damals hieß es San Fiorenzo. Ende der sechziger Jahre wurde es modernisiert, ohne seinen eigentümlichen Charakter einzubüßen. Die nur 1 km landeinwärts liegende Kathedrale von Nebbio gilt als das schönste romanische Bauwerk der Insel. Sie stammt von den Pisanern.

Ansteuerung (Seekarten: D 499 und 675, BA 1131 und 158, F 4881 und CG 1006): Die Untiefe Ecueil de la Tegnose mit ihrem roten Leuchtturm sollte man gut 100 m an Backbord lassen. Dann steuere man die Mitte der Einfahrt zwischen den beiden Wellenbrechern an. Ihre Köpfe sind nachts befeuert.

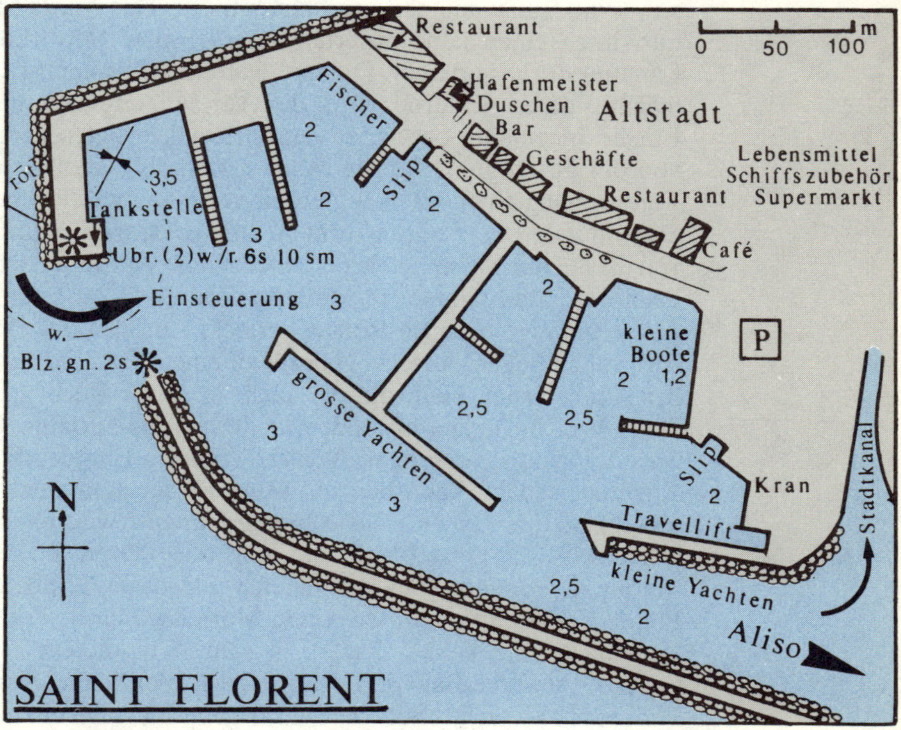

Liegeplatz: Siehe Plan. Schwere Ankerketten sind ausgelegt, die man mit einer leichten Kette hochholt. Die Benutzung eigener Anker ist verboten. Aus Süden und Osten sind manchmal heftige Böen zu erwarten; ansonsten liegt man gut geschützt. Weitere Liegeplätze für Motorboote sowie Segelyachten, die den Mast legen können, von nicht mehr als 1,20 m Tiefgang sind rechts und links an den Ufern des Flusses Aliso.
Eine Fahrt mit dem Beiboot auf dem Aliso ist ein unvergeßliches Erlebnis. Man kann kilometerweit flußaufwärts fahren, vorbei an Ferienanlagen und Campingplätzen. Nach dem Campingplatz mit Anlegemöglichkeiten geht es noch etwa 3 km durch fast unberührte Flußlandschaft, ehe mangelnde Tiefe und umgestürzte Bäume eine Weiterfahrt unmöglich machen. Gute, ruhige Ankerplätze findet man im übrigen an der Westseite des Golfes, nordwestlich des Hafens.

Versorgungsmöglichkeiten: Wasser und Strom an den Liegeplätzen; Eis und Treibstoff; Duschen im Gebäude der Rezeption; 7-t-Kran; Geschäfte aller Art im Ort, ebenso Hotels und Restaurants. Am Südufer des Golfes gibt es eine Tauch- und Segelschule. Busverbindung nach Bastia. Im Sommer Ausflugsfahrten um die Halbinsel Cap Corse.

Das zerfallende genuesische Fort, das den Hafen bewacht, war Zeuge so manchen Seegefechts im Golf. Der Mortella-Turm – heute eine Ruine – spielte einst eine bedeutende Rolle bei der Verteidigung von St. Florent. Als im Jahre 1794 Einheiten der britischen Flotte unter dem Kommando von Lord Hood versuchten, die Stadt durch ein Bombardement zu bezwingen, gelang es ihnen nicht, den Turm so stark zu beschädigen, daß sich seine Besatzung hätte ergeben müssen. Das wurde erst viel später und nur durch einen konzentrierten Angriff unter Mitwirkung eines starken Landungstrupps erreicht. Die unerwartete Widerstandsfähigkeit des Turms machte tiefen Eindruck auf die Verteidigungsexperten in aller Welt. Etliche Ingenieure besuchten den Ort und fertigten genaue Zeichnungen von der Festung an. Wenige Jahre später, als Napoleon durch seine Invasionsdrohung England in Schrecken versetzte, wurde eine Linie von mehr als einhundert befestigten Türmen, ähnlich dem bei Mortella, an der Küste von Kent und Sussex errichtet. Der Name wurde jedoch in England verballhornt: Man nannte sie Martello-Türme.
Auf dem Wege nach Ile Rousse verlockt zunächst der einstige Ankerplatz der großen Segler, **Anse de Fornali,** zu einem Besuch. Auf 5 m Tiefe findet der Anker festen Halt und die Yacht in dieser Bucht guten Schutz.
Das gilt nicht für die folgenden im **Désert des Agriates.** Die Gegend hält, was der Name verspricht: Wüste, Wildnis, Einöde. Wer seemännische Abenteuer sucht, kann hier auf seine Kosten kommen, wenn das Wetter umschlägt. Im Zeitalter des *camping nautique* wird er dabei nicht einmal allein sein. Es handelt sich um folgende Plätze: Plage de Costa-Pano, Marine de Peraldo, Plages de Saletch, Plages de Cenibaretta zwischen der Pointe Cenibaretta und der Pointe Mortella, Marine de Malfaco, Anse de Porajola – die beiden letzten gewähren in diesem Raum den besten Schutz – und die Baie de Lozari. Hier ist der Schutz gleich Null, aber ein Feriendorf bietet im Sommer Versorgungsmöglichkeiten.

Ile Rousse ist ein ausreichend geschützter Hafen, den eine 1,5 km lange Straße mit der Ortschaft verbindet. Es ist ein vielbesuchter Touristenort, in dem zahlreiche bekannte französische Künstler ihr Sommerdomizil haben.

Ansteuerung (Seekarten: D 499 und 675, BA 1131, F 4881 und CG 1006): Aus der Ferne bieten der 409 m hohe Mt. Orcica, zu dessen Füßen Stadt und Hafen liegen, sowie die Ile de la Pietra mit dem gleichnamigen Leuchtturm, die mit ihren roten Felsen Ile Rousse den Namen gegeben hat, die besten Anhaltspunkte.

Liegeplatz: a) Man ankere 100 m südwestlich der Festmachetonne.
b) Wenn keine Fähre zu erwarten ist, kann man vorübergehend am Kai festmachen. Aber meist ist dort kein Platz.
c) Bei ungestörter Wetterlage ist es angenehmer, vor dem Ort zu ankern. Am Kopf des Anlegers südlich des Puntella-Felsens können fünf bis sechs Yachten vor Buganker, Heck zum Kopf des Anlegers, liegen.
Der ganze Hafen ist ungeschützt gegen Winde aus dem ersten Quadranten. Sollten diese angekündigt werden, muß man sich schleunigst davonmachen. Dasselbe gilt für starke Westwinde, die über den Straßendamm hinwegfegen.

Versorgungsmöglichkeiten: Am Hafen selbst erhält man nichts. Man muß schon in die Ortschaft gehen, wo es Geschäfte aller Art, Restaurants und Reparaturwerkstätten gibt. Im Sommer verkehren regelmäßig Fähren zum französischen Festland.

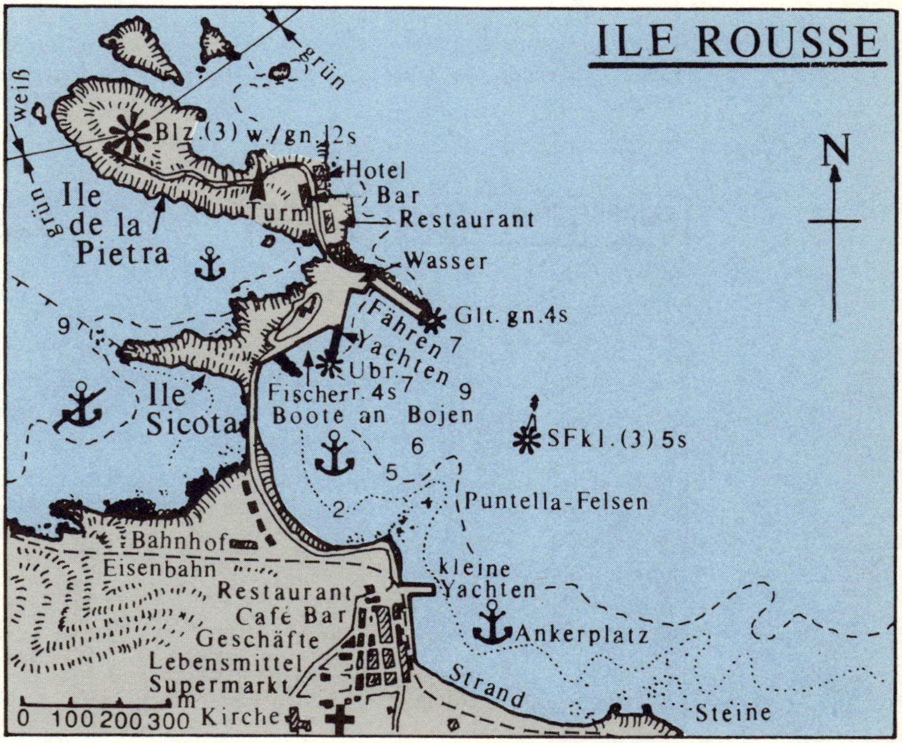

Ile Rousse hat 3000 Einwohner. Auf dem von Palmen beschatteten Place Paoli gibt es auf der einen Seite in einer offenen Säulenhalle einen Obstmarkt. In der Mitte des Platzes steht eine weiße Marmorbüste des Helden von Korsika, denn Paoli war es, der diesen Hafen gründete, um dem zu jener Zeit von den Genuesen besetzt gehaltenen Hafen von Calvi den Rang abzulaufen. Er benutzte ihn als Stützpunkt bei seinen Angriffen auf die Schiffe der Genuesen und um per Boot mit Nelsons Schiffen in Verbindung zu bleiben. Obwohl sich der Hafen dann später als nützlich für den Export von Orangen und anderen einheimischen Erzeugnissen erwies, profitiert der Ort heute eher vom Tourismus. An der Südseite des Hafens findet man schöne Badestrände mit feinem Sand.

Bevor man nach Calvi gelangt, findet man zwei weitere kleine Häfen:

Algajola westlich des Ortes Algajola. Dort gibt es vor der Pt. Damiano einen kleinen Hafen für Boote bis etwa 6 m Länge. Die Mole hat an ihrem Kopf 1,50 m Wassertiefe.

Sant' Ambrogio ist eine kleine private Marina zu Füßen eines Feriendorfes. Yachten auf der Durchreise können von den Anlagen Gebrauch machen (Hafengebühr). Geöffnet von April bis September.

Ansteuerung (Seekarten: D 499 und 675, BA 1131, F 4860 und CG 1006): Nur bei gutem Wetter und schon gar nicht bei Mistral. Die Algajola-Felsen sollte man im Auge behalten.

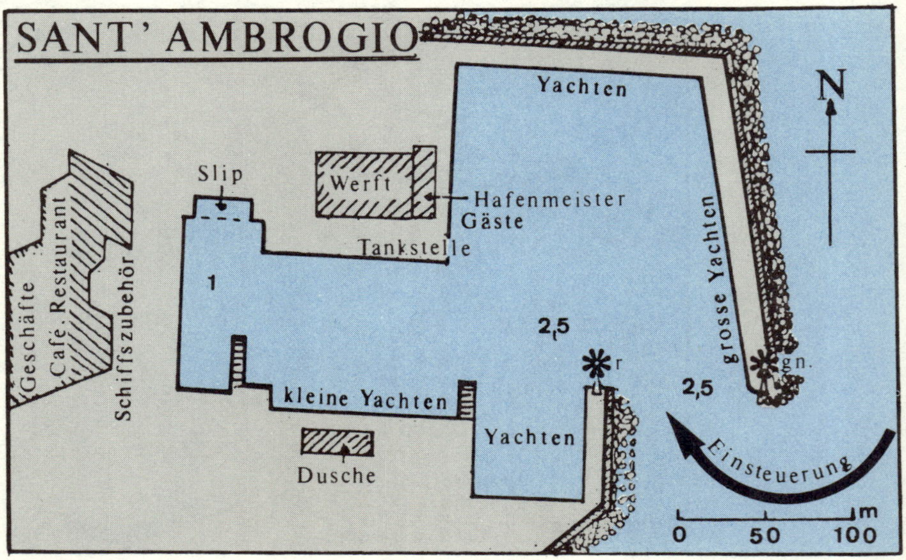

1

2

1 Elbas Golfo Stella – das sind kleine Buchten mit herrlichen Sandstränden

2 Golfo di Campo an der Südküste von Elba: In seiner Nordwestecke liegt die Marina di Campo

3 Elba. Blick auf Portoferraio, das einen der sichersten Häfen im gesamten Mittelmeerraum besitzt

4 St. Florent an der Nordwestseite Korsikas mit seinem modernen Yachthafen und der Einfahrt in den Aliso

5 Insel Cavallo südöstlich von Korsika. Yachten haben hier die Wahl zwischen mehreren Ankerplätzen

6 Bonifacio an der korsischen Südküste. Die Häuser auf dem Kliff sind bei der Ansteuerung dicht unter Land leicht zu übersehen

7 Kap Corse. Blick auf die schneebedeckten Berge der großen Halbinsel im Norden Korsikas

4

3

5

6

8 Bastia, eine der beiden Hauptstädte Korsikas, hat den bedeutendsten Handelshafen der Insel

Liegeplatz: Schwere Ankerketten sind an einer Leichtkette an jedem Liegeplatz angehängt. Der Gebrauch eigener Anker ist verboten. Ausgezeichneter Schutz innerhalb des Hafens.

Der Hafen ist im Sommer allerdings meist von Dauerliegern belegt, so daß für durchreisende Yachten kein Platz bleibt. Es empfiehlt sich dann, die paar Meilen nach Calvi weiterzufahren.

Versorgungsmöglichkeiten: Wasser, Duschen, Elektrizität, Eis, Treibstoff, Tauchflaschen-Füllstation, 16-t-Kran. Läden aller Art, Postamt und Schwimmbecken. Segel- und Tauchschule. Werftbetrieb am Hafen.

Calvi ist ein entzückender, geschützter Hafen inmitten einer schönen Berglandschaft.

Ansteuerung (Seekarten: D 499 und 675, BA 1131, F 4860 und CG 1006): Die Zitadelle ist von weit her auszumachen. Nachdem man den Kopf des Wellenbrechers gerundet hat, halte man entweder auf die Reede zu oder auf den neuen Yachthafen.

Anker- und Liegeplatz: a) Im Yachthafen an den Stegen, am Stadtkai oder an der Außenmole. Alle Liegeplätze (etwa 430, davon 200 für Gastlieger) sind mit Grundleinen bzw. Bojen versehen.

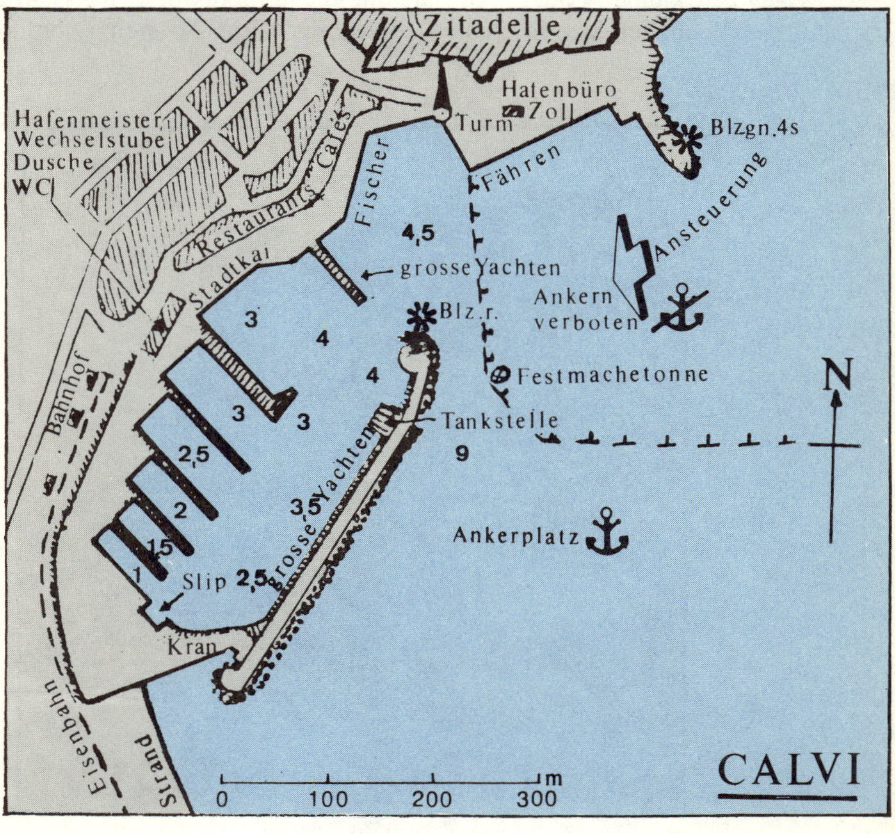

b) In der Bucht von Calvi vor Anker. Im Sommer liegen hier oft 50 Yachten und mehr, um die Hafengebühren zu sparen.

Versorgungsmöglichkeiten: Wasser- und Stromanschluß an allen Liegeplätzen. Kraftstoff erhält man an der Tankstelle im Hafen. Die Firma Calvi Bateaux verfügt über einen 16-t-Kran und führt Reparaturen jeder Art aus. Geschäfte, Supermarkt, Schiffszubehörhändler, Banken, Wechselstuben sowie gute Restaurants, in denen man preiswert essen kann, sind in unmittelbarer Nähe des Hafens reichlich vorhanden. Das Geschäft mit korsischen Spezialitäten neben der Capitainerie liefert alle Lebensmittel und Getränke kostenlos an Bord – im Sommer morgens sogar frische Croissants und Baguettes.

Calvi (lateinisch *calvus* kahl), ein Städtchen von 3700 Einwohnern, liegt auf einer kahlen, nahezu gänzlich vom Meer umgebenen Halbinsel. Auf der höchsten Erhebung des Felsens steht die genuesische Zitadelle, von deren Wällen einige aus dem 13. Jahrhundert stammen. Die Gebirgszüge Korsikas bilden, den Konturen der Bucht folgend, mit ihren von Pinienwäldern bedeckten Vorbergen und einem lang sich hinziehenden Sandstrand zu ihren Füßen einen großartigen Hintergrund für die türkisfarbene See. Die Landschaft könnte gar nicht schöner sein. Glücklicherweise geht die moderne Entwicklung nur langsam voran, und die alten Straßen, die kleinen Läden, die Bars und die altmodischen Hotels im Inneren der Stadt haben sich im Laufe der letzten Jahre nur wenig verändert.

Man sollte von der Stadt zu den Befestigungen hinaufsteigen und von dort oben die wunderbare Aussicht genießen. Auf dem Weg dorthin kommt man an einem Platz vorbei, an dem eine Kaserne aus dem 17. Jahrhundert steht. Sie war früher einmal der Gouverneurspalast und ist heute Garnison der Fremdenlegion. Die Barockkathedrale St. Jean-Baptiste mit dem „Christ des Miracles", einem wundertätigen Kruzifix, und der prächtig gekleideten „Jungfrau vom Rosenkranz" befindet sich gleich gegenüber.
Ungefähr 2 km außerhalb der Stadt findet man eine kleine, schon stark mitgenommene Tafel, die in einen großen Granitfelsen eingelassen ist, mit der Aufschrift: „Ici Nelson dirigeant le feu des batteries contre Calvi perdit un oeil 12 Juillet 1794" (Hier verlor Nelson, das Feuer der Batterien gegen Calvi leitend, am 12. Juli 1794 ein Auge).
Eine Fahrt mit der korsischen Eisenbahn (Tramway de la Balagne) von Calvi nach Ile Rousse sollte man sich nicht entgehen lassen – die Züge verkehren stündlich. Während der Fahrt hat man einen herrlichen Ausblick, zunächst auf Calvi, die Zitadelle und die Bucht von Calvi, später auf die Küste und das Meer bei Sant' Ambrogio, Algajola und Ile Rousse, wobei der Zug an beinahe jedem Campingplatz anhält. Hauptbeschäftigung des Lokführers dabei ist die Betätigung der Sirene, um Urlauber oder Kühe von den Gleisen zu verscheuchen.

DIE WESTKÜSTE

Die Küste von Calvi südwärts ist die aufregendste der ganzen Insel und die malerischste zugleich. Der Küstenstreifen ist noch heute zumeist unbewohnt, denn bis zum Ende des 18. Jahrhunderts wagten es die Bewohner wegen der Seeräuber nicht, dort zu siedeln. Vielmehr bauten sie ihre Dörfer weiter landeinwärts. Hafenstädte gibt es erst seit Napoleons Tagen.
Die optimale Besuchszeit ist im Juni und während der ersten Julihälfte: Das Wetter ist ruhig, es ist warm, aber noch nicht heiß, leichte westliche Seebrisen herrschen vor. Für den Fall, daß ein Wetterumschlag droht, sollte man allerdings schleunigst den nächsten sicheren Hafen aufsuchen, also entweder Calvi oder Ajaccio.
Der erste Ankerplatz, der von Yachten bisweilen angelaufen wird, liegt im Golf von Galeria.

Galeria Ein wenig geschützter Ankerplatz mit einem Dorf in der Nähe des Ufers. Nach Osten Blick auf eine entzückende Landschaft.

Ansteuerung und Ankerplatz (Seekarten: D 499 und 675, BA 430, F 4818 und CG 1006): Die Ruine des Turmes von Galeria ist leicht auszumachen. Man läßt etwa 400 m süd-

westlich davon auf 9 m Wasser über Sandgrund den Anker fallen. Gegen NW liegt man hier ungeschützt.

Versorgungsmöglichkeiten: Mehrere Restaurants in der Nähe des Strandes sowie in Galeria, wo sich auch einige Lebensmittelgeschäfte befinden.

Beim Verlassen des Golfes von Galeria rundet man die dicht vor dem Festland liegende Insel Gargalo. Nachdem man ihre roten Felsenkaps – darunter Cap Spartivento – und die Rossa-Spitze an Backbord achteraus gelassen hat, gelangt man in den Golf von Girolata, der unter Land Schutz vor dem gelegentlich hier auftretenden Mistral bietet.

Insel Gargalo

In einigen französischen Führern wird behauptet, daß in der Passage zwischen Gargalo und Korsika genügend Wasser sei. Tatsächlich aber beträgt die Tiefe über den Felsen inmitten der Enge gerade knapp 2,50 m. Es sei in diesem Zusammenhang eine realistische Beschreibung in einem vor hundert Jahren erschienenen Seehandbuch zitiert: „Die Breite beträgt nur die Länge einer Brigantine, so daß nur kleine Fahrzeuge hindurchkommen, und die Tiefe des Wasser ist eben noch für Galeeren ausreichend."
Für Boote mit entsprechendem Tiefgang ist die Durchfahrt bei ruhigem Wasser sehr zu empfehlen, denn hier tut sich die neben dem Golf von Porto eindrucksvollste Landschaft Korsikas auf.

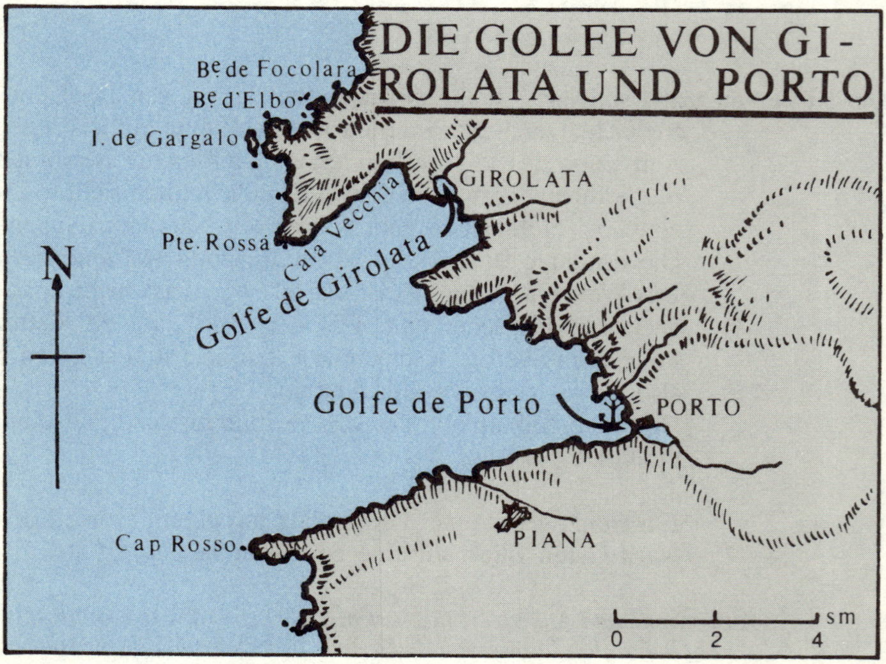

Zu beachten ist, daß die ganze Gegend Naturschutzgebiet und Teil des „Parc naturel Corse" ist. Das bedeutet Einschränkung bezüglich Fischfang, Unterwasserjagd und Uferbenutzung.

Der Golf von Girolata ist während des Sommers ein bevorzugter Ankerplatz inmitten einer schönen Berglandschaft. Das gleichnamige Fischerdorf ist außer von See nur über einen Maultierpfad zu erreichen. Daher hat sich hier noch etwas vom urwüchsigen korsischen Charakter erhalten können. Wenn abends die Ausflugsschiffe aus Calvi und Porto die Bucht wieder verlassen haben, wird es gemütlich in Girolata. Man sollte daher unbedingt einmal über Nacht bleiben.

Ansteuerung (Seekarten: D 499, BA 430, F 4818 und CG 1007): Man lasse das Kastell von Girolata an Backbord und halte so lange in die Bucht hinein, bis die Wassertiefe nur noch 11 m beträgt. Hier geht der Sandgrund in Felsen und Tangbewuchs über. Dicht unter dem nordwestlichen Ufer und gegenüber gibt es noch Sandflächen, die sich bei abnehmender Tiefe landwärts fortsetzen. Da das Wasser klar ist, kann man normalerweise die Veränderungen des Grundes verfolgen.

Ankerplatz: In der Nordwestecke der Bucht, um die hinter dem Kastell liegende Landspitze herum, findet man den einzig sicheren Ankerplatz. Hier können etwa ein Dutzend Yachten, den Bug seewärts gerichtet, vor Bug- und Heckanker liegen, denn Schwoien ist dann natürlich unmöglich (ebenso über den seichten Stellen). Bei südwestlichen Winden steht hier eine unangenehme Dünung, und wenn starke südliche Winde (Schirokko) oder Mistral vorhergesagt werden, ist es ratsam, den Platz zu verlassen. Man findet dann vorzüglichen Schutz in einer kleinen, 8 sm nordwärts gelegenen Bucht, der Elbo-Bay (vor Schirokko), oder in der Cala Vecchia bzw. gleich daneben (vor Mistral). Das Auslaufen ist freilich nicht mehr möglich, wenn der Mistral bereits über den Golf hinwegfegt. Dann muß man Leinen an Land oder zu den Stegen für die Aus-

flugsboote ausbringen und ausharren. Im Sommer ist die Bucht ständig überfüllt, so daß man nur außerhalb vor Anker gehen kann. Da liegt man jedoch recht unruhig.

Versorgungsmöglichkeiten: An diesem kleinen, unberührten Einschnitt, dessen benachbarte Sandbuchten gute Gelegenheiten zum Baden bieten, liegen zwei kleine Gartenrestaurants. In einem von ihnen kann man Lebensmittel in begrenzter Menge kaufen.

Die gesamte Flotte von 18 Schiffen des algerischen Admirals Dragut hatte hier Zuflucht gesucht, bevor er 1564 von Giovanni Doria, dem Großneffen und Erben des berühmten Andrea Doria, ergriffen wurde.

Im Golf von Porto wird die Landschaft geradezu überwältigend: rote Kliffe, von grünen Tälern durchschnittene Vorgebirge, die sich zu den steil aufragenden Bergriesen erheben. Es gibt jedoch nicht einen einzigen vor Mistral Schutz gewährenden Ankerplatz in diesem weiten Golf zwischen der Punta Rossa im Norden und Cap Rosso im Süden. Und wenn man den Wunsch hat, bei **Porto** zu landen, so bleibt einem nur übrig, vor dem Strand in einer unablässig hereinrollenden Dünung vor Anker zu gehen oder etwas weiter nördlich in der **Marina di Bussagna** vor dem Sandstrand. Dieser Ankerplatz ist sogar weitaus angenehmer als der vor dem Strand von Porto. Seinem Namen zum Hohn ist

Porto kein Hafen, sondern ein Touristenort mit attraktivem Strandleben.

Ansteuerung und Ankerplatz: a) Man halte auf den genuesischen Turm auf dem Vorgebirge zu, lasse dann dicht dabei vor dem Badestrand den Anker auf einer Wassertiefe von 9 m Meter fallen.

b) Manchmal kann man für kurze Zeit beim Kai festmachen, dies jedoch nur mit größter Vorsicht und unter erheblichen Bedenken. Der sogenannte „Hafen" ist nichts anderes als ein Einschnitt in den Felsen, und so ist es nicht ratsam für eine Yacht, hier für länger zu liegen – selbst dann nicht, wenn die Wetterverhältnisse vortrefflich sind.

c) Weiter nördlich in der Marina di Bussagna vor dem Sandstrand auf 6 m Wassertiefe.

d) Weiter südwestlich, in der Anse de la Castagna, findet man ebenfalls einen guten Ankerplatz.

e) Boote mit geringem Tiefgang (bis 0,50 m) können in den Fluß Porto einlaufen und dort am rechten oder linken Ufer festmachen.

Versorgungsmöglichkeiten: Man kann mit Hilfe des Beibootes in den Fluß Porto einlaufen und am linken Ufer festmachen. Einige Meter hangaufwärts findet man Geschäfte, Restaurants, Hotels usw. Am rechten Flußufer ist ein großer Campingplatz mit Anleger für Schlauchboote. Während der Sommermonate kommen zahlreiche Campingfreunde hierher.

Etwas sicherer und bei gutem Wetter – aber auch nur dann! – für eine Übernachtung zu empfehlen ist die Bucht von **Ficajola** gleich am Eingang des Golfes bei Cap Rosso.

Auf den 20 sm zwischen dem südwestlichen Ausläufer des Golfes, Cap Rosso, und dem Golf von Ajaccio findet man einige Buchten mit bequemen Ankerplätzen, die sich zumeist nach Südwesten öffnen, aber einigen Schutz durch die vor Winden aus West bis Nordwest abschirmenden Höhen erhalten. Da sind zunächst die Schönwetter-Ankerplätze in dem engen Einschnitt unmittelbar südlich von Cap Rosso, dann an der Pointe Lancisca, weiter in den Buchten von Arone, Chioni und Pero; dann die etwas mehr Schutz gewährenden Cargese-Bucht, Sagone-Bucht, Port Provençal und die Fico-Bucht. Einige von ihnen sind wert, daß man sie kurz beschreibt.

Cargese ist ein kleiner Hafen südostwärts und zu Füßen der Ortschaft gleichen Namens.

Ansteuerung (Seekarten: D 499, BA 430, F 4790 und CG 1007): Von Süden her ist die auf dem Sattel zwischen zwei Hügeln gelegene Ortschaft leicht auszumachen. Unterhalb von ihr liegt der Bootshafen.

Ankerplatz: Ein brauchbarer Ankerplatz ist in der Nähe nicht zu finden; der Grund besteht hier überall nicht nur aus Felsen und Geröll, er ist auch höchst uneben. Der Bootshafen – ausreichend für acht bis zehn Yachten – hat nur vor dem Molenkopf Wassertiefen von 2,50 m, die von da an rasch bis auf 1,50 m abnehmen.

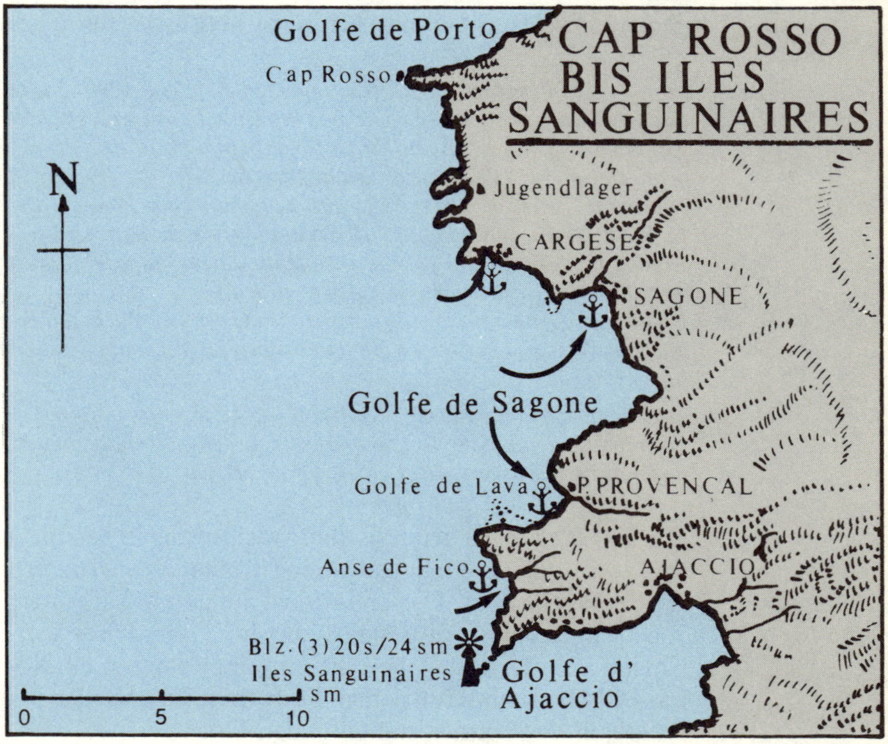

Der beste Ankerplatz liegt 0,5 sm ostwärts am Ende der Bucht, etwa 100 m vom Strand entfernt. Er hat Sandgrund und Wassertiefen von 3,50 bis 5,50 m. Da er gegen Süden und Westsüdwesten offen liegt, ist er nur bei ruhigem Wetter zu benutzen.

Versorgungsmöglichkeiten: Die Ortschaft ist 30 Minuten Fußmarsch entfernt (öffentliche Verkehrsmittel gibt es hier nicht). Im Ort Lebensmittelgeschäfte, Ferienappartements sowie ein Café und ein Hotel.

Wenn auch der Blick auf die der See zugekehrten Berghänge recht eindrucksvoll ist, hat die Gegend dennoch wenig Anziehendes oder Interessantes aufzuweisen, die beiden Kirchen von Cargese vielleicht ausgenommen: eine griechisch-orthodoxe und eine römisch-katholische, die einander gegenüberstehen. Der Ort wurde gegen Ende des 18. Jahrhunderts von den Franzosen erbaut, um die Nachkommen von Flüchtlingen aus Griechenland aufzunehmen, deren Vorfahren schon hundert Jahre zuvor den Türken hatten weichen müssen. Um ihnen, nachdem die Halbinsel Mani überrannt worden war, beizustehen, boten die Genuesen ihnen eine Freistatt auf Korsika an. Aber erst nachdem die Franzosen diese Ortschaft gebaut hatten, fanden die einstigen Flüchtlinge ein befriedigendes Auskommen.

Sagone liegt an einer weiten, sandigen Bucht inmitten einer hübschen Berggegend. Die Bucht öffnet sich nach Südsüdwesten (s. Skizze S. 67).

Ansteuerung und Ankerplatz (Seekarten: D 499, BA 430, F 4790 und CG 1007): Man halte auf den Turm zu, in dessen Nähe eine kurze, sich ostwärts erstreckende Mole mit einem Kai auszumachen ist. Beim Einlaufen gebe man auf die zahlreichen Boote an Bojen acht. Der kleine Hafen bietet Schutz für zwei oder drei Yachten, die an der Nordseite mit nordwärts ausgelegtem Anker am Kai festmachen können. Er ist freilich oft belegt. In Nähe des Kaiendes beträgt die Wassertiefe um 5,50 m, sie verringert sich zu seinem Anfang hin. Man kann aber auch querab davon auf 7,30 m Wasser über Sandgrund mit dünnem Grasbewuchs vor Anker liegen.
Eine weitere Anlegemöglichkeit besteht im Osten der Bucht am Kopf einer kurzen Pier mit 2 m Wasser. Ein kleiner Hafen daneben ist fast immer mit einheimischen Fischerbooten belegt.

Versorgungsmöglichkeiten: Wasser, Kraftstoff am Kai, 4-t-Autokran. Drei kleine Hotels, mehrere Läden und Ferienappartements in der Nähe. Ein Badestrand, steil abfallend und mit grobem Sand, liegt am Kopf der Bucht.

Die Existenz eines genuesischen Wachtturms in Sagone deutet darauf hin, daß es in der näheren Umgebung früher einen Ankerplatz für Handelsschiffe gegeben hat. Dieser Turm ist auf einem Satz farbiger Lithographien von Seegefechten dargestellt, die im United Service Club in London hängen. Die Drucke geben die einzelnen Phasen eines Kampfes zwischen französischen und britischen Fregatten wieder, der im Mai 1812 dicht unterhalb des Turmes stattgefunden hat.

Port Provençal ist eine kleine Bucht mit einem Sandstrand, die in hübscher Umgebung am Kopf der Lava-Bucht liegt. Es gibt hier eine Ferienkolonie.

Ansteuerung (Seekarten: D 499, BA 430, F 4790 und CG 1007): Die zwei Inseln am südlichen Ufer können als nützliche Landmarken dienen, um den unter Wasser liegenden Felsen aus dem Wege zu gehen. Die Wassertiefen vor dem Strand entsprechen denen in der Fico-Bucht.

Ankerplatz: Man kann dicht vor dem Strand auf 3,60 m Wasser vor Anker gehen und eine Warpleine zum Ufer hin ausbringen. Gegen die vorherrschenden Westwinde liegt man hier gut geschützt. Nördlich des Strandes liegen Bojen aus, an denen man sicher festmachen kann.
Es ist geplant, hier einen Sportboothafen anzulegen.

Die Anse de Fico hat einen Sandstrand und ist nach Süden und Westen offen. Man sollte sie nur bei schönem Wetter und auch nur kurzzeitig anlaufen.

Ansteuerung (Seekarten: D 499, BA 430, F 4790 und CG 1007): Vom La-Botta-Felsen halte man auf den Strand zu, wobei auf ein Flach von 1,50 m Tiefe nördlich vom Annäherungskurs sowie auf ein vom Südufer ausgehendes Unterwasserriff nahe beim Ankerplatz achtgegeben werden muß. Dieses Riff erstreckt sich von der sichtbaren Felsenspitze noch etwa 80 m weit in nordwestlicher Richtung.

Ankerplatz: Man lasse den Anker in der Mitte der Bucht, 100 m vom Strand entfernt, auf 5,50 m Wasser über festem Sandgrund fallen. Dünung aus Nord oder West wird durch die Form der Bucht gebrochen, nicht aber die aus Südwest. Man kann auch noch tiefer hineingehen und eine Leine zum Ufer hin ausbringen.

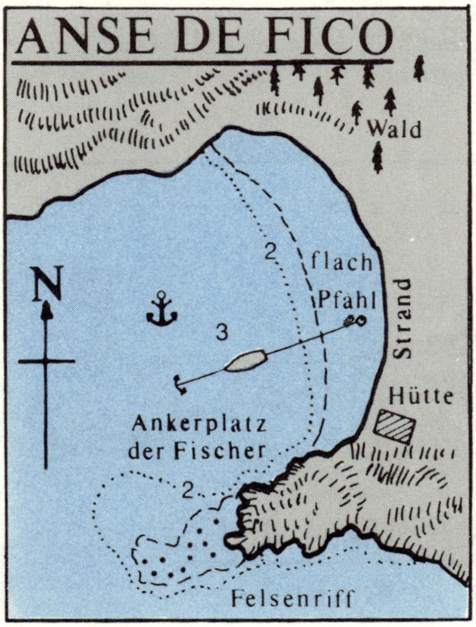

Die Bucht wird nur von einheimischen Fischern als provisorischer Ankerplatz benutzt. Über einen Weg durch das Tal kommen im Sommer Camper hierher und die Besitzer der Sommerhäuser. Der halbmondförmige Badestrand ist etwa 100 m lang und fällt steil ins Wasser ab, so daß die Tiefe schon 15 m vom Ufer entfernt 2 m beträgt.

Die Golfe von Ajaccio und Valinco haben einige ordentliche, von Bergen eingefaßte Häfen und Ankerplätze aufzuweisen.

Gerät man an diesem Küstenstrich in schlechtes Wetter, so tut man gut, sich daran zu erinnern, daß Ajaccio der sicherste Hafen in dieser Gegend ist. Auf dem weiteren Weg nach Süden sind die nächsten sicheren Plätze der Hafen von Propriano, die Campo-Moro-Bucht, danach dann Bonifacio.

Iles Sanguinaires heißt ein rötliches Felsenriff, von Punta Parata nach Südwesten, das sich 1,5 sm ausdehnt. Die Durchfahrt zwischen dem nördlichen Eiland und Punta Parata ist, da ihre Breite mehr als 500 m und ihre Tiefe mindestens 3,50 m beträgt, mühelos zu passieren. Man muß jedoch auf den Punta Parata vorgelagerten Felsen achtgeben und sich von diesem Punkt aus dann im ersten Drittel der Passage halten, wo die Wassertiefe um 7 m liegt.

Im Golf von Ajaccio wird die Küste flacher und weniger attraktiv. Sie ist auch dichter besiedelt. Vor dem großen Hafen Ajaccio gibt es kein lohnendes Ziel für einen Landfall. In dem Golf werden die westlichen Winde häufig durch östliche abgelöst.

Ajaccio ist die Hauptstadt des Département Corse-du-Sud. Es hat einen gut geschützten Allwetterhafen mit all den Annehmlichkeiten einer nahegelegenen Stadt.

Ansteuerung (Seekarten: D 675, GB 1131, 4787 und CG 1007): Alles Wesentliche ist aus der Hafenskizze ersichtlich. Die Türme an der Einfahrt sind rot gestrichen.

Liegeplatz: Für Yachten gibt es zwei bestens ausgestattete Yachthäfen:

a) Port de la Citadelle an der Jetée de la Citadelle, wo man bequem an Schwimmstegen mit Auslegern festmachen kann. Größere Yachten legen an dem ersten Steg oder neben

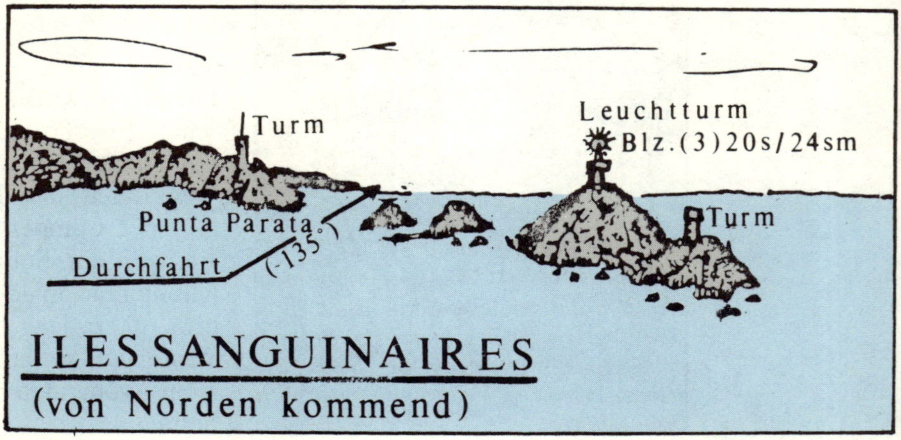

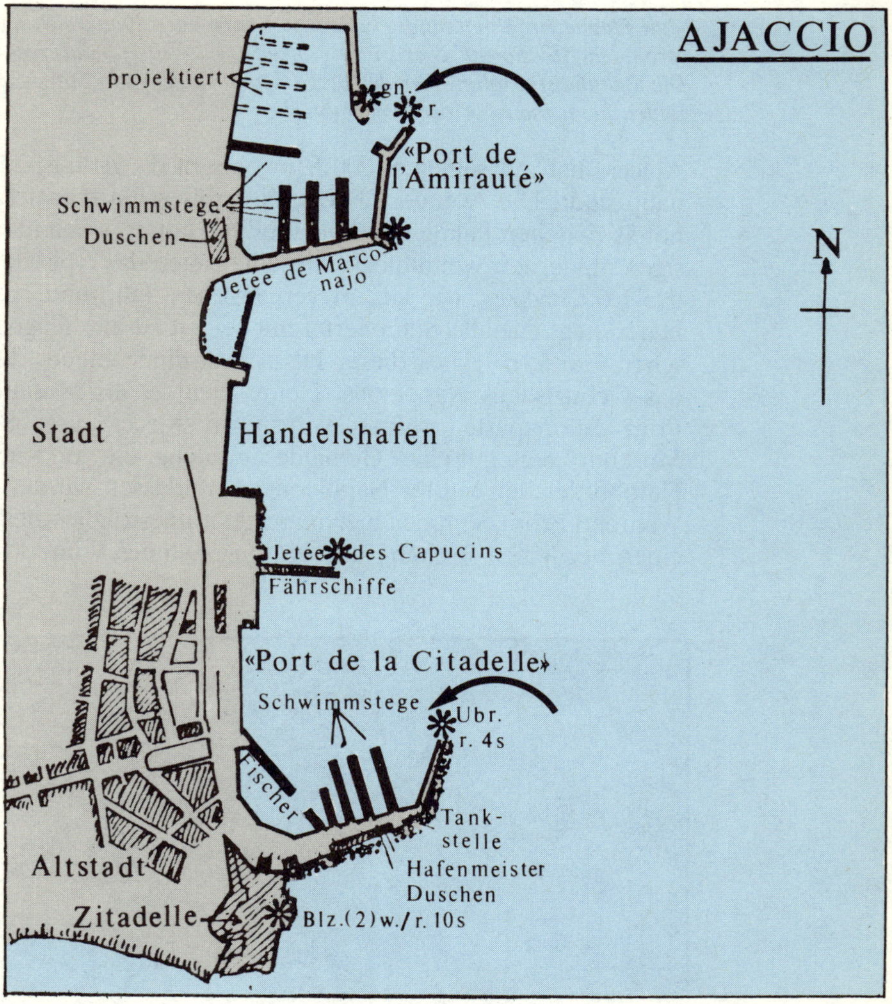

der Tankstelle an der Jetée de la Citadelle (hier allerdings vor eigenem Anker) an oder vor dem Fischereihafen. Der Port de la Citadelle verfügt über etwa 250 Liegeplätze.

b) Port de l'Amirauté nördlich vom Handelshafen, wo man ebenfalls bequem an Schwimmstegen mit Auslegern anlegen kann. Zu den 400 Liegeplätzen werden durch den weiteren Ausbau mit Schwimmstegen demnächst weitere 300 hinzukommen.

Behörden: Hafenmeisterei und Zollamt befinden sich am Port de la Citadelle.

Versorgungsmöglichkeiten: Wasser- und Stromanschlüsse für alle Liegeplätze an den Stegen. Treibstoff an den Tankstellen. Duschen bei der Captainerie und im Yachtclub. Bootszubehörgeschäfte, Segelmacherei, Reparaturbetriebe usw. rund um den Hafen. Lebensmittelgeschäfte überall in der Stadt. In der Nähe des Quai Napoleon wird jeden Morgen Markt abgehalten. Gute und nicht zu teure Restaurants in der Nähe, ebenfalls einige Hotels.

Vom Flughafen führen häufig beflogene Linien nach Frankreich und England. Fähren verbinden Ajaccio mit Nizza und Marseille, eine Eisenbahnstrecke geht nach Bastia. Die Bahnfahrt dorthin über die Berge dauert fünfeinhalb Stunden und ist sehr schön. Baden kann man vor dem Wellenbrecher.

Ajaccio hat mit seinen 52000 Einwohnern die Atmosphäre einer Provinzhauptstadt. Die Avenuen, Parks, die großen Gartencafés, ein paar Luxushotels zwischen Palmen und die großen Häuser, wenn man von einigen riesigen modernen Wohnlblocks absieht, bieten das typische Bild eines Ortes der Côte d'Azur, wie sie im vergangenen Jahrhundert war. Nahe beim Hafen liegt das alte Stadtviertel mit seinen zusammengedrängten genuesischen Häusern. Eines dieser Häuser, in einer engen, dunklen Gasse, ist das Geburtshaus Napoleons. Heute dient es als Museum, das 1967 von Prinz Buonaparte eröffnet wurde. In Ajaccio gibt es außerdem das Museum Fesch mit einer Gemäldesammlung, die von Kardinal Fesch, dem Halbbruder der Mutter Napoleons, hinterlassen wurde.
Während es im Sommer hier manchmal unerträglich heiß ist, hat Ajaccio einen herrlichen Frühling und ein angenehmes Winterklima.

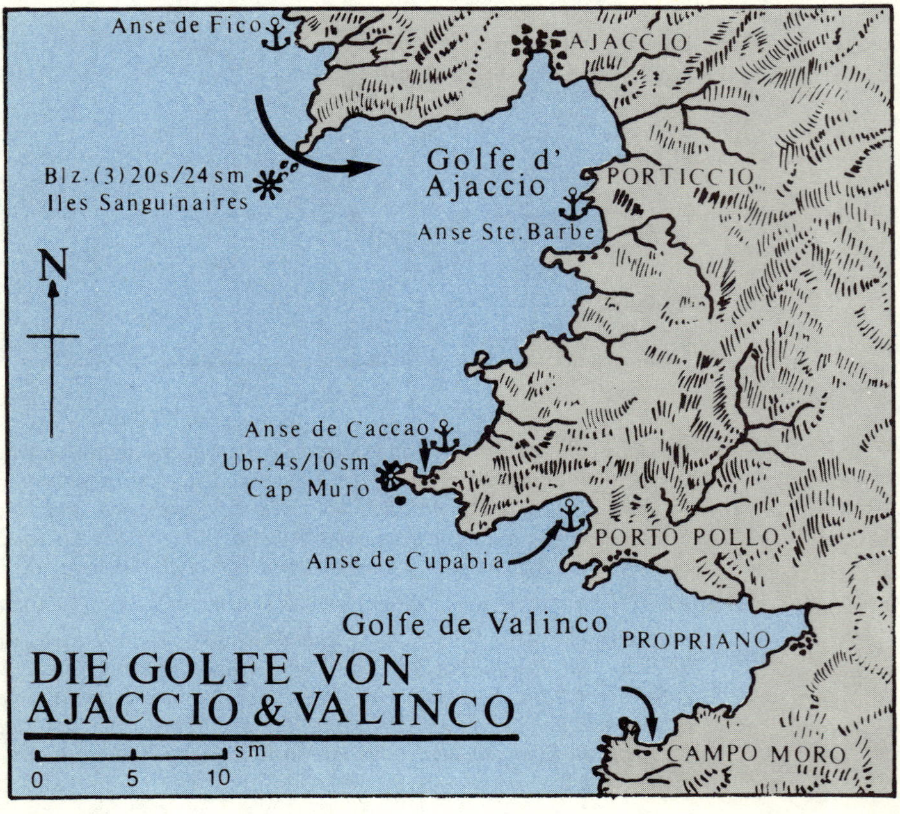

Zwei, manchmal auch drei Fähren laufen in den Sommermonaten täglich den Hafen an, um die französischen Touristen von Marseille und Nizza herüberzubringen; sie suchen meistens eines der zahlreichen Ferienlager auf. Viele Ausflugsbusse fahren von Ajaccio aus über die Insel. Infolge des Tourismus scheint die Stadt zu gedeihen – viele moderne Wohnblocks entstehen an den Berghängen über dem vornehmeren Viertel.

Am Südostufer des Golfes von Ajaccio gibt es drei Ankerplätze für die Nacht, die bei ruhigem Wetter recht angenehm sind:

Porticcio Sozusagen gegenüber der Hauptstadt liegt die Bucht Porticcio, unmittelbar südlich der gleichnamigen Pointe. Mit Segelschule, Tauchclub usw. gehört sie zu den Naherholungsgebieten von Ajaccio. Im Südostteil der Bucht gibt es ein Bojenfeld, mit dem man beim Ankern auf 4 bis 8 m Wasser klarkommen muß. Mit dem Beiboot kann man an einer Hotelpier landen und in den dortigen Lebensmittelgeschäften das einkaufen, was man in Ajaccio vergessen hat.
Die Ansteuerung dieses wie der folgenden Plätze erfordert größte Aufmerksamkeit, weil an der gesamten Südostküste des Golfes von Ajaccio Felsen über und dicht unter Wasser die Ansteuerung erschweren.

Sainte Barbe (Santa Barbara oder Isolella) liegt in einer durch ein Eiland und Felsen gegen Westwetter geschützten Bucht.

Ansteuerung: Man kann die Bucht an dem genuesischen Wachtturm auf Pte. Sette Nave ausmachen. Die Halbinsel muß man nordwestlich des Kaps runden, ehe man in die Bucht einläuft.

Ankerplatz: Seewärts der Unterwasserfelsen und Bojen auf 3 bis 4 m Wassertiefe ankern. Der Schutz ist hervorragend, weil Seegang aus Westen durch die Felsen gebrochen wird. Ferienhäuser sind über das Ufer verstreut, und die Umgebung ist dicht mit Buschwerk bewachsen.

Porto Cacao ist eine kleine Bucht dicht bei der Guardiola-Spitze. Hier gibt es Wassertiefen von 5 m über Sandgrund, aber der Ankerplatz ist gegen Norden ungeschützt. Ein paar Fischerboote betreuen während des Sommers von hier aus ihre Hummerkörbe.

Wird man bei sicherer Wetterlage auf dem Wege nach Porto Pollo von der Nacht überrascht, bietet sich die

Anse de Cupabia (oder Copabia) als Ankerplatz an, außer bei südlichen bis südwestlichen Winden.

Porto Pollo Diese sandige Bucht mit ihrem kleinen Dorf lohnt einen Besuch, wenn man sich für die megalithischen Höhlen interessiert, die 10 km entfernt im

Inneren des Landes liegen. Bei Westwetterlage ist Porto Pollo Propriano zum Übernachten vorzuziehen, denn man erspart sich damit das Herauskreuzen. Außerdem wird guter Schutz geboten gegen Schwell aus Westen. In dem kleinen Bootshafen beträgt die Wassertiefe zwischen 0,60 und 0,80 m.

Ansteuerung (Seekarten: D 675, BA 1131, F 4787 und CG 1008): Bei weniger als 2 m Tiefgang kann man von Westen nach Osten und umgekehrt die beiden breiten Durchfahrten zwischen den vorgelagerten Inseln benutzen. Der überspülte Felsen südwestlich des etwa 3 m hohen Felsens wird bei ruhigem Wetter nicht bemerkt, und man sollte ihm deshalb möglichst weit aus dem Wege gehen. Der zerfallene Turm auf dem Hügel läßt sich von See her nicht ausmachen.

Ankerplatz: Den besten Schutz findet man in der Nordwestecke der Bucht vor dem Terrassenrestaurant. Hier gibt es vereinzelt Sandflächen mit Wassertiefen von 5 m; zum größeren Teil besteht der Meeresgrund jedoch aus hartem, mit Seetang bewachsenem Sand und aus Steinen.

Versorgungsmöglichkeiten: In dem kleinen Dorf gibt es am südwestlichen Ende des Strandes ein Hotel-Restaurant. Man kann in drei Läden Lebensmittel erhalten; außerdem befinden sich hier mehrere kleine Bars. Der Strand in der Nordwestecke taugt nichts, denn schon dicht unter dem Ufer ist er sehr steinig. Trotzdem kommen viele Camper hierher.

Weiter im Lande, das Taravo-Tal aufwärts, findet man die Menhire von Filitosa. Sie gelten als einzigartig unter den vorgeschichtlichen Überresten, die man bis jetzt im Südwesten Korsikas freigelegt hat.

Propriano ist eine kleine Stadt in hügeliger Umgebung mit einem hübsch gelegenen neuen Yachthafen, der guten Schutz gewährt.

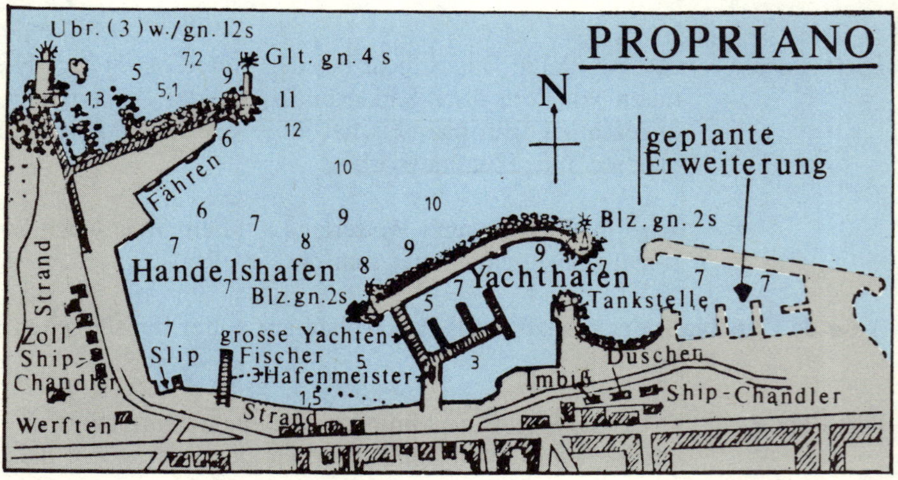

Ansteuerung (Seekarten: D 499 und Plan auf 675, BA 429, F 4786 und CG 1008): Auffallend sind der Leuchtturm und der Friedhof an der Ostseite des Hügels hinter der Stadt. Man sollte sich dem Leuchtturm (Ubr. w/gn. 12s, 16/12sm) nicht zu weit nähern, weil das Riff, auf dem er steht, sich unter Wasser einige Meter weit fortsetzt.

Liegeplatz: Im Yachthafen gibt es etwa 380 Liegeplätze für Yachten bis 15 m Länge. An den Stegen kann man bequem an Auslegern festmachen. Am stadtseitigen Kai befinden sich Grundleinen bzw. Grundketten. Größere Yachten machen vor Buganker – Heck zum Kai – an der im Plan eingezeichneten Stelle fest.

Behörden: Zollamt und Hafenmeisterei.

Versorgungsmöglichkeiten: Strom- und Wasseranschlüsse an den Stegen und am Kai für alle Liegeplätze. Treibstoff an der Tankstelle. Duschen und Toiletten in einem gesonderten Gebäude. Lebensmittel und andere Waren in den örtlichen Geschäften. In der Stadt selbst gibt es nur einige ältere Hotels; außerhallb sind ein paar moderne errichtet worden (jedes mit eigenem Badestrand). Restaurants findet man an der Wasserfront. Es bestehen Busverbindungen nach Ajaccio und Bonifacio. 15-t-Kran, Reparaturmöglichkeiten.

Bis vor wenigen Jahren noch lebten die 3000 Einwohner von Propriano vom Holzhandel und der Fischerei. Mit dem Tourismus ist Wohlstand bei ihnen eingekehrt, was in ihren Häusern, Geschäften und modernen Hotels seinen Ausdruck findet.

Campo Moro („Lager der Mauren") heißt ein sehr hübscher Ankerplatz in einer geschützten Bucht. Außer bei Nord- und Nordostwinden ist es der beste Ankerplatz im Golf von Valinco.

Ansteuerung (Seekarten: D 499 und Plan auf 675, BA 1131, F 4786 und CG 1008): Siehe Skizze. Die Unterwasserfelsen lassen sich an der leichten Brandung über ihnen erkennen.

Ankerplatz: Den besten Schutz findet man in der Südwestecke der Bucht, doch muß man auf die Ankergeschirre der Fischerboote achtgeben. Sandflächen, die guten Halt bieten, finden sich in Tiefen von 9 m. Der kleine Steg, der meistens von einheimischen Booten belegt ist, hat am Kopf 2 m Wasser.

Versorgungsmöglichkeiten: Lebensmittelladen. Rund um die Bucht sind Ferienhäuser sowie kleinere Restaurants und ein Hotel entstanden. Schöner Badestrand.

Von dem genuesischen Turm aus hat man einen schönen Rundblick. Campo Moro ist durch eine Straße mit Propriano verbunden.

Südwärts segelnd gelangt man nach 5 sm an das hohe Vorgebirge von Sénétosa, wo an der Südwestküste zwei Türme stehen. Von Norden kommend, ist der genuesische Wachtturm auf der Höhe eher auszumachen. Die Südwestspitze des Massivs, Cap Aquila, ist flach. Ihr sind – wie dem bereits passierten Vorgebirge Eccica – Felsenriffe vorgelagert. Man sollte die Küste deshalb in mindestens 0,5 sm Abstand passieren.

3 sm weiter liegt die **Tizzano-Bucht,** und jetzt muß man sich bald entscheiden, ob man die steinigen Untiefen von Les Moines an ihrer Innen- oder Außenseite passieren will. Der Leuchtturm von Les Moines ist 27 m hoch, und sein Feuer hat eine Tragweite von 11 sm. Bei schlechtem Wetter und bei Nacht sollte man außen herumgehen; die Küstenbefeuerung ist ausgezeichnet. Bei schönem Wetter ist die binnenseitige Passage vorzuziehen, besonders dann, wenn man die Roccapina- oder Fornello-Bucht anlaufen will.

Der Küstenabschnitt zwischen Campo Moro und Porto Tizzano bietet bei gutem Wetter – jedenfalls nicht Westwindlage – eine ganze Reihe von Land kaum zugänglicher Ankerplätze: die wild-romantische **Anse d'Agulia,** ein richtiger kleiner Fjord, in den man tief hineinfahren kann, die fischreiche **Anse de Ferro,** die **Anse d'Arana** mit schwieriger Zufahrt wegen vieler Felsen, in der man nur in der Nordwestecke ankern kann – das öst-

liche Ufer ist unrein, die reizvolle **Calanque de Conca** mit geringen Versorgungsmöglichkeiten, die **Anse de Tivella,** die noch den besten Schutz bietet, und die nur nach Südwesten offene **Anse Cala Longa.**

Port de Tizzano ist ein reizender kleiner Fischerhafen an einer Flußmündung. Sein Ankerplatz ist (mit Ausnahme gegen Westsüdwest) gut geschützt.

Ansteuerung (Seekarten: D 499, BA 429, F 4784, 4786 und CG 1008): Kommt man von Norden, so nehme man Kurs auf die Mitte der Halbinsel zwischen der Pte. Latoniccia und der Avena-Bucht. Das Fort an der nördlichen Einfahrt in die Bucht ist ebenso wie die Gebäude am südlichen Ufer gut auszumachen. Sobald man sich auf der Linie zwischen Pte. Latoniccia und der Ortschaft (etwa 023°) befindet, halte man auf die Mitte des Einschnittes zu – und ein wenig mehr nordwärts, je mehr man sich dem Fort nähert.

Ankerplatz: Peilt man das Fort etwa Westnordwest, so lasse man auf 7 bis 9 m Wasser den Anker fallen. Man ist dann ungefähr im ersten Drittel der Entfernung vom Nordufer quer über die Bucht. Hier gibt es Sandflächen, die guten Halt gewähren. Man kann aber auch weiter in die Bucht einfahren und genau auf der Linie Fort – Häuser am Hafen auf 3 m Wassertiefe dicht unter dem Fort ankern und gegebenenfalls zusätzlich eine Leine zum Land ausbringen. Kleinere Boote bis 0,50 m Tiefgang können in dem Fischerhafen am Steg festmachen.

Versorgungsmöglichkeiten: In den Häusern am Fischerhafen gibt es ein Lebensmittelgeschäft. Etwas weiter entfernt an der Straße findet man ein einfaches, von Fischern betriebenes Restaurant, in dem man hervorragend Hummer essen kann.

Eine Straße führt zu dem landeinwärts gelegenen Ort Sartène. Südlich von Tizzano schließt sich ein wunderbarer Badestrand an. In diesem landschaftlich reizvollen Golf ist in den letzten Jahren eine stattliche Anzahl von Ferienhäusern entstanden.
Die bedeutendste Ansammlung von Menhiren im gesamten Mittelmeerraum findet man 15 km landeinwärts von Tizzano: die Alignements de Palaggiu. Die schönsten und am besten erhaltenen Dolmen Korsikas gibt es im Norden der Pointe de Cauria: die Dolmen von Fontanaccia.

Roccapina Die Anse de Roccapina, nicht zu verwechseln mit dem Golf von Roccapina, ist, wenn auch vor allen Winden aus dem westlichen Sektor gut geschützt, so dicht von Felsenriffen umschlossen, daß man nur einer Yacht mit weniger als 2,50 m Tiefgang anraten kann, in sie einzulaufen. Größere Yachten ankern im **Golfe de Roccapina** oder im **Golfe de Mortoli.**

Ansteuerung (Seekarten: D 499, BA 429, F 4786 und CG 1008): Der Turm auf der südwestlichen Landzunge und ein Felsen im Nordosten, der von Süden gesehen an einen kauernden Löwen erinnert, sind auffallende Landmarken. An dieser Seite kann man sich bei Wassertiefen um 3,50 m dicht unter der Küste halten. Nach Südosten hin hat sie ein paar steinige Ausläufer. Man kann sich aber auch von der Südseite her der Mitte dieser Bucht nähern, wobei man darauf achten muß, daß man die zwischen den beiden Fel-

seneilanden unter Wasser liegenden Felsen meidet, die tagsüber leicht auszumachen sind.

Liegeplatz: Am Kopf der Bucht findet man einen Ankerplatz auf 3 bis 5 m Wasser über Sandgrund, der hinreichend Raum zum Schwoien bietet. Bei südlichen Winden ist er jedoch unbrauchbar.

Versorgungsmöglichkeiten: Lebensmittel sind an Ort und Stelle zu haben, ebenso Eis. Trinkwasser erhält man nur manchmal aus einer Quelle an der Nordwestseite der inneren Bucht. Eine den Hügel hinaufführende Nebenstraße mündet in die Hauptstraße von Ajaccio nach Bonifacio.

Dicht unterhalb des genuesischen Turms findet man die Überreste einer mittelalterlichen Ortschaft. Durch Ausflügler, die über Land hierher zum Baden kommen, ist diese entzückende Gegend bisweilen recht belebt.

Anse de Fornello Wie viele andere Buchten an diesem Küstenstrich bietet auch diese Schutz gegen Winde aus West. Dagegen muß man sie bei Südwind meiden.

Ansteuerung (Seekarten: D 499, BA 429, F 4786 und CG 1008): Sowohl die kleine Betonbake Prêtre, die auf einem Felsen steht, wie auch der hohe, auffallende Olmeto-Turm tragen dazu bei, daß man die Einfahrt leicht findet. Dort halte man sich in der westlichen Hälfte, denn an der östlichen Seite liegt eine Untiefe.

Ankerplatz: Man lasse auf 3,50 bis 5,50 m über Kraut und Sand den Anker fallen. Die Gegend ist noch ziemlich urtümlich.

Anse d'Arbitro In dieser kleinen Bucht sollte man sich an die Ostküste halten. Nicht zu weit einlaufen, sondern auf 3,50 m den Anker fallen lassen. Hier gibt es zahlreiche Sommerhäuser, aber keine Versorgungsmöglichkeiten. Am Ende der Bucht befindet sich ein schöner Sandstrand.

Die Figari-Bucht wird durch eine Flußmündung gebildet. Es gibt dort zahlreiche Wochenendhäuser, zum Teil mit Bootsstegen.

Ansteuerung (Seekarten: D 499, BA 429, F 4786 und CG 1008): Nach sorgfältigem Kartenstudium nähere man sich dem Turm mit 008°. 4 kbl südlich davon steuere man zwischen ihm und der Insel Porraja in die Bucht ein (siehe Skizze).

Ankerplatz: Dicht nordöstlich des Turms (Tour de Calderello);
dicht südlich des Restaurants mit Anlegesteg – kleine Yachten können direkt am Anleger festmachen;
gegenüber am Ostufer bei der Saline Soprane;
an dem Steg neben der Straße nach Caldarello.

Das Land ist zum größten Teil von Macchia bewachsen. Weiter oben im Tal wurden in jüngerer Zeit ein paar Menhire entdeckt, und hinter der Ortschaft, nahe bei Montilati, liegt die kleine Kapelle St. Quilico.

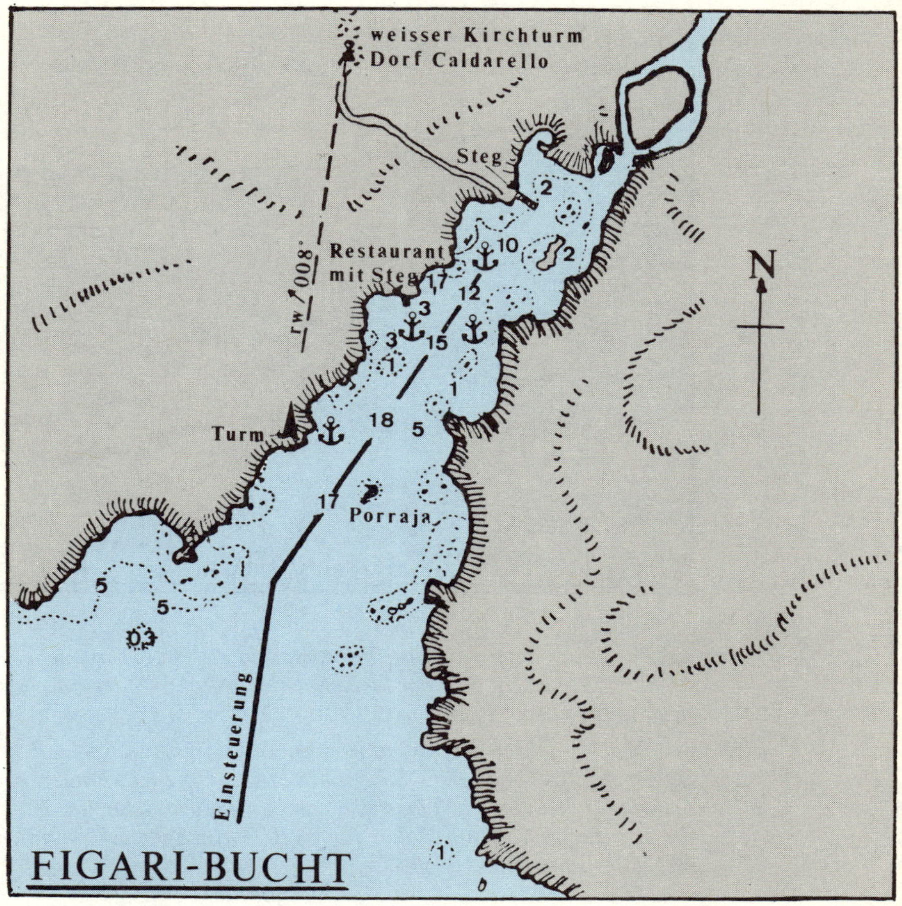

Auf dem weiteren Weg nach Süden finden sich noch Ankermöglichkeiten im **Golf von Ventilegne** und – besser – in der **Anse de Paragnano.** Die beste aber ist im **Port du Fazzio**.
2,5 sm hinter Cap Feno gelangt man zu den steilen, weißen Kliffen der Einfahrt nach Bonifacio.

DIE SÜDKÜSTE

Bonifacio ist ein von Land umschlossener, durch steile Berghänge gebildeter Hafen, den eine eindrucksvolle, im Mittelalter befestigte Ortschaft überragt.

Ansteuerung (Seekarten: D 675, BA 429, F 6929 und CG 1008): Nähert man sich von Westen her, so treten die Kämme des Trinité-Gebirges sehr deutlich hervor. Sobald man sich

jedoch dichter unter der Küste befindet, sind die Häuser auf dem Kliff an der Einfahrt leicht zu übersehen. Sichtbar bleiben der Friedhof und der rote Leuchtturm La Madonetta auf weißem Haus.

Liegeplatz: Yachten fahren bis ans innere Ende des Einschnittes und können hier an den Stegen an Backbord oder Steuerbord sowie am rückwärtigen Kai festmachen. Die Schwimmstege vor der Tankstelle sind für einheimische Yachten reserviert. Der Kai davor bietet sich als Liegeplatz für große Yachten an, ist aber nicht so ruhig wie die Plätze im Inneren des Hafens.

Wenn der Hafen überfüllt ist – was im Sommer häufiger vorkommt –, ist es möglich, in den Buchten des Nordufers der Einfahrt zu ankern: La Catena und Arenella (letztere eignet sich nur für Yachten mit geringem Tiefgang).

Behörden: Hafenmeister und Zoll.

Versorgungsmöglichkeiten: Wasser- und Stromanschluß an allen Liegeplätzen im inneren Hafenbecken. Duschen beim Yachtclub (Centre Nautique). Schiffszubehörhändler, Schreinerei und kleiner Werftbetrieb am rückwärtigen Kai. Ein 30-t-Kran steht zur Verfügung. Ein deutscher Mechaniker, den man über „Swan Sailing" (ebenfalls am rückwärtigen Kai) erreichen kann, führt zuverlässig Motorreparaturen aus, auch an Außenbordern. Kraftstoff erhält man an der Tankstelle im Hafen. Liegeplatzreservierung über UKW-Kanal 9 ist möglich und im Juli und August empfehlenswert.
Lebensmittel sind in den Läden am Hafen erhältlich. Hier findet man auch einige gute Restaurants, wovon das „A Zappara" auf dem Quai Comparetti nahe dem Aufgang zur Zitadelle sehr empfehlenswert ist. Da der Wirt Korse ist, richten sich die Öffnungszeiten nach seiner Laune. Die Fähre verkehrt zweimal täglich nach La Maddalena und S. Teresa und ebenso oft ein Bus nach Ajaccio (Fahrzeit: vier Stunden).

Beim Einlaufen in die enge Schlucht wird man schier überwältigt von den steil aufragenden massiven Mauern der Festung. Da Garnison der Fremdenlegion, kann man den militärischen Bereich der Zitadelle nicht betreten, auch nicht zur Besichtigung der beiden alten Kirchen in ihrem Inneren. Die aus dem 13. Jahrhundert stammende, von den Tempelrittern erbaute Kirche St. Dominique ist die einzige gotische auf der Insel. Sainte Marie Majeure, von den Pisanern errichtet und im 13. Jahrhundert von den Genuesen umgebaut, ist berühmt wegen ihrer Regenwasserzisternen, die der Besatzung der Zitadelle dazu dienen sollten, einer langen Belagerung standzuhalten. Sie liegt im „zivilen" Teil der Zitadelle und kann besichtigt werden.
Ein Spaziergang rund um die Zitadelle und auf den Höhen über dem Fort ist faszinierend. Man sollte auch einen Blick auf die verfallenen Häuser werfen, die auf den überhängenden Kliffen an der dem Meer zugewandten Seite der Stadt stehen. Alles in allem wohnen an die 1500 Menschen innerhalb der Zitadelle von Bonifacio, in der sich auch das Einkaufszentrum befindet. Bis vor wenigen Jahren bildeten die Garnison und die Fährverbindung die Lebensgrundlage der Stadt, doch heute beruht sie in weitem Ausmaß auf dem Tourismus.
Während des 18. Jahrhunderts waren die Korallen von den benachbarten Küsten nicht nur der Länge und Festigkeit ihrer Äste wegen berühmt, sondern auch wegen der Leuchtkraft ihrer tiefroten Farben.

Nachdem man Bonifacio wieder verlassen hat, erhebt sich die Frage, ob man die Reise nach Osten fortsetzen und der Küste Korsikas folgen oder ob man Kurs auf die Buccinari-Inseln – darunter Maddalena – und die Ankerplätze an der nördlichen Küste Sardiniens nehmen soll. (Siehe Kapitel 3: Die Straße von Bonifacio.) Entschließt man sich, die Südküste

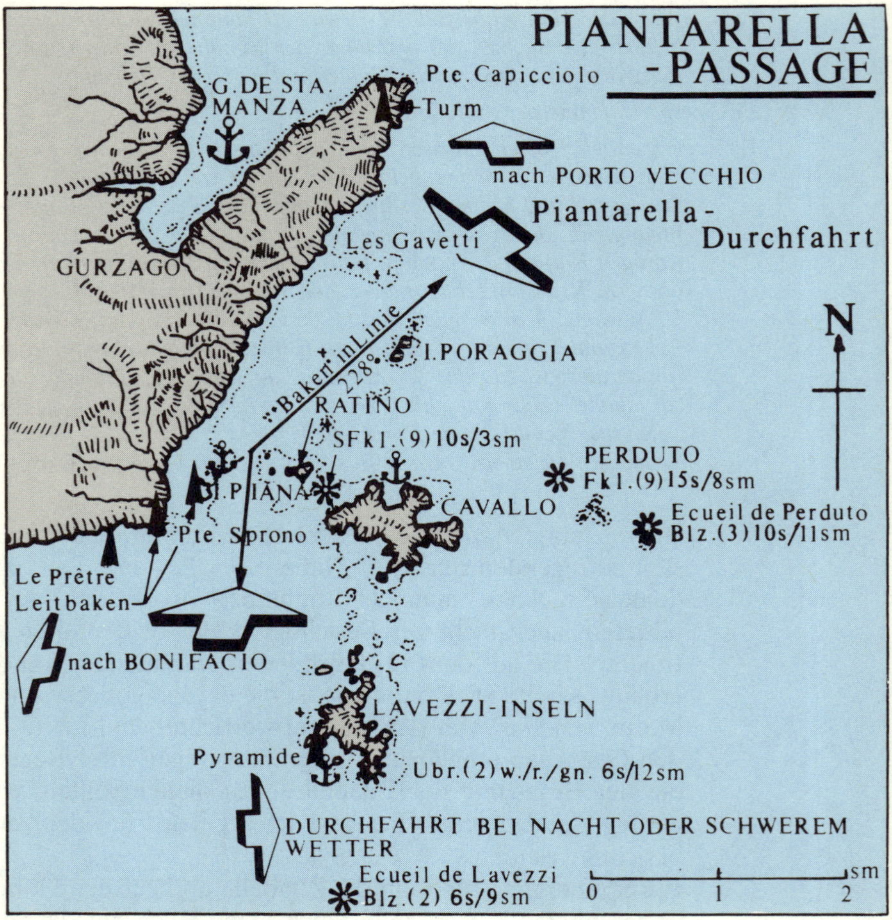

Korsikas zu runden, so sollte man auf die Bake des Prêtre-Felsens, der leicht auszumachen ist, zuhalten und in den

Piantarella-Kanal einsteuern (Seekarten: D 438, BA 429, F 4193 und CG 1008). Diese Durchfahrt ist jedoch nur am Tag bei klarer Sicht und keinesfalls bei östlichen Winden zu empfehlen. Die beiden Baken, die eine Peillinie für die Durchfahrt bilden, sind nur mit Mühe auszumachen.

Die Eilande Lavezzi und Cavallo mit ihren zahlreichen Riffen und ihrer zauberhaften Wildheit lohnen einen Besuch. Man muß jedoch sorgfältig die Karte studieren und möglichst ruhiges Wetter abwarten. Wäre das Wasser hier nicht so klar, würde man wohl nicht einmal die größten der überspülten Felsen entdecken. Ein großer Teil dieses Gebietes ist zum

Naturschutzgebiet erklärt worden – es sind also die entsprechenden Vorschriften und Verbote zu beachten.

LAVEZZI Drei Ankerplätze bietet diese einsame Insel:

Cala Lazavina Obwohl einem das Einlaufen im ersten Moment ziemlich aufregend vorkommt, dürften die folgenden Anweisungen zusammen mit der Skizze das Einsteuern unter Motor gefahrlos machen.

Ansteuerung und Liegeplatz (Seekarten: D 438, BA 1618, F 4595 und CG 1008): Man halte auf einen Punkt südlich der Pyramide auf der Südwestspitze des Eilands zu, passiere in etwa 15 m Entfernung einige kleine Felsen ostsüdostwärts der Pyramide und steuere 450 m in nordöstlicher Richtung, eine Reihe von Felsen dicht an Backbord lassend, das schroffe Steilufer an. Man erblickt dann zwei sandige Buchten, von denen die westliche die brauchbarere ist. Sich nach Backbord wendend, fahre man zwischen zwei kleinen Ausläufern der Felsenriffe hindurch, folge dem Sandgrund bis hin zum Strand und lasse auf 3 m Wasser den Anker fallen. Hier liegt man außer nach Südost und Südwest vollkommen geschützt, obwohl es nur Anhäufungen von Felsen sind, die Schutz gewähren.

Der Platz ist geradezu ideal, besonders bei östlichen Winden, um hier einen Tag mit Baden oder bei ruhigem Wetter auch eine Nacht zu verbringen. Unweit vom Strand liegt ein Friedhof mit einem Gedenkstein, der an den Untergang der zur Krim bestimmten französischen Fregatte „La Sémillante“ erinnert. 350 Mann der Besatzung und 400 Soldaten kamen um, als sie im Februar 1855 auf den Untiefen vor Lavezzi scheiterte.

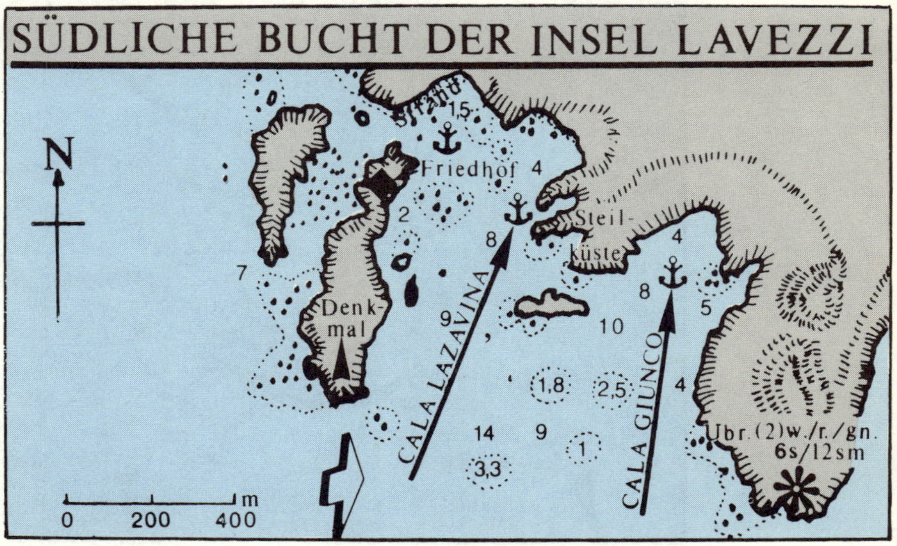

SÜDLICHE BUCHT DER INSEL LAVEZZI

Die unmittelbar ostwärts anschließende

Cala di Giunco ist weniger gut geschützt. Man sollte sich in der östlichen Hälfte halten, auf die Klippen achtgeben. Im Nordwesten der Bucht auf 8 m Wassertiefe ankern.

Die Cala di Greco ist ein enger Einschnitt an der Nordostseite der Insel und geschützt bei westlichen Winden.

Ansteuerung und Liegeplatz: Man halte sich dicht unter der felsigen Küste, steuere westlichen Kurs und passiere an der inneren Seite den überspülten Felsen, der etwa 100 m vor dem Ufer liegt. Sobald sich die Bucht öffnet, halte man auf den Sandstrand an ihrem Ende zu und werfe auf 3,50 m Wasser den Anker.

Hinter dem Strand liegt ein Friedhof – ebenfalls mit Opfern der „Semillante"-Katastrophe.

CAVALLO Ist das Wetter ruhig, so haben kleine Yachten die Wahl zwischen drei oder vier Ankerplätzen vor dieser Felseninsel. Jeder ist mit Riffen gesäumt; sie liegen teils unter Wasser oder sind überspült, teils ragen sie über die Oberfläche hinaus. Sie sind jedoch auf den Karten D 438, F 4595 und CG 1008 genau eingezeichnet. Bei klarem, glattem Wasser und günstigem Licht lassen sie sich gut ausmachen.

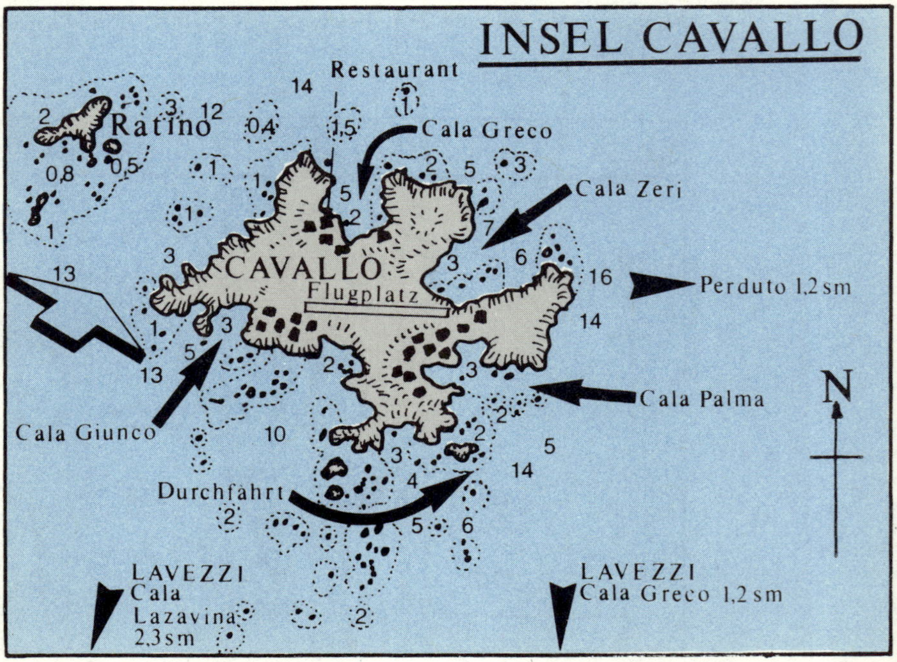

Die Skizze zeigt die hauptsächlichen Gefahrenpunkte und einen Sicherheit gewährenden Ansteuerungskurs. Sie sollte in Verbindung mit den Seekarten benutzt werden.

Die Cala di Greco nach Norden geöffnet und sehr belebt, sollte von Osten bei einer Peilung der östlichen Landzunge über 255° angesteuert werden. Die beiden Felsen, die auf manchen Karten 30 bis 60 cm über Wasser eingezeichnet sind, befinden sich heute unter Wasser.

Die Zeri-Bucht muß man mit Südwestkurs ansteuern. Im Scheitel der Bucht befindet sich ein vielbesuchter Sandstrand.

Die Palma-Bucht sollte man von Osten her anlaufen, indem man sich dicht unter Land hält und auf den überfluteten Felsen ungefähr 100 m südlich achtgibt. Mehrere Ferienhäuschen stehen am Ufer dieser Bucht.

Wer von der Ostseite der Insel – nördlich vorbeifahrend – an ihre Westseite steuern will, findet ein ausreichend tiefes Fahrwasser, indem er sich dicht an den auf der Karte eingezeichneten felsigen Ausläufer hält.

Die beiden Buchten an der Südwestseite von Cavallo sind leichter zu erreichen. Dicht am Strand gibt es hier einige Sommerhäuser.

Die Insel Cavallo ist in Privatbesitz. Die Sommerhäuser gehören reichen Franzosen, die, um schneller hinzukommen, einen kleinen Flughafen angelegt haben. Es gibt hier im übrigen ein hervorragendes Restaurant, das freilich auch für seine hohen Preise bekannt ist.
Der auf diesen Inseln vorkommende Granit ist schon von den Römern gebrochen worden, und der eine oder andere Block wartet noch immer darauf, verschifft zu werden. Man kann hier sogar noch einige rohe Basreliefs auf dem gewachsenen Felsen sehen, insbesondere auf dem Eiland San Bainzo, 1 sm nördlich von Lavezzi.

DIE OSTKÜSTE

Der Küste Korsikas nordwärts folgend, passiert man einige interessante Buchten, bevor man den weiten Golf von Porto Vecchio erreicht.

Santa Manza (Seekarten: D 438, F 6929 und CG 1008) ist ein weiträumiger Golf mit einem langen Badestrand an seinem innersten Teil. Außer bei nordöstlichen Winden ist dies der beste Ankerplatz; der Grund besteht aus Sand. Am Südostufer des Golfes gibt es in einer reizenden Umgebung mehrere

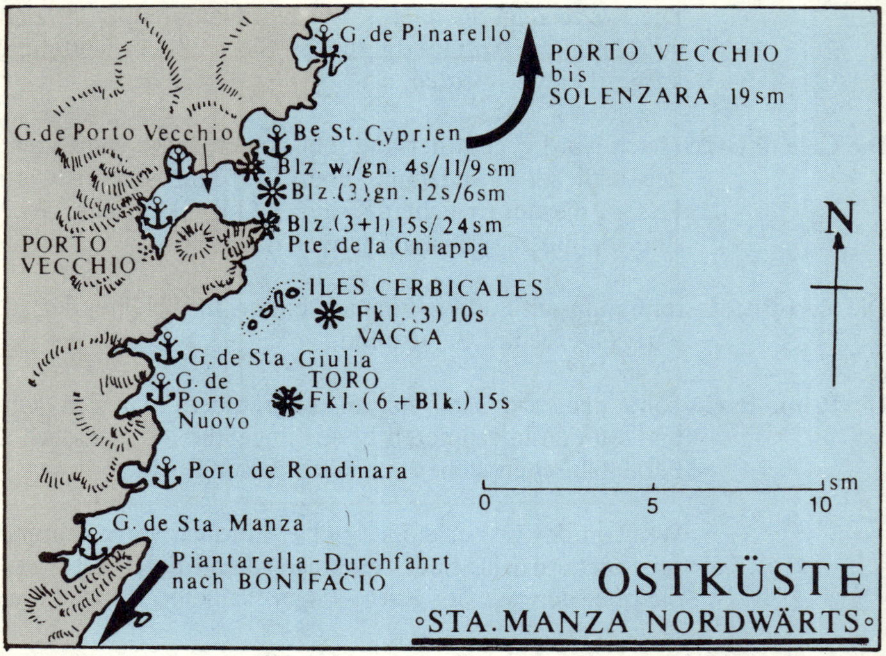

verlockende Buchten und Sandstrände, doch der Grund bietet hier keinen zuverlässigen Halt.

Sofern Platz ist, kann man auch nördlich des Fischerdorfes Gurzago am Steg des Fischerhafens festmachen. Dieser verfügt am Kopf über 3 m Wassertiefe, die zum Ufer hin rasch abnimmt. Yachten mit nicht mehr als 1,50 m Tiefgang können in die Calanque de Stentino einlaufen, wo sie einen absolut sicheren und ruhigen Liegeplatz finden.

Santa Manza hat sich zu einem beliebten Touristenziel entwickelt. In der Südostecke der Bucht gibt es ein kleines Hotel, in der Westecke einen Segelclub. Die Ufer des Golfes sind mit Macchia überwuchert. Die steilwandigen Kliffe und sandigen Buchten an der Nordwestseite bilden einen starken Gegensatz zu den sanfter ansteigenden Berghängen des südöstlichen Ufers.

Austernkulturen bedecken ein umfangreiches Gebiet, und im Mai sind im Südosten der Bucht Thunfischnetze ausgelegt.

Port de Rondinara (Seekarten: D 438, BA 1131, F 6929 und CG 1008) ist eine liebliche, sandige Bucht, an der einige Sommerhäuser stehen. Eine Yacht kann hier auf 3,50 bis 5,50 m Wasser über festem Sandgrund in der Mitte oder in der südlichen Hälfte vor Anker gehen. Besonders gut geschützt ist man jedoch in der nördlichen Ecke. Hier findet man Wassertiefen um 4 m. Man

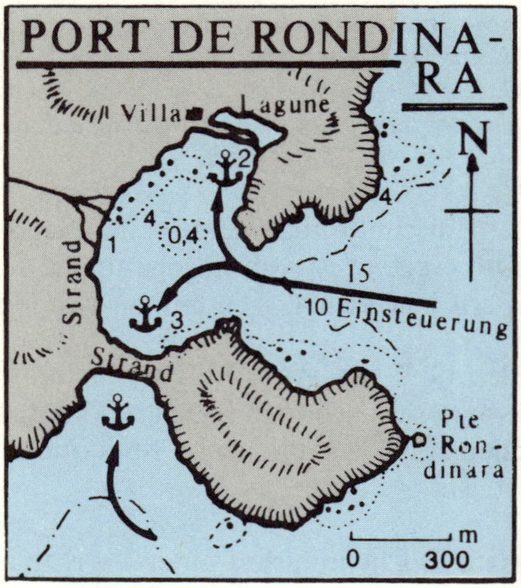

beachte bei der Ansteuerung der Ankerplätze die beiden Untiefen. Sandstrände umschließen die Bucht.

Porto Nuovo (Seekarten: D 499, BA 1131, F 6929 und CG 1008) heißt eine einsame Bucht mit begrünten steilen Ufern und einem Sandstrand. Bei der Ansteuerung von Südosten her beachte man die seichten Stellen.

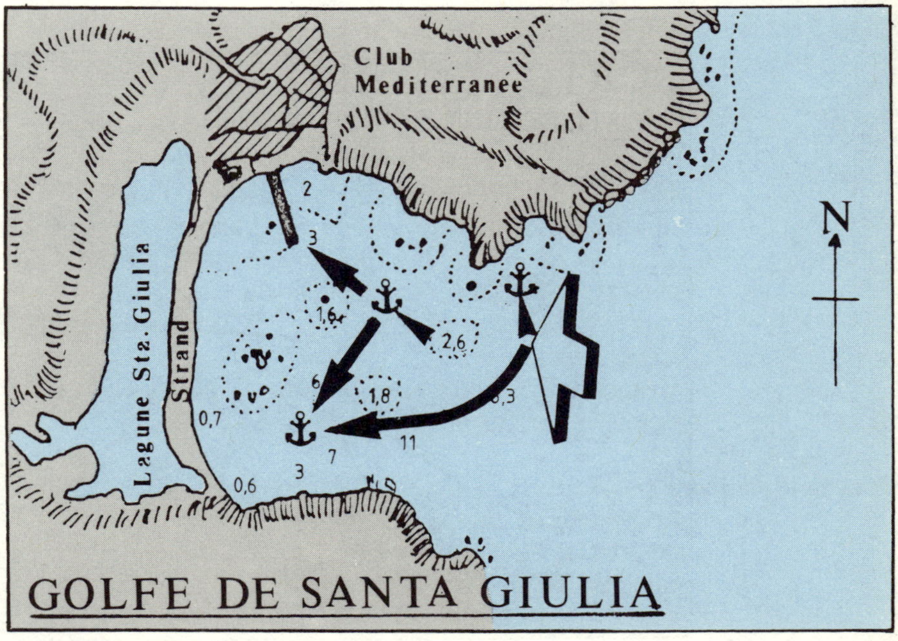

Ankerplatz: Die größere, westliche Bucht ist nach Nordosten offen. Man ankere 300 m vor dem Strand auf 5 m Wassertiefe (Sandgrund).
An der Einfahrt zur südlichen Bucht gibt es ähnliche Tiefen. Wenn man es auch wagen kann, tiefer einzudringen, so muß man doch sorgfältig auf die Unterwasserfelsen achten.

Golfe de Santa Giulia ist ein geräumiger Einschnitt mit einem breiten Sandstrand, aber nach Osten ungeschützt. Die Gegend ist von Segelschulen, dem Club Méditerranée und von Campern in Beschlag genommen worden (Skizze S. 87).

Vor der Einfahrt in den Golf von Porto Vecchio bieten sich noch die **Baie de Palombaggia** mit einem sehr schönen Sandstrand und gutem Schutz vor allem in ihrem südlichen Teil sowie die nach Osten offene **Bucht von Carataggio** als Ankerplätze an.

Porto Vecchio Diese große, geschützte Bucht inmitten einer herrlichen Berglandschaft liegt zu Füßen einer alten befestigten Stadt. Man hat die Wahl zwischen der Marina im Inneren der Bucht und der Baie de Stagnolo an ihrer Nordseite.

Ansteuerung (Seekarten: Pläne auf D 675, BA 1131, F 6929 und CG 1008): Die Einfahrt ist durch Tonnen und Feuer gekennzeichnet. Von Süden kommend, halte man sich bei Tage nach dem Runden der Pte. de la Chiappa an das betonnte Fahrwasser. Achtung: Der Felsen Chiappino ist nicht durch eine Tonne markiert! Nachts steuere man auf die Leuchtbake Pecorella (Blz. (3) gn. 12s) zu, bis man kurz vor der Leuchtbake in den

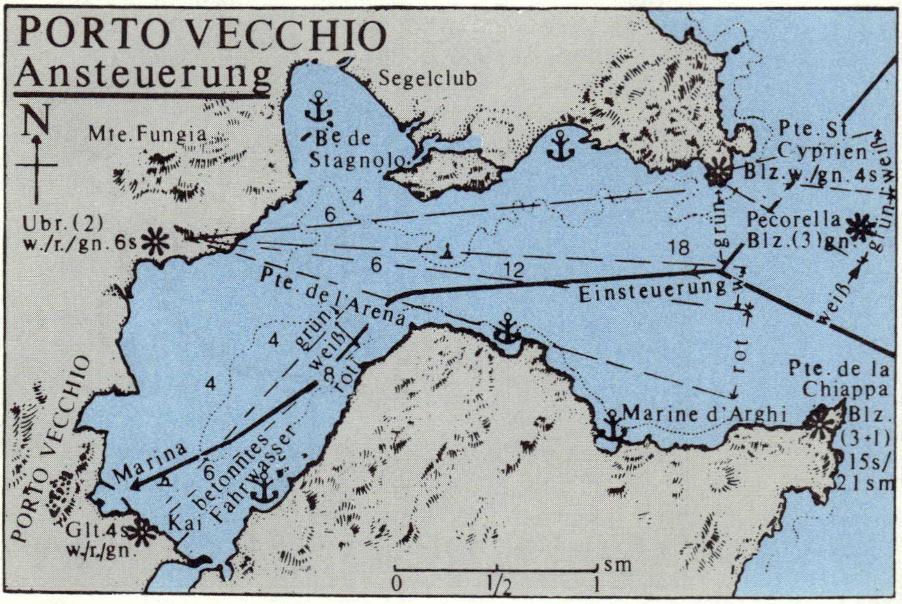

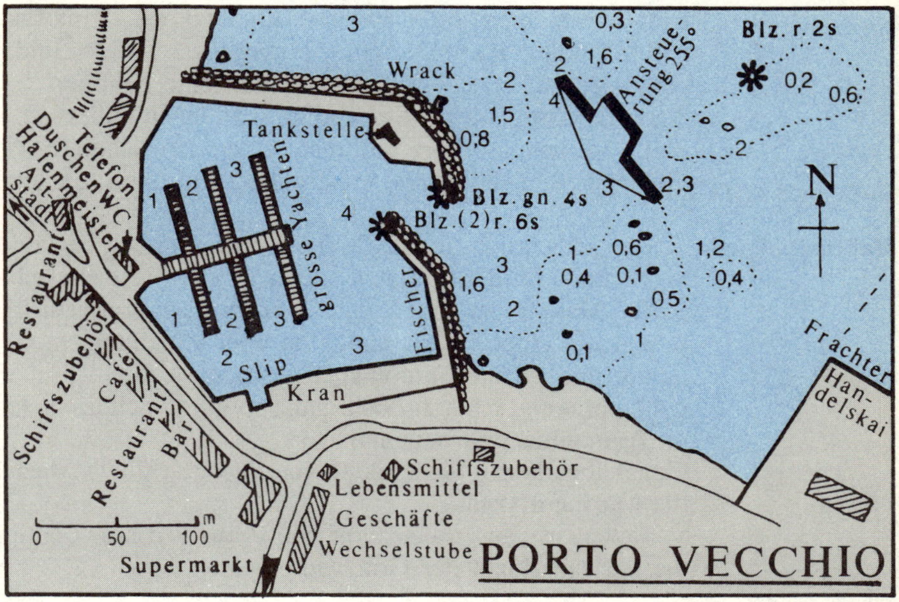

grünen Sektor des Leuchtfeuers St. Cyprien gelangt. Fast gleichzeitig sieht man dann das Richtfeuer (Blz. w/r/gn. 6s), dessen weißer Sektor zu dem betonnten Fahrwasser und durch dieses bis zur grünen Leuchttonne S. Benedetto (Ubr. gn. 4s) führt. Von hier halte man auf die Natrium-Lampen des Handelshafens zu (das Richtfeuer dazwischen ist erst sehr spät auszumachen), bis zur nächsten grünen Leuchttonne. Von dort steuere man 255° Richtung Yachthafen, wobei die rote Leuchttonne La Cioccia unbedingt an Backbord zu lassen ist.

Liegeplatz: An einer der Piers. 3 m Wassertiefe in der Einfahrt, 2 bis 3 m drinnen (siehe Plan). Ausgezeichneter Schutz. Große Yachten machen an der Nordmole oder am ersten Steg fest.

Versorgungsmöglichkeiten: Wasser- und Stromanschluß an allen Liegeplätzen. Die Liegeplätze sind mit Grundleinen ausgestattet. Duschen bei der Capitainerie, Kraftstoff an der Tankstelle im Hafen. Verschiedene Werftbetriebe mit Autokran führen Reparaturen aller Art aus. Schiffszubehörhändler, Lebensmittelgeschäfte, Restaurants, Cafés und Eisdielen in der Nähe des Hafens. Ein Lebensmittelgeschäft ist besonders auf Yachten spezialisiert – die Ware wird kostenlos an Bord gebracht. Mehr Geschäfte sind in der Altstadt (20 Minuten Spaziergang bergauf).

Die ganze Gegend mitsamt der alten, auf dem Hügelhang liegenden Stadt, die 7800 Einwohner hat, lohnt einen Besuch. Seit frühester Zeit hat man sie immer wieder gepriesen: Diodorus Siculus nannte sie den „allerschönsten Hafen". Boswell schrieb, daß „Porto Vecchio sich mit den ausgezeichnetsten Häfen Europas zu messen vermag", und in den Seehandbüchern aus der Zeit Nelsons wird der Hafen als „der beste der Insel und als einer der schönsten im ganzen Mittelmeer" beschrieben, „aber die üble

Luft sowie auch die schädliche Qualität des Trinkwassers haben dazu geführt, daß Porto Vecchio aufgegeben wurde und nahezu nutzlos geworden ist". Diese Mißstände sind heute behoben.
Nach Besichtigung der Stadt sollte man einen außerhalb liegenden Ankerplatz aufsuchen. Dort hat man einen herrlichen Blick auf die hohen Gebirgsketten. Folgende Ankerplätze sind dafür geeignet:

Baie de Stagnolo Man sollte zuvor die Karte studieren, um beim Einlaufen in diese Bucht nicht auf Grund zu geraten, denn an der Westseite gibt es ausgedehnte Riffe. Man findet einen guten Ankerplatz nordöstlich des Überwasserfelsens auf einer Tiefe von 4,50 m über schlammigem Grund. Eine Segelschule und etliche Campingplätze finden sich am Strand. Man liegt hier vollkommen geschützt. Nicht ganz so guten Schutz bietet die kleine **Anse de Tramulimacchia** nebenan.
Gegenüber liegen die romantische und geschützte **Marina de Vizza** sowie die **Marine d'Arghi**.
Verläßt man den großen Golf von Porto Vecchio Richtung Norden, so ist die nächste Bucht der Golf von

Saint Cyprien Er gleicht der Bucht von Stagnolo, nur daß er nicht einen so allseitigen Schutz gewährt. Und er weist noch mehr Untiefen auf, die entsprechende navigatorische Sorgfalt erfordern. Man ankere westlich der Insel über Sandgrund. Viele Villen stehen an den Hängen, und am Strand herrscht lebhafter Badebetrieb.

An der Küste nordwärts von Porto Vecchio findet man den nächsten für alle Boote geeigneten Hafen, Solenzara, in 20 sm Entfernung. Da die ersten Meilen diese Küstenstriches gebirgig sind, sei der Yachtsegler vor den starken Fallböen gewarnt, die vor allem bei Westwetterlage gefährlich werden können.

Die Pinarello-Bucht (Seekarten: Pläne auf D 675, BA 1131, F 6929 und CG 1008) ist nach Osten ziemlich ungeschützt und bietet deshalb nur einen mäßig guten Ankerplatz. Es gibt hier aber einen schönen Sandstrand sowie einen Anlegesteg bei einem großen Hotel.
Von der **Anse de Favone** gilt das gleiche, nur daß ihre Öffnung nach Nordosten weist.

Solenzara ist ein vielbesuchter Touristenort. Der Hafen bietet Yachten sichere und bequeme Liegeplätze.

Ansteuerung (Seekarten: D 499, BA 1131, F 6929 und CG 1007): Der Fluß mündet nördlich des Ortes. Die weißen Appartementhäuser und Hotels südlich der Mündung sind leicht auszumachen, da es weit und breit keine andere Ortschaft gibt. Man halte dicht auf den

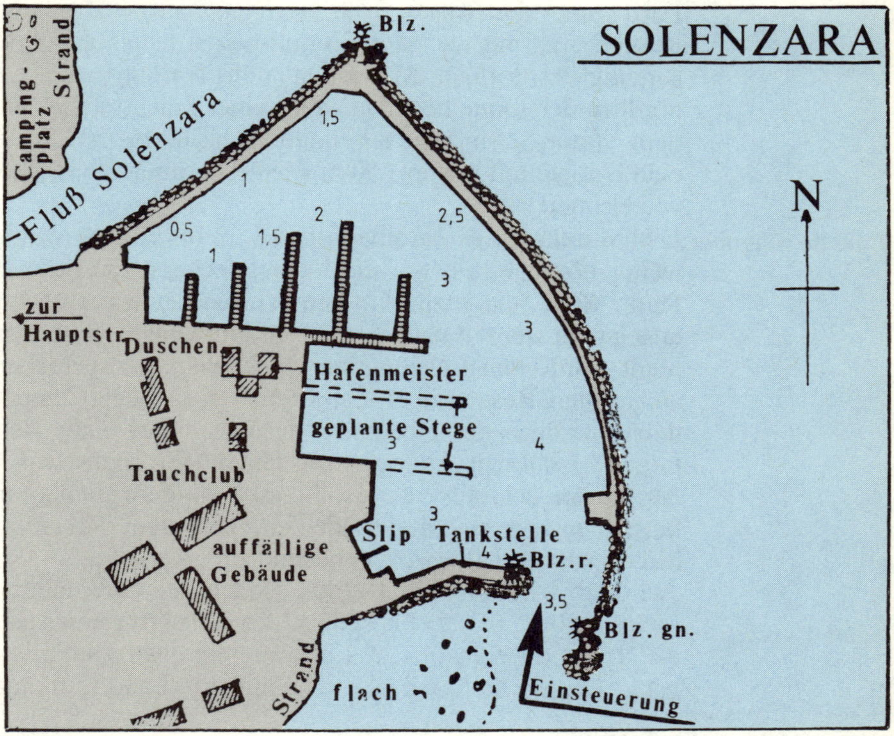

östlichen Molenkopf zu, um den Felsen und Untiefen am Ufer auszuweichen – siehe Hafenplan. Bei Nacht sind die Molenköpfe befeuert.

Liegeplatz: Je nach Tiefgang an den Stegen oder der Ostmole. Einlaufenden Yachten wird vom Hafenmeister ein Liegeplatz zugewiesen. Die Liegeplätze an den Stegen sind mit kurzen Auslegern versehen – je zwei Yachten teilen sich eine Box.

Weitere Liegeplätze für Yachten mit maximal 1 m Tiefgang befinden sich in der Mündung des Solenzara einlaufend an Backbord.

Versorgungsmöglichkeiten: Im Yachthafen Wasser- und Stromanschluß an allen Liegeplätzen. Duschen bei der Capitainerie. Kraftstoff an der Tankstelle im Hafen. Motorenwerkstätten und Schiffszubehörhändler an der Straße vom Hafen zur Hauptstraße und an der Hauptstraße selbst. Ein 25-t-Kran steht im Hafengelände. Lebensmittelgeschäfte, Post, Bank, Restaurants und Cafés an der Hauptstraße. Ein Hotel liegt zwischen dem Hafen und der Hauptstraße. Am Flußhafen gibt es weitere Hotels, Restaurants und Bars (unter anderem das „Solenzara" mit korsischer Volksmusik).

Hinter Solenzara weicht das Gebirge zurück. Lagunen und Flußmündungen durchziehen den Küstenstreifen. Es ist durchaus lohnend, bei gutem Wetter mit dem Beiboot in die kleinen Flüsse einzulaufen. Weite Teile der Küstenebene, die früher häufig überschwemmt wurden, werden heute landwirtschaftlich genutzt (Gärtnereien, Obst- und Weinanbau).

Folgt man der Küste 3 sm nach Norden, so gelangt man zu einer Leuchtboje, mit der der Einfüllstutzen einer Pipeline zur Benzinversorgung des dortigen Militärflughafens markiert ist. Achtung: Etwa 6 sm nördlich der Tonne liegt das Wrack eines Frachtschiffes ungefähr 100 m vor dem Strand. 2 sm weiter befindet sich 200 bis 300 m vom Ufer entfernt eine Untiefe mit knapp 1,50 m Wasser darüber; sie ist noch in keiner Karte verzeichnet!
Die Mündung des Tavignano mit 1,20 bis 1,50 m Wassertiefe liegt 6 sm weiter nördlich. Sie war einst der griechisch-römische Handelshafen der Stadt Aleria, die jetzt 2 km stromauf liegt und nur noch mit dem Beiboot angelaufen werden kann – ein sehr empfehlenswerter Ausflug. Die antike Stadt wurde von französischen Archäologen ausgegraben. Der Ort lohnt auch einen Besuch über Land von Bastia oder Campoloro aus. Unmittelbar nördlich der Flußmündung liegt hinter einer Nehrung die seichte Lagune Étang de Diane, einst Hafen der römischen Marine. Da hier Austern gezüchtet werden, sollte man mit dem Beiboot in die Lagune einfahren und in einem der kleinen, einfachen Restaurants Austern und Muscheln essen (hervorragend und preiswert).
Achtung: In dem Gebiet etwas südlich der Flußmündung des Tavignano (etwa ab 042° 05' N) bis südlich des Leuchtturmes Alistro (etwa bis 042° 14' N) hat die französische Luftwaffe ein etwa 3 sm breites Übungsschießgebiet eingerichtet, in dem öfter simulierte Land/Luftkämpfe stattfinden.

Campoloro Der gut 20 sm südlich von Bastia gelegene Hafen ist nicht besonders reizvoll, aber nützlich für Yachten, die von Süden kommen.

Ansteuerung: Der Hafen ist von See her schwer zu erkennen. Das Dorf Cervione auf dem Berg im Hintergrund, stellt jedoch eine hilfreiche Landmarke dar, ebenso der etwa 5 sm südlicher gelegene Leuchtturm Alistro (Blz. (2) 10s/24sm). Die Einfahrt liegt dicht unter der Küste an der Nordostseite des Hafens. Die Wassertiefe beträgt in der Einfahrt 3 m, an den Liegeplätzen 3 bis 1 m.

Liegeplatz: An den verschiedenen Stegen gibt es 500 sichere und bequeme Liegeplätze mit Grundleinen. Der Hafenmeister weist die Plätze zu.
Im Vorhafen wird Seetang abgelagert. Bei nördlichen Winden kommt es daher zu unangenehmen Geruchsbelästigungen.

Versorgungsmöglichkeiten: Wasser- und Stromanschluß an allen Liegeplätzen. Duschen und WC neben dem Restaurant am Hafen. Kraftstoff an der Tankstelle im Hafen. Schiffszubehörhändler und Werftbetrieb für Reparaturen aller Art am Hafen, ebenso Travellift und Autokran. Lebensmittelgeschäft, Restaurant und Café am Hafen, ein weiteres, empfehlenswertes Restaurant in etwa 800 m Entfernung an der Hauptstraße Richtung Bastia, vorbei an der fast ausschließlich von Deutschen bewohnten Feriensiedlung.

10 sm nördlich von Campoloro gelangt man an die 10 sm von Bastia entfernte Mündung des Golo, der im Laufe der Jahrhunderte eine anbaufähige Ebene angeschwemmt hat. Heute gibt es eine Einfahrt in diesen

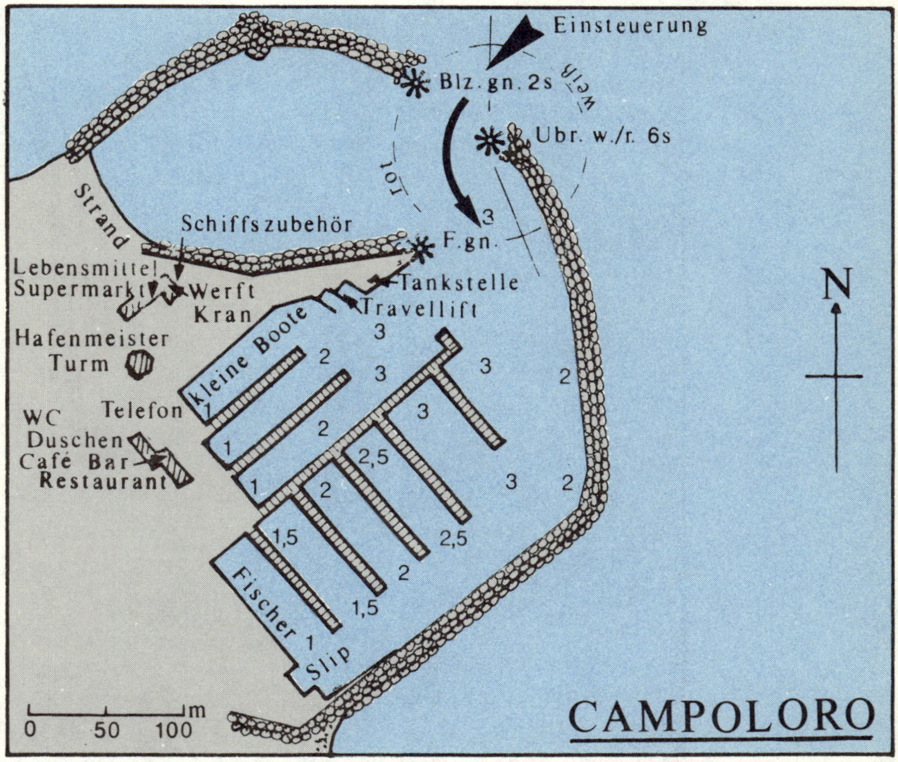

Fluß nicht mehr, und man findet nurmehr ein paar unbedeutende Ruinen des einstigen Römerortes Mariana. Eine Kirche aus dem 12. Jahrhundert in der Nähe kann auf dem Landwege von Bastia aus besucht werden.

Bastia eine große, auf mancherlei Art anziehende Stadt mit dem bedeutendsten Handelshafen der Insel, ist seit 1975 neben Ajaccio wieder eine der beiden Hauptstädte Korsikas und zählt nahezu 55000 Einwohner. Zur Sommerzeit ist Bastia von Touristen überlaufen.

Betrachtet man die Stadt von See her, so fällt es nicht leicht, sich jenen mit Mauern umwehrten Ort vorzustellen, der sich gegen Nelsons Schiffe im Jahr 1794 heftig verteidigte. Damals wurde der Vieux Port in den Seehandbüchern als „allein brauchbar für Galeeren und Tartanen“ beschrieben, „gefährdet durch plötzliche Windstöße aus nordwestlicher Richtung vom Lande her und nur von jeweils einem einzigen Schiff zu benutzen“.

In der den Hafen beherrschenden Zitadelle werden Erinnerungsstücke aus den Tagen der Genuesen und der korsischen Patrioten aufbewahrt. Eines ist ein Paar Pistolen des Generals Paoli.

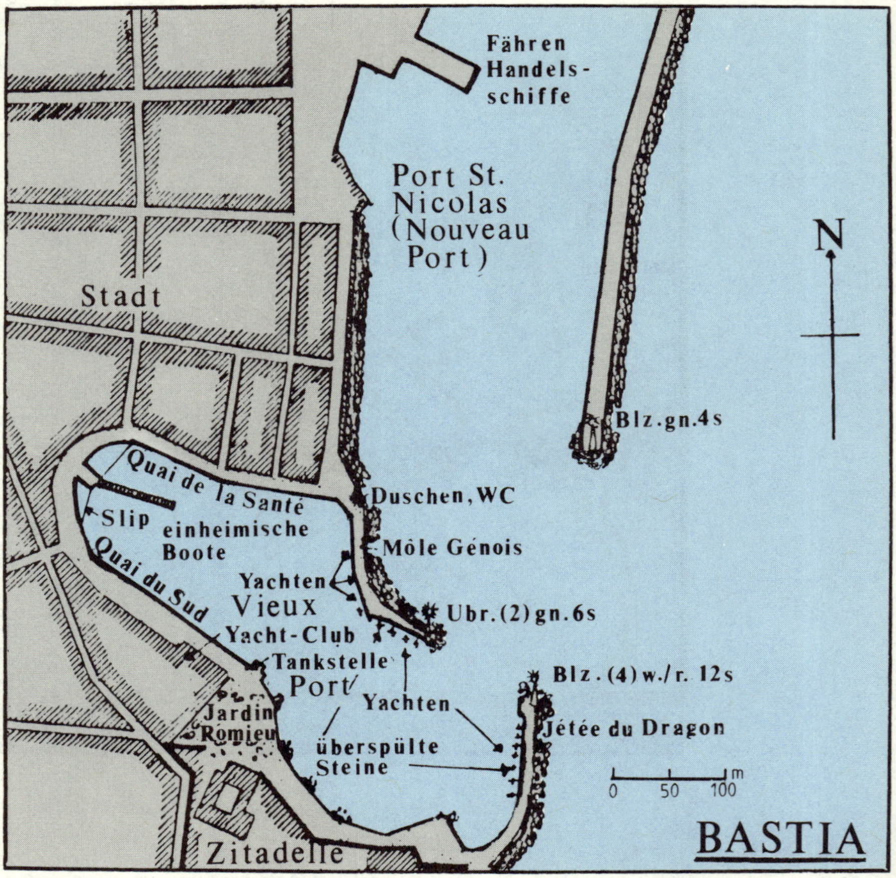

Ansteuerung (Seekarten: D 499 und Plan auf 675, BA 1131 und 158, F 4887 und CG 1006): Bei Tage dient die Zitadelle als Orientierungshilfe (der Hafen liegt dicht nördlich davon), bei Nacht das Leuchtfeuer Jétée du Dragon (Blz. (4) 12s/12sm) sowie die Molenbefeuerungen.

Liegeplatz: Der Port Sant Nicolas (Nouveau Port) ist den Fähr- und Frachtschiffen vorbehalten. Yachten machen im Vieux Port fest. Seit der Fertigstellung des Straßentunnels unter dem Vieux Port kann auch wieder am Quai de la Santé, an der Môle Génois und der Jétée du Dragon angelegt werden, wobei die besten Liegeplätze am Quai de la Santé und am inneren Teil der Môle Génois sind. Am äußeren Teil der Môle Génois und an der Jétée du Dragon behindern Steinschüttungen die Annäherung. Der hintere Hafenteil ist von einheimischen Yachten und Fischerbooten belegt. Man liegt gut geschützt, außer bei Ostwinden; dann steht ein unangenehmer Schwell in den Hafen.

Versorgungsmöglichkeiten: Trinkwasser erhält man auf den Kais sowohl im Nouveau Port als auch im Vieux Port. Ein Markt, der viel zu bieten hat, findet täglich beim Rathaus in der Nähe des Platzes St. Nicolas statt. Hier gibt es auch Hotels und verschiedene Restaurants, die ihrer guten Fischgerichte wegen bekannt sind. Kraftstoff bekommt

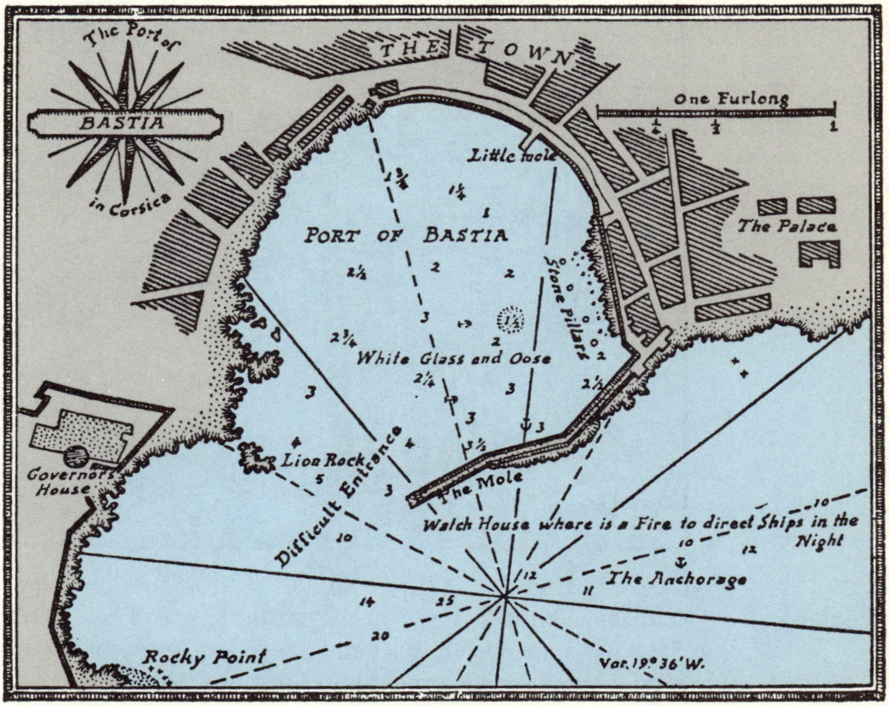

Der Hafen von Bastia zur Zeit Nelsons (Norden ist rechts).

man an der Tankstelle im Hafen. Eine Motorenwerkstatt ist ganz in der Nähe. 1985 wurde am Fuß der Môle Génois mit dem Bau von Toiletten und Duschanlagen begonnen. Busfahrten zur Halbinsel Corse, Autofähren nach Genua, Livorno, Nizza und Marseille. Flughafen.

Zu der Zeit, da die Briten die Franzosen von Korsika vertrieben, wurde im Februar 1794 ein erfolgloser Versuch unternommen, mit Hilfe der britischen Garnison, die damals in San Fiorenzo lag, Bastia zu erobern. Erst ein Angriff mit Schiffen von See her zwang die Franzosen am 19. Mai schließlich zur Übergabe. Nachdem auch andere Häfen gefallen waren, gaben die Franzosen den Widerstand auf, und die Insel Korsika wurde ungefähr zwei Jahre lang von Britannien beherrscht.

Auf dem Weg nach Norden segelt man an der wenig gegliederten, aber kühnen und grünen Küste der Halbinsel Corse entlang. Zuerst kommt man an vier Häfen vorbei, einer kleiner als der andere. Wenn sie nicht überfüllt sind und der Tiefgang des Bootes es zuläßt, empfiehlt sich ein Besuch, denn einer ist auch romantischer als der andere. Bei frischen Westwinden sollte man wegen der Fallböen genügend Abstand von der Küste halten.

Erbalunga hat im Hafen 1 bis 2 m Wassertiefe und Platz für zehn Boote. Bei Starkwind aus Osten machen Felsen den Aufenthalt gefährlich. Erbalunga ist das schönste Dorf weit und breit und eines der schönsten von Korsika überhaupt. Bei ruhigem Wetter sollte man südlich des Ortes auf 4 bis 8 m ankern und sich die romantische Szenerie anschauen.

Sisco Boote mit weniger als 1 m Tiefgang können in den kleinen Kanalhafen einlaufen, größere müssen auf Reede ankern. Wasser und Kraftstoff am Kai, ferner Mechaniker-Werkstatt und 3-t-Kran, Restaurant, Hotel, Lebensmittelgeschäft und Yachtclub mit Duschgelegenheit.

Porticciolo ist ein kleines Dorf, vor dem sich eine etwa 50 m lange Mole ostwärts erstreckt. Die Wassertiefe am Kopf beträgt 2 m, nimmt aber zum Ufer hin rasch ab. Nördlich des Hafens kann man auf 3 m Wassertiefe über Sandgrund ankern. In dem Dorf gibt es ein Lebensmittelgeschäft und ein bekanntes Feinschmeckerlokal.

Marine de Luri (oder Santa Severa) ist ein Hafen mit guten Liegemöglichkeiten für kleinere Yachten. Er wird durch je eine abgewinkelte Ost- und Südmole gebildet, an denen man anlegen kann. Die Wassertiefe am äußeren Ende der Ostmole beträgt 2 m. Im übrigen gibt es eine Reede mit 2 bis 5 m Wassertiefe zum Ankern. Restaurants und Lebensmittelgeschäfte sind in unmittelbarer Nähe des Hafens.

Macinaggio ist ein absolut sicherer Yachthafen wenige Meilen vor dem Cap Corse, der im Sommer häufig überfüllt ist. Italienische Yachten belegen im Juli und

August den Hafen mit Beschlag – die Entfernungen nach Italien sind relativ gering (Elba 35 sm, Livorno 52 sm, Viareggio 65 sm, Capraia 20 sm, Punta Ala 58 sm).

Ansteuerung (Seekarten: Pläne auf D 675, BA 1131 und 158, F 6822 und CG 1006): Die bunten Häuser des Dörfchens sind von See her gut auszumachen. Vorsicht ist geboten, wenn man sich dem untiefen Wasser südöstlich der Einfahrt nähert. Das Feuer auf dem Ostmolenkopf deckt mit seinem roten Sektor die Inselgruppe La Finocchiarola ab. Auch der westliche Molenkopf ist befeuert.

Liegeplatz: a) Je nach Tiefgang an den verschiedenen Stegen (siehe Hafenplan). Große Yachten legen an der Ostmole an. Sämtliche Liegeplätze verfügen über Grundleinen. Voranmeldung und Liegeplatzreservierung über UKW-Kanal 9 sind im Juli und August zu empfehlen.
b) Vor Anker hinter der Nordmole, wo weitere Steganlagen geplant sind.
c) Wenn der Hafen überfüllt ist, kann man in der Bucht nördlich des Hafens bequem auf 2 bis 5 m Wassertiefe ankern.

Behörden: Hafenmeisterei.

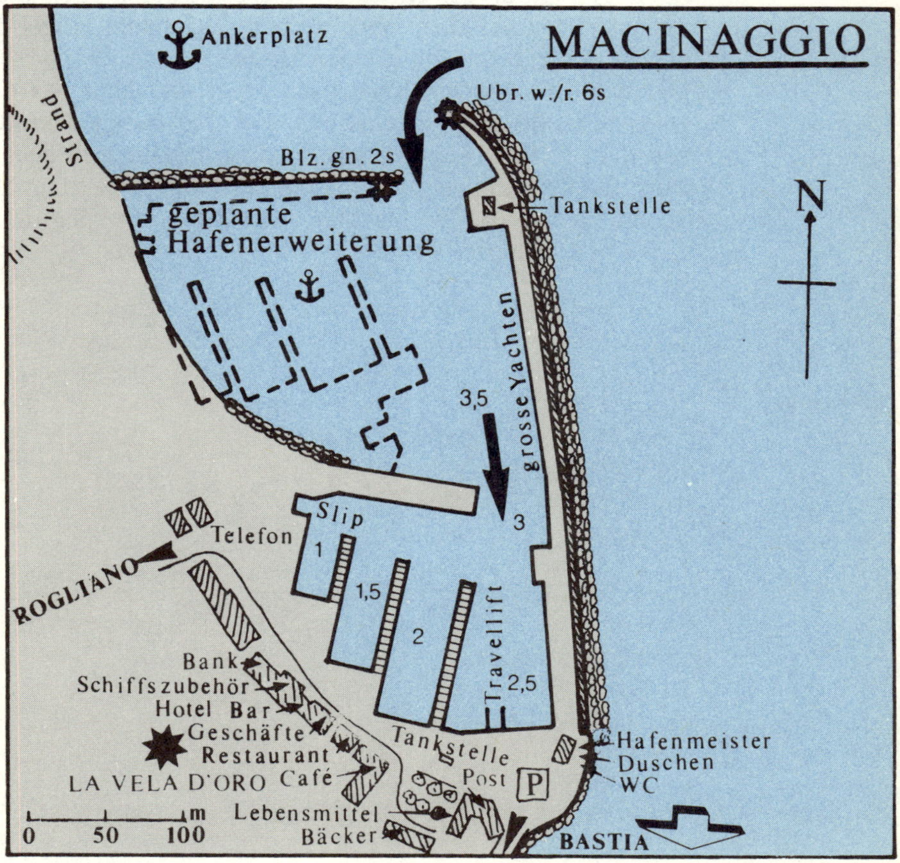

Versorgungsmöglichkeiten: Wasser- und Stromanschluß an allen Liegeplätzen. Duschen und WC im Gebäude der Capitainerie, Kraftstoff an der Tankstelle im Hafen und an der Straße hinter dem Travellift, der vom Hafenmeister bedient wird. Reparaturwerkstätten (auch für Bootsmotoren). Schiffszubehörhändler, Lebensmittelgeschäft, Restaurants, Cafés, Bank, Post und Bars am Hafen. Beim Bäcker am Hafen kauft man die Baguettes morgens frisch aus dem Ofen. Busverbindung nach Bastia. Abends trifft sich das Yachtvolk im Restaurant „La Vela d'Oro", wo man die Langusten im Aquarium selbst aussucht, bevor sie in den Kochtopf wandern. Das Restaurant „U Agnellu" in Rogliano oberhalb von Macinaggio in den Bergen unterhält im Sommer einen kostenlosen Zubringerdienst mit einem Kleinbus.

Das Dorf ist klein, romantisch. Die wichtigsten Ereignisse aus seiner Geschichte sind an den Namen Paoli geknüpft: Am 16. Februar 1767 lief hier die Expedition aus, die er ins Werk gesetzt hatte, um den Genuesen Capraia wegzunehmen. Und bei seiner Rückkehr aus England 1790 zur Befreiung Korsikas ging er hier an Land, woran noch eine Gedenktafel erinnert. Aber auch der junge Napoleon weilte 1793 hier, als ihm der Boden in Ajaccio zu heiß wurde, und 1869 stiftete Kaiserin Eugenie bei ihrem Aufenthalt der Kirche in Rogliano ein Chorgeländer. Die Ortschaft mit ihren genuesischen Wachttürmen, auf einem Hügel den Hafen Macinaggio überragend, lohnt einen Besuch.

Die schönste Aussicht hinab zum Meer und über das Cap Corse – bei guter Sicht bis zum italienischen und französischen Festland – hat man von dem Weiler Quarcioli aus, in dessen Nähe sich auch die Ruinen der Burg San Colombano befinden. Sie war seit dem 12. Jahrhundert Stammsitz der Familie Da Mare, der der größte Teil der Ländereien auf Cap Corse gehörte.

3 Die Straße von Bonifacio

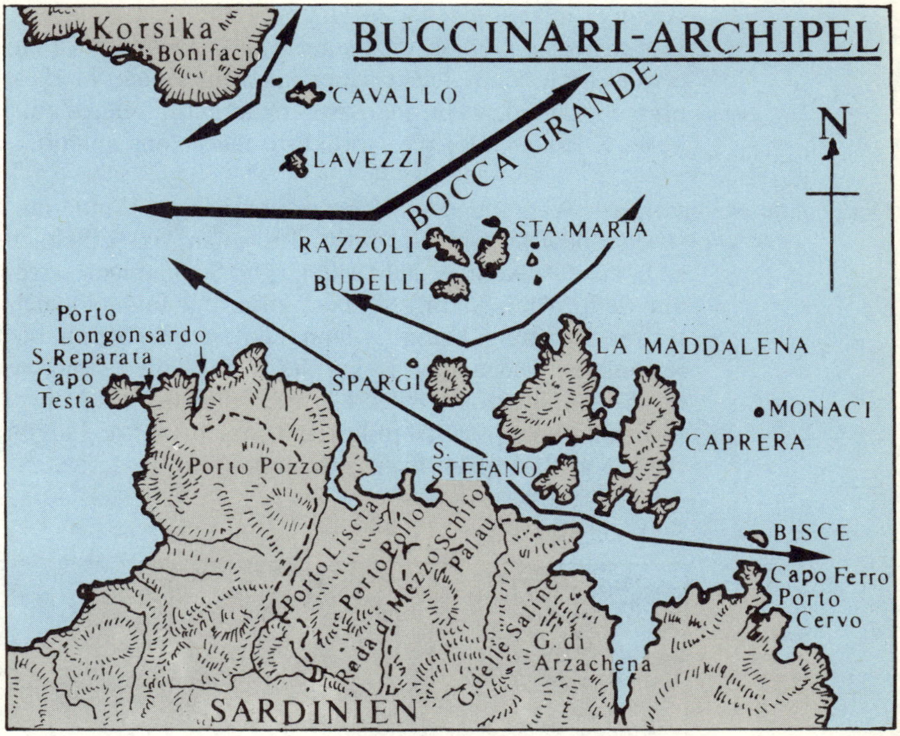

Die Routen in der Strasse von Bonifacio

Bocca Grande (zugleich die Grenze zwischen Italien und Frankreich)
Südliche Durchfahrt (zwischen Festland und Inseln)

Der Buccinari-Archipel

Nördliche Gruppe: Razzoli – Santa Maria – Budelli
Südliche Gruppe: Spargi – La Maddalena – Caprera – Santo Stefano

DIE ROUTEN IN DER STRASSE VON BONIFACIO

In diesem Kapitel werden die Durchfahrten der Straße von Bonifacio, die Korsika von Sardinien trennt, ebenso beschrieben wie der Buccinari-Archipel mit seinen sieben Hauptinseln.

Das riffreiche Gebiet mit oftmals frischen Winden ist ein herrliches Segelrevier. Man kann leicht einen ganzen Monat in diesem Archipel verbringen, zumal, wenn man zwischendurch immer einmal wieder die Südküste Korsikas oder die Nordküste Sardiniens anläuft.

Winde und Strömungen Während des Sommers überwiegen Winde aus dem Sektor zwischen Südwest und Nordwest, bisweilen von erheblicher Stärke. Doch auch aus Ost weht es nicht selten. Die Strömungen setzen hier gewöhnlich mit dem Wind. Wenn er aber umspringt und plötzlich aus entgegengesetzter Richtung kommt, dann kentert der Strom nicht immer sofort, weshalb er gelegentlich gegen den Wind läuft – und zwar meist inmitten der Straße. Und unter der Küste Sardiniens, vor Longosardo, erreicht er manchmal eine Geschwindigkeit von 2 bis 3 kn. Es gibt auch Winde aus Nord und Süd, doch nicht annähernd so oft wie aus Nordwest und Ost.

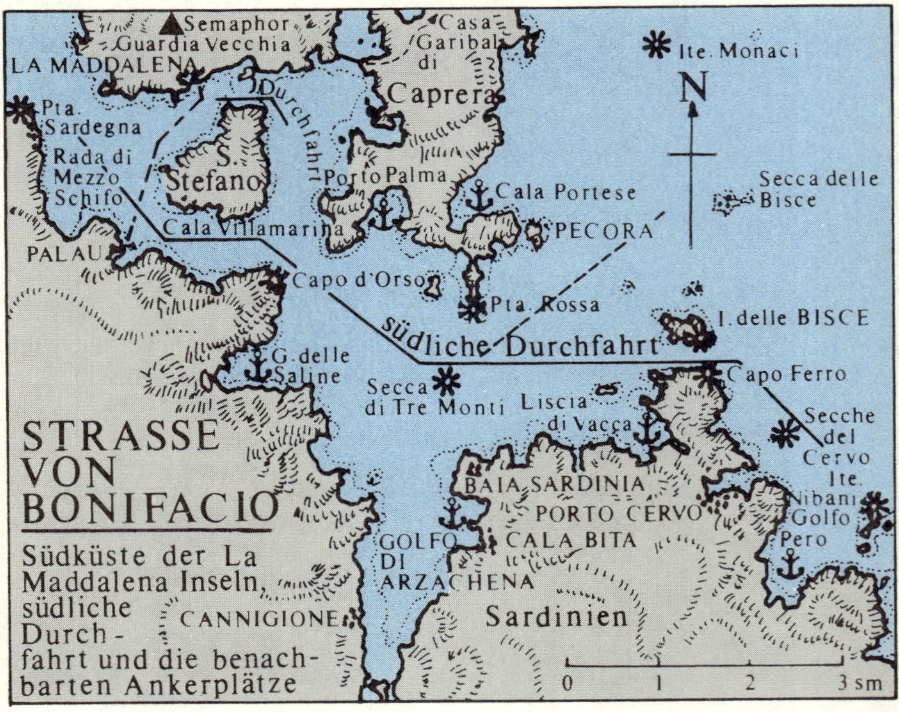

STRASSE VON BONIFACIO
Südküste der La Maddalena Inseln, südliche Durchfahrt und die benachbarten Ankerplätze

Wenn auch die Windstärke während des Sommers normalerweise nicht über Bft 5 bis 6 hinausgeht, so muß man doch jederzeit auf einen ausgewachsenen Sturm gefaßt sein. Erfahrungsgemäß weht es etwa alle zwei Wochen einmal kräftig. Harter Wind aus Nordwest pflegt lange Seen aufzuwerfen; kommt er aus Nordost oder Ost, so sind die Seen kürzer. Beim Durchzug einer Front pflegen die Winde auf Bft 5 bis 6 aufzufrischen. Einzelheiten über den Piantarella-Kanal stehen auf Seite 82.

Beginnen wir mit der breiten, von der Berufsschiffahrt benutzten Hauptpassage, in deren Mitte die französisch-italienische Grenze verläuft.

Bocca Grande ist eine Meerenge von 3 sm schiffbarer Breite und navigatorisch problemlos. In einem Seehandbuch aus früherer Zeit heißt es: „Fahrzeuge aller Art können hier durchsegeln, ohne etwas befürchten zu müssen, obschon die Seen manchmal recht hoch sind und unheimlich brausen."

Die südliche Durchfahrt ist nirgends schmaler als 500 m und mühelos zu bewältigen. Sie wird von Yachten und kleinen Schiffen benutzt, die zwischen den Buccinari-Inseln und der Ostküste Sardiniens verkehren.
Capo Ferro ist hoch, steilwandig und befeuert; aber bei Nacht, besonders wenn man hier gegen den Wind aufkreuzt, muß man sich vor den überfluteten Felsen an der Südostseite der Insel Biscie in acht nehmen.

DER BUCCINARI-ARCHIPEL

Die sieben Hauptinseln sind Razzoli, Santa Maria und Budelli (nördliche Gruppe) sowie Spargi, La Maddalena, Caprera und Santo Stefano (südliche Gruppe).

Die drei nördlichen Inseln (früher Barelino-Inseln), bieten einige besonders bei nordöstlichen Winden sehr nützliche Ankerplätze. Mit Ausnahme von Budelli sind die Inseln kahl und bestehen aus Granitgestein. Wasser gibt es hier nicht.

RAZZOLI

Cala Lunga Bei der Annäherung muß man auf die vorgelagerten Felsen (einige über, andere unter Wasser) achten. Jenseits der Landzunge an der Nordseite kann eine Yacht auf 3,50 m Wasser über Sand- und Geröllgrund vor Anker gehen. Hier liegt man nach allen Seiten geschützt.

Cala Giorgio Marino bietet guten Schutz und viel Platz zum Manövrieren. Man ankere dicht unter dem Nordufer, 1 sm von den felsigen Ausläufern an der Nordseite der Einfahrt entfernt. In der Nähe des Ankerplatzes befindet sich ein Unterwasserfelsen; da das Wasser klar ist, läßt er sich leicht ausmachen.

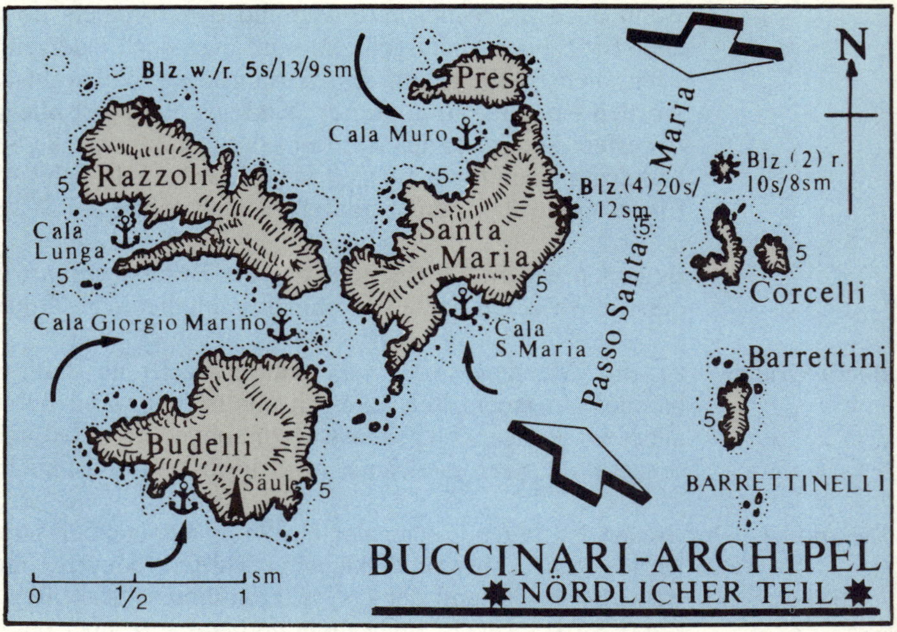

SANTA MARIA In der seichten Bucht an der Südseite der Insel findet man einen ausgezeichneten Ankerplatz auf 3,50 m Wasser vor einem langen Sandstrand. Einige Ferienhäuser stehen hinter dem Strand. In der Mitte der Bucht liegt einen gefährlich Untiefe. Versorgungsmöglichkeiten gibt es hier nicht; selbst das Trinkwasser muß von Sardinien herübergebracht werden.

BUDELLI hat eine Bucht mit Sandgrund bei einem spitzen Felsen an der Südseite, in der bisweilen kleine Yachten vor Anker gehen, außerdem eine landschaftlich besonders schöne, kleine Bucht an der Südostseite. Das Betreten der Insel ist verboten (Privatbesitz).

Die vier südlichen Inseln liegen dicht vor der tief eingeschnittenen Küste Sardiniens. Sie bestehen aus rotem Granit und sind mit Gestrüpp bewachsen. Dieser Archipel inmitten der klarblauen Gewässer des Tyrrhenischen Meeres ist ein herrliches Segelrevier.

SPARGI ist zerklüftet und von Riffen gesäumt. An beiden Seiten ihrer südlichen Spitze befindet sich eine Bucht:

Die Alga-Bucht (Cala d'Alga) an der Südwestecke ist ein mittelmäßiger Ankerplatz für kleine Yachten, aber nicht ungefährlich wegen der unter Wasser liegenden Felsen. Durch ein Tal können Winde aus nördlichen Richtungen auf die hier ankernden Yachten einfallen.

Die Cala Corsara an der Südostecke der Südspitze hat zum Ankern geeignete Wassertiefen über Sandgrund. Sie gilt als besonders schöner Ankerplatz für einen Tagesaufenthalt. 500 m südwestlich davon liegen in einer Tiefe von etwa 3 m die durch eine Leuchttonne bezeichneten Corsara-Felsen. 1958 wurde zwischen diesen Felsen das Wrack eines beladenen römischen 150-t-Frachtschiffes von 30 m Länge entdeckt. In zwei Sommern konnten aus dem klaren Wasser an die dreihundert Amphoren und andere Gegenstände geborgen werden. Nach und nach wurde das Wrack freigelegt und fotografiert. Eine interessante Entdeckung war unter anderem die, daß die Kupfernägel, mit denen der Bleibeschlag am Rumpf befestigt war, mit Blei überzogen waren, um eine Korrosion durch Elektrolyse zu verhindern.
An der Südostseite der Insel gibt es vor der Feriensiedlung eine Anlegemöglichkeit für Yachten, die jedoch im Juli und August meist von Dauerliegern in Anspruch genommen wird.

LA MADDALENA Der gleichnamige Ort ist der bedeutendste an der Straße von Bonifacio. Der Hafen gewährt guten Schutz und wird laufend weiter ausgebaut. Der südöstliche Teil der Insel ist militärisches Sperrgebiet.

Ansteuerung (Seekarten: D 438, BA 1131 und 161 B, I 324): Yachten sollten in die Cala Gavetta einlaufen. Bei der Annäherung an die Rada di Maddalena folge man den Richtbaken unterhalb von Fort Comicio (Peilung 064°). Hindernisse an der Nordseite

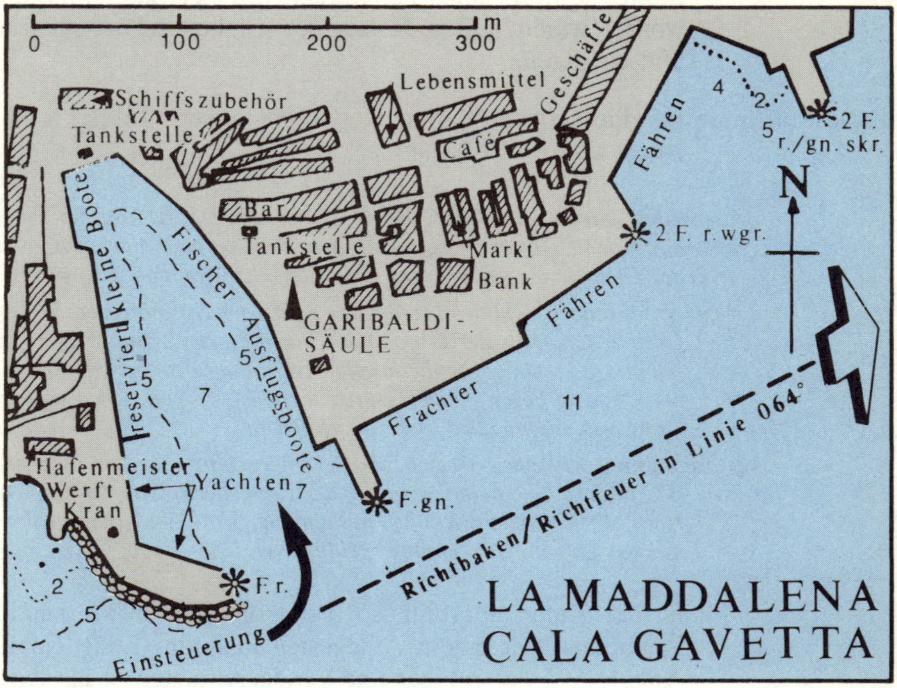

des Fahrwassers sind durch auffallende Steinobelisken und durch Tonnen kenntlich gemacht. Die Seefahrtsschule erhebt sich deutlich sichtbar auf dem ansteigenden Gelände hinter dem Hafen.

Liegeplatz: Die Wassertiefen betragen in der Mitte der Cala Gavetta 6,50 und 3,50 m an den Kais, nach innen hin abnehmend. Den günstigsten Liegeplatz findet man vor dem ersten oder zweiten Steinpoller. Bei östlichen Winden liegt man auf der gegenüberliegenden Seite angenehmer. Allerdings sind hier die Liegeplätze meist von Ausflugs- und Fischerbooten belegt. Die stündlich nach Palau verkehrenden Fähren verursachen erheblichen Schwell im Hafenbecken, vor allem an den vorderen Liegeplätzen.

Behörden: Hafenmeister und Zoll.

Versorgungsmöglichkeiten: Ein ausgezeichneter Markt und gute Geschäfte im Ort. In der Nähe des Hauptplatzes Telegraphenbüro, Postamt, mehrere Restaurants und drei Hotels. Das wie die Lebensmittel ebenfalls aus Sardinien stammende Trinkwasser wird zu den auf den Kais befindlichen Hydranten geleitet. Schiffsausrüster, kleine Bootswerft, Tankstelle.

La Maddalena, eine geschäftige und hübsche kleine Stadt mit 12000 Einwohnern, hat einen verhältnismäßig hohen Lebensstandard, was hauptsächlich auf den Marinestützpunkt zurückzuführen ist. In den Tälern der Umgebung, in der Granitfelsen vorherrschen, werden Wein und Getreide angebaut. Ein Damm verbindet La Maddalena mit der Nachbarinsel Caprera. In der Kirche findet man noch Erinnerungsstücke an Nelson; zum Dank für die Freundlichkeiten, die den Matrosen der britischen Flotte während ihres Aufenthaltes in der Stadt im Jahre 1804 erwiesen worden waren, stiftete Nelson der Kirche ein Paar silberne Kerzenleuchter und ein Kreuz.

Porto Massimo ist eine private Marina im Nordosten der Insel La Maddalena, in der Bucht von Porto Lungo.

Ansteuerung (Seekarten: D 438, BA 1131 und 157, I 324): Von der Punta Lunga halte man ausreichend Abstand wegen einiger Felsen über und unter Wasser. Bei Nacht brennt auf der Ostmole ein grünes, auf dem Kopf der Westmole ein rotes Festfeuer.

Liegeplatz: Tagsüber einlaufenden Yachten wird vom Hafenmeister ein Liegeplatz zugewiesen. Gäste machen an der Ostmole an Bojen – Heck zum Kai – fest. Kleinere Yachten können auch am gegenüberliegenden Kai oder dem Schwimmsteg anlegen. Außerhalb der Ostmole liegen einige Festmachetonnen aus, an denen man ebenfalls festmachen kann, wenn kein Platz mehr im Hafen ist.

Versorgungsmöglichkeiten: Wasser- und Stromanschluß an allen Liegeplätzen. Duschen und WC in dem Gebäude gegenüber der Capitaneria. Vor der Capitaneria steht ein 7,5-t-Kran. Lebensmittelgeschäfte, Restaurants, Hotel und Bars in der Feriensiedlung (die meisten sind nur im Sommer geöffnet).

Ist der Hafen überfüllt, so bietet die etwa 300 m südlich gelegene **Cala Spalmatoia** mit einem Anlegesteg in ihrem Ende einen hervorragenden Ankerplatz, der ruhiger und windgeschützter ist als Porto Massimo.

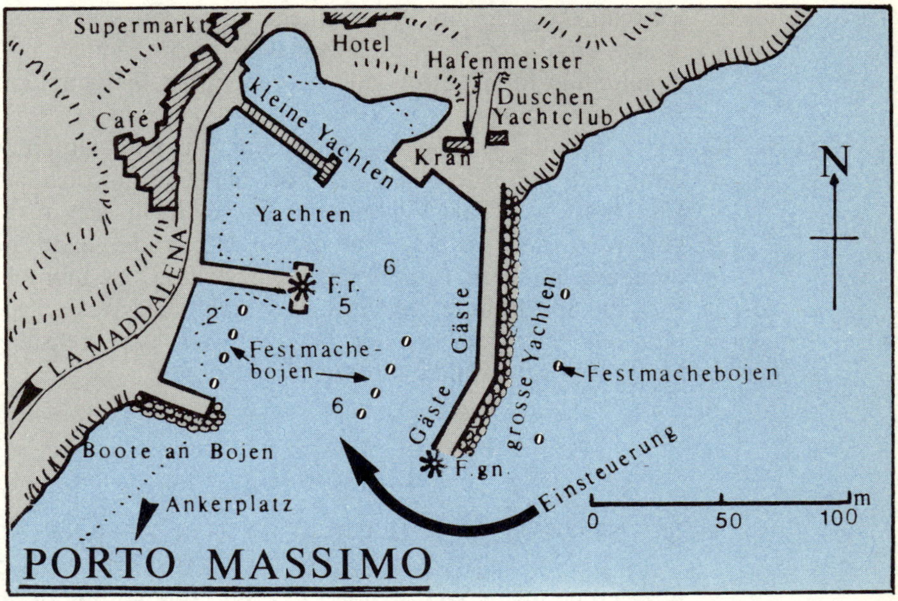

CAPRERA ist mit La Maddalena durch einen Damm verbunden. Die Insel hat etwa die gleiche Größe, wird jedoch, obwohl sie zum Teil recht fruchtbar ist, von nur wenigen Menschen bewohnt. Das einzige Interessante sind das Haus und das Grab Garibaldis. Nach der von ihm bewirkten Einigung Italiens und seinen Abenteuern in Südamerika kam Garibaldi nach Caprera, wo er den Rest seines Lebens im Exil verbrachte. Hier starb er auch 20 Jahre später (1882) und wurde im Garten nahe seines Bungalows „Casa Bianca“ beigesetzt. Seine Tochter Donna Clelia wohnte weiterhin in dem Haus, in dem sie Besucher empfing und Fragen über das Leben ihres Vaters beantwortete. Sie hatte sein Zimmer in genau dem Zustand erhalten, in dem er es hinterließ, geschmückt mit den Erinnerungen an sein abenteuerliches Patriotendasein: dem roten Hemd, das er bei seinem Vormarsch auf Sizilien getragen hatte, dem Sattel seines alten Pferdes Marsala und vielen alten, verblichenen Fotografien. Nun aber ist auch Donna Clelia tot und liegt an der Seite ihrer Eltern und ihrer beiden Schwestern begraben; das Haus wird heute von der Regierung Italiens als Erinnerungsstätte und Museum unterhalten. Mit einem Taxi ist es auf der einzigen Straße der Insel innerhalb von etwa zehn Minuten zu erreichen.

Ein wenig weiter nordwärts von „Casa Bianca“ liegt die

Cala Garibaldi mit einem seichten, gegen Norden ungeschützten Ankerplatz. Hier unterhält der Club Méditerranée eine Segelschule.

Porto Palma ist eine etwa 0,5 sm breite Bucht im Süden von Caprera. Zwei kleine Molen mit 2 bis 2,50 m Wassertiefe bieten Anlegemöglichkeiten. Eine Segelschule für Regatta- und Seesegeln hat hier ihr Domizil.

SANTO STEFANO ist von La Maddalena durch eine 4 m tiefe Durchfahrt getrennt. An ihrer Südseite erhebt sich das Fort San Giorgio dicht über einem engen Einschnitt, der Cala Villamarina. Diese Bucht ist für Yachten interessant geworden, seit die Mole an ihrem Nordende, ursprünglich im Zusammenhang mit den (inzwischen eingestellten) Steinbrucharbeiten gebaut, jetzt für Sportschiffe zur Verfügung steht. Die Westseite der Insel ist militärisches Sperrgebiet. Hier liegt ein Teil der sechsten amerikanischen Flotte, vor allem atomgetriebene U-Boote.

DIE STRASSE VON BONIFACIO ZUR ZEIT NELSONS

Für den heutigen Yachtschiffer, der mit Hilfe von modernen Seekarten die Straße von Bonifacio befährt, dürfe es interessant sein, Einzelheiten über die Navigation von Segelschiffen aus einer Zeit zu erfahren, als navigatorische Angaben nur in geringem Maße zur Verfügung standen.
Man kann zwar das Logbuch des Kommandanten auf H.M.S. „Victory" (und andere veröffentlichte Berichte) einsehen, doch erfährt man nichts über die Herkunft seiner Kenntnisse für die Schiffsführung speziell in diesem Gebiet. Damals wurden hier keine Feuer unterhalten; das geschah erst ein halbes Jahrhundert später. Und die besten Informationen, die den Schiffen Seiner Majestät zur Verfügung standen, waren noch immer die von einer der Londoner Schiffsausrüstereien offiziell vertriebenen Seekarten. Bisweilen wurden sie berichtigt, aber immer nur teilweise – und zwar aufgrund der hydrographischen Angaben, die von französischen und italienischen Vermessern geliefert wurden. Erweitert wurden solche Kenntnisse gelegentlich durch Skizzen und durch das von den einheimischen Lotsen weitergegebene Wissen.
Nelsons Schiffe gingen während jener Zeit sehr häufig in See und kehrten dann auf einen der Ankerplätze in der Straße von Bonifacio zurück. Von einem einzigen Unfall abgesehen, gelang es ihnen, allen Gefahren zu entgehen. Admiral Keats, der später einmal mit Nelson zusammentraf, sagte: „Es ist klar, Mylord, daß die Vorsehung Sie beschützt!"
Daß jedes Jahr mehr als 500 unter englischer Flagge segelnde Schiffe verlorengingen, lag fast immer an fehlenden navigatorischen Informationen. Verluste durch Schiffbruch waren achtmal so hoch wie solche durch Kaperung, Versenkung oder Feuer. 1820, einem schlimmen Jahr für die Schiffahrt, schätzte Lloyd's die Zahl der dem Land verlorengegangenen

Schiffe auf 677. Aber zu dieser Zeit hatte die Marine bereits die Vermessungsarbeit übernommen, und es gab schon brauchbare Karten von den Gewässern des Vereinigten Königreiches, des Mittelmeeres und Nordamerikas.

Nachdem man den Mezzo-Schifo- oder Agincourt-Sund – er kommt heute für eine Yacht kaum in Betracht – entdeckt hatte, sollte er sich während der napoleonischen Kriege für Nelsons Geschwader als sehr nützlicher Ankerplatz erweisen, weil bei Toulon eine durch einen Schirm von britischen Fregatten streng beobachtete große französische Flotte auf der Lauer lag.

Auf französischen Seekarten und auch auf einigen englischen noch immer als Agincourt-Sund bezeichnet, wurde diese Durchfahrt erstmalig – und zwar kurz vor dem Eintreffen der britischen Flotte – durch den Kapitän von H.M.S. „Agincourt" kartographiert. „Einer der besten Häfen, die ich je gesehen habe", lautete die Meinung des Admirals. Als Nelson am 31. Oktober 1803 seine Flotte aus dem offenen Seeraum von Toulon hierher brachte, herrschte sehr schlechtes Wetter. „Jeden Zoll des Weges mußten wir ‚Victory' voranknüppeln", heißt es in seinem Bericht. „Von Asinara bis hin zu diesem Ankerplatz unter doppelt gerefften Toppsegeln, während der Wind von Longosardo kam."

Der neuentdeckte Ankerplatz in der Straße von Bonifacio, nur 200 sm vom Gegner entfernt, war der nächste und beste Stützpunkt für Nelsons Schiffe. Hier konnten sie rasch durch die Fregatten alarmiert werden, wenn die französischen Schiffe von Toulon in See gingen.

Nachdem die Flotte hier im Oktober 1803 Trinkwasser und Proviant übernommen hatte, ging sie wieder in See und kreuzte in der Durchfahrt nördlich der Biscie-Insel auf, ohne Zweifel beruhigt durch die beschwichtigende Bemerkung, die der Kapitän der „Agincourt" auf der Seekarte hinterlassen hatte: „Hat man die Passage so wie ich in einem Boot bei sehr schwerem Sturm aus Südost und außerordentlich hohen Seen hinter sich gebracht, so ist man fest davon überzeugt, daß alle Gefahren sich einem von selbst enthüllen."

Bei ihrer Rückkehr indes lernte die Flotte in der gleichen Passage, aus der sie herausgekreuzt war, die Existenz der Untiefen von Monaci kennen. Am 20. Mai „berührte H.M.S. ‚Excellent' (Tiefgang 7 m) Grund und kam fest". Es war ihr Glück, daß ihr alle Boote des Geschwaders zur Verfügung standen, um mit deren Hilfe die Anker auszubringen und sie zu leichtern. Nach dem Abfeuern mehrerer Kanonenschüsse kam sie frei und führte das Geschwader noch vor Dunkelwerden durch die Barellino-Passage in den Agincourt-Sund.

Wenn diese Gefahrenpunkte auf den britischen Seekarten auch nicht verzeichnet waren, so war ihre Existenz den maltesischen Lotsen offenbar doch bekannt. Und es sieht fast wie ein Akt der Vorsehung aus, daß (sieht man einmal von dem Mißgeschick der „Excellent" ab) während der ganzen fünfzehn Monate, in denen die britische Flotte von diesem Stützpunkt aus operierte, sie der beständig drohenden Katastrophe immer wieder entrann.

Ein dramatischer Vorfall ereignete sich am 20. Januar 1805. Nelsons Flotte lag am winterlichen Nachmittag jenes Tages vor Anker im Agincourt-Sund. Es wehte mit Sturmstärke aus Nordwest, als von Westen aufkommend die beiden Fregatten „Active“ und „Seahorse“ gesichtet wurden. Sie hatten als Vorposten bei Toulon gelegen, und nun zeigten sie das längst erwartete Signal „Feind in Sicht“. Innerhalb von 90 Minuten hatten Nelsons Schiffe die Anker gelichtet und gingen in See, doch konnten sie bei dem starken Westnordwest nur ostwärts aus der Straße hinaussegeln, wobei sie während der Dunkelheit die enge Biscie-Durchfahrt – sie hat eine Breite von höchstens 600 m – passieren mußten.

Mit „Victory“ an der Spitze segelten sie um 18.00 Uhr in die Durchfahrt ein, wobei jedes Schiff ein Hecklicht zeigte und im Kielwasser dem vor ihm fahrenden folgte. Um 18.34 Uhr brannte „Victory“ ein Blaulicht ab, zehn Minuten später ein weiteres. Bald darauf hatten alle elf Linienschiffe sowie beide Fregatten die Enge bewältigt und das offene Tyrrhenische Meer erreicht. Um 19.15 Uhr drehten sie bei auf Steuerbordbug, um es der Fregatte „Seahorse“ zu ermöglichen, dicht an „Victory“ heranzugehen und ihren Kapitän wieder an Bord zu nehmen. Dieser erhielt von Nelson Befehl, der Flotte mit Kurs auf die kleine Toro-Insel vorauszusegeln, um etwas über die französische Flotte in Erfahrung zu bringen.

Zum letzten Male hatten Nelsons Schiffe den Agincourt-Sund verlassen. Jetzt folgte jene „lange Jagd“, die ihren Höhepunkt in der Seeschlacht von Trafalgar erreichen sollte.

4 Sardinien

LONGONSARDO
CAPO TESTA
PORTO POLLO
SANTA REPARATA
PALAU
PORTO POZZO
CALA BITTA
PORTO CERVO
ASINARA
CANNIGIONE
PORTO PORTISCO
PUNTA MARANA
PORTO ROTONDO
FORNELLI-PASSAGE
BAIA CADDINAS
GOLFO ARANCI
OLBIA
ANCORA YC
TAVOLARA
STINTINO
CASTELSARDO
P. BRANDINGHI
S. NICOLÒ
PORTO TORRES
LA CALETTA
LAS ASTRELLES
FERTILIA
PORTO CONTE
ALGHERO
N
BOSA MARINA
CALA GONONE
SARDINIEN
ARBATAX
LE BARRACHE
TORRE GRANDE
GOLFO DI ORISTANO
PORTO CORALLO
BUGGERU
PORTOSCUSO
CAGLIARI
VILLAMARINA
PORTO VESME
CALA PIRA
POETTO
S. PIETRO
CARLOFORTE
P. PONTE
VILLASIMIUS
CAPO CARBONARA
CALASETTA
ROMANO
PERD'E SALI
S. ANTIOCO
TEULADA
CAPO DI PULA
GOLFO DI PALMAS
TORRE DI CHIA
CAPO TEULADA
CAPO SPARTIVENTO
PORTO MALFATANO
sm
0
25
50
75
100

NORDKÜSTE

(Häfen gegenüber La Maddalena an der Straße von Bonifacio)

Santa Reparata
Longonsardo oder
  Santa Teresa die Gallura
Marmorata-Bucht
Porto Pozzo
Conca Verde
Porto Liscia
Porto Pollo
Punta Sardegna Yachthafen
Mezzo-Schifo-Sund
Palau
Golf von Saline
Golf von Arzachena
Cala Mucchi Bianchi
Cala Bitta
Cannigione
Liscia di Vacca

NORDOSTKÜSTE

Porto Cervo
Golf von Congianus
  Cala di Volpe
  Porto Portisco
  Golfo de Cugnana
  Porto Rotondo
  Golfo di Marinella
  Punta Marana
Golfo degli Aranci
  Golfo Aranci
  Baia Caddinas
  Porri
Olbia
Tavolara
Molara
Porto San Paolo
Porto Taverna
Cala Coda Cavallo
Porto Brandinghi

OSTKÜSTE

La Caletta
Cala Gonone
Arbatax
Porto Corallo
Cala Pira
Porto Giunco

SÜDKÜSTE

Fortezza Vecchia (Villasimius)
Ankerplätze in der Carbonara-Bucht
Finocchio-Turm (Ankerplatz)
Marina Piccola del Poetto
Cagliari
Perd' e Sali
Capo di Pula (Ankerplatz)
Santa Margherita
Torre di Chia (Ankerplatz)
Porto Malfatano
Torre Pirini
Porto Teulada

SÜDWESTKÜSTE

Golf von Palmas
Porto Ponte Romano
Insel Sant' Antioco
  Calasetta
Insel San Pietro
  Carloforte
Villamarina (Insel Piana)
Porto Vesme
Portoscuso

WESTKÜSTE

Buggeru
Golf von Oristano
  Torre Grande
  Le Barrache
  Capo San Marco
Bosa Marina
Alghero
Fertilia

Porto Conte
Las Astrelles
Cala Tramariglio
S. Nicolò dell' Argentiera
Fornelli-Passage und die Insel Asinara
Ancora
Stintino
Porto Torres
Castelsardo

„Ein zerklüftetes, wildes Land, doch mit weiten Strecken fruchtbaren Bodens, reich an aller Art von Produkten, ganz besonders aber an Korn…“ Strabo

Sardinien ist fast dreimal so groß wie Korsika. Auch hier gibt es hohe Berge, die an der Ostküste jäh emporsteigen und nach Westen hin allmählich abfallen. Sie sind mit Macchia bewachsen, aber auch mit ausgedehnten Wäldern (Krüppeleichen und Pinien). Die Insel hat mehr als eineinhalb Millionen Bewohner; am dichtesten besiedelt ist die Westseite. Die Bevölkerung lebt außer vom Tourismus vom Anbau von Getreide, Wein, Südfrüchten, Tabak, von Schafzucht, Fischerei und vom Bergbau.

Geschichte Im Altertum war Sardinien von Iberern und Ligurern, dann auch von Phönikern und Griechen besiedelt. Die Phöniker siedelten im Südwesten der Insel und beuteten die Minen aus, die Römer förderten die Landwirtschaft und bauten Getreide an, das nach Italien exportiert wurde. Zugleich wurden Blei, Eisen, Kupfer und Silber abgebaut. Die Sarden haßten die römischen Besatzer, denen es trotz zahlreicher Besatzungstruppen nicht gelang, die sardische Bevölkerung völlig zu unterwerfen.

Jahrhunderte später, nach wiederholten Einfällen der Vandalen und anderer räuberischer Volksstämme, erschienen die Pisaner auf der Insel. Ihnen folgten die Genuesen. Beide bauten Kirchen und Verteidigungsanlagen, von denen noch einige erhalten sind. Im 13. Jahrhundert fiel die Insel an Aragon, das die Insel bis zum Beginn des 18. Jahrhunderts besetzt hielt.

Anfang des 18. Jahrhunderts wurde Sardinien Österreich zugesprochen, doch kurz darauf gegen Sizilien eingetauscht, wodurch die Insel in den Besitz des Königreiches Piemont kam.

Relikte aus alter Zeit Man findet auf Sardinien Dolmen (denen auf Malta ähnlich), megalithische Gräber und Steinsetzungen. Das Interessanteste und Charakteristischste sind jedoch die kegelförmigen Türme aus großen Steinblöcken, die sogenannten Nuraghen, die um 1500 bis 500 v. Chr. entstanden.

Mehr als 6000 dieser Türme wurden entdeckt. Ihr Zweck bestand ursprünglich wohl darin, den Bewohnern größerer Bauerngehöfte Schutz gegen Feinde zu gewähren. Später entwickelten sie sich zu komplizierten

Nuraghe ~ St. Sabina

Befestigungsanlagen, in denen 200 bis 300 Menschen Platz fanden. Einige dieser Nuraghen und andere antike Stätten kann man von folgenden Häfen aus bequem mit dem Wagen erreichen:

Alghero	– Palmavera, ein Nuraghe an der Straße nach Porto Conte
Arzachena	– Nuraghen-Festung bei Cabu Abbas
Aranci	– Nuraghen-Brunnen
Cagliari	– Grotten bei Capo Sant'Elia, Barumini* und Isili
Capo di Pula	– die antike Stätte von Nora
Porto Ponte Romano	– das alte Sulcis auf der Insel Sant' Antioco

Die Küste

Sardiniens ist etwa 1000 sm lang, und die Zahl sicherer, angenehmer, für Yachten geeigneter Häfen hat in den letzten Jahren stark zugenommen. Zum Teil liegen sie dicht beieinander wie an der Costa Smeralda oder im Golf von Palmas, teilweise betragen die Entfernungen von einem Hafen zum anderen bis zu 60 sm. Die verlockendsten Reviere sind die Straße von Bonifacio und die Gewässer der Nordostküste, die Costa Smeralda, ferner im Südwesten die Gegend von San Antioco, San Pietro und Piana, im Nordwesten Alghero und Porto Conte.

Wetter

Die hohen Berge beeinflussen Stärke und Richtung des Windes. An der Westküste weht es während des Sommers vorwiegend aus Nordwest, ebenso im Golf von Cagliari. An der Ostküste herrschen wechselnde Winde vor. Nur an wenigen Tagen treten Flauten auf, und gelegentlich,

* Der bei weitem gediegenste dieser Reste der Megalithkultur ist die Nuraghenfestung Barumini, umgeben von den Ruinen des Dorfes, das sie einst beschützte. Alles wurde wahrscheinlich im 6. Jahrhundert bei der Invasion der Karthager zerstört.

wenn ein Tiefdruckgebiet vorüberzieht, wehen feuchte Winde aus Ost oder Südost, die afrikanische Luft heranführen.
Oft ist die Küste in Dunst gehüllt, und es kann dann schwierig sein, den Ort des Landfalls zu erkennen.

Nahrungsmittel und Weine In den meisten Touristenrestaurants gibt es italienische Gerichte. Folgende Seefischgerichte werden häufig serviert: *orata* (Goldforelle), *dentice* (Zahnbarsch), *spigola* (Seebarsch), *cefalo* (Grauäsche), *sogliola* (Seezunge), *triglia* (Rotäsche), *merluzzo* (Kabeljau), gelegentlich *trota* (Forelle), außerdem *gamberetti* (Seegarnelen), *aragosta* (Krebs) und *frutti di mare* (Tintenfische, Muscheln usw.). Fisch ist fast immer eher zu empfehlen als das oft ein wenig zähe Fleisch. In den Ortschaften auf dem Lande, selbst in den ärmeren, gibt es einheimische Gerichte, die vorzüglich schmecken.
Die sardischen Weine gehören zu den besten Italiens. Berühmt sind die Dessertweine „Vernaccia", „Malvasia" und „Cannonau" sowie die Tischweine „Mandrolisai" und „Torralba". Aber auch die namenlosen einheimischen Weine sind gut und preiswert.

Thunfischnetze stellen in den sardischen Gewässern im Frühjahr nur noch selten ein ernsthaftes Hindernis für eine Segelyacht dar. Unter Umständen ist es recht schwierig zu entscheiden, wie weit man nach See hinausgehen muß, um vom Ende der Netze klarzukommen.
Der Thunfischfang, ein Gewerbe der Phöniker, wurde im Mittelmeer von den Römern fortgesetzt, vor allem bei Sardinien, von wo aus der besonders geschätzte gesalzene Fisch, das Saltamentum Sardicum, auf die Märkte in Rom gelangte. Zu jener Zeit wurde der Fisch in das an Ort und Stelle gewonnene Salz „verpackt" und dann in Richtung Festland verschifft.
In Europa fängt man Thunfische im Golf von Biskaya mit Leinen, in der nördlichen Adria mit ringförmigen Stellnetzen, vor Sardinien und Sizilien aber mit langen Stellnetzen, die von einem bestimmten Punkt an der Küste im rechten Winkel ausgelegt werden.
Da die Fänge in den letzten Jahren stark zurückgegangen sind, sind bereits mehrere Thunfischfängersiedlungen und -anlagen zu Feriensiedlungen umgebaut worden.

DIE NORDKÜSTE

Die sardischen Häfen an der Straße von Bonifacio werden für den Yachtsegler interessant, sobald er in den Bereich des Buccinari-Archipels gelangt.

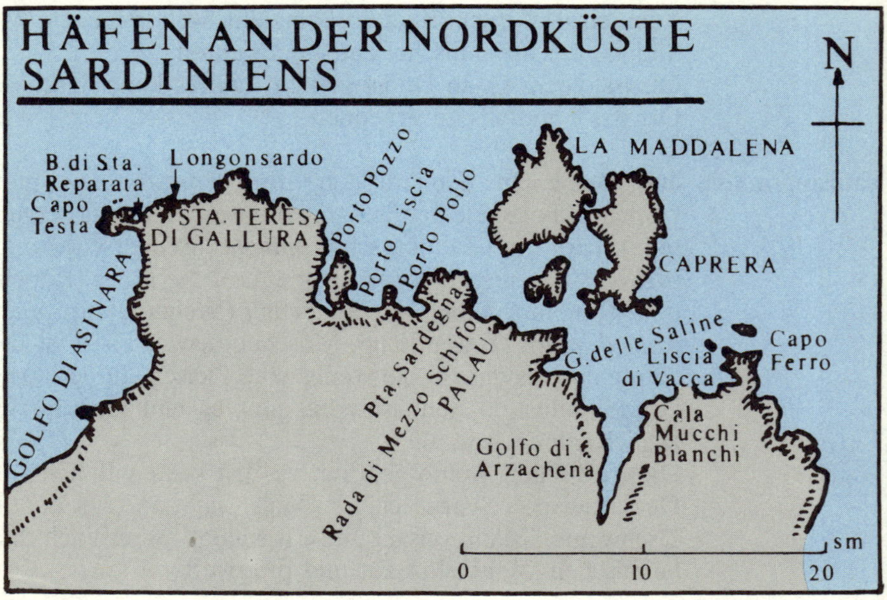

Santa Reparata ist eine kleine Bucht, die als Zufluchtsort bei schlechtem Wetter nützlich werden kann.

Ansteuerung (Seekarten: D 438, BA 1131, I 325): Um den flachen Stellen vor der westlichen Landzunge aus dem Wege zu gehen, ist es ratsam, sich dicht unter dem östlichen Ufer zu halten.

Ankerplatz: Bei Nordwestwind sollte man nicht unter der Leeküste vor Anker gehen, denn er weht recht hart über das niedrige Land, und Dünung rollt in die Bucht.

Versorgungsmöglichkeiten: In der Feriensiedlung gibt es Lebensmittelgeschäfte, Restaurants und Cafés, von denen die meisten nur im Sommer geöffnet sind. Die nächste Ortschaft ist Santa Teresa, zu erreichen auf einer über die Hügel führenden Straße. An der westlichen Buchtseite liegt ein steil abfallender Sandstrand, der zum Baden geeignet ist.

Der nächste Hafen, Longonsardo, nach der Stadt an dieser Bucht auch Santa Teresa die Gallura genannt, ist der Haupthafen im Norden Sardiniens und bietet besseren Schutz als Santa Reparata.

Longonsardo (oder **Santa Teresa di Gallura**) liegt am Ende eines langen, unberührten Einschnittes. Es hat einen Anleger für die Fähren und wird auch von Küstenfrachtern angelaufen. Im Hafen findet man guten Schutz.

Ansteuerung (Seekarten: D 438, BA 1131, I 325): Die vorgelagerten Untiefen sind durch Tonnen bezeichnet, und der überflutete Felsen ist deutlich erkennbar. Sowohl der Turm und besonders die neuen Gebäude an der Westseite als auch der weiße Leuchtturm auf der Punta Corvo sind auffallend und erleichtern die Ansteuerung, selbst wenn man die Tonnen nicht im Auge behalten hat. Von den Untiefen zu beiden Seiten des Fahrwassers klar, halte man weiter binnen auf den Fährkai zu.

Liegeplatz: a) An der Westseite hinter dem Fährkai. Die Wassertiefen nehmen hier sehr schnell ab – der Kai ist meistens von einheimischen Yachten belegt.
b) Gegenüber dem Fährhafen am Ostufer vor Anker.
c) An der Steganlage der Marina Aquarius findet man bequeme und sichere Liegeplätze mit Grundleinen. Einlaufenden Yachten wird vom Personal der Marina ein Liegeplatz zugewiesen und beim Anlegen geholfen. Telefonische Liegeplatzreservierung bzw. Anmeldung über UKW-Kanal 16 ist im Juli und August empfehlenswert.

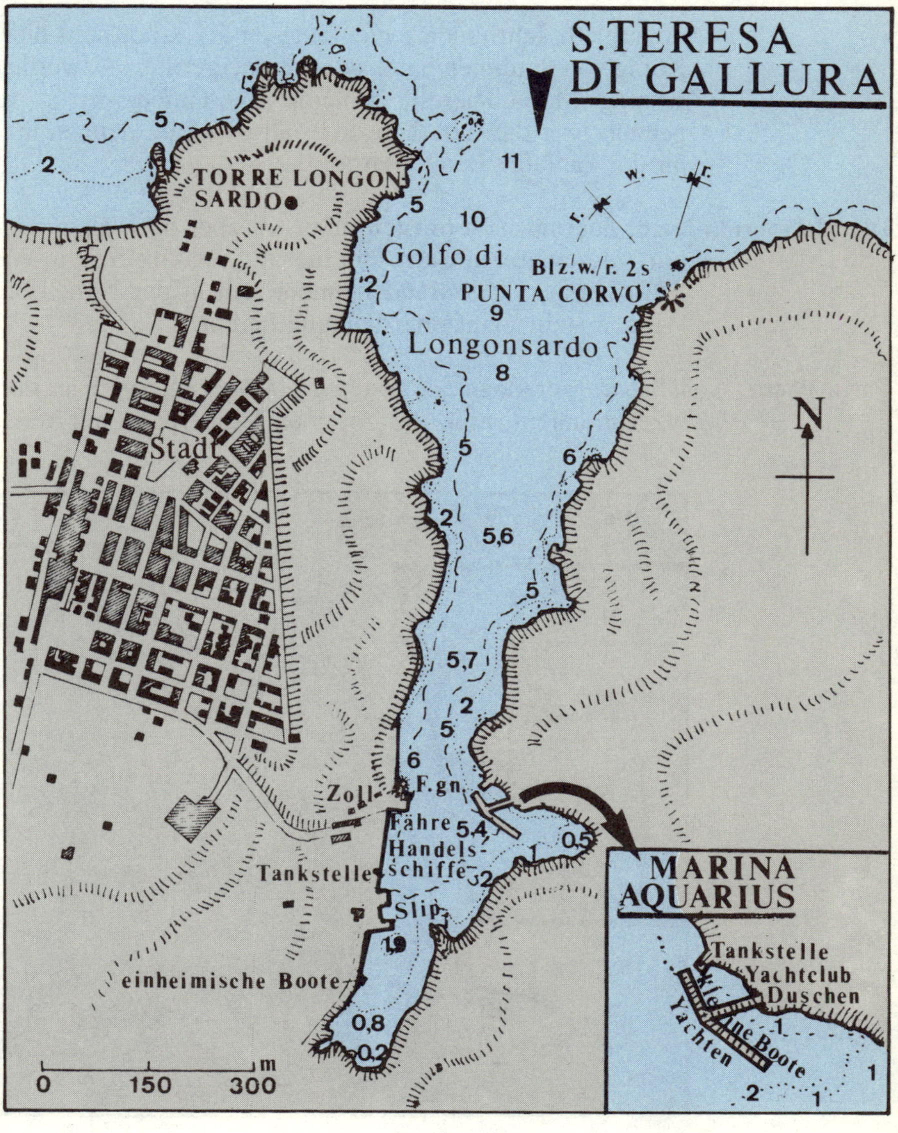

Behörden: Hafenmeisterei und Zollamt.

Versorgungsmöglichkeiten: Im Hafen selbst erhält man Wasser. In Santa Teresa, das knapp 1 km entfernt am Berghang liegt, kann man alles Weitere kaufen. Hier findet man auch gute Hotels und mehrere Restaurants. Eine Straße verbindet die Stadt mit anderen Ortschaften auf der Insel. Die Fähre von La Maddalena und Bonifacio läuft den Hafen täglich an. Der Slip in der südwestlichen Ecke des Kais ist für Boote bis 50 t geeignet. Täglich fährt ein Bus nach Alghero. Reparaturmöglichkeiten sind gegeben.
In der Marina Aquarius Wasser- und Stromanschlüsse an den Liegeplätzen, Duschen im Clubhaus, das gleichzeitig Restaurant und Bar ist. Kraftstoff erhält man an der Tankstelle am Anfang der Steganlage.

Als im 19. Jahrhundert Piemontesen als Kolonisten hier siedelten – der König von Sardinien hatte sie ins Land gerufen –, wurde der Ort nach der Königin Maria Theresia benannt. Der Hafen wird in der Regel zwar so genannt wie die Ortschaft, aber ältere Leute nennen ihn nach dem Turm an der Einfahrt Longonsardo.

Die Marmorata-Bucht liegt nach Nordosten offen, ist aber nach allen anderen Richtungen hin gut geschützt. Man kann hier auf 3,50 bis 5,50 m Wassertiefe ankern. Ein sandiger Badestrand befindet sich in der Nähe. Bei nordwestlichen Winden steht manchmal Dünung herein.

Porto Pozzo läßt sich geradenwegs ansteuern, wobei man sich in der Mitte des Fahrwassers halten muß, das zu einem Ankerplatz mit Wassertiefen um 5 m

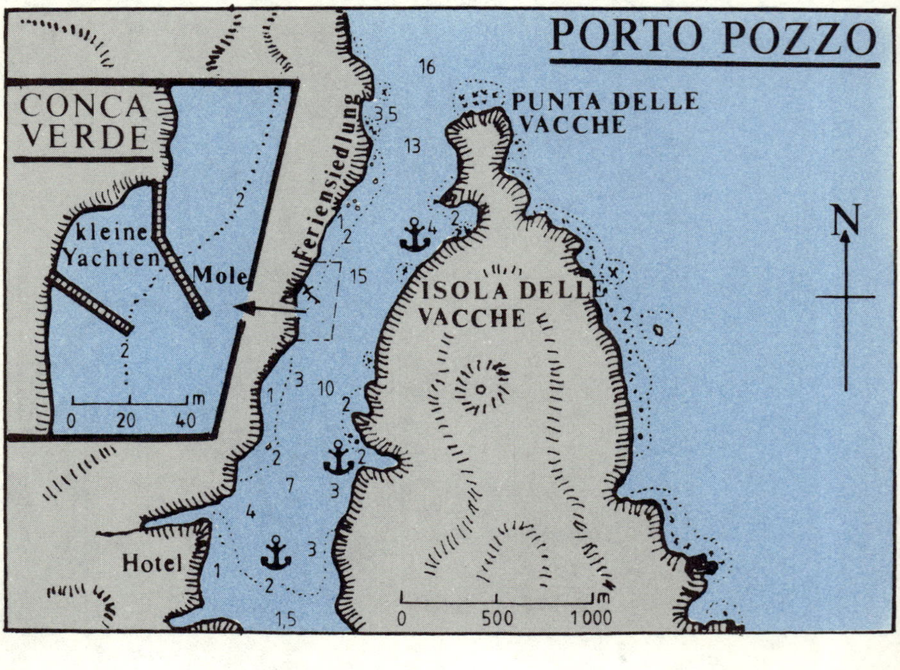

führt (anschließend nimmt die Wassertiefe schnell ab). Vorher kommt man zu der Steganlage

Conca Verde etwa 1200 m im Inneren der Bucht südlich der Ferienanlage Rossastro gelegen. Die Steganlage hat Wassertiefen zwischen 2,50 und 1 m.

Porto Liscia ist ein angenehmer Ankerplatz, der guten Schutz vor allem gegen Westen gewährt und einen sicheren Grund hat fürs Ankern.

Ansteuerung und Ankerplatz (Seekarten: D 438, BA 1131, I 325): Nach dem Einlaufen in die Bucht halte man auf das westliche Ende des Sandstrandes zu und lasse 300 m von dem südlichsten der Felsen auf 9 bis 11 m Wasser den Anker fallen. Die kleine Brücke muß mit dem Sandstrand in einer Linie peilen. Außer bei nördlichen Winden liegt man hier hinreichend geschützt. Einige Yachten bevorzugen die östliche Seite der Bucht, die zwar gegen Norden offen ist, aber einen gut haltenden Grund hat und mehr Raum zum Schwojen bietet.

Früher pflegten Segelschiffe diesen Platz anzulaufen, um an einer Quelle in der Südwestecke der Bucht ihre Trinkwasserfässer zu füllen.

Porto Pollo ist ein hübscher, gut geschützter Naturhafen und Zentrum des Surfsports auf Sardinien. Man kann hinter einigen Felsen ostwärts einer kleinen Insel vor Anker gehen. In ihrer Nähe befinden sich einige Sandflächen, von denen aus man eine gute Badegelegenheit hat.

Punta Sardegna Yachthafen (Porto Raphael) ist eine kleine private Marina etwa 800 m südlich der Punta Sardegna, die bequeme und sichere Liegeplätze bietet.

Ansteuerung (Seekarten: D 438, BA 1189 und 2157, I 323, 324 und 325): Bei Tag dient der Leuchtturm von Punta Sardegna als Anhaltspunkt. Da der Hafen nicht befeuert ist, sollte man ihn nachts nicht anlaufen.

Liegeplatz: a) Im Hafenbecken können Yachten an der Ostmole auf 3 m Wassertiefe bequem festmachen. Die Liegeplätze verfügen über Grundleinen.
b) Außen an der Ostmole an Festmachetonnen, Heck zur Mole.

Versorgungsmöglichkeiten: Die inneren Liegeplätze verfügen über Wasser- und Stromanschluß. Am Hafen ein Restaurant mit Bar.

Mezzo-Schifo-Sund In der südwestlichen Ecke dieses Sundes gibt es Sommerhäuser, vor denen Motoryachten vor Anker liegen. Eine kurze Mole dient zum Schutz der kleineren Motorboote.

Palau ist ein kleiner Einschnitt mit einem breiten Kai für die Fähren von La Maddalena.

Ansteuerung: An sich ohne Schwierigkeiten, aber man sollte sich an die Westseite halten, da es in der Osthälfte einige Felsen und Untiefen gibt, die nicht gut markiert sind.

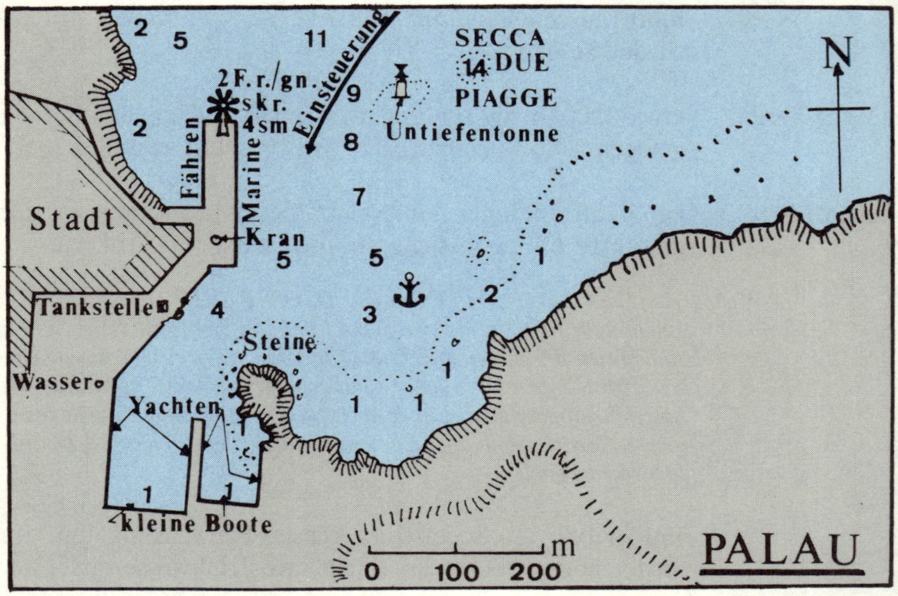

Liegeplatz: Hat man den Fähranleger passiert, liegt der für Yachten vorgesehene Kai an Steuerbord und voraus. Auf 4 bis 2 m Wassertiefe hat man gut haltenden, teilweise verkrauteten Sandgrund.

Versorgungsmöglichkeiten: Wasser auf dem Kai, eine Tankstelle in geringer Entfernung, Kran auf dem Kai, Reparaturmöglichkeiten für Außenborder, Lebensmittel im Ort. Zug- und Busverbindung mit Sassari und Alghero.

Der Golf von Saline ist ein angenehmer Ankerplatz, ausgenommen bei östlichen Winden. Vor dem nördlichen Ufer lasse man auf 5 bis 7 m Wasser über teils mit Tang bewachsenem Sandgrund den Anker fallen. Der Platz ist überaus reizvoll. Die aus Granit bestehenden Ufer sind zumeist mit Büschen oder Strauchwerk bewachsen. Es gibt hier noch zwei weitere Buchten mit Sandstrand, und zwar nördlich und südlich der Punta la Barca Bruciata.

Der Golfo di Arzachena ist ein herrliches Segelrevier – nicht nur für Dickschiffe. Auch für Jollensegler und Surfer bietet dieser tiefe Golf hervorragende Möglichkeiten. Er ist allerdings nach Norden offen, so daß man bei nördlichen Winden nur in der Marina Cala Bitta oder, noch besser, hinter der Mole von Cannigione geschützt liegen kann.

Die Cala Mucchi Bianchi an der östlichen Einfahrt zum Arzachena-Golf ist einer der anziehendsten Ankerplätze in der Straße von Bonifacio.

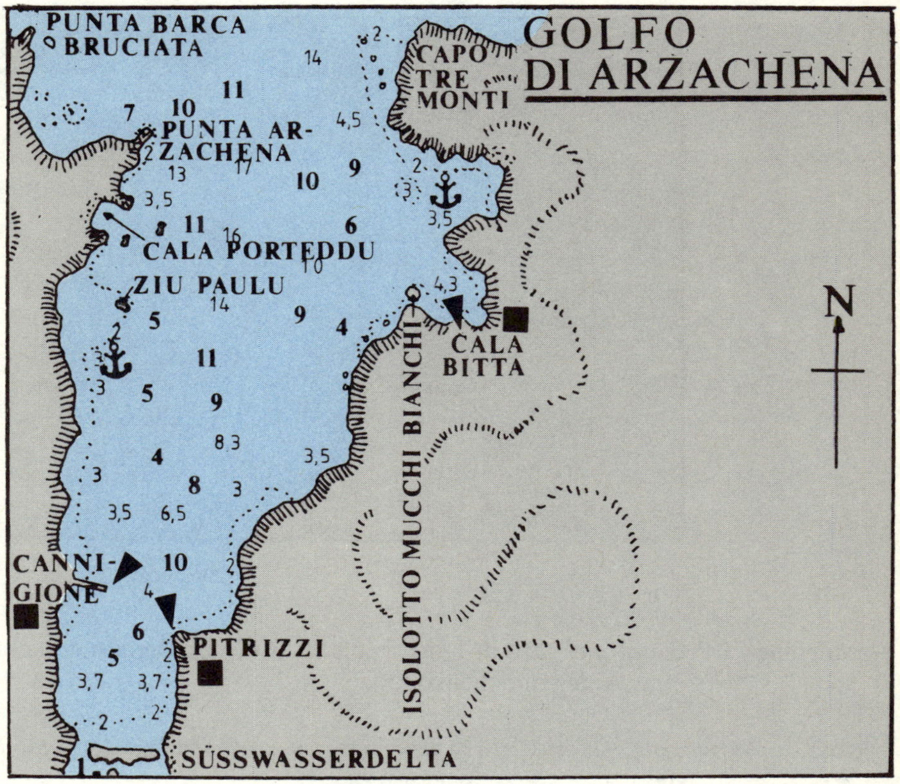

Ansteuerung (Seekarten: D 438, BA 161 B, I 323, 324 und 325): Die beiden überfluteten Felsen sind auf der Karte eingezeichnet und leicht zu umfahren.

Ankerplatz: Binnenseitig der Linie des kleinen steinernen Kais liegt man auf einer Wassertiefe von 5 m gut geschützt.

Versorgungsmöglichkeiten: Geschäfte, Restaurants, Cafés und Hotels in der Feriensiedlung von Capo Tre Monti bis Cala Bitta – viele sind nur im Sommer geöffnet.

In der südlichen Bucht der Cala Mucchi Bianchi,

Cala Bitta

ist vor einer großen Feriensiedlung ein moderner Yachthafen entstanden.

Ansteuerung: Der Yachthafen liegt zwischen der Punto di li Cossi und Isolotto dei Mucchi Bianchi. Bei der Ansteuerung halte man sich dicht an die Molen, da das östliche Ufer untief ist (Skizze S. 120).

Liegeplatz: An den verschiedenen Stegen finden Yachten bis 2,50 m Tiefgang sichere und bequeme Liegeplätze.

Versorgungsmöglichkeiten: Strom- und Wasseranschluß an den Liegeplätzen. Duschen und Toiletten beim Hotel am Hafen. Lebensmittelgeschäfte und gute Restaurants in der Feriensiedlung – zumeist nur im Sommer geöffnet.

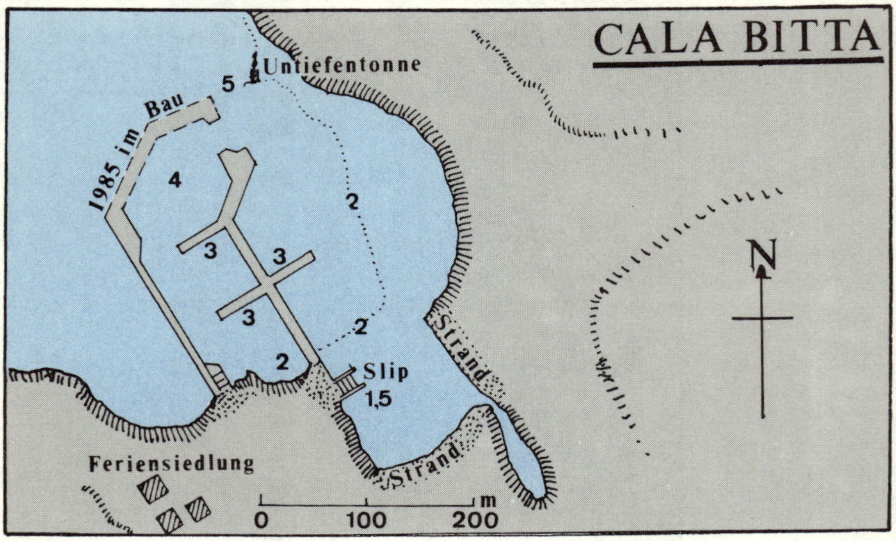

Vor der Ortschaft

Cannigione bietet eine 250 m lange Mole in östlicher Richtung Yachten aller Größen gute Anlegemöglichkeiten.

Ansteuerung: An der Westseite tief im Inneren des Golfes liegt der Ort Cannigione, der schon von weitem gut auszumachen ist.

Liegeplatz: a) An der Südseite der Mole sind die besten Liegeplätze. Eine Reihe Festmachebojen liegt aus, so daß man kein eigenes Ankergeschirr benötigt. Zwei bis drei Yachten

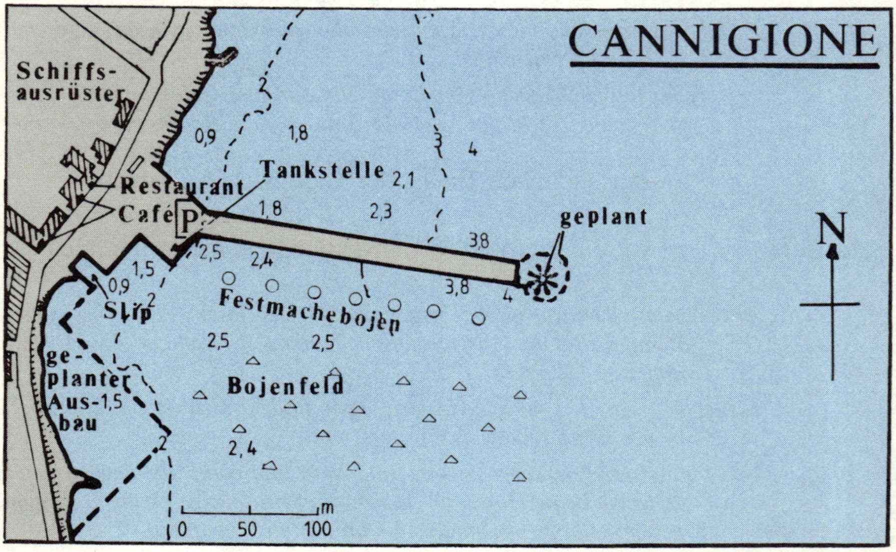

machen jeweils mit Vorleinen an einer Festmacheboje fest und legen sich mit dem Heck zur Mole. Die Wassertiefen an der Mole betragen zwischen 4 und 2 m.
b) An der Nordseite der Mole ebenfalls an Festmachebojen. Dreht der Wind auf nördliche Richtung, sollte man den Platz sofort verlassen.
c) Südlich der Mole befindet sich ein großes Bojenfeld. Die äußeren Bojen sind für mittelgroße Yachten gedacht und entsprechend verankert; die inneren eignen sich für kleinere Yachten. Viele dieser Bojen sind zwar vermietet, doch kann man an jeder freien Boje festmachen und sich im Hafen erkundigen, wann der Mieter die Boje wieder benötigt.

Versorgungsmöglichkeiten: Wasseranschluß am Kai, Treibstoff an der Tankstelle im Hafen. 3-t-Kran und Slip. Schiffsausrüster, Lebensmittelgeschäfte, Post, Bank etc. im Ort. Ein gutes Restaurant sowie eine Bar direkt am Hafen.

Liscia di Vacca Außer bei gutem Wetter ist dieser Platz nicht zu empfehlen; obendrein liegen in Nähe des Ufers mehrere Unterwasserfelsen. Der am besten geeignete Ankerplatz befindet sich in der Südostecke auf 9 m Wasser über Sandgrund. Am Westufer unterhalb der Feriensiedlung gibt es einen Betonsteg mit 1,50 m Wassertiefe am Kopf.

DIE NORDOSTKÜSTE

Die Costa Smeralda an der Nordostküste ist das beliebteste Revier Sardiniens mit mehreren modernen Yachthäfen, die sich hervorragend für einen kurzen Aufenthalt eignen. Einige wenige Ankerplätze haben noch ihr natürliches Aussehen bewahrt; sie liegen – Schutz gewährend – tief in den romantischen Felsenbuchten. Das Consortio Costa Smeralda, dem der Aga Khan vorsteht, kontrolliert inzwischen 60 km der Küste, an der auch Porto Cervo liegt, und es gibt sich große Mühe, die sich selbst gesteckten hohen architektonischen Ziele auch zu erreichen. Das Consortio ist eine internationale Immobiliengesellschaft. Jeder, der im Bereich der Costa Smeralda Eigentum erwirbt, wird automatisch Mitglied und Teilhaber dieser Gesellschaft. Die Immobilienpreise sind extrem hoch.

Porto Cervo ist eine reizende, rings von Bergen eingeschlossene Bucht, die man in einen exklusiven Yachthafen mit allen nur denkbaren Versorgungsmöglichkeiten umgewandelt hat.

Ansteuerung (Seekarten: D 438, BA 161 B, I 323, 324 und 42 sowie Skizze S. 123): Die Cervo-Untiefe ist durch eine rote Tonne knapp 1 sm nördlich der Einfahrt markiert; sie ist während der Sommermonate befeuert. Die weniger als 200 m breite Einfahrt wird zu beiden Seiten durch je ein rotes bzw. grünes Blitzfeuer auf kleinen weißen Sockeln flankiert. Auf dem Hügel in Verlängerung der Bucht stehen zwei Richtbaken, auf die man mit Kurs 252° zusteuert.

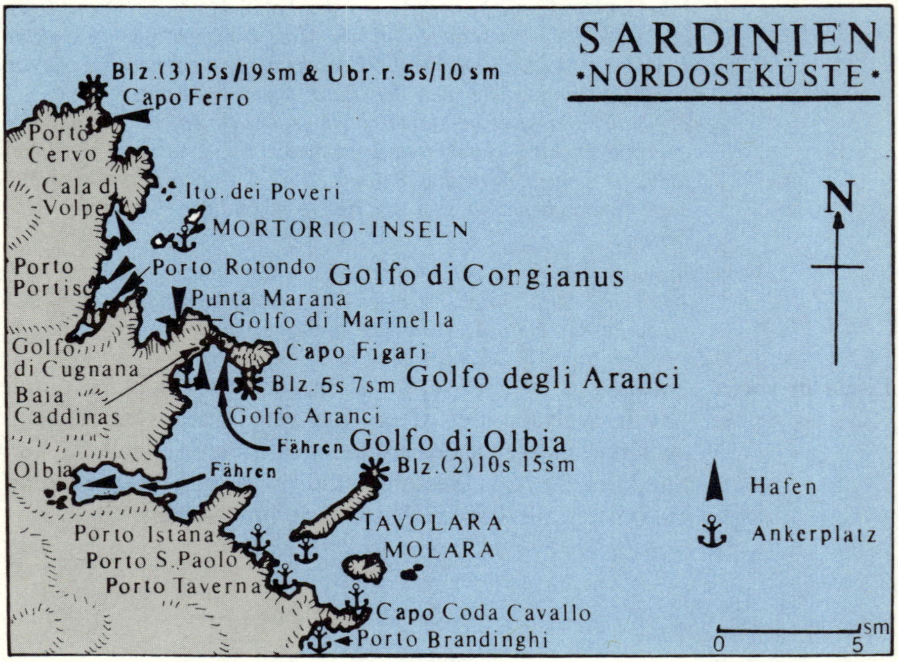

Liegeplatz: a) Ein Kai von 250 m Länge mit Tiefen von 3 m an seinem inneren und 7 m an seinem äußeren Ende liegt an Backbord; große Yachten machen hier, Heck zum Kai (Ringe und Poller aus Bronze!) mit Bugleinen an den Festmachetonnen fest.

b) Gegenüber an dem Schwimmsteg der Marina Sarda macht man vor Buganker – Heck zum Steg – fest.

c) In der Marina di Porto Cervo am Westende der Bucht finden etwa 500 Yachten aller Größen sichere und bequeme Liegeplätze mit Grundleinen sowie bronzenen Ringen und Pollern.

d) Eine Yacht kann aber auch im Nordteil der Bucht auf Sand- und Schlammgrund ankern. Da das Wasser ungewöhnlich klar ist, bereitet es keine Schwierigkeiten, den paar Felsblöcken auszuweichen.

Versorgungsmöglichkeiten: Trinkwasser und Strom an allen Liegeplätzen. Kraftstoff auf dem Kai. Dort gibt es auch Eis. Duschen und Toiletten bei den Liegepätzen unter a), beim Yacht-Club und an verschiedenen Stellen der Marina. Ausrüstungsgeschäft für Yachten, Supermarkt, Bank, Restaurant, Hotel und Nachtclub ganz in der Nähe. Fast alle anderen Branchen sind ebenfalls vertreten (Boutiquen, Kunst-, Immobilienhandel). Taxis und Busse für Fahrten nach Olbia oder zum Flughafen.

Da der Fußweg von den unter a) und b) beschriebenen Liegeplätzen zu den Einrichtungen der Marina (Yacht-Club, Schiffszubehörhändler, Supermarkt, Yachtwerft etc.) fast 50 Minuten dauert, ist im Sommer ein kostenloser Zubringerdienst mit stündlich verkehrenden Booten eingerichtet.

In der Nordwestecke der Marina befindet sich eine Werft mit 400-t-Slip, 40-t-Travellift und 10-t-Kran. Auf einer Seite des Docks ist unter Wasser ein Fenster, durch das man sein Unterwasserschiff inspizieren kann. Die bestens ausgerüsteten Werkstätten führen

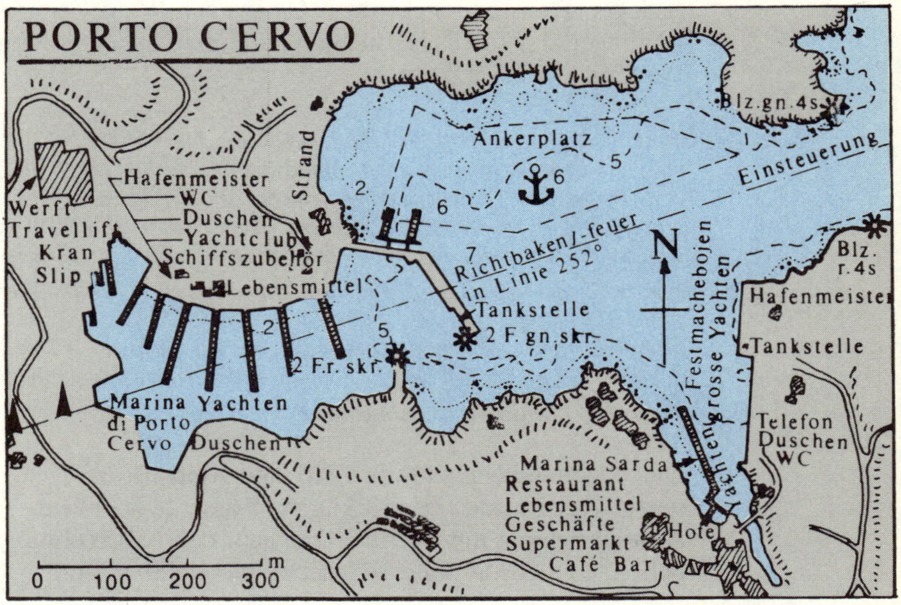

alle Arten von Reparaturen aus, auch an elektronischen Einrichtungen. Es gibt hier auch eine Winterlagerhalle. Alle diese Annehmlichkeiten kosten natürlich ihren Preis.

Behörden: Hafenmeisterei und Zoll in der Nähe des Hauptkais.

Diese bis Mitte der 60er Jahre noch nicht besiedelte Bucht ist heute einer der modernsten Yachthäfen im Mittelmeerraum. Die Bauten und Einrichtungen fügen sich harmonisch in das Landschaftsbild ein. Vor Porto Cervo finden regelmäßig weltbekannte Hochseeregatten statt wie der Sardinia Cup, der Swan World Cup und die Zwölfer-Weltmeisterschaft. Porto Cervo ist Zentrum der europäischen Zwölfer-Vereinigung.
Am Golf Pevero führen einige Feriensiedlungen zu lebhaftem Bootsverkehr und entsprechender Nutzung der Ankerplätze im Süden und Südwesten der Bucht. Gleich lebhaft geht es an der davor liegenden, völlig kahlen Gruppe Isole di Li Nibani zu.

Der Golf von Congianus (Seekarten: D 500, BA 161B und I 42) hat eine ganze Reihe angenehmer Ankerplätze und Häfen aufzuweisen.

Cala di Volpe ist ein seichter, nach Norden weisender Einschnitt gegenüber der Punta Volpe mit einem Ankerplatz, der, Südostwinde ausgenommen, nach allen Seiten geschützt ist. Man ankere nordwestlich der Überwasserfelsen. Das Hotel am Kopf der Bucht verfügt über einen eigenen Hafen für Yachten bis 1,50 m Tiefgang sowie einen 150 m langen Anlegesteg mit direktem Zugang zum Hotel. Am Strand gibt es einen weiteren, etwa 40 m langen

Anleger. Die neue Straße von Olbia nach Porto Cervo führt hier vorbei. In einigen der sandigen Buchten kann man baden und bei entsprechender Wetterlage auch ankern.

Ansteuerung (Seekarten: D 500, BA 161 B, I 42): Bei Tage bietet die Küstenformation mit den vorgelagerten Inseln einen guten Anhaltspunkt. Nachts führen die Leuchtfeuer auf Isolotto Poveri und Punta Ligata zur Bucht. An der Ost- und Westhuk weisen rote und grüne Einfahrtsfeuer den Weg. Achtung: Die Leuchtfeuer auf Poveri, Punta Ligata und die Einfahrtsfeuer sind nur in der Zeit vom 1. Juni bis zum 30. September in Betrieb.

Liegeplatz: a) Vor dem Hotel in dem kleinen Hafenbecken – nur für Yachten mit weniger als 1,50 m Tiefgang.
b) An einem der beiden Anlegestege – nur für Yachten bis 2 m Tiefgang.
c) Vor Anker im Westteil der Bucht auf 3 m Wassertiefe und gut haltendem Sandgrund.

Versorgungsmöglichkeiten bestehen nur im Rahmen des Hotels.

Die buchtenreichen Inseln **Soffi** und **Mortorio** sowie die Eilande dazwischen locken mit ihrem klaren Wasser vor allem Taucher an. Die Ansteuerung ist nur bei Tage möglich, dann aber ohne Probleme, da alle Felsen – auch die unter Wasser – gut sichtbar sind.

Porto Portisco ist eine moderne Marina südlich des Isolotto Portisco am Eingang des Golfo di Cugnana. Der Hafen liegt am Fuß einer großen Feriensiedlung.

Ansteuerung (Seekarten: D 500, BA 161 B, I 42): Isolotto Portisco und die charakteristischen Gebäude der Feriensiedlung dienen bei Tage als Anhaltspunkte für die Ansteuerung. Bei Nacht ist die Einfahrt befeuert.

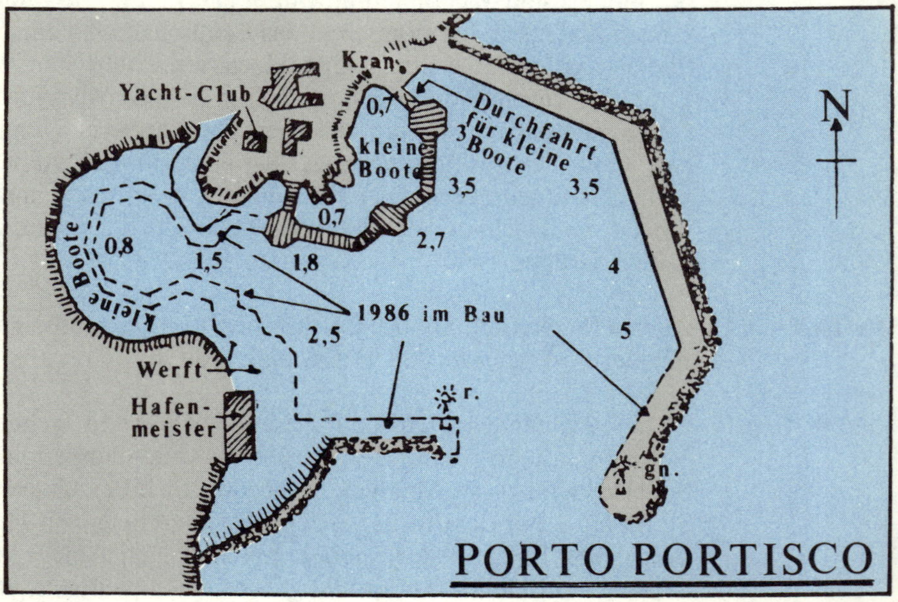

9 Die steile Felsküste an der Ost-
seite von Sardinien, hier bei
Arbatax, ist häufig eingehüllt in
dichte Nebelschwaden

10

12

10 Die Cala di Volpe, eine der romantischen Felsbuchten an Sardiniens Costa Smeralda

11 Blick auf die Cala Corsara, eine Bucht der stark zerklüfteten Inseln des Maddalenen-Archipels

12 Alghero an der Nordwestseite Sardiniens ist eine von Wehrmauern umgebene Stadt katalanischen Ursprungs

13 Porto Ferro, eine Bucht an der reichgegliederten Nordwestküste Sardiniens

11

13

14 Cagliari, Hauptstadt Sardiniens, lohnt einen Besuch

Liegeplatz: Je nach Tiefgang und Größe der Yacht an den Stegen oder den Außenmolen. Der Hafen bietet etwa 400 Yachten sichere, komfortable und geschützte Liegeplätze, wobei an Bojen bzw. Grundleinen festgemacht wird. Kleinere Boote und Schlauchboote liegen in dem inneren Becken. Telefonische Liegeplatzreservierung über UKW-Kanal 9 im Sommer ist möglich und empfehlenswert.

Versorgungsmöglichkeiten: Strom- und Wasseranschluß an den Stegen und Molen für jeden Liegeplatz. Kraftstoff an der Tankstelle. Duschen und Toiletten bei der Capitaneria. Schiffszubehörhändler und Reparaturwerkstätten am Hafen. Lebensmittelgeschäfte in der Feriensiedlung.

Golfo di Cugnana ist eine belebte, ziemlich flache Bucht mit einem gut geschützten Ankerplatz in ihrer Mündung. Der Grund weist Flächen dichten Tangbewuchses auf, der abwechselt mit Schlick und Sand in Wassertiefen von 3,50 bis 5,50 m. Versorgungsmöglichkeiten bestehen in der Feriensiedlung und im nahegelegenen Portisco bzw. in Porto Rotondo.

Porto Rotondo ist eine entzückende, nahezu völlig von Land eingeschlossene Bucht gleich südwestlich der Punta Volpe an der Einfahrt zum Golfo di Cugnana. Hier ist eine der schönsten Marinas der Costa Smeralda entstanden. Porto Rotondo selbst ist mittlerweile einer der größten Ferienorte der Gegend und stellt Porto Cervo bereits in den Schatten.

Ansteuerung (Seekarten: D 500, BA 161 B, I 42): Bei Tage ist schon von weitem das hellblaue Metalldach des Yachtclubs zu erkennen. An der Einfahrt stehen rechts und links eine klassische Säule auf einem Sockel. Nachts ist die Einfahrt befeuert.

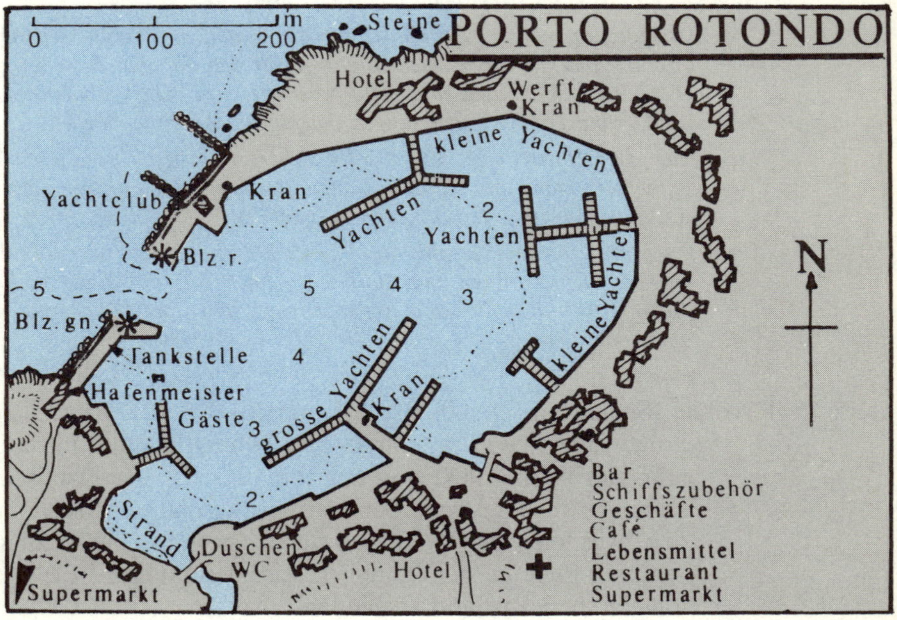

Liegeplatz: Die Marina bietet 550 Yachten sichere und komfortable Liegeplätze. Je nach Tiefgang und Größe der Yacht kann man an den Stegen oder Kais festmachen. Tagsüber werden einlaufende Yachten von einem Mitarbeiter der Hafenverwaltung in Empfang genommen und zu einem Liegeplatz geleitet, wobei die Ormeggiatore (Ormeggiatore = Festmacher) auch beim Festmachen der Yacht behilflich sind. Die Liegeplätze für größere Yachten sind mit Festmachebojen ausgestattet, die übrigen verfügen über Grundleinen. Bei Mistral steht unangenehmer Schwell in den Hafen, da die Hafeneinfahrt nach NW offen ist. Dann empfiehlt es sich, Porto Portisco anzulaufen, wo man vor Mistral besser geschützt ist.

Versorgungsmöglichkeiten: Wasser- und Stromanschlüsse an allen Liegeplätzen. Duschen und Toiletten am Kai. Kräne zum Zuwasserlassen von Booten, Schiffszubehörgeschäfte, Motorenwerkstätten und ein kleiner Werftbetrieb am Hafen. In der Capitaneria gibt es mehrmals täglich die neuesten Wetterinformationen einschließlich Wetter- und Seegangskarten. Cafés und Restaurants liegen rund um den Hafen. Lebensmittelgeschäfte im Ort.

Golfo di Marinella Eine markante weiße Villa an Steuerbord und Landhäuser daneben erleichtern die Einsteuerung. Am inneren Rand der Bucht erhebt sich über einem Sandstrand ein modernes Luxushotel mit einem Campingplatz daneben. Man gehe etwa 150 m vor dem Strand auf 5 m Wasser vor Anker. Der Grund hält gut, und der Ankerplatz ist nur gegen Nordosten ungeschützt.

Punta Marana Östlich des Strandes gibt es einen hübschen Yachthafen am Fuße des Feriendorfes Punta Marana.

Ansteuerung (Seekarten: D 500, BA 161B, I 42): Bei Tage kann man sich an der Feriensiedlung orientieren. Die Einfahrt in den Hafen wird durch eine Reihe roter und grüner Tonnen markiert. Bei Nacht brennen auf den äußeren Molenköpfen rote und grüne Festfeuer (die Tonnen sind nicht befeuert). Von dem Vorhafen an weisen weitere rote und grüne Festfeuer den Weg in das eigentliche Hafenbecken.

Liegeplatz: Der Hafen bietet 300 absolut sichere und bequeme Liegeplätze für Yachten bis 2,50 m Tiefgang und ca. 15 m Länge. Die Liegeplätze an den Stegen und Kais sind mit Grundleinen bzw. Grundketten ausgestattet.

Versorgungsmöglichkeiten: Strom- und Wasseranschluß an den Stegen und Kais für jeden Liegeplatz. Kraftstoff an der Tankstelle. Duschen und Toiletten bei der Capitaneria. Schiffszubehörhändler und Reparaturwerkstätten am Hafen. Lebensmittelgeschäfte in der Feriensiedlung.

Golfo degli Aranci (Seekarten: D 500, BA 163 und 161B, I 42): Rund Capo Figari, einem hohen, massigen Vorgebirge, und beim Einlaufen in die Aranci-Bucht ist man tief beeindruckt von der romantischen Berglandschaft und dem frischen Grün der Vegetation. Der Ankerplatz hat seit den Tagen Nelsons den Schiffen vieler Nationen Schutz gewährt; heute dient der Hafen als Anleger für eine der schnellen Eisenbahnfähren, die Sardinien mit dem italienischen Festland verbinden.

Golfo Aranci Im Scheitel der Aranci-Bucht gibt es einen Fährhafen, von dem aus eine Fährverbindung nach Civitavecchia besteht. Die Schiffe verkehren mehrmals täglich und benötigen für die Reise sieben Stunden.

Ansteuerung und Ankerplatz (Seekarten: D 500, BA 163 und 161 B, I 42): Man gehe über die Fährkais hinaus nach Norden und ankere vor dem weißen Hotel in der Ecke der Bucht über sandigem Grund. Die Kais sind den Fährschiffen vorbehalten. In dem Fischerhafen nordwestlich der Fährkais können kleinere Yachten anlegen. Offen von Süd bis Südwest, vollkommener Schutz bei Winden aus Nord bis Ost. Wegen des regen Fährverkehrs ist dieser Ankerplatz jedoch recht unruhig.

Versorgungsmöglichkeiten: Proviant am Fährhafen. Eis im Fischerhafen.

Baia Caddinas ist eine kleine Marina etwa 1 sm westlich von Golfo Aranci, am Fuße einer Feriensiedlung. Rechts und links des Hafens befinden sich sehr schöne Sandstrände. Golfo Aranci und Olbia sind bequem mit dem Bus oder Taxi zu erreichen.

Ansteuerung (Seekarten: D 500, BA 161 B, I 42): Bei Tage dient die Feriensiedlung als Ansteuerungshilfe, außerdem stehen am Hafen drei große Fahnenmasten, die schon von weitem auszumachen sind. Bei der Ansteuerung halte man sich unbedingt an die mit roten und grünen Tonnen bezeichnete Zufahrt, da südlich der roten Tonnen eine Untiefe mit überspülten Steinen bis etwa 100 m vom Ufer vorspringt. Nachts sind die Molenköpfe befeuert; ebenso brennt am Kopf des Mittelsteges ein Feuer (2 F. r/gn. skr.).

Liegeplatz: Der Hafen verfügt über etwa 120 gut geschützte, komfortable Liegeplätze, die alle mit Grundleinen ausgestattet sind. Yachten bis 2,50 m Tiefgang und 20 m Länge können am Steg und den Molen festmachen. Tagsüber weist der Hafenmeister einlaufenden Yachten einen Liegeplatz zu und hilft beim Anlegen. Viele der Ferienhausgäste bringen im Sommer ihre trailerbaren Yachten mit, so daß nur wenige Transitplätze zur Verfügung stehen. Anmeldung und Liegeplatzreservierung über UKW-Kanal 9 ist daher im Sommer empfehlenswert.

Versorgungsmöglichkeiten: Strom- und Wasseranschluß an allen Liegeplätzen. Achtung: Für den Stromanschluß paßt der sonst an der Costa Smeralda übliche Stecker nicht! Einen passenden Stecker kann man bei dem Hafenmeister ausleihen. Kraftstoff an der Tankstelle. Ein 26-t-Kran steht zur Verfügung sowie eine kleine Reparaturwerkstatt für Bootsmotoren. Ein Mechaniker kann über den Hafenmeister bestellt werden. Toiletten und Duschen sind in der Nähe am Strand. Die Cafés und Restaurants in der Feriensiedlung sind nur im Sommer geöffnet. Der nächste Supermarkt ist ca. 15 Minuten Fußweg vom Hafen entfernt.

Isolotto Porri liegt 2,8 sm in 245° vom Leuchtturm auf Isolotto Figarolo. Man ankere westlich des Eilandes.

Olbia liegt 3 sm tief in dem engen, ins Herz der Granitberge der Gallura dringenden Einschnitt. Dieser Handels- und Fährhafen ist der drittgrößte Sardiniens.

Ansteuerung (Seekarten: D 500, BA 161 B, I 42 und 43): Das durch Tonnen bezeichnete Fahrwasser führt von der Isola Bocca mit einem auffallenden Leuchtturm 1 sm weit direkt zu der Fährpier. Yachten sollten durch eine (von Tonnen und Baken klar bezeichnete) enge Passage den 1 sm weiter vor den Hochhäusern an Steuerbord gelegenen Porto Vecchio ansteuern. Bei Nacht macht das Einlaufen Schwierigkeiten, da die Feuer in der Lichterfülle der Stadt nur schwer auszumachen sind und Verwechslungsgefahr besteht. Während des Ein- und Auslaufens der Fährschiffe ist das Queren der Einfahrtsrinne oder Anhalten in der Fahrrinne von der Isola Bocca zum Fähranleger verboten. An der Hafeneinfahrt bekommt man es bisweilen mit Gezeitenströmungen zu tun.

Liegeplatz: Im Porto vecchio befinden sich mehrere Kais, an denen Yachten mit Bug oder Heck – wenn nicht längsseits – liegen können. Er liegt innerhalb des Zollgebietes und ist ruhig und geschützt.
Weitere Yachtliegeplätze gibt es in dem Privathafen der Werft Olivieri, die allen Komfort bieten wie Strom- und Wasseranschluß, Duschen am Kai usw. Dafür muß man hier allerdings Liegegebühren bezahlen.

Behörden: Hafenmeisterei und Zollamt.

Versorgungsmöglichkeiten: Wasser am Kai. In der Nähe zahlreiche gute Geschäfte aller Art und ein ausgezeichneter Markt. Schiffsausrüster mit großer Auswahl in der Hauptstraße, Wäscherei am Hauptplatz. Eis im Coop-Geschäft nächst der Feuerwehrstation. Mehrere Werften bieten Reparaturmöglichkeiten. Zugverbindung besteht nach Cagliari und Sassari, Busverbindung nach Palau zur Fähre nach Korsika. Autofähren nach Neapel, Genua und Civitavecchia. Flugverbindungen bestehen nach Rom, Mailand und Pisa. Im Sommer gibt es auch Direktflüge von Düsseldorf, Frankfurt und München nach Olbia.

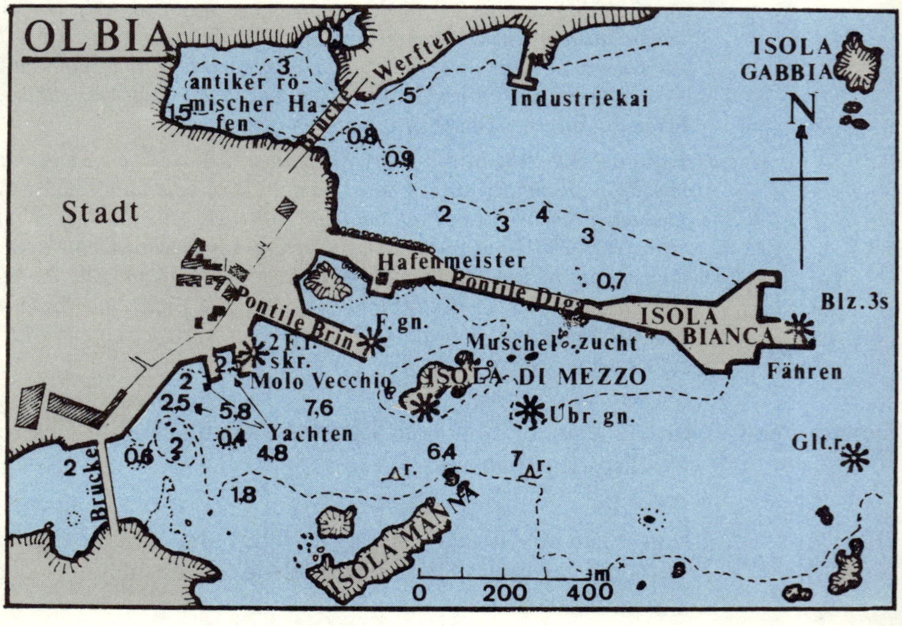

Olbia, eine alte Stadt mit mehr als 20000 Einwohnern, zieht zahlreiche Yachten an. Im 4. Jahrhundert v. Chr. wurde es von den Phönikern gegründet; danach ließen sich griechische Kaufleute, die Purpurhandel trieben, hier nieder. Immer wieder wurde die Stadt abwechselnd von Karthagern, Römern, Pisanern und Genuesen überrannt. Die englische Flotte bemächtigte sich ihrer während der Regierungszeit von Königin Anne und übergab sie später den Österreichern. Nur die Römer und Genuesen haben einige Bauwerke hinterlassen: eine Nekropole und einige Bäder sowie die granitene romanische Kathedrale S. Simplicio, deren Fundamente aus dem 4. Jahrhundert stammen. Bis vor wenigen Jahrzehnten noch litt die Bevölkerung unter Malaria, aber dieser Krankheit wurde man Herr durch das Trockenlegen der Sümpfe. Entlang der Zufahrt nach Olbia gibt es einige schöne Badestrände.

Bei **Liscia Belle Saline** an der südlichen Seite findet man einen für jede Art von Yachten brauchbaren Ankerplatz.

Golfo Aranci, der Endpunkt der Eisenbahnfähre vom festländischen Civitavecchia, ist von hier aus mit Bus oder Taxi bequem zu erreichen (20 km). Hier endet die Costa Smeralda.

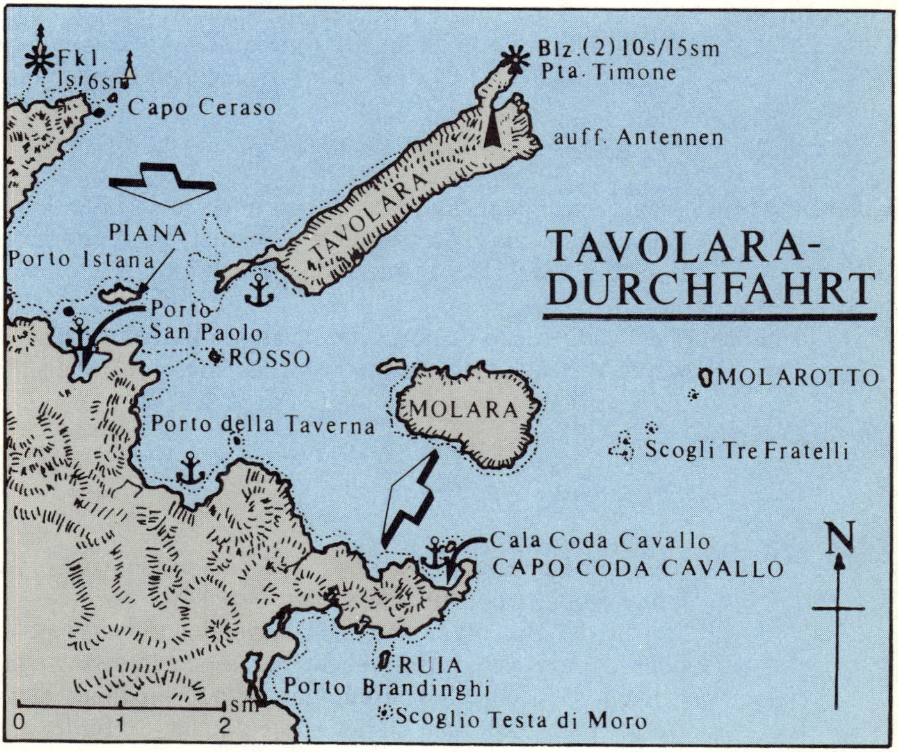

Vom Golf von Olbia an verläuft die Küste mehr als 7 sm weit in südöstlicher Richtung bis hin zum Capo Coda Cavallo. Ihren Charakter erhält sie durch tiefe Einschnitte und die ihr vorgelagerten, gebirgigen Inseln. Die Insel Tavolara, mit 564 m rund 185 m höher als Gibraltar, ragt mit ihren schroffen Steilhängen mächtig über die Bergzüge der Küste empor. An diesem Küstenstrich gibt es nur wenige Ankerplätze; sie verbergen sich, umgeben von den grünen Ufern, in den Winkeln der Buchten (Skizze S. 133).

Tavolara Auf der nach Südwesten weisenden, sandigen Landzunge der Insel stehen ein paar moderne Häuser; sie ist der einzige Platz auf diesem massigen Tafelberg, an dem der Bau menschlicher Wohnstätten möglich erscheint. Die Landzunge bildet einen brauchbaren und bei normalen Wetterverhältnissen geschützten Ankerplatz. Die Insel ist militärisches Sperrgebiet mit umfangreichen Anlagen der Nato.

Molara ist kleiner und nur ein Drittel so hoch wie Tavolara. Die Cala Chiesa an der Nordseite der Insel bietet Schutz vor Südwinden.

Porto San Paolo eignet sich nur für kleine Yachten mit geringem Tiefgang, die binnen der Landspitze ankern können.

Porto Taverna ist eine offene Bucht, in deren südlicher Ecke man einen Ankerplatz mit Wassertiefen von 5 m findet. Eine große Ankerboje ist in der Mitte der Bucht ausgelegt. Oberhalb des Ufers stehen Ferienhäuser.

Am östlichen Ausläufer dieses Küstenstrichs findet man die

Cala Coda Cavallo eine reizende, urtümliche Bucht, in der man über Sandgrund vor Anker gehen kann. „Vor allen Winden geschützt“, heißt es in den „Sailing Directions“. Dieser Platz lohnt einen Besuch.

Porto Brandinghi liegt südlich von Capo Coda Cavallo. Für Yachten hat dieser Platz jedoch wenig Verlockendes, da er sowohl der Tagesbrise wie südöstlichen Winden ausgesetzt ist.

DIE OSTKÜSTE

Von nun an verläuft die Küste 100 sm weit südwärts. Wenn es hier auch einige weniger bedeutende Ankerplätze sowie mehrere Häfen gibt, so entspricht die Beschreibung, die Pausanias vor nahezu zweitausend Jahren über diese Küste veröffentlicht hat, noch immer weitgehend der Wirklichkeit: „Es handelt sich um eine ununterbrochene Kette unpassierbarer Berge, und segelt man an der Küste entlang, so findet man an dieser Seite

der Insel keinen Ankerplatz, während von den Gipfeln der Berge heftige, aber unregelmäßige Böen auf das Meer einfallen."
Im mittleren Bereich der Küste gehen steile Felsen unmittelbar in hohe Berge über.

La Caletta ist ein mäßig geschützter Hafen 15 sm südlich des Capo Coda Cavallo und 6 sm nordwestlich von Capo Comino.

Ansteuerung (Seekarten: D 500, BA 161B, I 43): Der Torre die San Giovanni 100 m neben der Wurzel der Mole ist klar auszumachen, und bei günstigem Wetter sieht man auf der Kuppe eines Hügels das Dorf Posada mit seinem quadratischen Turm daneben.

Liegeplatz: An den Molen (siehe Skizze). Wassertiefe 2 bis 5 m, sandiger Grund. 1986 wurde an dem weiteren Ausbau des Hafens gearbeitet, so daß hier in Zukunft mit guten Liegemöglichkeiten zu rechnen ist.

Behörden: Zollamt und Hafenmeisterei.

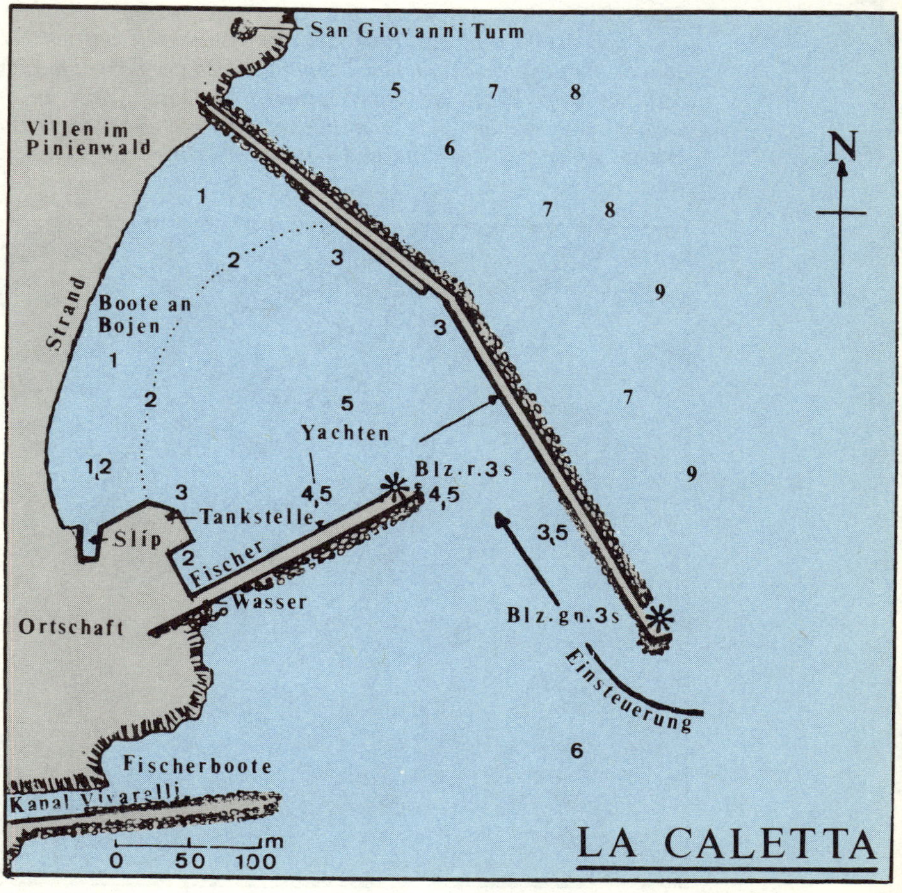

Versorgungsmöglichkeiten: Hydrant an der Südpier, Tankstelle am Kai. Restaurant, Bars, Fischgeschäft (dort auch Eis erhältlich), mehrere Lebensmittelgeschäfte. Eine Fähre verkehrt im Sommer nach Olbia.

La Caletta liegt am Rande einer Ebene. Einige Dörfer in der Umgebung sind wirtschaftlich von diesem Hafen abhängig (Export von Bier und Töpferwaren).

Cala Gonone ein beliebter Badeort mit einem kleinen Hafen, liegt am Fuße hoher Berge. An sich gut geschützt, ist der Hafen selbst im Sommer Fallböen vom Gebirge ausgesetzt.

Ansteuerung: Bei klarem Wetter kann man den Einschnitt zwischen dem Monte Tului (1000 m) und dem Ort Dorgali gut ausmachen. Man muß sich von Süden nähern. Die Molenköpfe sind nachts befeuert. Man sollte mindestens 15 m Abstand von den Molenköpfen halten.

Liegeplatz: Je nach Größe der Yacht an den Stegen (liegen nur im Sommer aus) oder an der Südmole vor Buganker, Heck zum Kai. Wenn im Hafen alles belegt ist, kann man in der Bucht westlich davon über 3 bis 5 m Wassertiefe auf gut haltendem Sandgrund ankern. Es ist verboten, an den Landungsstegen der Fähren anzulegen. Die Fähr- und Ausflugsschiffe haben im Hafen generell Vorfahrt! Selbst im Sommer besteht die Gefahr von Fallböen von den Bergen her (aus Nordnordwest und Südsüdwest). Frische Winde zwischen Süd und Ost haben Schwell zur Folge.

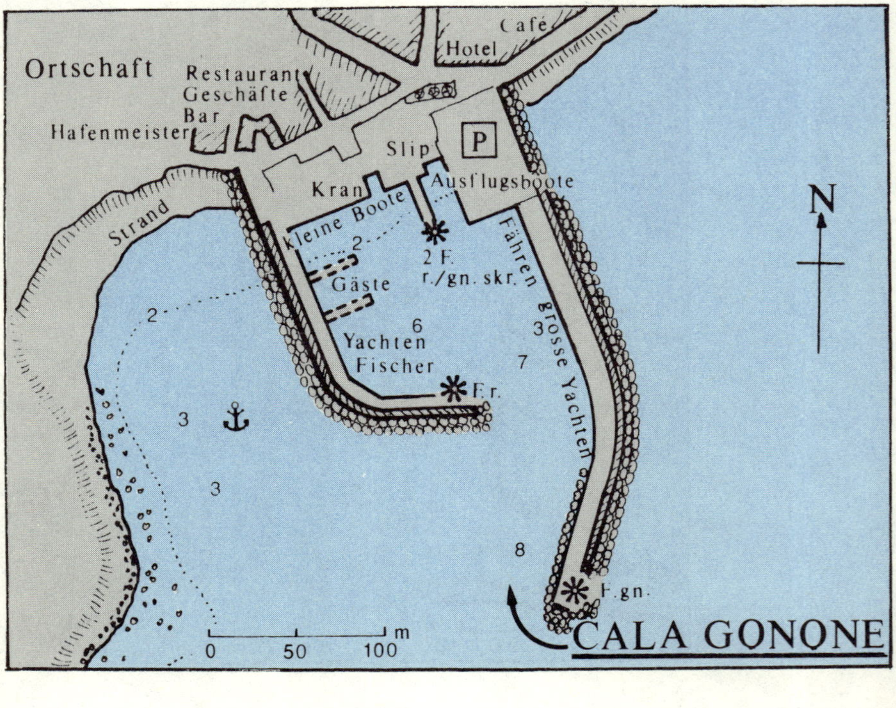

Versorgungsmöglichkeiten: Wasserhahn am Kai, verschiedene Hotels und Restaurants nahebei. Alles andere im 10 km entfernten Dorgali.

In der „Grotta del bue marino“ (Grotte des Seeochsen) waren früher gelegentlich einige der seltenen Mönchsrobben zu sehen. Ein Besuch der Grotte von Cala Gonone aus ist unbedingt zu empfehlen. Cala Gonone und die steile Felsküste, die sich nach Süden erstreckt, sind oft in dichten Dunst gehüllt.

Arbatax ist ein für den Export von Fleisch und Bauholz ausgebauter Hafen mit Liegeplätzen für 10000-t-Schiffe. Eine Ansiedlung ist rund um den Hafen entstanden, aber der wichtigere Ort ist Tortoli, der etwa 5 km entfernt in den Bergen liegt.

Ansteuerung (Seekarten: D 501, BA 161 A, I 44): Das mächtige Vorgebirge mit dem Leuchtturm auf dem Capo Bella Vista ist schon von weitem auszumachen.

Liegeplatz: Yachten sollten in der Südostecke des Hafens festmachen. Der Hafen ist geräumig und offen für Böen, aber zur Seeseite hin gut geschützt. Die Innenseite der Außenmole ist über und über bemalt, mit Bildern, in denen sich Gastyachten verewigt haben.

Behörden: Hafenmeisterei.

Versorgungsmöglichkeiten: Wasserhahn am Fischereihafen. Lebensmittelladen, Restaurant, Bars. Eis und Fisch am Fischereihafen. Zug, Bus und Taxi verbinden mit Tortoli.

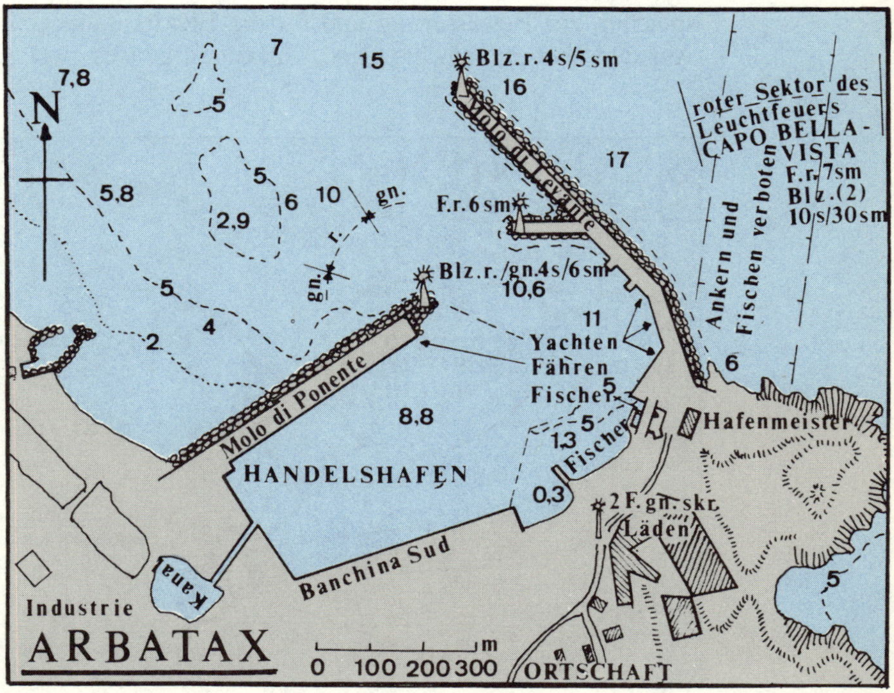

Arbatax, mit seinem hohen Vorgebirge und langen Sandstrand im Westen, ist von der Lage her der schönste Küstenort Sardiniens. Bessere Liegemöglichkeiten für Yachten wären jedoch wünschenswert. Obst und Holz verarbeitende Betriebe grenzen an das Westufer des Hafens. Die Papierfabrik von Arbatax ist die größte Italiens. Ein großer Teil des Holzes für die Papierfabrikation kommt aus der UdSSR.

Von Arbatax verläuft die Küste 53 sm nach Süden bis Capo Carbonara an der Südostecke von Sardinien. Während des Sommers muß man sich hier auf einen jähen Wechsel der Windrichtung gefaßt machen, besonders bei heißem Wetter, sobald man an einer kleinen Bucht oder an dem Ausgang eines Tales vorübersegelt. Manchmal weht es heftig von See her, dann wieder fällt mit noch größerer Stärke ein Landwind ein. Der hier übliche Schirokko kann den ganzen Tag über wehen, um dann unvermittelt durch einen frischen Nordwind abgelöst zu werden, was zu Kabbelwasser führt. Bei sehr heißem und unbeständigem Wetter sieht man bisweilen zahlreiche Buschbrände auf den Berghängen.

Bei der Mündung des Rio Cavallo – etwa 7 sm nördlich Capo Ferrato – entsteht ein moderner Yachthafen: die **Marina di Porto Corallo.**

20 sm bevor man Capo Carbona erreicht, passiert man die Mündung des Flumendosa mit ihren Untiefen. Dieser und der Tirso sind die einzigen Flüsse, die das ganze Jahr hindurch Wasser führen und in die sich ein Einlaufen mit dem Beiboot lohnt. Ihre Oberläufe sind gestaut als Trinkwasserspeicher, zur Bewässerung und für die Elektrizitätserzeugung.

Auf den letzten 5 sm bis Capo Carbonara gibt es zwei Ankerplätze:

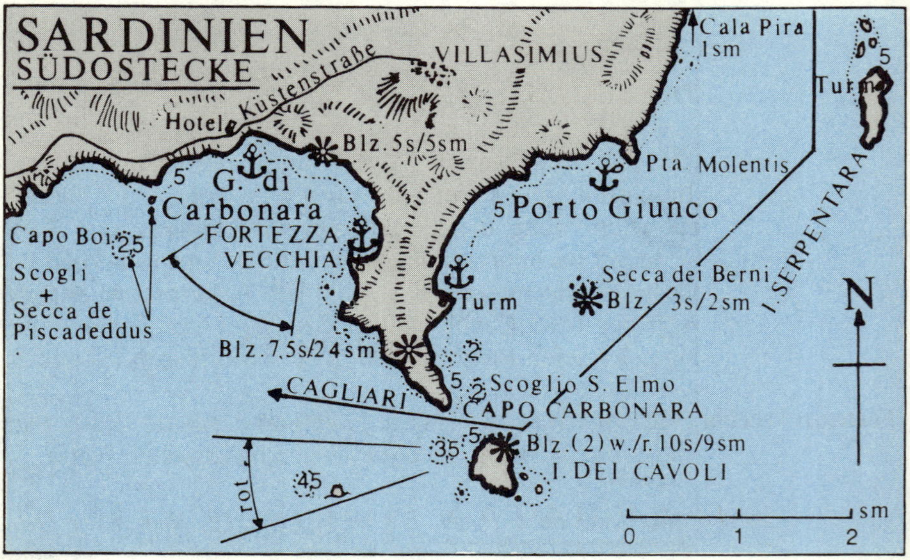

Cala Pira eine reizvolle kleine Sandbucht, öffnet sich nach Süden. Umgeben von grünen Hängen, ist sie in ihrer Einsamkeit ein idealer Ankerplatz für eine Yacht.

Ansteuerung (Seekarten: D 501, BA 161 A, I 44 und 45): Nähert man sich der Bucht aus südlicher Richtung, kann man einen Turm auf der östlichen Landzunge erkennen. Ein Stück südlich davon gibt es einige Unterwasserfelsen dicht unter der Küste.

Ankerplatz: Mitten in der Bucht auf 8 m Wassertiefe.

An dem Küstenabschnitt zwischen Cala Pira und Capo Carbonara hat sich eine touristische Entwicklung ohnegleichen vollzogen: Tausende von Ferienhäusern sind hier entstanden.

Porto Giunco ein geräumiger und ziemlich offener Ankerplatz, gewährt nur gegen den aus dem Golf von Cagliari wehenden Nordwestwind einigen Schutz. Im Sommer ankern kleine Motorboote vor dem langgestreckten Sandstrand, aber ab und zu bringt der Schirokko sie in eine gefährliche Lage, und sie müssen dann entweder auf den Strand geholt oder nach Carbonara verlegt werden. Am Strand gibt es einige moderne Hotels.

Ankerplatz (Seekarten: D 674, BA 161 A, I 45): Dicht nördlich vom Giunco-Turm auf 5 bis 7 m Wasser über Sandgrund.

Hat man diesen südlichsten Ankerplatz erreicht, muß man sich entscheiden, ob man zum italienischen Festland (235 sm bis Capri) oder nach Sizilien weiterfahren (150 sm bis Trapani) oder den Törn an der Küste Sardiniens fortsetzen will, indem man Capo Carbonara rundet.

DIE SÜDKÜSTE

Die Südküste Sardiniens wird von immer mehr Segelyachten aufgesucht. Immerhin gibt es hier ein paar interessante Ankerplätze. In den Sommermonaten weht die Nachtbrise vornehmlich aus Nord bis Nordwest, während nachmittags der Wind auf Süd umspringt und aufbrist. Diese Tatsachen sollte man bei der Wahl des Ankerplatzes berücksichtigen.
Von der Insel Cavoli südlich des Capo Carbonara sollte man wegen felsiger Untiefen mehr als 600 m Abstand halten (Skizze S. 140).

Fortezza Vecchia (Villasimius) ist der einzige Hafen an der Südostküste Sardiniens, der allerdings nur wenigen Yachten Liegemöglichkeiten bietet.

Ansteuerung (Seekarten: D 674, BA 161 A, I 45): Die Ruinen der Festung sind gut auszumachen. Man sollte sich dem Molenkopf mit großer Vorsicht nähern. Die überspülten

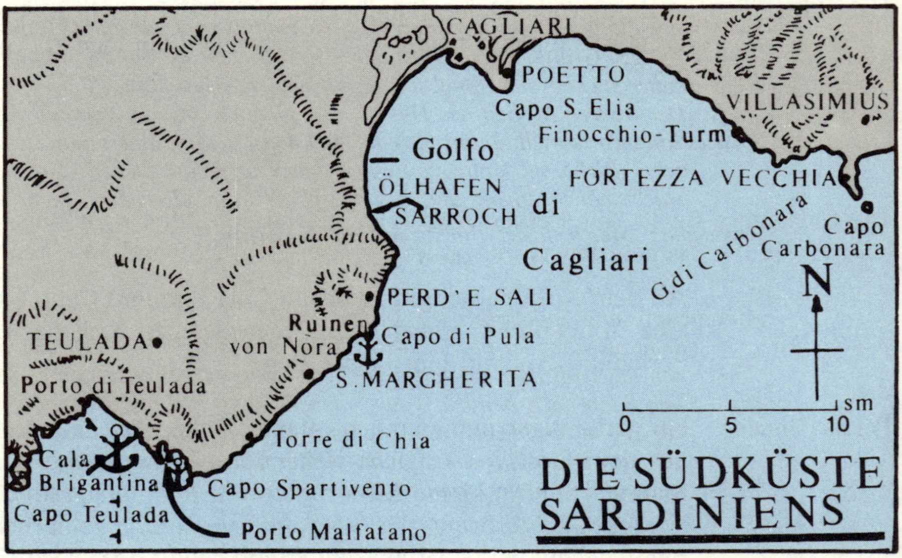

Felsen sind durch eine kleine Spiere gekennzeichnet. Beim Einlaufen halte man sich dicht an die Westmole.

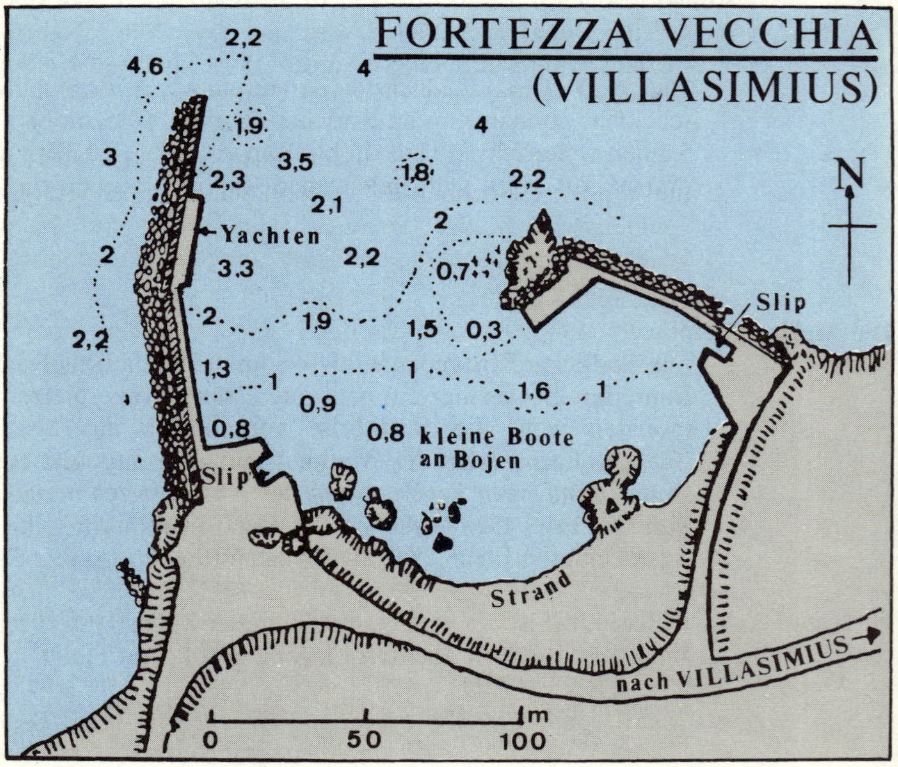

Liegeplatz: Längsseits des vorderen Teils der westlichen Mole auf 3,50 bis 1,50 m Wassertiefe. Felsiger Grund. Dieser Platz kann für Yachten nur bedingt empfohlen werden (Fischkutter suchen manchmal außerhalb des Hafens Schutz).
Der weitere Ausbau des Hafens ist geplant, so daß in Zukunft mit guten Anlegemöglichkeiten in Villasimius zu rechnen ist.

Die Carbonara-Bucht bietet einen Ankerplatz in freundlicher Umgebung, der guten Schutz gegen den vorherrschenden Westnordwestwind gewährt.

Ansteuerung und Ankerplatz (Seekarten: D 674, BA 161 A, I 45): Tagsüber halte man sich dicht ostwärts der Pescatelli-Riffe (und meide vor allem den Unterwasserfelsen, durch den die Franzosen im Jahre 1793 zwei wertvolle Proviantschiffe verloren) und wende sich dann nach Norden, wobei man der kurzen Landzunge, auf der ein Hotel steht, auf 200 m fernbleiben muß. Je nach Belieben lasse man über einem der Sandflecken auf einer Wassertiefe von 5 m den Anker fallen. Hier liegt man sehr gut geschützt, selbst wenn 500 m weiter draußen starker Wind und grobe See herrschen.

Die meisten der kleinen Buchten haben ihren Charme verloren, seit allenthalben Sommerhäuser gebaut wurden.

Der Finocchio-Turm liegt 7 sm nordwestlich von Capo Carbonara. Dicht östlich davon gibt es eine Bucht, in der eine Yacht auf passender Wassertiefe und in angenehmer Umgebung ankern kann. Sie ist aber nach Süden offen, und der Schutz ist weniger gut als in der Carbonara-Bucht.

Bevor man den Hafen Cagliari erreicht, verdecken seine massige Zitadelle und moderne Hochhäuser dem von See Kommenden die lieblichen Orangenhaine und Weingärten an den Hängen dahinter. Nicht einmal die ausgedehnten Lagunen, die die Stadt umschließen, kann man sehen.

Die Marina Piccola del Poetto ist das, was der Name verspricht: eine Yacht-Marina, die absolut sichere Liegeplätze bietet. Sie liegt dicht bei Cagliari, nordöstlich von Capo Sant' Elia.

Ansteuerung (Seekarten: D 647, 501, BA 161 A, I 45): Bei Tage dient das 135 m hohe Capo Sant' Elia mit seinem Leuchtturm über der sonst flachen Küste als Ansteuerungspunkt. Bei Nacht kann man sich gut an dem Leuchtfeuer auf Capo Sant' Elia orientieren. Die Molenköpfe des Hafens sind befeuert.

Liegeplatz: An den Stegen liegt man sicher und bequem. Sie gehören der Lega Navale Italiana und dem örtlichen Yachtclub. Für diese Plätze sind Liegegebühren zu entrichten. Für durchreisende Yachten sind die ersten 50 m vom Kopf der Ostmole an vorbehalten.

Versorgungsmöglichkeiten: Die Liegeplätze an den Stegen verfügen über Strom- und Wasseranschluß. Kraftstoff an der Tankstelle am Westkai. Krane bis zu 20 t stehen zur Verfügung, ebenso wie eine Yachtwerft, in der Reparaturen aller Art ausgeführt werden. Im Ort gibt es Restaurants und Geschäfte.

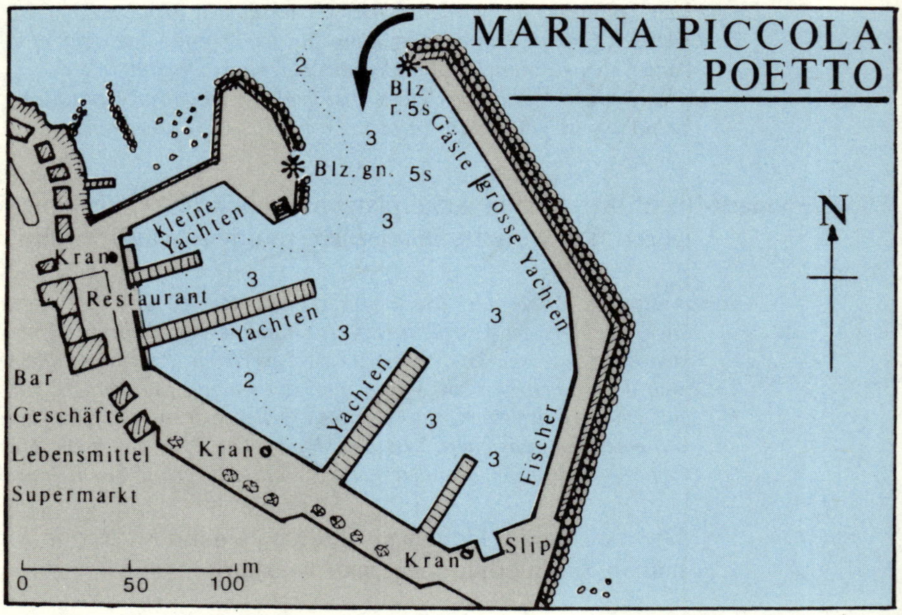

Die Stadt liegt zu Fuß 20 Minuten entfernt. Der weite Sandstrand, der sich nach Osten anschließt – flankiert von einer Autostraße –, ist den ganzen Sommer über gedrängt voll einheimischer Badegäste.

Cagliari ist ein großer Handelshafen und Hauptstadt Sardiniens. Ein Besuch lohnt sich.

Ansteuerung (Seekarten: D 674, BA 161 A, I 45 und 46): Die Ansteuerung ist bei Tage wie bei Nacht problemlos.

Liegeplatz: a) Die Cantiere Motomar Sarda bietet Platz für etwa 50 Yachten. Es liegen Festmachebojen aus, Strom- und Wasseranschluß an allen Liegeplätzen. Toiletten und Duschen am Kai. In der Werft können alle Arten von Reparaturen an Yachten ausgeführt werden.

b) Im öffentlichen Hafen liegt man vor Buganker, Heck zum Kai (teilweise liegen auch Festmachebojen aus). Wenig Komfort, dafür aber kostenlos.

c) Steganlage der Lega Navale Italiana neben dem Fischerhafen. Hier wird teils an Festmachebojen, teils mit Grundleinen festgemacht. Auch hier Strom- und Wasseranschluß am Steg.

Behörden: Zoll, Polizei und Hafenmeister, alle dicht beisammen.

Versorgungsmöglichkeiten: In nächster Nähe befinden sich Lebensmittelgeschäfte; ein Fußmarsch von 15 Minuten in westlicher Richtung führt zum Markt. In der Via Cavour, unmittelbar hinter der Esplanade, sind zahlreiche Trattorien. Im öffentlichen Hafen kann nach Absprache mit dem Hafenmeister Trinkwasser aus dem Hydranten entnommen werden. Empfehlenswert ist der einheimische trockene Weißwein.

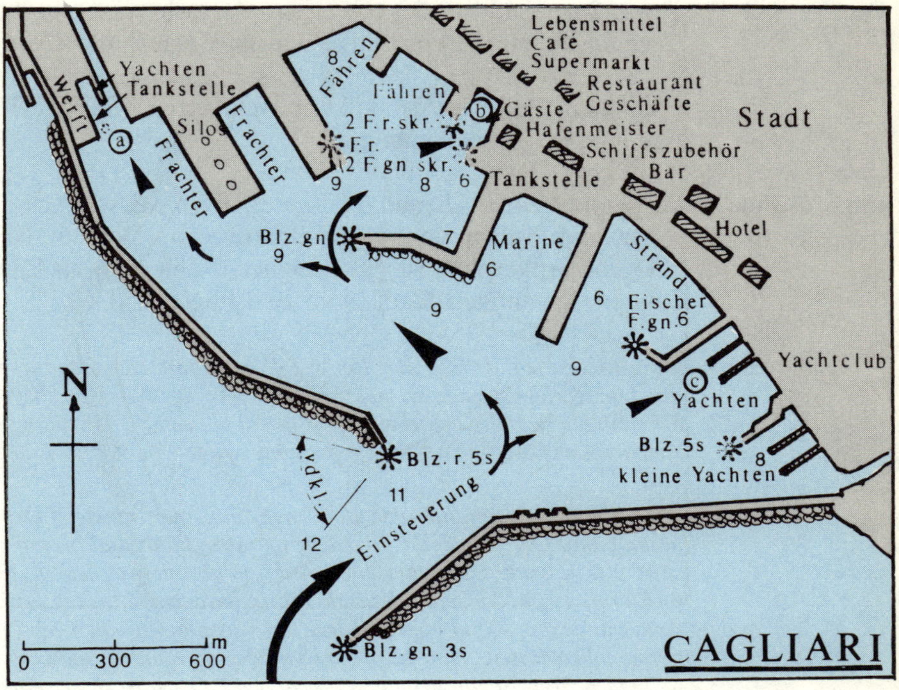

Eisenbahn- und Buslinien führen zu den interessanten Stätten im Inselinneren. Fähren verkehren nach Neapel, Genua und Messina. Es bestehen Flugverbindungen nach Rom und Neapel. Der moderne Hafen hat sich bedeutend ausgedehnt und kann bis zu 30 größere Schiffe aufnehmen.

Die 250000 Einwohner zählende Stadt ist eine Gründung der Phöniker. Heute fallen vor allem die modernen Gebäude und eleganten Läden auf, die allesamt seit dem Zweiten Weltkrieg entstanden sind, doch gibt es auch noch zwei oder drei interessante mittelalterliche Kirchen, die den Pisanern zugeschrieben werden. Außerdem stößt man auf Baureste aus den vier Jahrhunderten spanischer Besetzung. Man kann allerlei über die Ureinwohner der Insel erfahren, wenn man das archäologische Museum an der Piazza della Independenza besucht. Es befindet sich neben dem Turm San Pancrazio auf der Höhe der Altstadt innerhalb der Bastionen. Hier findet man eine bemerkenswerte Sammlung von Bronzeskulpturen und Votivgaben aus der vorgeschichtlichen Zeit Sardiniens (1400 bis 1200 v. Chr.), die noch vor der ersten karthagischen Invasion liegt.

Dem Westufer des Golfes südwärts folgend, gelangt man zum

Ölhafen Sarroch Er besteht aus einem fast 1 sm langen Anleger und einer großen Ölraffinerie am Ufer. Die Pier befindet sich im militärischen Sperrgebiet.

Perd' e Sali Etwa 2 sm südlich des Ölhafens Sarroch wird ein kleiner Hafen für Yachten bis etwa 10 m Länge und maximal 2 m Tiefgang gebaut (1986).

Folgt man der Küste mit ihren Weingärten, Olivenhainen und Mandelbäumen, so gelangt man zum

Capo di Pula der Spitze einer kleinen Halbinsel, 9 sm südwestlich von Cagliari und 10 sm nordöstlich von Capo Spartivento. Der im Norden der Bucht gelegene Ankerplatz ist gut geeignet, wenn man an Land gehen und die Ruinen der antiken Stadt Nora besichtigen will.

Ansteuerung (Seekarten: D 674, BA 161 A, I 45 und 46): Der aragonesische Wachtturm auf der Landzunge ist mühelos auszumachen. An der Nordseite liegt der Ankerplatz, an der Südseite befindet sich eine seichte Bucht mit einer Uferbefestigung für Fischerboote. Auf der Landenge sieht man (manchmal schon von See her) die Ruinen der antiken Stadt.

Ankerplatz: Ein Gebiet nördlich der Landenge muß man meiden. Der Grund ist hier mit Seetang und Geröll bedeckt, und Teile der alten Stadt sind bis auf eine Entfernung von etwa 200 m vom Ufer überflutet. Man sollte mit westlichem Kurs auf die Kirche S. Efesio, einem kleinen Bauwerk mit markantem Glockenturm, zuhalten und den Anker ungefähr 300 m vor der Küste auf Wassertiefen von 5 bis 7 m über festem Sandgrund fallen lassen. Hier liegt man vor der gewöhnlich tagsüber aus West oder Süd wehenden Seebrise gut geschützt, doch gegen Osten ist dieser Ankerplatz völlig offen. Landen kann man mit dem Beiboot in der Nähe der Ruinen.

Versorgungsmöglichkeiten: Ein Bar-Restaurant für die Camper findet man in nächster Nähe.

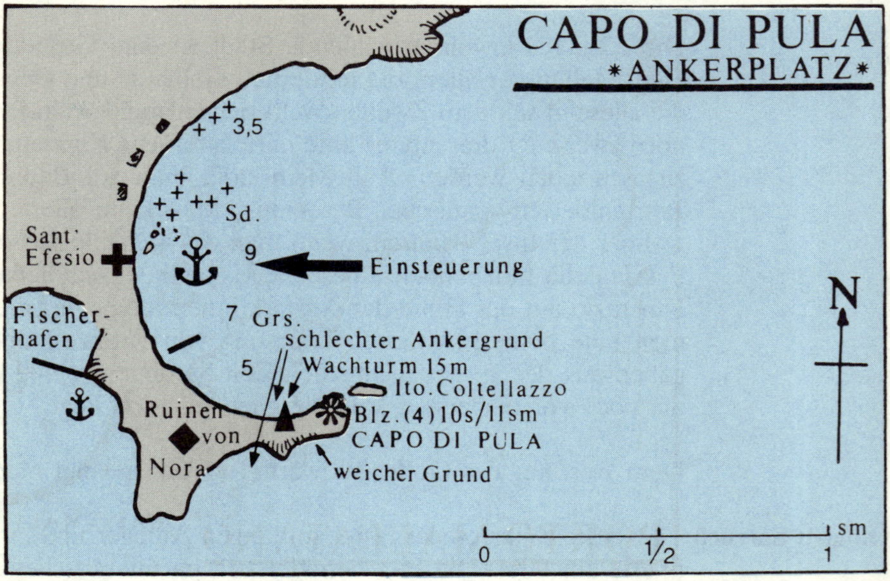

Nora war eine Gründung der Phöniker und Karthager; es blieb auch die bedeutendste Handelsstadt Sardiniens, nachdem es unter die Herrschaft der Römer gekommen war. Während der ersten Jahrhunderte n. Chr. verlor es seine einstige Bedeutung immer mehr und verschwand schließlich ganz aus dem Bewußtsein der Menschen, bis man es 1952 wieder auszugraben begann. Ein Friedhof, Theater, Bäder und Mosaiken wurden bisher freigelegt. Einige Tonkrüge und Skulpturen von punischer und römischer Herkunft sind im National-Museum in Cagliari zu besichtigen. Amphoren und Anker aus verschiedenen Jahrhunderten wurden an der Landzunge der Insel Coltellazo gefunden. Die Ausgrabungsstätte lohnt einen Besuch.

Von nun an verläuft die Küste bis zum Capo Spartivento in südwestlicher Richtung. Die Ufer sind mit Pinien bewaldet und von zahlreichen Sandstränden unterbrochen, die von Campern bevölkert werden. Bei **Santa Margherita** sind eine kleine Feriensiedlung und ein Hafen für Yachten bis maximal 1,50 m Tiefgang entstanden. Es gibt hier so gut wie gar keine Einschnitte, in denen eine Yacht halbwegs sicher vor Anker liegen könnte, ausgenommen zu beiden Seiten eines kleinen Vorgebirges, auf dem ein Turm steht: der

Torre di Chia (Seekarten: D 501, BA 161 A, I 45 und 46). Die Wassertiefe beträgt an beiden Seiten des Vorgebirges etwa 5 m (Sandgrund). Die Umgebung ist ganz reizvoll, aber der Ankerplatz ist gegen Südosten vollkommen offen.

Den Turm haben die Spanier aus Steinen punischer und römischer Gebäude errichtet, von denen sich noch Spuren in der Umgebung finden.

Am Capo Spartivento muß man damit rechnen, daß der Wind seine Richtung ändert. Allerdings bleibt es stets fraglich, ob er vor- oder nachher aus Ost oder aus West wehen wird. Das gilt besonders für den Sommer.
Von hier aus verläuft die Küste über 8 sm in nordwestlicher Richtung und bietet mehrere Ankerplätze.

Porto Malfatano ist eine einsame Bucht; sie gewährt guten Schutz gegen Winde aus dem nördlichen und westlichen Quadranten. Die sie umgebenden Hügel verursachen heftige Fallböen, was den Ankerplatz ungemütlich machen kann. Bei südöstlichen Winden liegt man hier ungeschützt (Skizze S. 145).

2 sm nordwestlich von Capo Malfatano liegt der

Torre Piscinni Der Turm steht an einer nordwärts gerichteten Bucht, die von Südost über Ost nach Nordwest gut abgeschirmt ist. Vor dem Strand kann man auf 9 m Wasser ankern. Dichter unter Land wird der Grund steinig. Die Bucht liegt in völliger Einsamkeit.

Porto Teulada heißt eine geräumige Sandbucht mit einem Hafen, der bei allen Winden sicheren Schutz bietet.

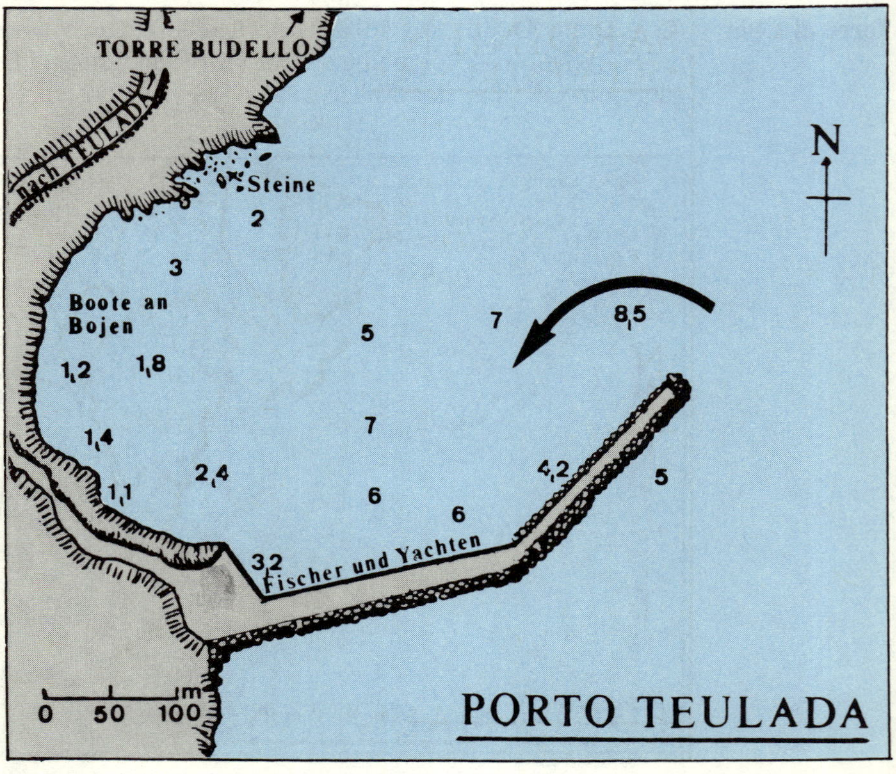

Ansteuerung (Seekarten: D 501, BA 161A, I 45 und 46): Der Budello-Turm nordöstlich vom Hafen stellt eine auffallende Landmarke dar. Der Hafen ist nicht befeuert.

Liegeplatz: Man ankert an der inneren Seite des Wellenbrechers, wo man Raum zum Schwojen hat, oder macht, Bug oder Heck zum Kai, auf 4,50 m Wassertiefe fest.

Versorgungsmöglichkeiten: Nur auf einem Campingplatz in der Nähe des Hafens.

Die Ortschaft Teulada liegt 8 km landeinwärts. Sie war einst bekannt für ihre Spitzenklöppelei.

Sperrgebiet

Von Porto Teulada west- bzw. ostwärts mit Porto Pino als nördlichen Punkt, das heißt auf mehr als 10 sm, ist Ankern und Fischen verboten. Dieses Verbot gilt bis 2 sm vor der Küste. Das Gebiet wird gelegentlich für Nato-Übungen benutzt und dann auf 12 sm ausgedehnt.

DIE SÜDWESTKÜSTE

In der Gegend zwischen Capo Teulada und der Insel San Pietro entwickelt sich der Tourismus ähnlich schwunghaft wie vor einigen Jahren an der Costa Smeralda. Das navigatorisch und seglerisch reizvolle Gebiet lockt

inzwischen auch viele Yachten an, zumal hier neue Yachthäfen entstanden sind.

Der Golf von Palmas galt schon in den Tagen der Segelschiffahrt als sicherer Ankerplatz. „Die beste offene Reede, die ich je gesehen habe", schrieb Nelson im Dezember 1803.

Porto Ponte Romano ist ein reizloser Handelshafen, kann sich aber bei schlechtem Wetter für eine Yacht als nützlich erweisen. Er liegt an der Südostseite des Dammes, der Sant' Antioco mit Sardinien verbindet.

Ansteuerung (Seekarten: D 674, BA 161 A, I 46): Ein betonntes, etwa 6 m tiefes Fahrwasser führt in den Hafen. Nördlich des Dammes, zwischen der Insel Sant' Antioco und Sardinien, führt ein bepricktes Fahrwasser zum Ort Sant' Antioco.

Liegeplatz: Die Kais sind größtenteils den Frachtschiffen vorbehalten. Yachten machen entweder an der Steganlage des Club Nautico oder an der in der Skizze eingezeichneten Stelle am nördlichen Kai fest.

Behörden: Zoll, Hafenmeister und Polizei haben ihre Büros in der Nähe des nördlichen Kais.

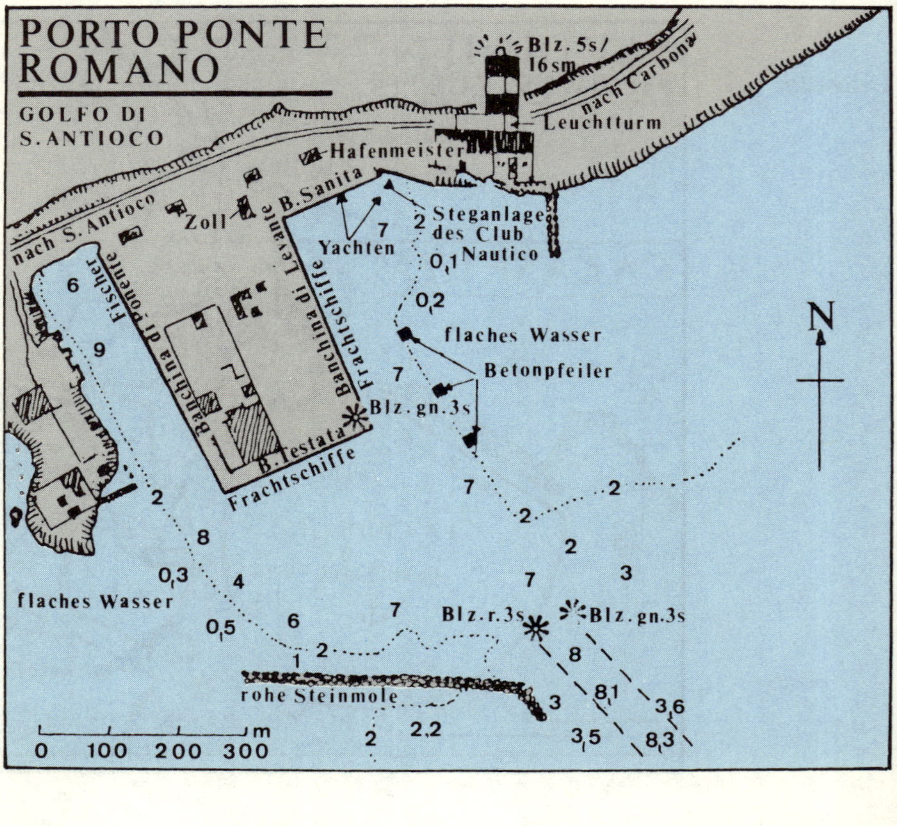

Versorgungsmöglichkeiten: Trinkwasser auf dem nördlichen Kai, Lebensmittel nur in begrenzter Menge. Es gibt auch ein Restaurant. Reparaturmöglichkeiten, 1-t-Helling, 3-t-Kran. Kraftstoff.

Der Hafen wurde in Mussolinis Tagen intensiv genutzt, als hier jährlich mehr als eine Million Tonnen Kohle verladen wurden. Damals entstand die moderne Bergwerksstadt Carbonia. Nach dem Zweiten Weltkrieg ging die Kohleverladung zurück, und in dem nahegelegenen Porto Vesme wurde ein Kraftwerk gebaut. Als es wirtschaftlicher wurde, mit Öl zu heizen, wurde auch dieses Kraftwerk entsprechend umgestellt. Seither werden in Porto Ponte Romano hauptsächlich Mineralien verschifft.

Sant' Antioco Die hügelige Insel (bis 273 m) wurde von den Karthagern durch einen Damm mit dem Festland verbunden. Bei den Römern hieß sie Sulci und war bekannt durch ihre Bleiminen. Heute liegt der Hauptort am Nordosthang eines Hügels inmitten von Weinbergen. Auf dem Hügel Fortuna gibt es Reste eines punischen Tempels aus dem 3. Jahrhundert v. Chr. und zahlreiche römische Gräber. Bekannter sind die Katakomben unter der Pfarrkirche. Der kleine Fährhafen Calasetta liegt an der nordwestlichen Ecke von Sant' Antioco.

Sowohl eine Straße wie auch eine Kleinbahn führen in östlicher Richtung von Calasetta nach Cagliari. Die Fahrt mit dem Zug dauert zwei Stunden.

Calasetta ist ein hübscher Weiler mit weißen Häusern und einem kleinen Hafen mit gut 3 m Wassertiefe. Regelmäßiger Fährverkehr besteht mit Carloforte auf der Insel San Pietro und mit der Insel Piana.

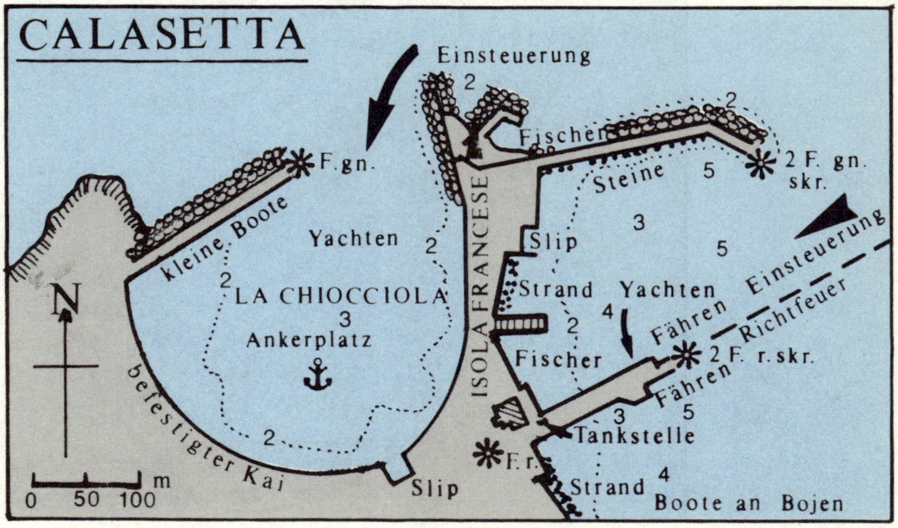

Ansteuerung und Liegeplatz (Seekarten: D 501, BA 161 A, I 46 und 47): Ein auffallender runder spanischer Turm steht an der Südwestseite des Hafens. Die Einfahrt ist markiert durch kleine Leuchttürme an den Molenenden. Die Wassertiefe nimmt schnell ab. Yachten machen an der Innenseite des Südkais auf 4,50 bis 1 m Wassertiefe oder, je nach Tiefgang, auch in der Nodwestecke des Hafenbeckens fest. An der Nordmole kann man nicht anlegen. An der äußeren Südspitze des Südkais legen die Fähren an.

Yachten bis maximal 2,50 m Tiefgang können auch in dem La-Chiocciola-Becken ankern, wo eine nordostwärts gerichtete Mole Schutz bietet. Es ist geplant, das Becken zu einem Yachthafen auszubauen.

Versorgungsmöglichkeiten: Kraftstoff am Hafen, ein Restaurant, Lebensmittelgeschäfte, Straßen- und Eisenbahnverbindung mit Cagliari.

San Pietro ist halb so groß wie Sant' Antioco und hat 7000 Bewohner.

Carloforte heißt der Fischerhafen an der Ostküste von San Pietro. Er ist gut geschützt und reizvoll.

Ansteuerung (Seekarten: D 674, BA 161 A, I 46): Das Fahrwasser ist betonnt. Bei Nacht weisen Richtfeuer sicher den Weg in den Hafen. Außerdem sind die Molenköpfe befeuert.

Liegeplatz: An der Nordmole ist ein Abschnitt für Yachten reserviert und mit DI PORTO gekennzeichnet. Wenn dort alles voll ist, wird das Festmachen auch am Molo San Vittorio, der Südmole, oder sonstwo gestattet – mit Ausnahme des Fähranlegers in der

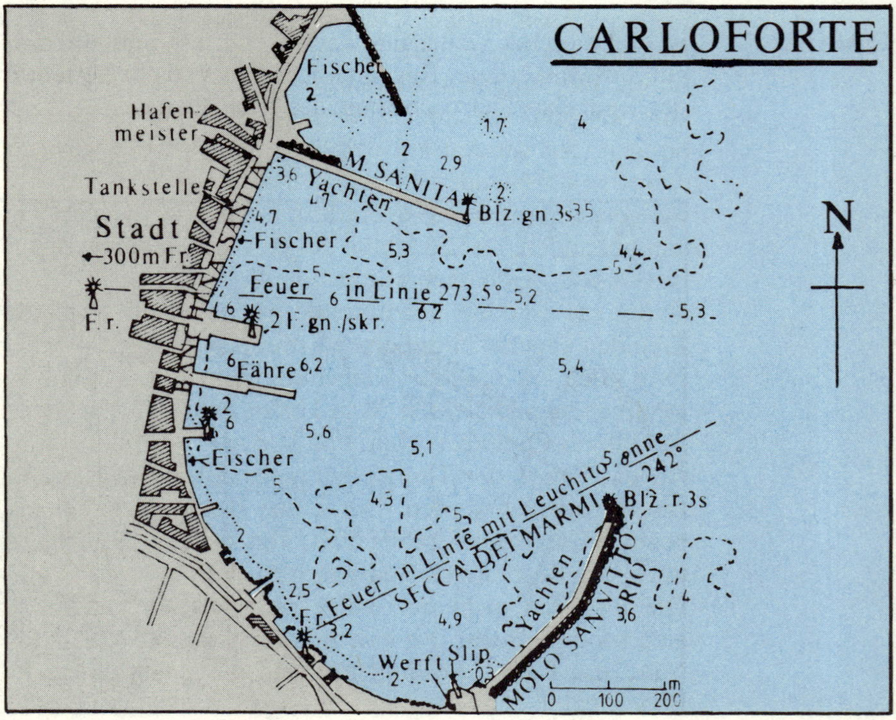

nördlichen Hafenhälfte, kenntlich an dem 10-t-Kran und bei Nacht je einem roten und grünen Licht senkrecht übereinander. Im Notfall könnte man in der Südhälfte des Hafens im Schutz der abgeknickten Südmole ankern. Aber der Grund besteht stellenweise aus weichem Schlamm und hält schlecht. Am Stadtkai kann man nur mit dem Beiboot anlegen.

Der Hafen ist nach Osten offen, und ein starker Maestrale treibt das Wasser in die Meerenge, so daß sich der Wasserstand erhöht. Außerdem ruft er Schwell im Hafen von Carloforte hervor, was dann zu einer Überflutung der Kais und der angrenzenden Straßen führt.

Nördlich des Hauptthafens liegt ein kleiner Hafen für Fischerboote.

Versorgungsmöglichkeiten: Aus Reservoiren stammendes Trinkwasser aus einem Hahn auf dem Kai (allerdings nicht zwischen 13 und 17 Uhr). Kraftstoff an der Tankstelle. Eis gibt es in einem der Fischereischuppen am Südende des Kais, Fisch und Fleisch auf dem Vormittagsmarkt. Ein neues, erstklassiges Hotel und ein paar einfache, aber gute Restaurants befinden sich in der Nähe. Die einheimischen Weine sind etwas herb. Es bestehen Fährverbindungen nach Porto Vesme, von wo man mit der Eisenbahn oder mit dem Bus Cagliari erreichen kann, und nach Calasetta.

Die Bewohner der Insel San Pietro haben größtenteils mit Thunfischen zu tun, sei es als Fischer, sei es in den Konservenfabriken. Viele haben sich jedoch in den letzten Jahren auf den ständig wachsenden Tourismus umgestellt. Der historische Hintergrund der Bewohner ist völlig verschieden von der des übrigen Sardinien. Aus Nordafrika kommend, waren sie Nachfahren jener genuesischen Kolonisten, die sich im Mittelalter bei Tabarca niedergelassen hatten. Daß sie hierherkamen, lag an der feindseligen Haltung der arabischen Bevölkerung, von deren Gnade sie abhängig waren. Ihre unsichere Zukunft trieb sie dazu, sich 1737 – Carlo Emanuele von Savoyen war an der Regierung – auf Sardinien in Sicherheit zu bringen. Sie wurden auf der Insel San Pietro angesiedelt. Ein Standbild dieses wohlwollenden Monarchen steht auf dem kleinen Platz am Hafen. Bei genauerem Hinsehen entdeckt man, daß ihm eine Hand fehlt; sie kam ihm abhanden, als die Statue bei den Unruhen zur Zeit der Französischen Revolution beschädigt wurde.

Carloforte ist eine entzückende kleine Stadt, und ihre Bewohner sind Fremden gegenüber äußerst gastfreundlich. Ihre Sprache ist weder Genuesisch noch hat sie eine Ähnlichkeit mit den auf der Hauptinsel Sardinien gesprochenen Dialekten. Vom Hafen zieht sich eine Reihe von Palmen am Kai bis zur Capitaneria hin, und von hier führt der Kai weiter zur Tonnara, wo die Fänge der Thunfischer gelandet und für die Konservenfabriken zurechtgemacht werden. Der kleine Hafen Porto Vesme am gegenüberliegenden Ufer profitiert ebenfalls von diesem Erwerbszweig. Die Spezialitäten der Restaurants sind weichkrustige Hummer und Thunfischrogen.

Die Insel hat nicht nur einige unverfälschte Ortschaften, sondern auch eine sandige Bucht mit einem vorzüglichen Badestrand. Die Ufer in der Nähe von Carloforte hingegen sind felsig und laden durchaus nicht zum Baden ein.

Unmittelbar nordöstlich von San Pietro liegt das Eiland **Piana,** auf dem das Ferienzentrum mit Yachthafen

Villamarina entstanden ist.

Ansteuerung (Seekarten: D 501, BA 161 A, I 46 und 47): Der Yachthafen liegt an der Ostseite der Insel Piana. Bei Tage bietet die aus den ausgedienten Anlagen zur Thunfischverarbeitung und den Häusern der Thunfischer entstandene Feriensiedlung eine gute Orientierungshilfe. Bei Nacht brennt auf der nördlichen Huk der Insel Piana ein Leuchtfeuer (Blz.(2)8s/8sm). Auf dem Molenkopf brennt ein grünes Festfeuer.

Liegeplatz: Der Yachthafen bietet an den Stegen und Molen etwa 160 bequeme und sichere Liegeplätze für Yachten bis maximal 2,50 m Tiefgang und 15 m Länge. Alle Liegeplätze sind mit Grundleinen ausgestattet.

Versorgungsmöglichkeiten: Strom- und Wasseranschluß an den Liegeplätzen. Kraftstoff erhält man an der Tankstelle im Hafen. Eine kleine Yachtwerft für Reparaturarbeiten steht zur Verfügung.

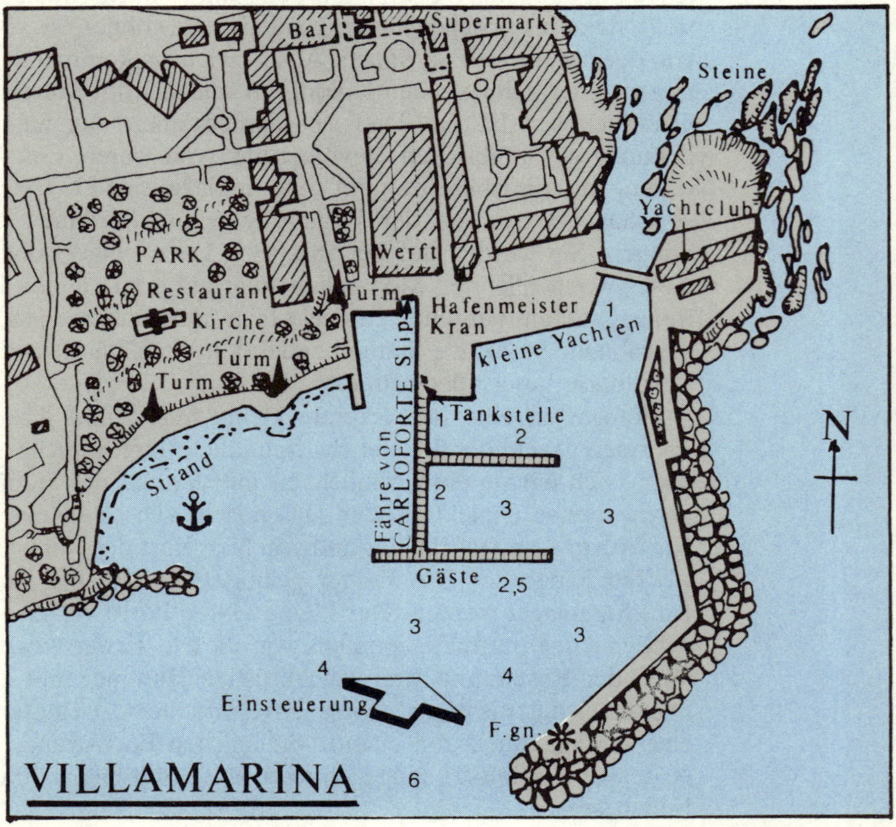

An der Festlandsküste gegenüber liegen:

Porto Vesme (Seekarten: Pläne auf D 674, BA 161A, I 46 und 47): Der Ort war bereits als Fährhafen für Carloforte auf San Pietro genannt und ist ein reiner Industriehafen. Umgeben von Schornsteinen und anderen Industriebauten, die man schon von weitem sieht, ist er wenig einladend für eine Yacht. An der Mole findet man jedoch im Bedarfsfall noch Platz. Die Wassertiefe beträgt 6 bis 13 m. Bei stärkerem Südostwind ist das Einlaufen nicht ratsam. Wasser ist am Hafen zu haben, Kraftstoff im Ort.

In Portoscuso nahebei nordwestlich gelegen, ist ein kleiner Hafen, der nur für Yachten mit geringem Tiefgang geeignet ist. Die Wassertiefe in der Hafenmitte beträgt 2 m, an den Kais aber nur noch 0,30 m. Wasser und Kraftstoff gibt es im Ort. Da Portoscuso ein aufstrebender Touristenort ist, dürften sich auch die Hafenverhältnisse in nicht zu ferner Zukunft bessern.
In beiden Häfen sind Hafenmeisterei und Zollamt.

DIE WEST- UND NORDWESTKÜSTE

Nördlich von San Pietro in Richtung Alghero ist die Küste weithin felsig, nur hier und da unterbrochen von einer ungeschützten Sandbucht, in der bei ruhigem Wetter Mineralien verladen werden.

Buggeru In der **Cala di Buggeru,** etwa 12 sm nördlich der **Isola San Pietro,** wurde 1985 damit begonnen, den ehemaligen Kohle- und Erzverladehafen zu einem Fischer- und Yachthafen auszubauen.

Nördlich des Capo Pecora beginnt bei Porto Pischera eine der großartigsten Dünenlandschaften des Mittelmeerraumes. Etwa 8 sm, bis Punta sa Calada Bianca, erstrecken sich die Sandberge oft mehrere Kilometer in das Landesinnere. Die Dünen und weiten Sandstrände werden nach Norden zu von Steilküste und hohen Gebirgsketten abgelöst, bis man die kleine Bucht Palma erreicht, die früher von Thunfischern benutzt wurde. Nach einem 6 sm langen, bewaldeten Küstenstreifen kommt Capo Frasca an der Einfahrt zum weiten Golf von Oristano in Sicht. Das militärische Sperrgebiet am Capo Frasca ist weiträumig zu umfahren, da häufig Schießübungen stattfinden.

Golf von Oristano (Seekarten: D 501, BA 161A, I 47 und 48). Eingeschlossen von den beiden hochaufragenden steilen Felsenkaps, bietet dieser Golf mit seiner tiefgelegenen Flachküste dazwischen einige Ankerplätze. Einer liegt nahe dem Torre Grande in der Nordostecke, der andere an der Ostseite der niedrigen Landenge von Sinis, nördlich anschließend an Capo San Marco.

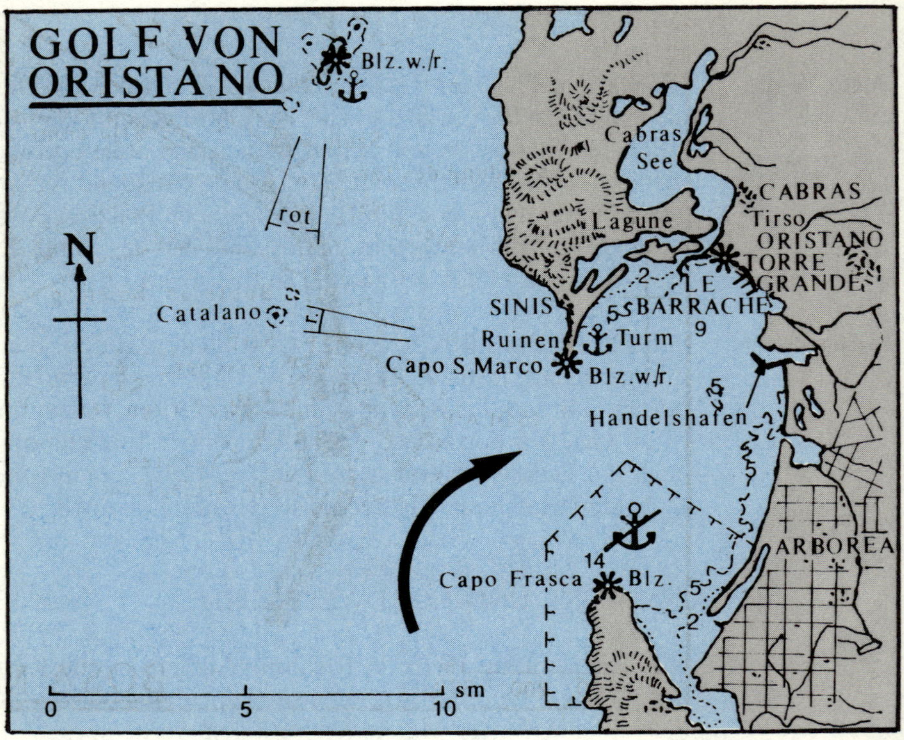

Beide sind bei Nordwestwind gut geschützt. Sollte der Wind auf Süd drehen, muß man dicht an die Halbinsel Sinis verholen.

Torre Grande bietet den Vorteil, daß man an einem Kai festmachen kann. Von dort sind es 7 km bis Oristano.

Man kann auch weiter nördlich nahe beim Turm ankern. Unmittelbar südlich des Turms gibt es ein Ferienzentrum sowie kleine Stege mit Anlegemöglichkeiten für Yachten. Weiter nordwestlich in der Lagune wurde 1986 der Yachthafen **Le Barrache** fertiggestellt, der 400 Liegeplätze bietet.

3 sm südlich von Torre Grande liegt ein neuer, großer Handelshafen, der aber für Yachten uninteressant ist.

Capo San Marco Der Ankerplatz, beim Turm San Giovanni di Sinis, hat 3,50 bis 5 m Wassertiefe.

Bosa Marina liegt 27 sm nördlich vom Golf von Oristano, dicht südlich der Mündung des Temo. Südlich des Ortes erstreckt sich eine liebliche Bucht mit Badestrand.

Ansteuerung (Seekarten: D 500 und Plan C, BA 161B, I 48): Die Bucht ist gegen Libeccio und Ponente durch das Eiland Rossa, den Damm, der es mit dem Festland verbindet,

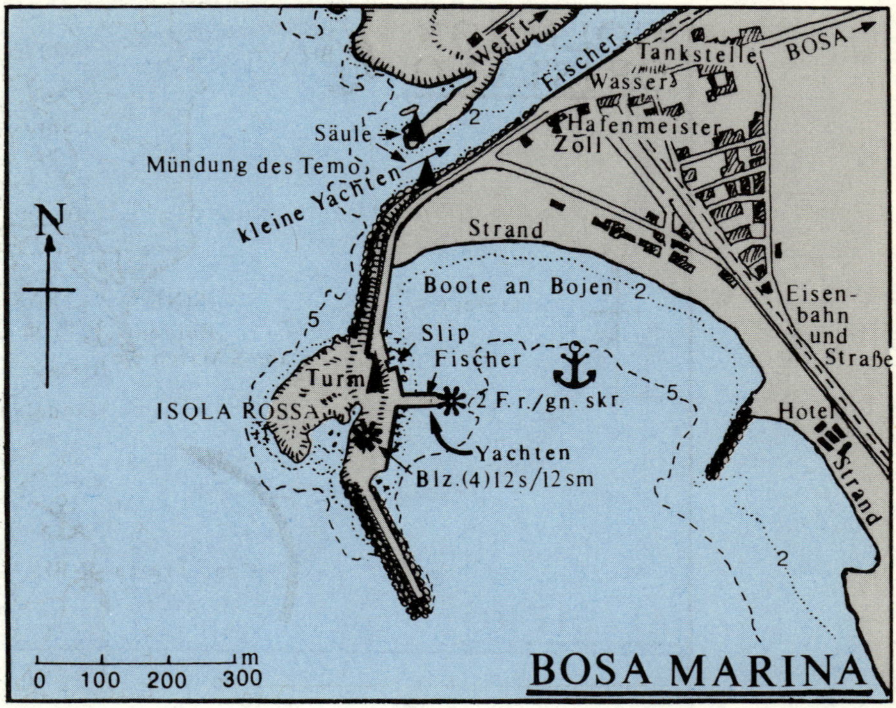

und den nach Südosten weisenden Wellenbrecher geschützt. Bei Schirokko steht Schwell herein. Turm und Leuchtturm auf dem Eiland sind nicht zu übersehen, ebensowenig ein großes Hotel am Strand 3 kbl ostwärts davon.

Liegeplatz: Dicht beim befeuerten Ende der Pier, und zwar auf der Nord- oder Südseite vor Buganker, Heck zum Kai.

Die Temomündung ist nicht befeuert, jedoch steht rechts und links je eine Säule. Bei ruhigem Wetter kann eine Yacht mit weniger als 2 m Tiefgang mit großer Vorsicht die etwa 350 m zum Stadtkai vor der Hafenmeisterei fahren und dort festmachen oder auf der gegenüberliegenden Seite bei Nautica Pinna im Privathafen. (Bei auflandigem Wind steht vor der Mündung eine ebenso eindrucksvolle wie gefährliche Brandung.) Eine Yacht mit weniger als 2 m Tiefgang und nicht mehr als 4,50 m Masthöhe (wegen einer Brücke, die den Fluß überquert) kann aber auch noch die 2,5 km stromauf bis zu dem Ort Bosa fahren und dort inmitten von Olivenhainen und Obstgärten festmachen. Man erkennt es leicht an dem auffallenden Kastell Malaspina aus dem 12. Jahrhundert und der gotischen Kirche San Pietro extra muros (St. Peter außerhalb der Mauern) noch 1,5 km stromauf. Dieser Ausflug ist auch mit dem Beiboot sehr zu empfehlen.

Versorgungsmöglichkeiten: Lebensmittel bekommt man im Dorf, auch gibt es dort eine kleine Schiffswerft sowie eine Werkstatt für Schiffsmotoren und elektrische Anlagen.

Alghero ist eine anziehende, von mittelalterlichen Wehrmauern umgebene Stadt katalanischen Ursprungs. Inzwischen rivalisiert sie als Hauptort für den

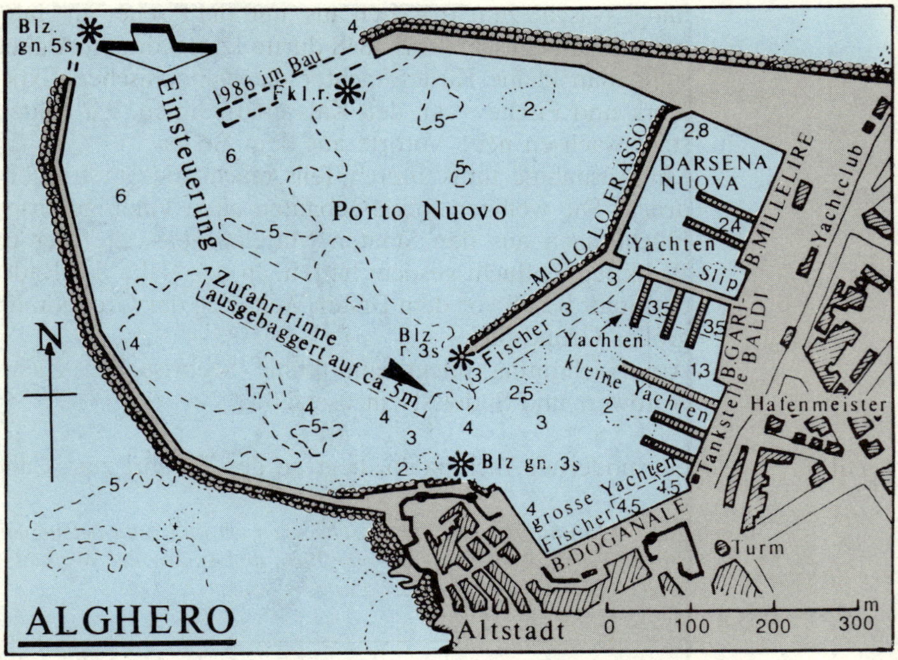

internationalen Tourismus auf Sardinien mit der Costa Smeralda. Das Touristenzentrum liegt südlich der Altstadt, der Hafen nördlich davon in ruhiger Umgebung.

Ansteuerung (Seekarten: D 500, BA 161 B, I 48 und 292): Die Molen, an deren Verlängerung gearbeitet wird, sind durch Leuchttonnen markiert (Skizzen oben und S. 158).

Liegeplatz: Das neue Becken (Darsena Nuova) hat kaum 2 m Wassertiefe und ist voll mit Dauerliegern; es ist deshalb unwahrscheinlich, daß Besucher dort einen Platz finden. Deshalb sollten sie mit Bug oder Heck am Ostende der Banchina Doganale festmachen, vor einem runden Turm mit einer Gedenktafel für Garibaldi.
Weitere Liegeplätze finden sich an den Schwimmstegen vor der Darsena Nuova.

Behörden: Hafenmeisterei in dem auffälligen Gebäude südostwärts der Banchina Doganale.

Versorgungsmöglichkeiten: Bootswerft in der Südostecke des neuen Beckens mit 8-t-Kran und einem Wasserhahn. Auf den Stegen sind Wasser- und Stromanschlüsse. Restaurants gibt es in der Alt- und Neustadt. Der Flughafen liegt bei Fertilia, von wo aus alle größeren Städte Italiens und einige europäische Hauptstädte direkt angeflogen werden. Busverbindung besteht mit Porto Conte und der Neptunsgrotte, außerdem mit Sassari und Santa Teresa di Gallura. Von dort gehen Fähren nach Bonifacio, die es ermöglichen, Korsika in einem Tage zu erreichen.

Alghero, eine Stadt von 35000 Einwohnern, hat sich mit seinen baufälligen, von alten Mauern umgebenen Häusern die mittelalterlich-spanische Atmosphäre bewahrt. Über den engen, kopfsteingepflasterten Straßen hängt Wäsche zum Trocknen aus, und die Fischer im Hafen sprechen noch immer Katalanisch – bis 1848 durfte kein Sarde in Alghero wohnen. Hier sieht man kleine Küstenfrachter die einheimischen Exportgüter – Kalk, Kork und Fische – an den Kais übernehmen. Zu beiden Seiten der Altstadt wachsen neue Vororte aus dem Boden.

Mit Ausnahme ihres älteren Teils macht die Stadt einen blühenden Eindruck. Die wenigen solide gebauten alten Villen gehörten wohlhabenden Flüchtlingen aus den Staaten Mitteleuropas, die hier nach dem Ersten Weltkrieg Zuflucht gesucht hatten. In der Nähe der Badestrände nördlich der Stadt besaß vor dem Ersten Weltkrieg der Großadmiral von Tirpitz ein großes Grundstück.

Am Nachmittag pflegt eine kühle Seebrise aus Richtungen zwischen Nordwest und Südwest einzusetzen.

Fertilia ein moderner Yachthafen, liegt an der Zufahrt zum Calich-See.

Ansteuerung: Mit nördlichem Kurs zwischen den rot und grün befeuerten Molenköpfen hindurch in den engen Teil. Ein roter Turm am Anfang der Westmole ist eine gute Landmarke. Die Wassertiefe in der Einfahrt beträgt 2,50 m.

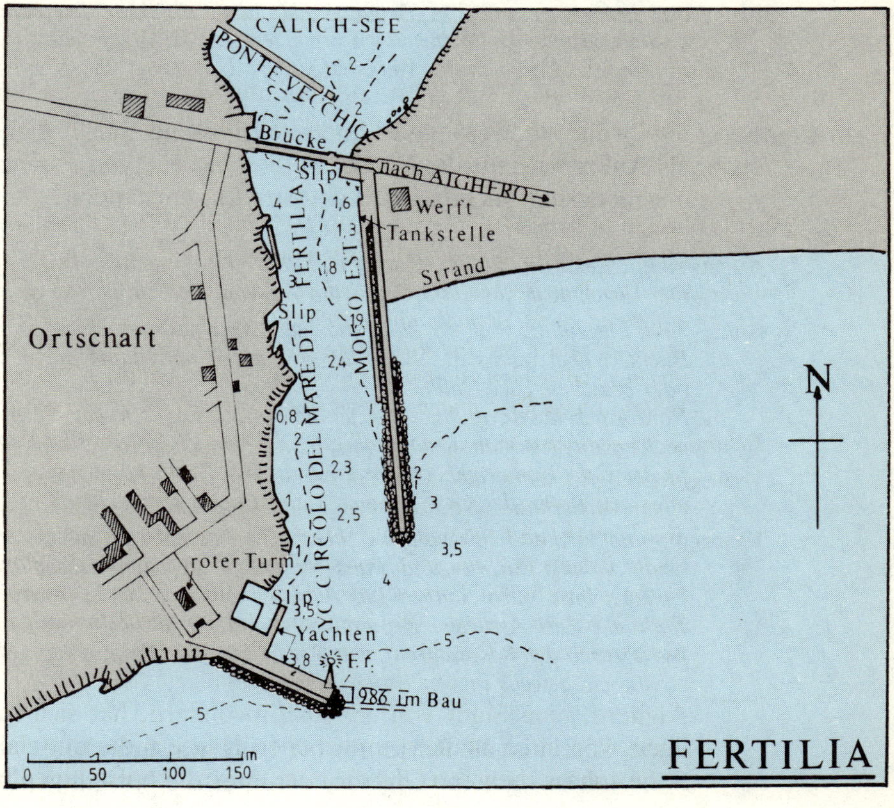

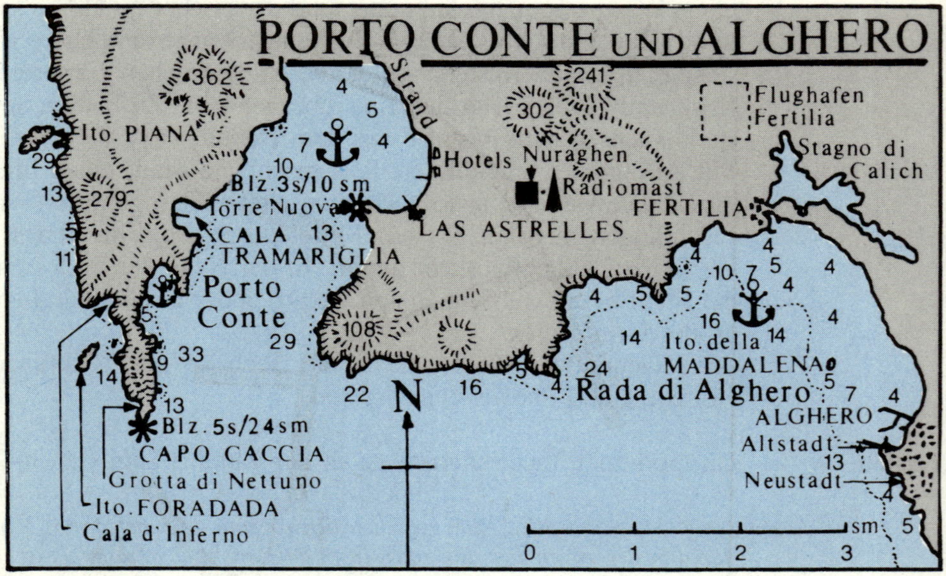

Liegeplatz: Eine Yacht mit 2 m Tiefgang oder mehr sollte an den Pollern des West- oder Ostkais festmachen. Weiter innen verringert sich die Wassertiefe auf 2 bis 1,50 m. Reparaturmöglichkeiten in der Werkstatt Cesare Usai (zwei 25-t-Kräne, Slip etc.).

Porto Conte eine weite, teilweise von Land umschlossene Bucht, eignet sich nicht nur als Ankerplatz für die Nacht. In diesem beliebten Ferienzentrum ist auch ein moderner Yachthafen, **Las Astrelles,** entstanden.

Ansteuerung (Seekarten: D 500, BA 161 B, I 48 und 292): Schwierigkeiten ergeben sich nicht. Der Leuchtturm auf Capo Caccia am Westende der Einfahrt ist eine gute Landmarke.

Anker- und Liegeplatz: Ankern kann man auf verschiedenen Wassertiefen in der gesamten Bucht, wobei man den Ankerplatz je nach Windrichtung am westlichen, nördlichen oder östlichen Ufer wählt.
Nordöstlich des Torre Nuova bietet die Marina Las Astrelles sichere und bequeme Liegeplätze an Stegen mit Grundleinen bzw. Festmachebojen – auch für größere Yachten.
In der Cala Tramariglio an der Westseite der Bucht können kleinere Yachten am Steg oder den Bojen des Club Nautico Capo Caccia festmachen.

Versorgungsmöglichkeiten: Sowohl im Yachthafen Las Astrelles als auch an den Stegen des Club Nautico Strom- und Wasseranschluß an allen Liegeplätzen. Duschen und Toiletten im Centro Nautico Las Astrelles und beim Club Nautico. Kraftstoff an der Tankstelle Las Astrelles. Reparaturwerkstatt für Bootsmotoren beim Club Nautico; Werftbetrieb für Reparaturen jeder Art in Las Astrelles mit 100-t-Slip. Lebensmittelgeschäfte etc. jeweils in den Feriensiedlungen.

Capo Caccia ist als Revier für die Unterwasserfischerei bekannt. In seiner Nähe liegen mehrere Grotten, darunter die berühmte Grotta di Nettuno,

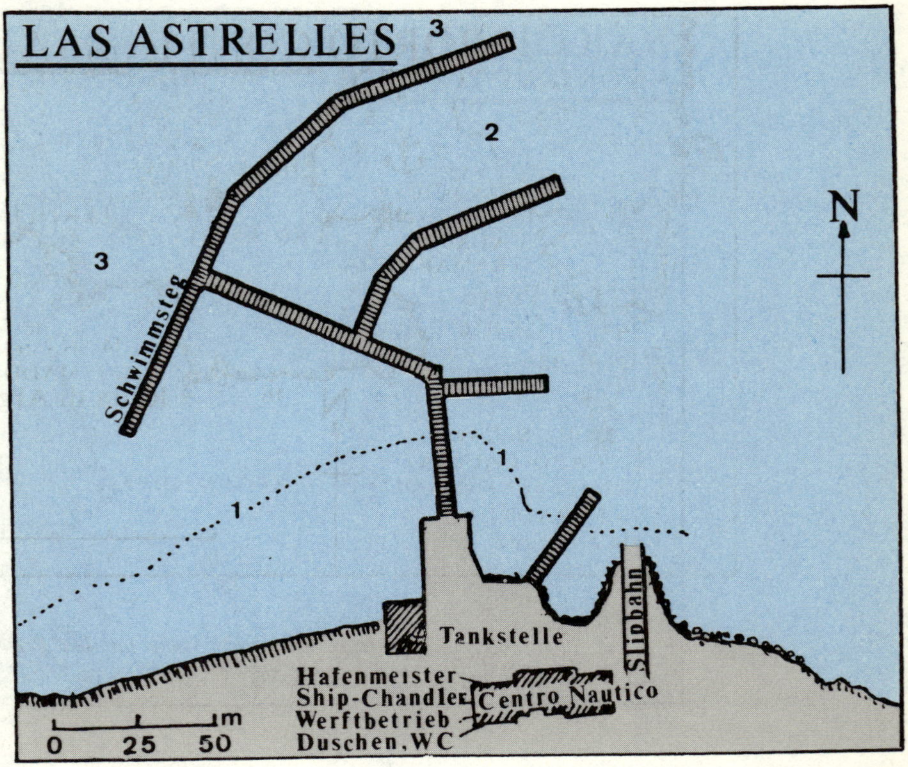

eine der schönsten Sardiniens. Vor mehr als anderhalb Jahrhunderten wurde sie bereits von Admiral Smyth erwähnt, der im Jahre 1824 so beeindruckt war, daß er den Eingang mit bengalischer Beleuchtung ausstattete. Heute ist ihr Inneres elektrisch beleuchtet, und sie kann entweder auf dem Seewege (mit dem Motorboot) oder über Land (mit Ausflugsbussen) erreicht werden. Die Escala del Cabirol (Rehtreppe) führt mit 620 in den Fels gehauenen Stufen außen am Capo Caccia hinunter zur Grotta di Nettuno.

Wenn man von der Straße hinter der Brücke von Cantoniera de Pera nach rechts abbiegt, kommt man zu einer wiederhergestellten Nuraghe. Ihre Entstehung wird nach den in ihrem Inneren gefundenen bronzenen Gegenständen auf etwa 750 v. Chr. datiert – in einer Zeit wirtschaftlichen Aufstiegs, in der die Nuraghen einerseits an Größe zunahmen, andererseits aber auch mehr und mehr Verteidigungszwecken gedient haben.

Verläßt man Porto Conte und rundet Capo Caccia, so hat man 21 sm bis zur Fornelli-Passage vor sich, ehe man in den Asinara-Golf gelangt. Die reichgegliederte Küste wird gelegentlich von einem Sandstrand unterbrochen. Der erste ist in der weit geöffneten Bucht Porto Ferro, die im

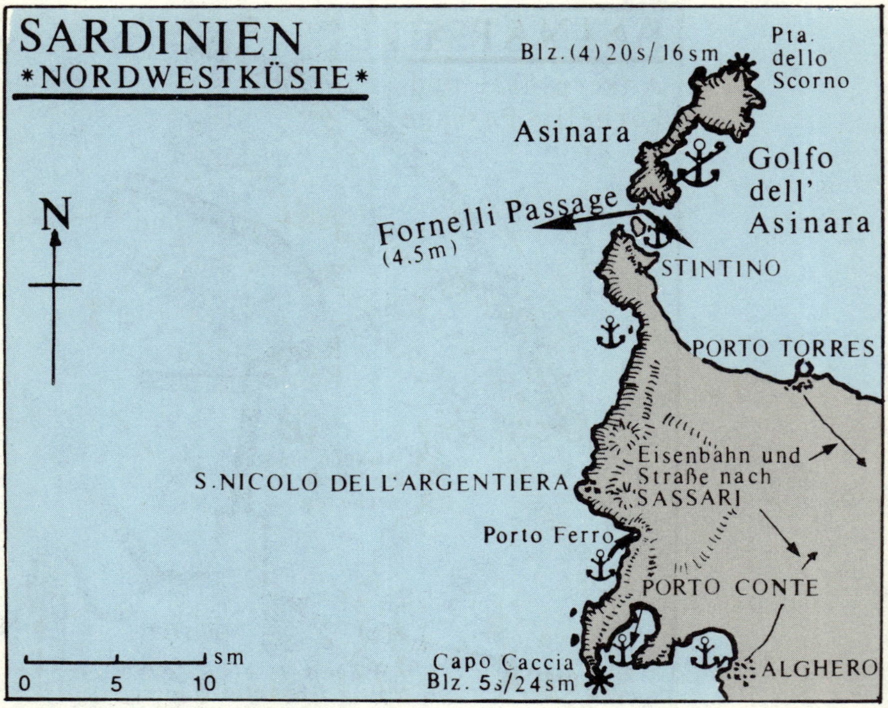

Sommer von Touristen viel besucht wird. Nordöstlich des Capo Argentiera findet man bei ruhigem Wetter einen guten Liegeplatz an dem Anleger **S. Nicolò dell' Argentiera** mit etwa 12 m Wassertiefe am Kopf.
Capo Falcone am Südeingang zur Fornelli-Passage fällt aus der Ferne nicht besonders auf, wohl aber die mächtige Erhebung auf der Halbinsel 1 sm südlich davon, da sie noch von einem Turm überragt wird.

Die Fornelli-Passage mit Wassertiefen um 3 m ist eine sehr nützliche Abkürzung. Bisweilen gibt es hier Gezeitenströme mit einer Geschwindigkeit von nahezu 2 kn.

Ansteuerung (Seekarten: D 500, BA 161 B, I 49 und 289): Die Festung auf dem 213 m hohen Monte Castellaccio ist von See her deutlich auszumachen; und wenn man näher kommt, sieht man auch den Turm auf der Insel Piana. Die drei Gittermasten sind Stützen für Hochspannungsleitungen von Asinara nach Piana. Ihre Höhe über Wasser beträgt 25 m. Die gemauerten Richtbaken müssen über 072° gepeilt werden. Nachdem man einen an Backbord liegenden niedrigen Felsen passiert hat, müssen die beiden Richtbaken auf dem Südwestufer von Asinara über 301° in einer Linie liegen. Danach sollte man den Kurs in die dieser Peilung entgegengesetzte Richtung ändern und der neuen Peillinie folgen, bis man tiefes Wasser erreicht. Der Grund besteht hier in der Regel aus Sand.

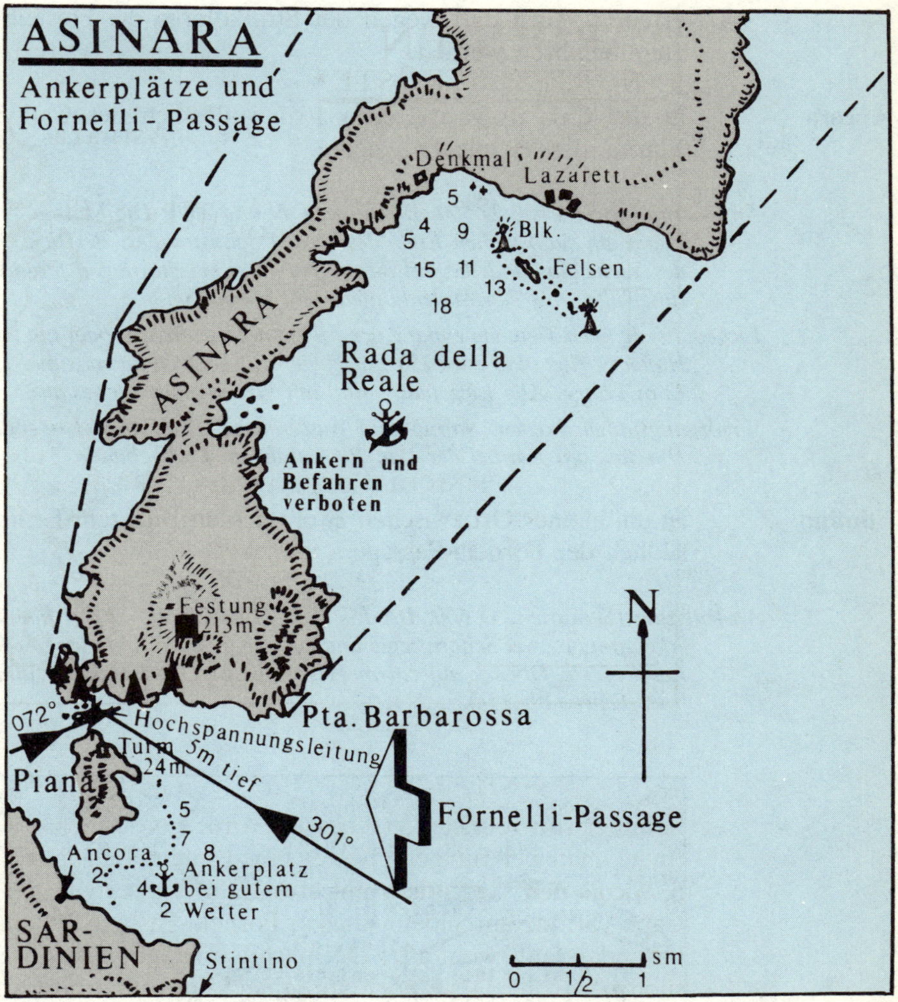

Ankerplatz: Bei gutem Wetter sollte man gegenüber dem schönsten Sandstrand Sardiniens ankern, unmittelbar südöstlich der Insel Piana, nahe dem großen Hotel Rocca Ruja. Gewöhnlich sind hier nachts zahlreiche Fischerboote unterwegs.

Die Insel Asinara ist seit Jahrzehnten Strafgefangenenkolonie. Man sieht die Amtsgebäude an dem Knick der Küste.

Im Abstand von 1 sm von der in der Skizze gestrichelten Linie ist Ankern und Befahren der Gewässer um die Insel Asinara verboten. Im Falle von Havarie oder plötzlich einsetzendem Schlechtwetter kann man in der **Rada della Reale** ankern. Bei der Annäherung ist die Flaggenkombination „QX" zu setzen. Ein Wachboot kommt dann längsseits, um die Erlaubnis zu erteilen. Auch darf wegen der Strafkolonie die Fornelli-Passage nur bei Tage befahren werden.

Ancora in der Cala di Vacca, etwa 1 sm südöstlich des Capo Falcone, ist die Marina des Yachtclubs Ancora.

Ansteuerung (Seekarten: D 500, BA 161 B, I 49 und 289): Die Marina liegt südlich der Isola Piana am südöstlichen Ende des breiten Sandstrandes. Bei Tage dienen das Gebäude des Yachtclubs und die mit Stroh gedeckten kegelförmigen Strandhütten als Orientierungshilfe. Auf den Molenköpfen steht je eine Säule.

Liegeplatz: Je nach Tiefgang entlang der Außenmolen, am Steg oder am landseitigen Kai. Der Hafen verfügt über etwa 150 Liegeplätze für Yachten bis maximal 1,50 m Tiefgang und 12 m Länge. Alle Liegeplätze sind mit Grundleinen ausgestattet.

Versorgungsmöglichkeiten: Strom- und Wasseranschluß an allen Liegeplätzen. Toiletten und Duschen am Kai bei der Bar. Restaurant im Clubgebäude.

Stintino ist ein kleiner Ort zwischen zwei seichten Buchten. Er liegt einige Meilen südlich der Fornelli-Passage.

Ansteuerung (Seekarten: D 500, BA 161 B, I 49 und 289): Nähert man sich von Osten, so erkennt man zwei Schornsteine und einen Kirchturm inmitten des Ortes. Dichter unter Land ist ein Obelisk auf einem Felsen vor der Dorfmitte auszumachen. Er trägt ein rotes Feuer (Blz.r.5s).

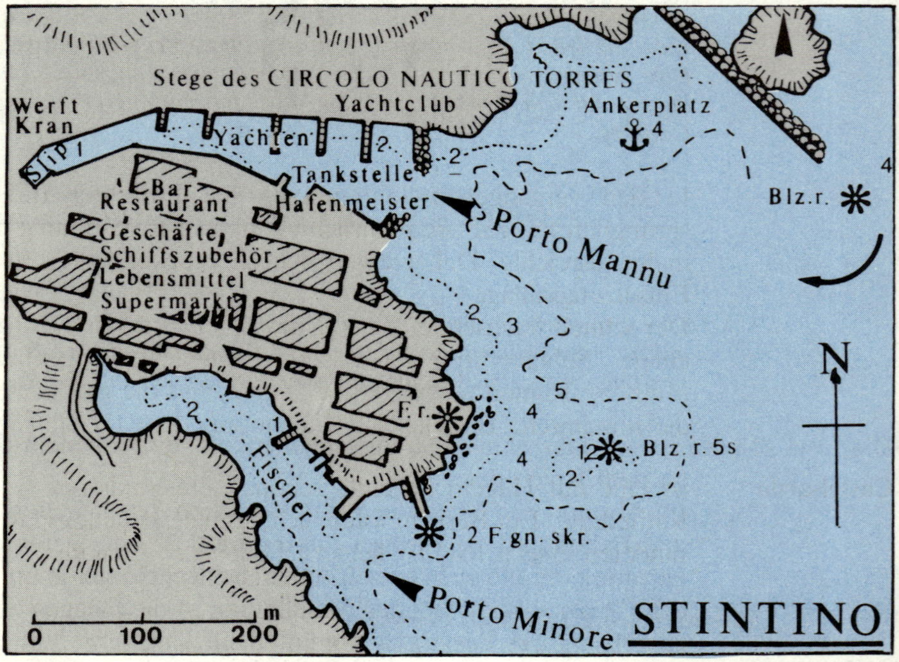

Liegeplatz: a) Vor Anker hinter der Außenmole auf gut haltendem Sand- und Steingrund. b) Im nördlichen Hafenbecken Porto Mannu entweder an der Nordseite an den Stegen des Circolo Nautico Torres oder an der Südseite am Stadtkai. c) Im südlichen Hafenbecken Porto Minore, das vor allem in seinem hinteren Bereich von einheimischem Yachten belegt ist.

Versorgungsmöglichkeiten: Wasseranschluß an den Liegeplätzen des Circolo Nautico. Kraftstoff an der Tankstelle im Porto Mannu. Im Porto Minore gibt es einen Wasseranschluß am Kai. Zwei Yachtwerften führen Reparaturarbeiten aus. Schiffszubehörhändler ebenso wie Lebensmittelgeschäfte sind im Ort.

Der Ort war früher bedeutend wegen seiner Thunfischerei. Die Einwohner kamen Ende des letzten Jahrhunderts von Asinara hierher, als die Insel Strafkolonie wurde.

Porto Torres ist ein geräumiger Handelshafen mit einer Ölraffinerie und einer Meerwasser-Entsalzungsanlage. Obwohl er vollständigen Schutz gewährt, ist er für den Yachtsegler uninteressant.

Ansteuerung (Seekarten: D 500, BA 161 B, I 49 und 289): Die westliche Mole ist nach See hin verlängert worden.

Liegeplatz: In der Darsena oder im östlichen Teil des Hafens, in die man durch eine enge Passage vom Außenhafen einlaufen kann. (Man lege sich nicht in den Porto Interno, das südliche äußere Becken.) Yachten machen hier, Bug oder Heck zum Kai, Anker gegen Norden ausgelegt, am Südkai fest, wo es Wassertiefen über 3,50 m gibt.

Behörden: Die Capitaneria ist nur wenige Meter von diesem Liegeplatz entfernt.

Versorgungsmöglichkeiten: Lebensmittelgeschäfte, Wasser an verschiedenen Zapfstellen an den Kais. Shell und Esso haben Depots im Hafen. Reparaturmöglichkeiten. Eine Autofähre verkehrt nach Genua, in den Sommermonaten auch nach Marseille. Flugverbindungen mit dem Festland bestehen von Fertilia aus, Zugverbindungen nach Olbia und Cagliari.

In den vergangenen Jahren stieg die Zahl der Industriearbeiter so sprunghaft an, daß die natürliche Trinkwasserversorgung im Sommer nicht mehr ausreichte. Daher ergab sich die Notwendigkeit für die aufwendige Entsalzungsanlage.
Der schnell wachsende, 18000 Einwohner zählende Ort hat in der Altstadt einige Sehenswürdigkeiten aus seiner Vergangenheit aufzuweisen: römische Ruinen nächst dem Bahnhof und die größte Kirche Sardiniens, die romanische Basilika San Gavino aus dem 11. Jahrhundert.

Castelsardo ist eine auf Hügeln liegende schöne, alte Stadt mit einer sehenswerten Kathedrale. Ein Besucht lohnt sich, zumal ein neuer Hafen den alten, versandeten ersetzt hat. Er liegt zu Füßen der Altstadt.

Ansteuerung und Liegeplatz (Seekarten: D 500, BA 161 B, I 49 und 289): Der Turm der Kathedrale am Hang fällt gleich ins Auge. Der neue Hafen entstand durch Verbindung

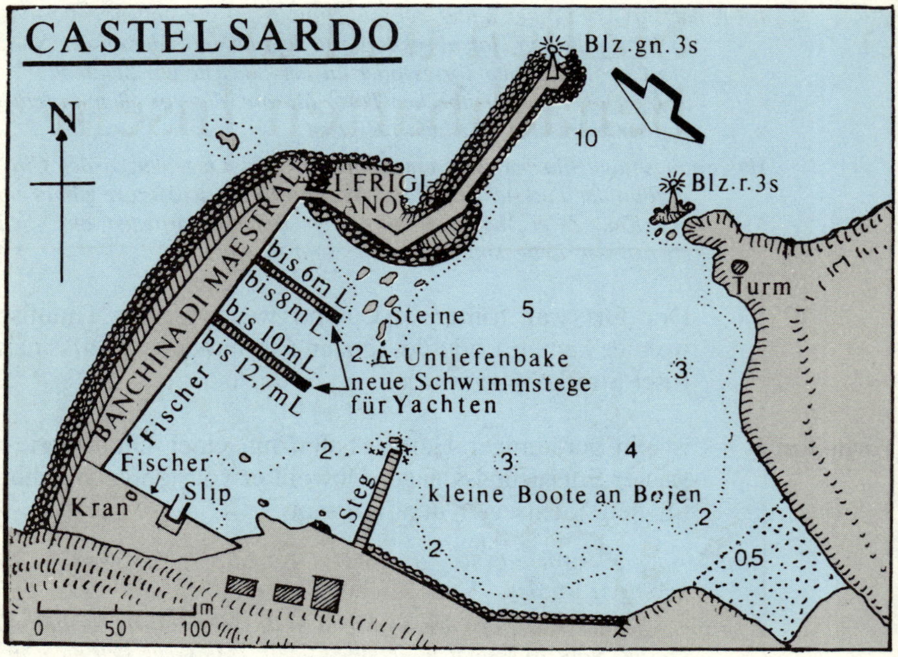

eines Felseneilands mit dem Festland mittels einer Mole. Man läuft zwischen den rot und grün befeuerten Molenköpfen ein und macht je nach Größe der Yacht an einem der neuen Schwimmstege fest.

Versorgungsmöglichkeiten: Wasser an verschiedenen Zapfstellen im Hafen, Kraftstoff an der Tankstelle am Kai. Slipanlage für kleinere Boote. Lebensmittelgeschäfte im Ort Castelsardo. In mehreren Restaurants im Ort gibt es eine hervorragende sardische Küche.

Diese 4000 Einwohner zählende Stadt wurde einst als römische Kolonie gegründet. Die Zitadelle liegt auf einem Hügel, und enge Straßen führen zu der schönen pisanischen Kathedrale hinauf. Im 11. Jahrhundert von lombardischen Architekten erbaut, ist sie vor allem bemerkenswert wegen ihrer das Dach tragenden dorischen und korinthischen Säulen.
Die Einwohner verdienen ihren Lebensunterhalt größtenteils durch die Fischerei.

20 sm weiter nordöstlich liegt an der südwestlichen Einfahrt in die Straße von Bonifacio das durch seinen Leuchtturm wie durch seinen weißen Sandstrand auffallende Capo Testa. Bei gutem Wetter findet man in einer Bucht zwischen der Insel Rossa und dem gleichnamigen Weiler einen angenehmen Ankerplatz, der jedoch nach Westen offen ist.

5 Sizilien und die benachbarten Inseln

Ostküste

Strasse von Messina

Messina

Taormina

- Mazzaro-Bucht
- Porto di Sant' Andrea
- Naxos (Capo Schiso)

Madonna della Lettera

Riposto

Torre Archirafi

Pozzillo

Stazzo

Acireale (S. Maria la Scala)

Capo Molini

Acitrezza

Acicastello

Porto di Ulisse (Ognina)

S. Giovanni Li Cuti

Catania

Brucoli

Porto di Augusta
Syrakus
  Porto Marmoreo
Baia di Ognina
Marina di Avola
Cala Bernardo
Marzameni

SÜDKÜSTE

Portopalo
Pozzalo
Marina di Nodica
Marina di Ragusa
Donnalucata
Scoglitti
Gela
Licata
Marina di Palma
San Leone (Lido di Agrigento)
Porto Empedocle mit Agrigent
Siculiana Marina
Herakleia Minoa
Seccagrande
Sciacca
Porto Palo (di Menfi)
Marinella
Selinunt

INSELN VOR DER SÜDKÜSTE

Pantelleria
Lampedusa
Linosa

WESTKÜSTE

Mazara del Vallo
Marsala
Trapani
Bonagia

ÄGADISCHE INSELN

Favignana
Levanzo
Formiche-Eilande
Marettimo

NORDKÜSTE

Ustica
Golfo del Colfano
San Vito Lo Capo
Castellammare del Golfo
Trappeto
Terrasini
Carini-Bucht
Femmine
Sferracavallo
Mondello
Punta Celesi
Colonia Marina
Arenella
Villa Igea
Palermo
Porticello
S. Nicolo l'Arena
Termini Imeresi
Cefalù
Capo d'Orlando
Capo Milazzo
Milazzo

LIPARISCHE INSELN

Lipari
  Porto Pignataro
  Marina Lunga
  Marina Corta
Vulcano
  Porto di Levante
  Porto di Ponente
  Cala di Maestro Minico
  Cala Cannitello
  Testa Grossa
Salina
Panarea
Stromboli
Alicudo und Filicudi

Sizilien ist die größte Insel des Mittelmeeres. Gleichzeitig besitzt sie mit dem Ätna einen der höchsten Berge der Region und den größten noch tätigen Vulkan.

Um Sizilien herum liegen Gruppen kleiner Inseln und Einzelinseln: im Norden die Äolischen oder Liparischen Inseln und die Insel Ustica, im Westen die Ägadischen Inseln, im Südwesten die Insel Pantelleria und im Süden die Pelagischen Inseln.

Sizilien ist überwiegend ein Gebirgs- und Hügelland, das verhältnismäßig reich an Quellen ist, von denen die meisten jedoch wenig ergiebig sind. Zudem ist der sizilianische Boden kaum wasserdurchlässig, so daß das Wasser auf kürzestem Weg zum Meer abläuft und im Sommer noch zusätzlich verdunstet. Hierin ist der Grund für die Wasserarmut Siziliens zu sehen.

Das Klima ist mediterran: heiße Sommer, milde, kurze Winter.

An der Südküste (stellenweise auch an der Nordküste) wachsen Mandeln, Oliven, Zitronen und Orangen. Vom Fuße des Ätna an erstrecken sich große Ebenen über die ganze Insel, auf denen Getreide angebaut wird. Schon für die Römer war Sizilien die Kornkammer Italiens.

Flora und Fauna haben sich durch die Zivilisation grundlegend verändert. An der Süd- und Westküste findet man noch eine „Gariga"-Gestrüppzone mit Pflanzen, die die Trockenheit lieben. Ab 300 m Höhe wächst fast nur noch Macchia. Es ist ein deutliches Nord-Süd-Gefälle zu beobachten: Während die Macchia auf Korsika noch mannshoch wächst, ist sie auf Sardinien nur noch etwa einen Meter hoch, und auf Sizilien wird sie kaum höher als einen halben Meter. Wildlebende Tiere sind kaum zu sehen, ein paar Füchse, Wildkatzen, Marder, Wildschweine und Kaninchen ausgenommen. Bei den meisten Vogelarten handelt es sich um Zugvögel.

Geschichte

Seit den Tagen Homers ist Sizilien stets im Brennpunkt der Geschichte gewesen, und die reiche Zahl seiner Baudenkmäler macht es zu einer der sehenswertesten Stätten der Erde. Viele schöne Bauten, die von den Zeiten der Hellenen bis gegen Ende des Mittelalters entstanden sind, befinden sich noch in einem guten Zustand. Unter ihnen sind die griechischen Tempel bei Selinunt und Segesta am besten erhalten geblieben, aber auch die Theater in Taormina, Tyndari, Palazzalo, Catania und Syrakus haben die Zeiten gut überstanden.

Die Normannen hinterließen herrliche Kirchen in Palermo, Monreale und Cefalù. Sie sind in romanischem Stil gebaut und mit Mosaiken geschmückt, die griechische Handwerker geschaffen haben. Gotische Architektur ist so gut wie gar nicht auf Sizilien zu finden; die Spitzbögen, die in etwa denen der Gotik ähneln, sind in Wirklichkeit arabischen Ursprungs.

Die Insel ist so ziemlich von jeder der damaligen Großmächte erobert worden, angefangen mit den Phönikern, denen die Karthager, Griechen, Römer und Sarazenen folgten. Aber erst als es im frühen 11. Jahrhundert von normannischen Abenteurern besetzt worden war, wurden Kirchen und Paläste gebaut, die den Tempeln der großen griechischen Zeit würdig zur Seite stehen. Nach den Normannen war die Herrschaft über die Insel heftig umstritten.

Nach der turbulenten und ereignisreichen Geschichte nimmt es nicht wunder, wenn sich die Sizilianer von allen übrigen Bewohnern Italiens unterscheiden. Ihre Sprache ist eine Art von Italienisch, vermischt mit griechischen und arabischen, aber auch einigen normannischen und spanischen Ausdrücken. Zahlreiche Sizilianer weisen die unverwechselbaren Merkmale ihrer arabischen Vorfahren auf, und manche Orte haben Namen arabischen Ursprungs.

Die nahezu fünf Millionen Bewohner sind auf die Ortschaften der Insel und die großen Städte Palermo, Messina und Catania verteilt. Sizilien exportiert in beträchtlichem Umfang Zitronen, Apfelsinen und Mandeln; außerdem liefert es kleinere Mengen an Schwefel, Getreide, Fischen und einige Schiffsladungen Öl.

Nahrungsmittel und Weine Die sizilianischen Speisen und Getränke wurden bereits in der Antike gerühmt. Nicht umsonst hat schon Plato geschrieben, daß man sich in Sizilien den Bauch täglich zweimal vollschlägt. Cäsar nannte den „Mamertino"-Wein aus Sizilien den berühmtesten aller Weine.

Die sizilianische Küche erhält ihr eigenes Gepräge durch gut gewürzte Gemüsegerichte, Fischspeisen und den reichlichen Gebrauch von Olivenöl.

Ausgezeichnete sizilianische Tafelweine sind der gelbe „Albanello di Siracusa", der kirschrote „Cerasuolo", der weiße und rote „Etna" und der rote „Faro". Als Dessertweine empfehlen sich der „Malvasia di Lipari", der „Mamertino" und der weltbekannte „Marsala".

DIE OSTKÜSTE: STRASSE VON MESSINA

Die Straße von Messina ist einer der interessantesten Seeräume im Mittelmeer und einer der ganz wenigen Plätze mit einem beachtlichen Gezeitenstrom. Der starke Schiffsverkehr machte die Einrichtung eines Verkehrstrennungsgebiets erforderlich, an das man sich unbedingt halten muß.

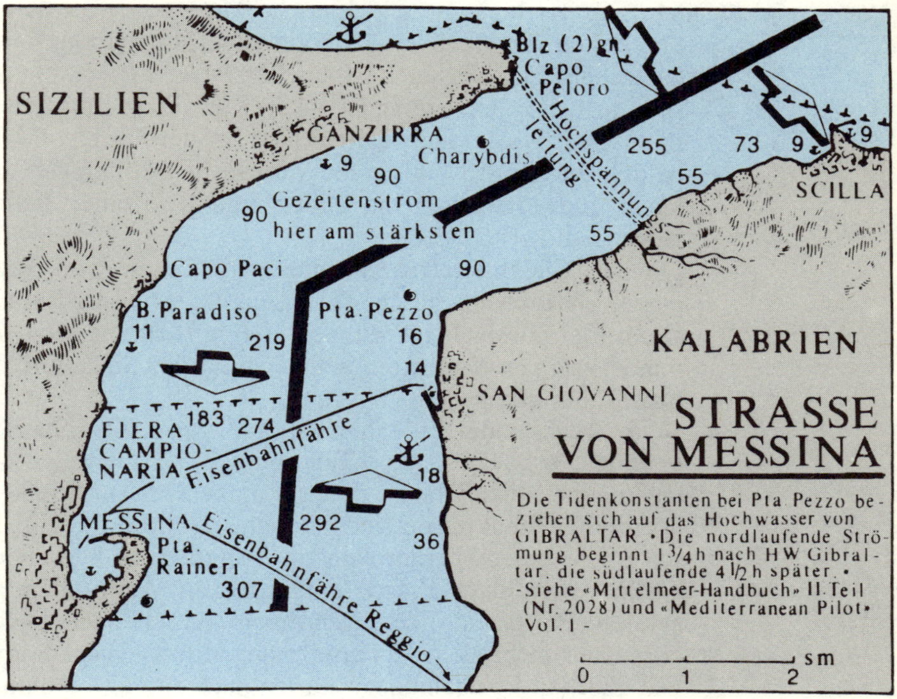

„Zur Rechten hält die arge Scylla ihre Hunde,
zur Linken droht Charybdis mit umschäumtem Munde;
in ihren Wirbel saugt sie gierig ein den Strom der Stunde,
und aus dem tiefsten Grunde speit sie ihn; von Wut erfüllt,
erheben sich die Wogen, um des Himmels Schild
zu netzen. Scylla aber, eh' sie es verschlingt,
reißt in den Strudel jedes Schiff, das sinkt,
zerschlägt es auf den Felsen."

Vergil: Äneis, Buch III

Gezeitenströme Das Tyrrhenische Meer im Norden und das Ionische Meer im Süden haben zweimal täglich Hoch- und Niedrigwasser mit einem Tidenhub von weniger als 0,50 m bei Springtide. Das Kuriose ist, daß der Wasserstand in den beiden Meeren jeweils um sechs Stunden differiert. Folglich setzt der Strom zweimal am Tage nach Norden und zweimal am Tage nach Süden. Er erreicht 4,5 kn bei Spring- und 2,5 kn bei Nippzeit, und zwar an der engsten Stelle, wo die Straße nur 2 sm breit ist und der Meeresgrund steil und unregelmäßig ansteigt und abfällt. Die Zeit, wann der Strom kippt, kann man an Hand der Tidenkonstanten von Gibraltar berechnen.

Wirbel und Strudel Das Tyrrhenische und Ionische Meer unterscheiden sich nicht nur in den Zeiten von Hoch- und Niedrigwasser, sondern auch in Temperatur und Salzgehalt: Das Wasser im Ionischen Meer ist, obwohl es südlicher liegt, spürbar kälter und um vieles salziger als das im nördlicher gelegenen Tyrrhenischen Meer. Der Unterschied in der Dichte des Wassers an den beiden Ausgängen der Straße verursacht Strömungen, die an der Oberfläche südwärts durch die Straße laufen, in einer Tiefe von etwa 20 m jedoch nordwärts.

Die nach Süden setzende Strömung erreicht nur eine Geschwindigkeit von einem Viertel Knoten. Zur Springzeit hat sie wenig Einfluß auf den Tidenstrom, der jeweils 6 1/4 Stunden in eine Richtung setzt. Zur Nippzeit vermindert sie den Nordstrom und verstärkt den Südstrom, die dann für 5 1/2 bzw. 7 Stunden gehen.

Beim Wechsel der Tide herrscht für kurze Zeit Stauwasser, und dann kommen, sobald die neue Tide einsetzt, Springwellen auf, die man hier *tagli* nennt: kurze Wellen, deren Kämme quer zur Straße verlaufen. Unter normalen Verhältnissen sind sie nicht gefährlich. Nur dann, wenn ein frischer Wind dem heranrollenden Taglio, ganz besonders dem „zweiten Taglio" vor Punta Pezzo, entgegensteht, kann man leicht in Gefahr geraten. Bei Nacht indes, wenn man die nahenden Tagli zwar manchmal hört, aber nicht sieht, erwartet man sie mit einiger Sorge.

Die gleichen Erscheinungen führen auch zu den berühmten Strudeln. Sie sind zu erkennen an den riesigen, glatten, sich im Kreise drehenden öligen Flecken, wo das dichtere Wasser hinabsinkt, das leichtere emporquillt. Dies geschieht über besonders unebenen Stellen des Grundes. Kein Wirbel ist unaufhörlich in Tätigkeit. Plötzlich sind sie da, plötzlich verschwinden sie, und ebenso plötzlich brodeln sie in nächster Nähe wieder auf. Einige weniger bedeutende Wirbel und Strudel findet man dicht unter den Vorgebirgen, wo kleine Neerströme entstehen.

Die einzigen Wirbel, die in unseren Tagen einem Schiff noch gefährlich werden können, sind:

– die Charybdis, 200 bis 300 m querab der Küste bei Torre Faro, dem Ort am Capo Peloro
– der Wirbel einige hundert Meter westwärts von Punta Pezzo
– der Wirbel einige hundert Meter südlich der Punta San Raineri

„So also segelten wir in die Meerenge", sagte Odysseus zu König Alkinoos, „obwohl wir fast vor Furcht vergingen. Denn auf der einen Seite drohte uns Scylla, während auf der anderen die geheimnisvolle Charybdis das Meerwasser auf ihre schreckliche Art einsaugte. Wenn sie es wieder erbrach, stieg sie empor aus der Tiefe und kochte über wie ein großer Kessel auf zu kräftig geschürtem Feuer. Und die Gischt, die sie versprühte, regnete nieder auf die Felsen zu beiden Seiten. Aber wenn sie das Salzwasser hinunterschluckte, konnt man bis auf den Grund dieses Strudels blicken. Von den Felsen hallte ihr fürchterliches Röhren wider, und der schwarze Sand des Meeresbodens ward sichtbar." Odysseus pflegte nie zu untertreiben.

Und Admiral Smyth schrieb 1824: „Ich habe mehrere Kriegsschiffe gesehen und sogar eines mit 27 Kanonen, die herumgewirbelt wurden, als sie in die Strudel gerieten." Wahrscheinlich handelte es sich um ein Erlebnis aus seinen jungen Jahren, denn 1783 veränderte ein heftiges Erdbeben die Topographie des Meeresbodens gerade in diesem Seegebiet so sehr, daß Scylla praktisch verschwunden ist und die Charybdis viel von ihrem früheren Schrecken eingebüßt hat, dem Schrecken jener früheren Zeiten, in denen Thukydides die Beobachtung machte: „Dort, wo Sizilien dem Festland am nächsten liegt, befindet sich die sogenannte Charybdis, die Odysseus durchfahren haben soll. Natürlicherweise wurde diese Stelle ihrer Enge wegen und weil das Ausfließen des Tyrrhenischen Meeres Strömungen verursacht, für gefährlich gehalten."

Später befanden die Römer, daß die Straße von Messina „das stürmischste aller Meere" wäre, und Pausanias beschreibt, wie eine Gruppe von 35 Tänzern mit einem Flötenspieler die Meeresenge nach Reggio kreuzen wollte, während „das Schiff und die Burschen einfach in der Tiefe des Meeres verschwanden".

Schwertfische in der Straße von Messina Dieser wertvolle Fisch – sein Gewicht kann 400 bis 500 kg erreichen – pflegt während des Frühlings nach Süden, im Juni aber nach Norden und Westen zu schwimmen. Dann ist die Zeit der Jagd gekommen. Die Fischer von Messina benutzten früher dazu vierruderige Spezialboote mit einem stabilen Mast für den Ausguck. Der Harpunier benutzte eine fast 3 m lange Harpune, während der Kapitän von der Mastspitze aus seine Befehle erteilte. Ihr Platz wird heute von motorisierten Booten eingenommen, mit hohem Mast und einem Bugspriet, der fast länger ist als der Rumpf, beides als Gitterkonstruktion aus Stahl. Der Kapitän steuert das Boot vom Krähennest aus.

Fährlinien führen von den beiden Festlandhäfen San Giovanni und Reggio aus über die Straße zum sizilianischen Fährhafen Messina. Man sollte sehr darauf bedacht sein, von den Fähren klarzusteuern, zumal sie Wegerecht haben. Zwischen Reggio und Messina verkehren auch Tragflächenboote, die einen störenden Wellenschlag im Inneren der Häfen hervorrufen.

Windverhältnisse Normalerweise kann man zu Beginn des Sommers südliche Winde erwarten, doch im Juli, August und Anfang September überwiegen Winde aus dem nördlichen Quadranten.

Bei unruhigem Wetter können Fallböen durch die tiefeingeschnittenen Täler herabgebraust kommen, und oft treffen sie dann aus höchst unerwarteter Richtung auf die See. Man kann eigentlich nicht viel mehr darüber sagen, als schon bei Johannes III, Vers 8 zu lesen ist: „Der Wind weht, wo er will, und du hörest sein Sausen wohl, aber du weißt nicht, von wo er kommt, noch wohin er geht."

Hochspannungsleitungen Bei Capo Peloro, einer flachen Landzunge, trägt ein 233 m hoher Hochspannungsmast das sizilianische Ende der von der hohen kalabrischen Küste her die 2 sm breite Meerenge überspannenden Hochspannungsleitung. Ein modernes Leuchtfeuer hat die Stelle des alten Leuchtturmes eingenommen, der noch vor hundert Jahren von zwei Batterien und zwei Wachttürmen geschützt und durch einen „Telegrafenschanze" genannten Stützpunkt abgesichert war. An der Nordseite des schönen Sandstrandes ist ein Badeort mit großen Hotels entstanden; an der Südseite aber ist die Küste steil.

Vor diesem Strand ankerten früher die Segelschiffe, um Lotsen für die Straße an Bord zu nehmen. Garibaldi setzte hier am 19. August 1860 seine Truppen an Land. Sie sollten die Straße überqueren und Reggio sowie andere strategisch wichtige Orte in Kalabrien angreifen. Ihm machte es keine große Mühe, den Kriegsschiffen des Gegners, die den Übergang seiner Truppe zu verhindern versuchten, auszuweichen.

Häfen und Ankerplätze Auf dem Festland bieten Scilla und Reggio am nördlichen bzw. südlichen Ausgang der Straße einen brauchbaren Liegeplatz für die Nacht. Der Fährhafen Villa San Giovanni liegt zwischen beiden, hat aber keinen Platz für eine Yacht. Die Häfen werden in Kapitel 6 beschrieben.

Auf der sizilianischen Seite ist Messina zwar wenig empfehlenswert, jedoch der einzige Hafen bis zu dem 25 sm südwestlich gelegenen Taormina. Wohl aber gibt es hier drei Ankerplätze: **Ganzirra, Paradiso** und die **Fiera-Campionari-Bucht,** wo man bei schönem Wetter angenehm liegen kann. Der angenehmste ist sicherlich Paradiso – eine sandige, vom einstigen Palast des Gouverneurs überragte Bucht. Fiera Campionari wird auch von einheimischen Booten benutzt.

Einsteuerung in die Straße Anhand des Seehandbuches informiert man sich über die für die Durchfahrt günstigste Zeit und ermittelt den Zeitpunkt des Tidenwechsels. Im übrigen hat man sich an die Regeln für das Befahren von Verkehrstrennungsgebieten zu halten. Am Tag und bei schönem Wetter ist es interessant, in einem Abstand von knapp 200 m die Strecke unter der gewaltigen Küste Siziliens zurückzulegen. Eine Ansammlung kleiner Fischerhäuser zieht sich am Ufer hin, jede in die benachbarte übergehend. Manchmal bemerkt man ein besonders eifriges Hin und Her bei den einheimischen Fischerbooten, vor allem bei den Schwertfischjägern von Ganzirra.

In klaren Nächten erwecken die hellerleuchteten Ufer mit ihren Lichterreihen und Ortschaften auf den Höhen den Eindruck, als fahre man eine beleuchtete Autobahn entlang. Die Segelschiffskapitäne vergangener Zeiten dachten darüber anders, denn sie beklagten sich, daß es ihnen, da sie von den Fackeln der Fischer geblendet würden, nicht möglich sei, die Hafenlichter von Messina auszumachen.

Messina Dieser moderne Hafen ist das Hauptbindeglied zwischen Sizilien und dem italienischen Festland. Der starke Tidenstrom innerhalb des Hafenbeckens macht ihn, ebenso wie der rege Fährbetrieb, für Yachten höchst ungemütlich.

Ansteuerung (Seekarten: D 440, BA 198 und 1941, I 13 und 23): Obgleich die Ansteuerung bei Tag und bei Nacht problemlos ist, sollte man sich vor dem Einlaufen mit den Tidenverhältnissen vertraut machen.

Liegeplatz: Yachten machen im südlichen Teil des Westkais vor Buganker, Heck zum Kai, fest. An einigen Stellen springt der Kai unter Wasser bis zu 1 m vor, so daß man sich sehr vorsichtig annähern muß. Der starke Gezeitenstrom, die hohen Kaimauern und der Wellenschlag der Fähren machen das Liegen eher unbequem. Während der ersten drei Stunden nach Tidenwechsel läuft der Strom im Hafen am stärksten.

Versorgungsmöglichkeiten: Alle Versorgungs- und Reparaturmöglichkeiten sind gegeben.

Die große, moderne Stadt mit mehr als einer Viertelmillion Einwohnern breitet sich an den Ufern der Meerenge zu Füßen der Monti Peloritani aus. Trotz des schweren Erdbebens von 1908, durch das die ganze Stadt zerstört wurde, hat ihre Einwohnerzahl so sehr zugenommen, daß Messina heute die drittgrößte unter den Städten Siziliens ist. Durch das Erdbeben senkten sich die Küsten bei Messina um mehr als einen halben Meter. Zwei Monate hindurch folgte ein Erdstoß dem anderen; 84000 Menschen kamen um – davon 64000 allein in Messina –, und sehr viele in der Umgebung wurden von der nachfolgenden Flutwelle erfaßt und ertranken. Im Zweiten Weltkrieg wurde die Stadt 1943 durch Bomben der Alliierten weitgehend in Schutt gelegt. Heute hat sie ein modernes Gepräge, aber mit wenig Ausstrahlung.

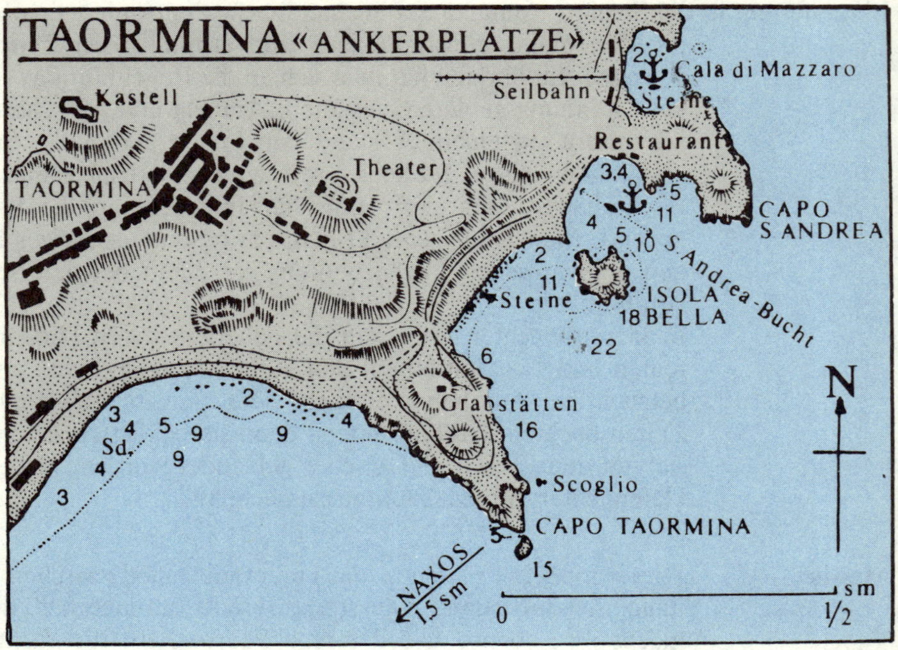

Reeden bei Taormina Mehr als 25 sm südwestlich von Messina liegt das dem internationalen Tourismus zwar erschlossene, aber immer noch durch seinen Charme anziehende Taormina auf einem 250 m hohen Ausläufer des fast 2000 m hohen Nebrodischen Gebirges. Dieser weltberühmte Küstenort hat bis heute keinen Hafen, aber drumherum liegen drei Buchten, die im folgenden beschrieben werden. Von jeder kann man die Stadt mit dem Bus erreichen. Die beiden ersten sind verführerisch schön, aber bei schlechtem Wetter unhaltbar. Der beste und sicherste Platz ist der kleine Hafen Naxos.

Die Mazzaro-Bucht (auch Porto di Castelluccio genannt) ist zwar eine anziehende, aber nur wenig Sicherheit bietende Bucht vor Taormina; sie eignet sich für einen kurzen Aufenthalt.

Ansteuerung (Seekarten: D 440, BA 1941, I 13 und 23): Tagsüber ist das Einlaufen leicht, aber nahezu unmöglich wird es bei Nacht. Nähert man sich von Osten, so muß man zwischen dem Scoglio Mazzaro, der 6 m hoch ist, und der gegenüberliegenden Steilküste hindurchsteuern – dann um das südliche Vorgebirge herum in die Bucht.

Ankerplatz: Man halte auf den 3,50 m über das Wasser hinausragenden Felsen dicht vor dem Sandstrand zu und lasse – wie im Plan gezeigt – auf 9 m Wassertiefe den Anker fallen. Dann bringe man über Heck eine Leine zur Spitze des Felsens aus. Der Grund ist steinig.

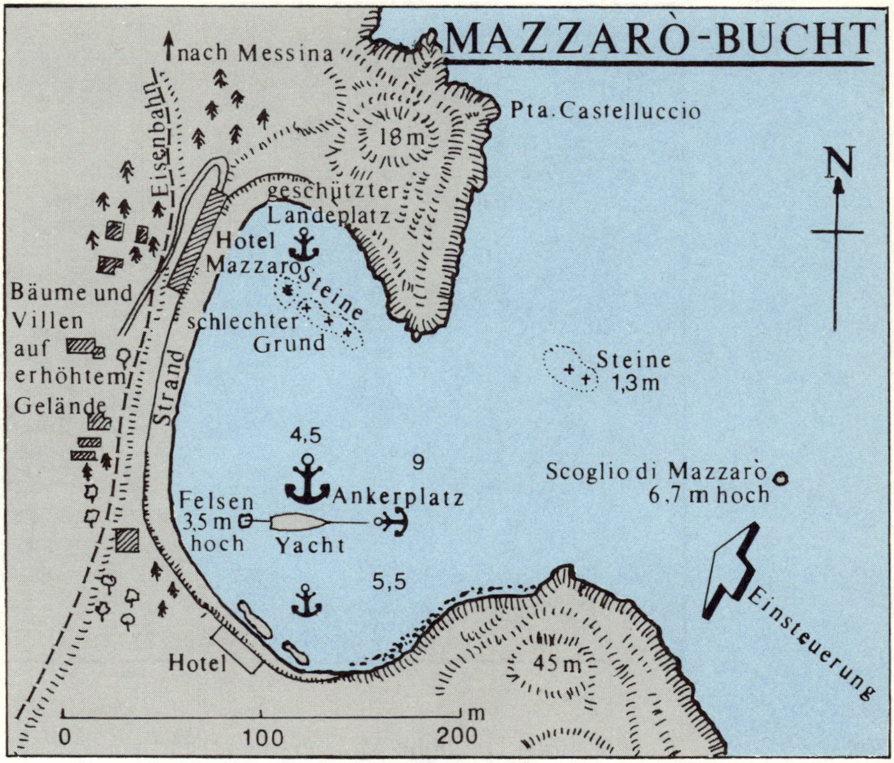

Versorgungsmöglichkeiten: Normalerweise ist die Bucht so weit geschützt, daß man in ihrer Nordecke hinter einem überfluteten Felsen mit dem Beiboot landen kann. Eine Seilbahn verbindet Mazzaro mit Taormina. Man kann den Ort aber auch über einen Fußweg erreichen (30 Minuten). Ein Gemischtwarenladen liegt nahebei an der Straße, ebenso das schöne Hotel Mazzaro.

Porto di S. Andrea Der Plan der drei Reeden von Taormina auf Seite 174 zeigt diesen Ankerplatz zwischen den Kaps Sant' Andrea und Taormina. Man erkennt ihn von See aus leicht an den hohen, kahlen Felsen, die zu Füßen der kleinen Stadt Taormina aufsteigen. Man sieht ferner, wie die Isola Bella die Bucht in zwei ungleiche Hälften teilt, wobei die nördliche die bessere und schönere ist, aber nur Platz für zwei mittelgroße Yachten bietet.

Ansteuerung: Man lassen den Anker auf 12 m Tiefe auf Schlamm und Lehm fallen. Mit dem Beiboot bringe man einen Warpanker in Küstennähe auf 3 m Wassertiefe. Der Grund besteht hier zumeist aus grobem Kies. Oft steht Schwell herein.

Versorgungsmöglichkeiten: An der Nordküste gibt es ein Sommerrestaurant, das man über einige Stufen erreicht, die in den Felsen geschlagen sind.

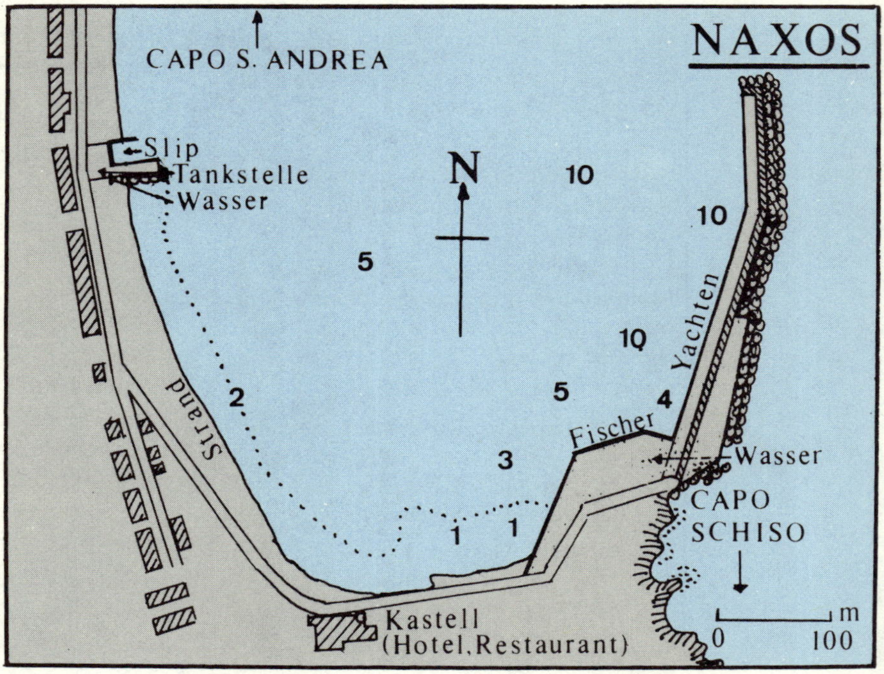

Naxos (Capo Schiso) Die hohe Mole erstreckt sind von der Nordseite des Capo Schiso aus in nördlicher Richtung.

Ansteuerung und Liegeplatz (Seekarten: D 662, BA 1941, I 22 und 23): Capo Schiso ist niedrig und schwarz. Die Burg auf der Nordseite ist schwer auszumachen, aber die hohe Mole – 210 m lang – ist gut zu sehen. Anker nach Westen auslegen und Bug oder Heck zum Kai holen. Genügende Wassertiefe, sandiger Grund, guter Halt. Wenn der Kai belegt ist, auf 5 m Tiefe ankern. Bei schwankender Wetterlage können Fallböen vom Gebirge aus Nordwesten am Kai gefährlich werden, und Stürme aus Nordost werden vom Wellenbrecher nicht aufgehalten.

Versorgungsmöglichkeiten: Es gibt mehrere Restaurants und Lebensmittelgeschäfte am Hafen, weitere in der zehn Minuten (zu Fuß) entfernt liegenden kleinen Ortschaft. Busse verkehren nach Taormina; die Fahrt dauert etwa 40 Minuten. Wasser und Kraftstoff sind im Hafengebiet erhältlich.

Dieser schon in der Antike als Naxos bekannte Hafen, der seinen Namen nach den von der ägäischen Insel Naxos stammenden griechischen Kolonisten erhielt, wird von einer kleinen Fischereiflotte und Sportbooten benutzt. Während der Sommermonate drängen sich am Strand viele Touristen – zumeist aus Taormina.
Man sollte zu den griechischen Ruinen von Taormina hinauswandern, um von dort den Ausblick zu genießen.

15 Cefalù an der Nordküste Siziliens. Das Capo Cefalù mit seinen 268 m Höhe stellt eine charakteristische Landmarke dar

16 Acitrezza an der sizilianischen Ostseite – gut auszumachen an den unverwechselbaren Zyklopen-Felsen

17

19

17 Der nördliche Eingang der Straße von Messina. Schon von weit her sieht man den 233 m hohen Hochspannungsmast auf dem sizilianischen Capo Peloro

18 Lipari auf der gleichnamigen Insel nordöstlich von Sizilien: Blick auf den Fischerhafen

19 Der kleine Fischer- und Yachthafen an der Mondello-Bucht, unweit von Palermo (Sizilien)

20 Der Hafen von Syrakus, einer Stadt mit Vergangenheit an der sizilianischen Ostseite

18

20

21

21 San Vito lo Capo an Siziliens Nordwestecke ist eine aufstrebende Stadt mit einem Fischerhafen

22 Capo Sant'Andrea an der sizilianischen Ostküste. Die Bucht bietet einen geschützten Ankerplatz unterhalb des Badeortes Taormina

22

Madonna della Lettera Nördlich von Riposto, bei der Ortschaft Madonna della Lettera, gibt es einen etwa 100 m langen Wellenbrecher, der an seiner Innenseite teilweise zum Kai ausgebaut ist. Hier können einige Yachten bequem anlegen.

Riposto bietet Yachten sichere Liegeplätze. Einige Frachtschiffe für den Weintransport legen ebenfalls hier an.

Ansteuerung (Seekarten: D 662, BA 1941, I 22): Keinerlei Schwierigkeiten bei Tag oder Nacht. Innerhalb des Wellenbrechers findet man tiefes Wasser bis zu der Treppe in der Südostecke.

Liegeplatz: Bug oder Heck zum Kai an der im Plan eingezeichneten Stelle oder in dem geräumigen Hafenbecken vor Anker.

Versorgungsmöglichkeiten: Abgesehen davon, daß man sich hier mit allem versorgen kann – Wasser am Kai –, ist die Ortschaft uninteressant. Man kann mit dem Zug oder Bus nach Taormina fahren; die Fahrt dauert eine halbe Stunde. Das umgebende Tal hat eine reiche Vegetation. Reparaturen sind möglich.

Auf dem Weiterweg nach Süden in Richtung Catania kommt man an mehreren kleinen Häfen vorbei:

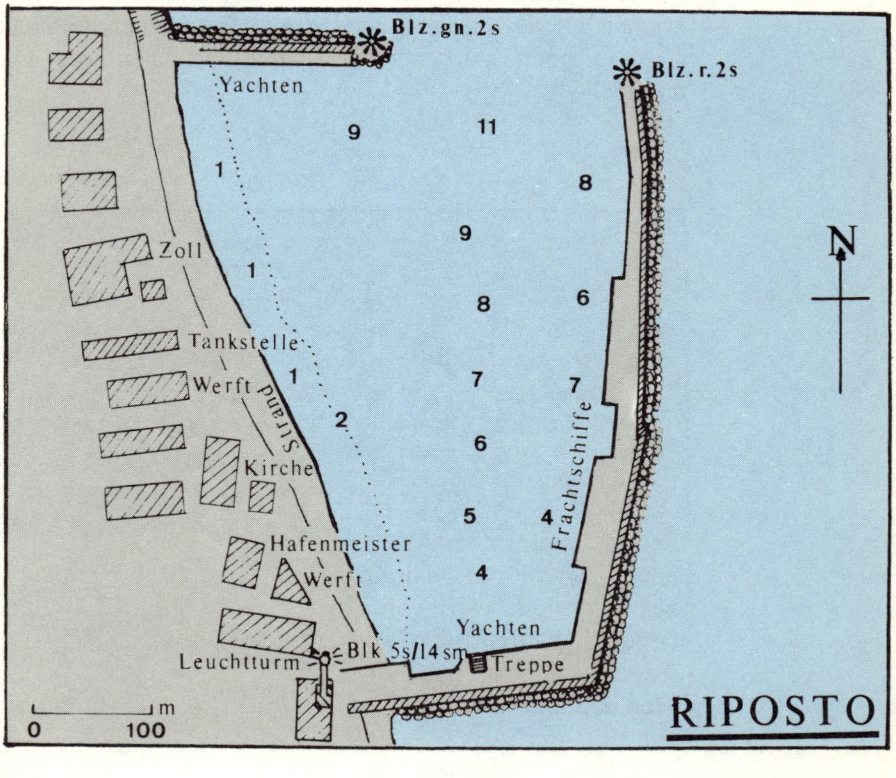

Torre Archirafi verfügt über eine Mole senkrecht zur Küste und eine breite Slipbahn. Hier können nur Yachten bis maximal 1 m Tiefgang anlegen.

Pozzillo ist ein kleiner Hafen etwa 5 sm nördlich des Capo Molini, der bei allen Winden sicheren Schutz bietet. Allerdings ist der Hafen so klein, daß nur wenige mittelgroße Yachten darin anlegen können. An der Innenseite der östlichen Kaimauer sind aber immerhin 3 m Wassertiefe.

Stazzo ein wenig südlich von Pozzillo gelegen, verfügt über eine 150 m lange Mole und einen 50 m langen Wellenbrecher. Auch hier finden Yachten bis 1,20 m Tiefgang sicheren Schutz bei allen Winden.

Acireale Marina (S. Maria La Scala) ist ein kleiner Fischerhafen unterhalb der gleichnamigen Stadt auf dem Hügel. Er liegt am Fuße steiler Klippen und ist völlig von Felsen eingeschlossen. Die Wassertiefe an der Einfahrt reicht auch für tiefergehende Yachten aus. Hinter der Außenmole findet man geschützte Liegeplätze, von denen allerdings ein großer Teil durch Fischerboote ständig belegt ist.

Capo Molini ist ein kleiner Yachthafen 10 sm südlich von Riposto, direkt neben einem schönen Sandstrand mit zwei Badeanstalten. Einige wenige Yachten können an der Mole oder am Kai festmachen und die sonst in dieser Gegend eher spärlichen Serviceeinrichtungen wie Duschen und WC nutzen.

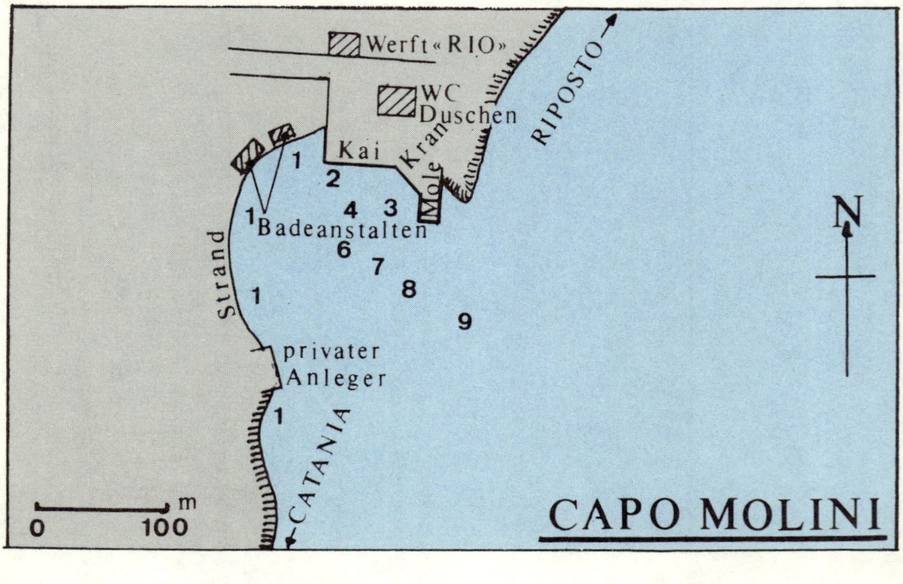

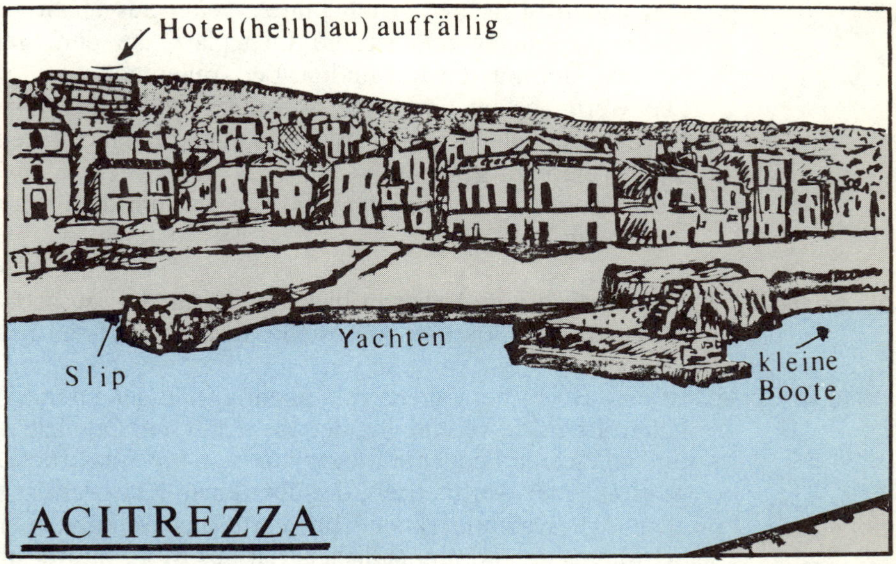

Acitrezza liegt bei den Zyklopen-Felsen. Sie werden als jene Steine angesehen, die der von Odysseus geblendete Zyklop Polyphem in seiner Wut diesem hinterhergeworfen hat.

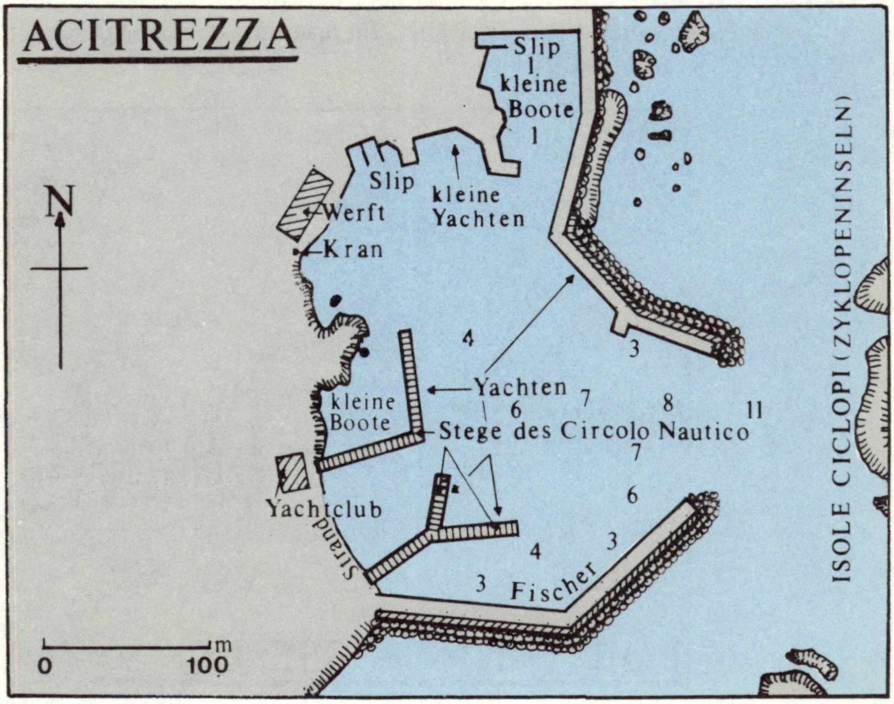

Der Hafen ist in den letzten Jahren weiter ausgebaut worden und bietet Yachten bequeme und sichere Liegeplätze an den Stegen des Circolo Nautico, am inneren Kai und an der Außenmole.
Die Werft verfügt über eine Slipanlage und einen 10-t-Kran und führt Reparaturen aller Art aus. Alle Versorgungsmöglichkeiten sind in der Ortschaft Acitrezza gegeben.
Der Ort ist eine Vorstadt von Catania und mit dieser durch eine Buslinie verbunden.

Acicastello 2 sm südlich von Acitrezza bietet eine zum Kai ausgebaute 150 m lange Mole vor der Ortschaft Acicastello Yachten gewissen Schutz.

Porto di Ulisse ist eine Bucht bei Ognina mit einem gut ausgebauten Fischer- und Yachthafen. Im Porto vecchio hat der Yachtclub sein Domizil. Am Molo vecchio finden Yachten bequeme Liegeplätze auf 4 m Wassertiefe. Beim Yachtclub ist ein kleiner Werftbetrieb, der über einen Kran verfügt und Reparaturen aller Art ausführen kann. Im Porto nuovo können Yachten an dem Schwimmsteg und am südlichen Teil des Molo nuovo anlegen.
Wasser und Treibstoff sind im Hafen erhältlich. Starke östliche bis nördliche Winde erzeugen Schwell im Hafen und können die Einsteuerung erheblich erschweren.

S. Giovanni Li Cuti Kurz vor Catania liegt der kleine Yachthafen, der bei allen Winden sicheren Schutz gewährt. Im Sommer ist der Hafen allerdings mit Motoryachten überfüllt.

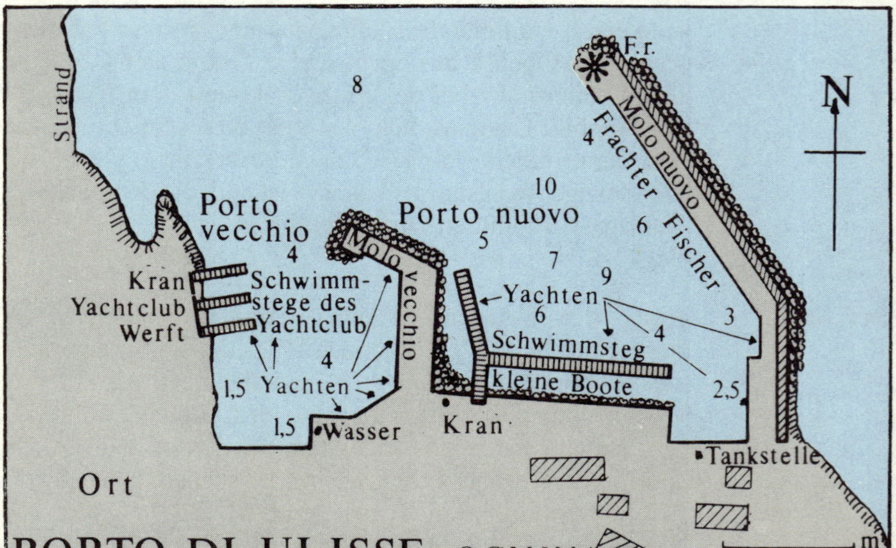

Catania die zweitgrößte Stadt Siziliens, hat einen wenig anziehenden und ziemlich schmutzigen Hafen. Immerhin ist es der sicherste Hafen an der Ostküste Siziliens, obwohl es gefährlich sein kann, bei Südoststurm einzulaufen.

Ansteuerung und Liegeplatz (Seekarten: D 663, BA 1941 und 2123, I 22): Man fahre bis Porto nuovo, wo Yachten und kleinere Fahrzeuge Platz finden. Vor dem Kai am Molo di Levante gibt es Wassertiefen von etwa 7 m, ausgenommen an seinem Südwestende, wo es flach wird.

Versorgungsmöglichkeiten: Wasser aus einem Hydranten auf dem Kai, Kraftstoff am Westende des Fischereihafens. Am Ende des Kais befindet sich der Yachtclub mit Duschen und Toiletten.

Einen recht guten Markt findet man etwa 200 m von der Einfahrt entfernt in der Nähe des Hafenamtes. In der zum größten Teil modernen Stadt gibt es zahlreiche gute Geschäfte.

In Catania, der ältesten Stadt Siziliens, leben 400000 Menschen. Die Stadt hat viele Katastrophen erlebt: Erdbeben, Ausbrüche des Ätna und Überschwemmungen mit Lava. Deshalb sind von den Bauten der Römer, Sarazenen und Normannen nur wenige übriggeblieben. Aber nach jedem für die Stadt vernichtenden Schlag hat man sie an derselben gefährdeten Stelle wiederaufgebaut.

Bei dem Ausbruch des Ätna im Jahre 1669 ergoß sich ein 2 km breiter Lavastrom durch die Stadt und verschüttete den größten Teil des Hafens. Noch vernichtender war das Erdbeben von 1693, das die Stadt völlig zerstörte und dem zwei Drittel der Bevölkerung zum Opfer fielen. Damals entstand der Grundriß ihrer heutigen Anlage mit breiten Straßen und großen Plätzen. Das vielleicht typischste Monument ist der noch aus der Römerzeit stammende Elefant aus Lavagestein, an dessen Seite ein spätrömischer Obelisk aus ägyptischem Granit steht. Man findet ihn auf dem Hauptplatz, nahe bei der Kathedrale und dem Rathaus. Der Elefant war das Sinnbild Catanias; Napoleon hat dieses Sujet mehrfach kopieren lassen und damit etliche Pariser Bauwerke verziert.

Der jetzige Wohlstand Catanias ist auf die Entdeckung von Erdöl- und Naturgasvorkommen zurückzuführen.

Der Ätna Einer der wenigen Gründe, Catania anzulaufen, ist, den Ätna zu besteigen. Der Vulkan ist noch tätig, das heißt, er bricht von Zeit zu Zeit aus. Zu Beginn des Jahres 1976 drang Lava aus einem parasitären Kleinvulkan genau nördlich unterhalb des Gipfels, während der Hauptkrater nur Rauchwolken ausstieß. Auch bei den anderen Ausbrüchen in diesem Jahrhundert ergoß sich Lava nach Norden bzw. Nordosten, in den früheren Jahrhunderten vorwiegend in die anderen Himmelsrichtungen. Wegen dieser wiederholten Ausbrüche ändern sich die Höhe und die Form des Gipfels ständig.

Der letzte größere Ausbruch war 1980/81, wobei zehn Menschen ums Leben kamen und mehrere Schutzhütten und die Bergstation der Seilbahn zerstört wurden. Seitdem darf man über 3000 m Höhe hinaus nur noch mit Führer gehen.
Man erreicht den Gipfel am bequemsten mit den früh abfahrenden Touristenbussen. Die letzten Meter zum Gipfel werden mit Geländewagen und Führer zurückgelegt. Wenn man ein Auto mietet, sollte man den Aufstieg vor Tau und Tag beginnen. Denn dann wird man gewiß rotglühende, flüssige Lava aus einem der 300 Nebenkrater emporquellen sehen. Wenn dann ein klarer Tag bevorsteht, hat man bei Sonnenaufgang einen wundervollen Blick auf Kalabrien und die Liparischen Inseln sowie ganz Sizilien.
An der Ostseite des Ätna liegt das 6500 Hektar große Gut Bronte. Der Bourbonenkönig schenkte es 1799 Nelson, aber sein Recht dazu wurde in der Folgezeit angezweifelt. Nach längerem Prozeß trat das Herzogtum 1861 über die Hälfte ab. Durch Landreformen wurde es weiter verkleinert, aber es ist immer ein Weingut geblieben, auf dem ein guter Tropfen gekeltert wird.

Brucoli heißt ein schmaler, verhältnismäßig weit ins Land reichender Einschnitt, der Yachten guten Schutz bietet. Der Ort mit einem schloßartigen Hotel

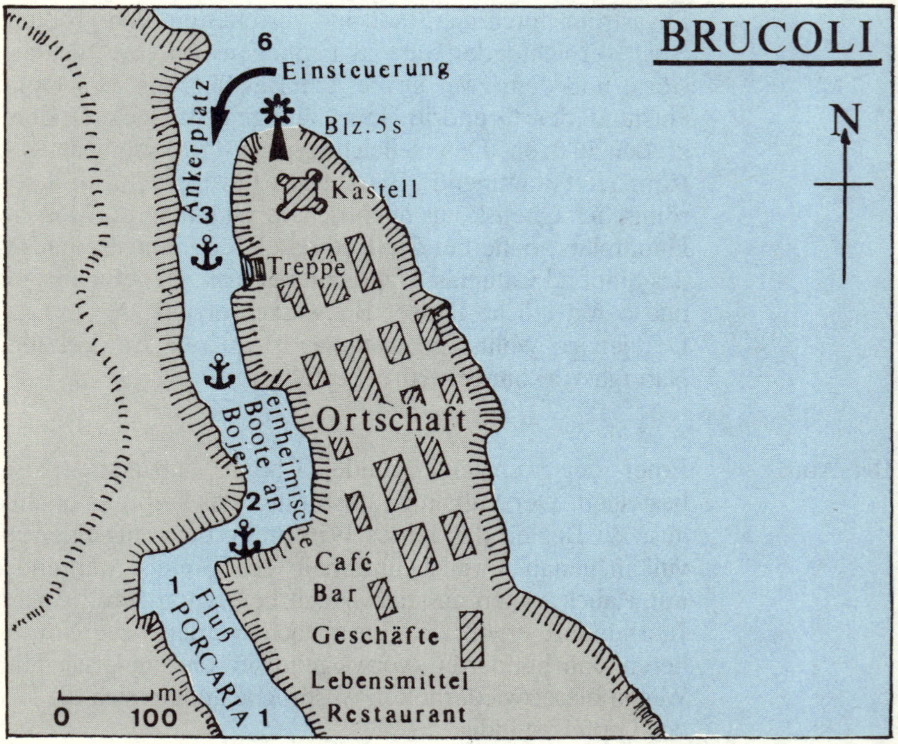

an der Westseite der Einfahrt und Campingplätzen ein Stück weiter wurde für den Tourismus erschlossen.

Ansteuerung: Man steuere den Leuchtturm an und laufe dann in der Mitte des Fahrwassers in den Einschnitt ein. Die Flußmündung wird auf mindestens 2 m Wassertiefe gehalten.

Ankerplatz: Ausreichend Platz zum Liegen findet man an den in der Skizze eingezeichneten Stellen. Der Grund besteht zumeist aus weichem Sand. Obschon manchmal Dünung in den äußeren Teil des Einschnittes steht, ist ihre Wirkung weiter binnen nur geringfügig. Einige kleine Fischerboote liegen noch tiefer im Einschnitt.

Versorgungsmöglichkeiten: Lebensmittelgeschäfte sowie Cafés und Restaurants in der Ortschaft.

Früher wurden von diesem kleinen Hafen aus Weizen, Thunfische und Bausteine exportiert, heute dominiert hier der Tourismus. Das mittelalterliche Kastell erinnert an die einstige Bedeutung des Ortes.

Porto di Augusta ist ein Handels- und Marinehafen mit einem weiträumigen Industriegelände. Normalerweise wird man diesen Hafen mit einer Yacht nicht anlaufen, zumal das viel verlockendere Syrakus nur 12 sm weiter südlich liegt. Und für kleinere Yachten bietet sich das noch näher gelegene Brucoli an.

Ansteuerung (Seekarten: D 663 und 664, BA 1941 und 2123, I 21): Die Richtfeuer weisen in 274° durch die Haupteinfahrt.

Liegeplatz: Der einzig mögliche Liegeplatz für Yachten ist in der Cala del Molo auf 5 m Wassertiefe über Schlammgrund. Dieser Platz ist frei von Durchgangsverkehr und bietet alle Versorgungsmöglichkeiten.

Augusta ist der größte Marinestützpunkt Siziliens. Große Teile des Hafens sind militärisches Sperrgebiet. Der wenig imponierende alte Ort liegt in der Nordecke der Bucht, streng geschieden von der Industriezone, die Augusta zum drittgrößten Hafen Italiens gemacht hat – vor Venedig und Neapel, nach Genua und Triest.

Syrakus (Siracusa) ist eine anziehende alte Stadt. In ihren beiden Häfen finden Yachten bequeme Liegemöglichkeiten.

Ansteuerung (Seekarten: D 663 und 664, BA 1941 und 2123, I 21): Keine Schwierigkeiten bei Tag oder Nacht, aber den überspülten, unmarkierten Felsen Scoglio dei Cani nordöstlich der Einfahrt muß man meiden. Bei Nacht weisen Richtfeuer in Linie 267° den Weg durch die 1000 m breite Öffnung in die Bucht von Syrakus zum Porto Grande. Yachten sollten bis zu dem Kai Foro Italia nördlich vom Hafenamt durchfahren.

Liegeplatz: Man lege den Anker gegen Westen aus und hole Bug oder Heck zum Kai. Gegen östliche Winde liegt man hier gut geschützt; Winde aus anderen Richtungen jedoch – besonders die quer über die Bucht kommenden Westwinde – können ungehindert ein-

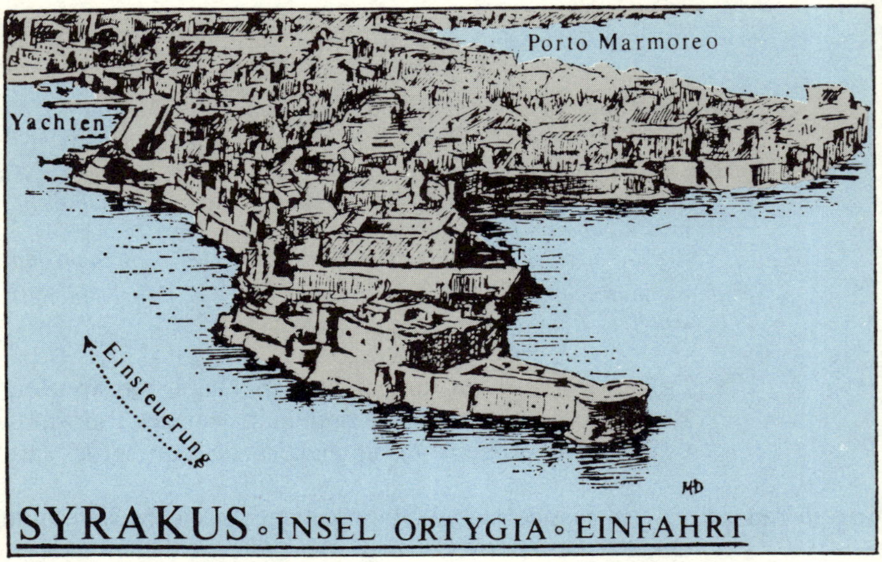

fallen. Obgleich von den hohen Häusern hinter dem Kai zum Aufsteigen gezwungen, kann bereits ein schwacher Wind einen höchst ungemütlichen Schwell im Hafen hervorrufen. Manche Yachten bevorzugen es deshalb, in der Südwestecke an der anderen Seite der Bucht zu ankern.

Der kleine Fischer- und Yachthafen Porto Marmoreo, 1 sm vom Haupthafen nordwärts, ist vollständig geschützt, doch kann er nur von Fahrzeugen bis 2,20 m Tiefgang angelaufen werden. Die besten Liegeplätze sind in der Südwestecke neben dem kleinen Becken für Fischerboote. Um das Hafenbecken verteilt haben zwei Yachtclubs ihre Clubhäuser. Die Clubmitglieder sind Gastyachten gegenüber sehr freundlich und hilfsbereit.

Ein 2,50 m tiefer Kanal verbindet den Porto Marmoreo mit dem Porto Grande. Der Kanal wird von einer Brücke mit 1,50 m Durchfahrtshöhe überspannt.

Behörden: Hafen- und Zollamt befinden sich ganz in der Nähe.

Versorgungsmöglichkeiten: Trinkwasser aus dem Hydranten, der sich in einem Winkel südlich vom Kai befindet, Kraftstoff in der Nähe des Bassins. Zehn Minuten entfernt gibt es viele Geschäfte. Restaurants und Trattorias findet man in der Altstadt, moderne Hotels in der Neustadt auf der Ostseite. Reparaturmöglichkeiten sind gegeben.

Der Kanal, der den Haupthafen mit dem Fischerhafen verbindet, trennt zugleich das Festland und die Insel Ortygia, auf der die früheste Siedlung lag.

Der berühmte Aretusa-Brunnen ist übrigens eine Enttäuschung: Seit langem sind die Quellen versiegt, und zurückgeblieben ist ein Graben mit stehendem, grünem Wasser. Das weltbekannte Hotel Villa Politi, 3 km vom Hafen entfernt, hat seinen hohen Standard bewahrt, der freilich seinen Preis kostet.

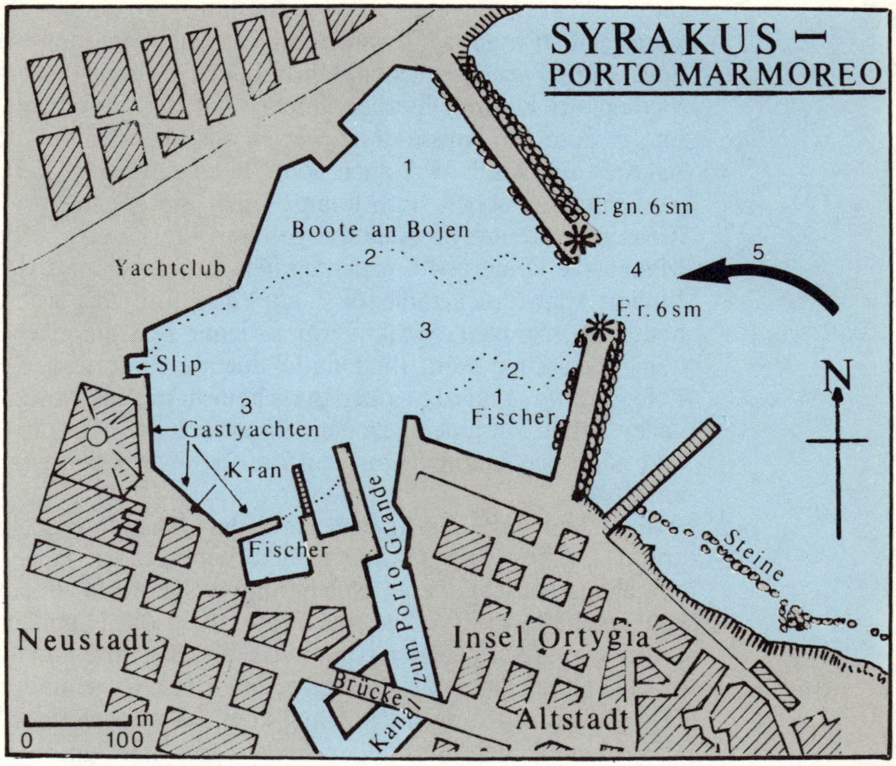

Das moderne Syrakus (100000 Einwohner) ist nur wenig anziehend. Man findet noch immer Rudimente der antiken Stadt, so die aus der Frühzeit des Christentums stammenden Katakomben (der heilige Paulus weilte hier drei Tage), das „Ohr des Dionys“ bei den Steinbrüchen, in die man seinerzeit die gefangenen Athener einsperrte, oder das hundert Jahre danach erbaute römische Amphitheater. Von den griechischen Bauten (die über viele Generationen als Steinbruch dienten) sind noch die Säulen der Tempel erhalten geblieben und das Theater, in dem gelegentlich noch Vorstellungen stattfinden. Nicht zu vergessen die Burg des Euryalos, eine Befestigungsanlage aus dem 4. Jahrhundert v. Chr. Von hier aus hat man einen großartigen Blick auf die Überreste der antiken Stadt. Auf der Insel Ortygia findet man Trümmer von Säulen des Apollo-Tempels, und in der Stadt oberhalb des Hafens kann man sehen, wie die dorischen Säulen des Athene-Tempels auf bemerkenswerte Weise dem Bau der Kathedrale eingefügt worden sind. Nach Ciceros Beschreibung des einstigen Tempels besaß er „Türen aus Gold und Elfenbein“ und war mit herrlichen Skulpturen und Gemälden geschmückt, die vor allem die Taten des sizilianischen Helden Agathokles in 27 Szenen darstellten. Die große Göttin

darüber vermittelt eine leise Vorstellung davon, wie der Tempel ausgesehen haben mag, als er noch ein Ort der Anbetung war.
Seit dem 8. vorchristlichen Jahrhundert, in dem die ersten griechischen Siedler aus Korinth hierher kamen, hat die Geschichte der Stadt mehr interessante Ereignisse aufzuweisen als die der meisten anderen Ortschaften der Insel. Weil auch heute noch zahlreiche Zeugnisse dieser Vergangenheit zu sehen sind, lohnt es sich, sie genauer zu beschreiben.
Zu den frühesten Steinbauten gehören die Überreste der 22 km langen Mauer, die Dionysios I. errichten ließ, um die damals vielleicht eine halbe Million Einwohner zählende Stadt (also fünf- bis sechsmal so viele wie heute) zu schützen. Syrakus war zu jener Zeit die größte befestigte Stadt der griechischen Welt. Ihr Handel allein erforderte den Schutz durch 300 Kriegsschiffe, und als es den Anschein hatte, als werde sie in den Krieg gegen Athen mit hineingezogen, eilten Techniker aus Griechenland, Italien und Karthago hierher, um beim Bau der Verteidigungsanlagen mit Hand anzulegen.
Als im Jahre 415 v. Chr. das Heer der Athener tatsächlich zum Angriff antrat, fand es die Syrakuser wohlvorbereitet. Die lange, von Thukydides eingehend beschriebene Belagerung wäre wohl unentschieden ausgegangen, hätte die syrakusische Flotte nicht die Hafeneinfahrt durch eine Reihe vor Anker gelegter Triremen, Handelsschiffe und anderer Fahrzeuge blockiert und damit die Belagerer am Rückzug gehindert.
Den Athenern wurde rasch genug klar, daß sie sich ihren Weg durch diese Sperre unter allen Umständen freikämpfen mußten, und kaum hatten sie damit begonnen, da fielen die Syrakuser, wiewohl an Zahl geringer, mit sämtlichen Schiffen, die ihnen zur Verfügung standen, über sie her. Für längere Zeit befand sich das Kriegsglück im Gleichgewicht, bis zuletzt der Widerstand der Athener gebrochen und ihre gesamte Flotte gekapert oder versenkt war. Die Reste des Heeres, dem es nicht möglich gewesen war, auf dem Landwege zu entrinnen, wurden zusammengetrieben, die Anführer exekutiert und 40000 Gefangene zu Sklaven gemacht oder zu einem langsamen Sterben in den Steinbrüchen verurteilt.

An die 200 Jahre später, als die Stadt mit Rom im Krieg lag, wurde ein Heer unter Befehl des Marcellus zu ihrer Eroberung ausgesandt. Zu dieser Zeit lebte der berühmte Mathematiker und Philosoph Archimedes in Syrakus und konstruierte unter anderem „Kriegsmaschinen“, von denen die wirksamsten Katapulte waren, mit denen man schwere Steine schleudern konnte. Auch hat er riesige Hohlspiegel herstellen lassen. Die darin konzentrierten Sonnenstrahlen wurden auf die Segel der belagerten Kriegsschiffe gerichtet und damit in Brand gesetzt. Die Belagerung dauerte zwei Jahre, dann ergab sich Syrakus. Archimedes wurde, während er in ein mathematisches Problem vertieft war, von einem römischen Soldaten erschlagen, wobei er die Worte sprach: „Störe meine Kreise nicht.“

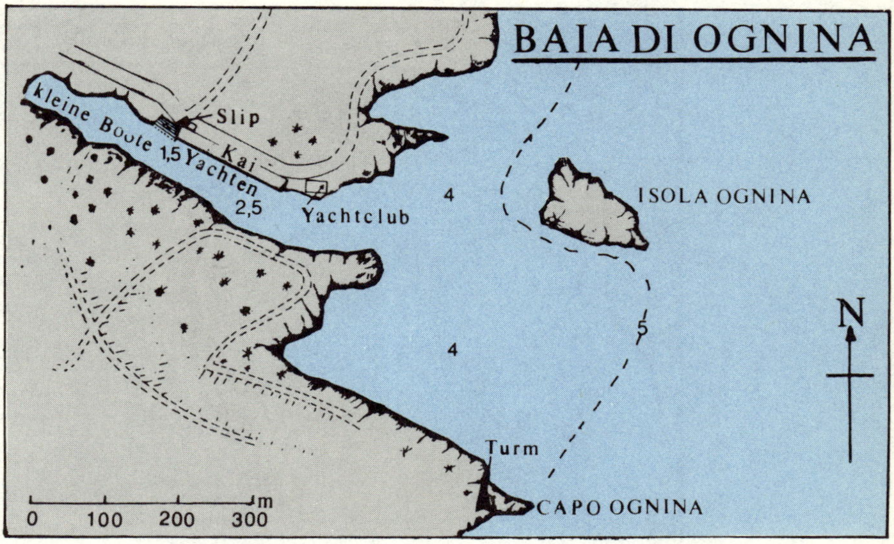

Nach dem Sieg des Marcellus war es keinem Syrakuser mehr gestattet, auf Ortygia zu siedeln.
Das war das Ende der hellenischen Epoche Siziliens. Die Römer beuteten Syrakus wirtschaftlich aus, und nach und nach sank die einst so bedeutende Stadt auf ihr jetziges Niveau herab: Sie wurde zur Inselstadt Ortygia, und dort, wo einst die Außenstadt lag, ist nur noch eine wüste Ebene.
Nach manchen ereignislosen Jahrhunderten nahm der Hafen von Syrakus 1676 die geschlagene holländische Flotte auf, und hier starb auch Admiral de Ruyter, der in einem Gefecht gegen die Franzosen bei Messina tödlich verwundet worden war.

Baia di Ognina Etwa 10 sm südlich von Syrakus, zwischen Capo Murro di Porco und Capo Ognina, liegt geschützt durch die Insel Ognina eine Bucht, in deren tiefem Einschnitt an der Nordseite ein Kai 50 Yachten bis 1,50 m Tiefgang bequeme und sichere Liegeplätze bietet.

Marina di Avola Südlich des Lido di Avola ist ein Fischer- und Yachthafen im Bau, der nach seiner Fertigstellung einige hundert Yachten aufnehmen kann (Skizze S. 192).

Cala Bernardo ein kleiner Fischer- und Yachthafen, liegt in einer Bucht etwa 2 sm südlich von Marina di Avola. An dem etwa 60 m langen Kai finden Yachten bis 1,50 m Tiefgang bei allen Winden sichere Liegeplätze. Starke Nordostwinde erzeugen unangenehmen Schwell im Hafenbecken.

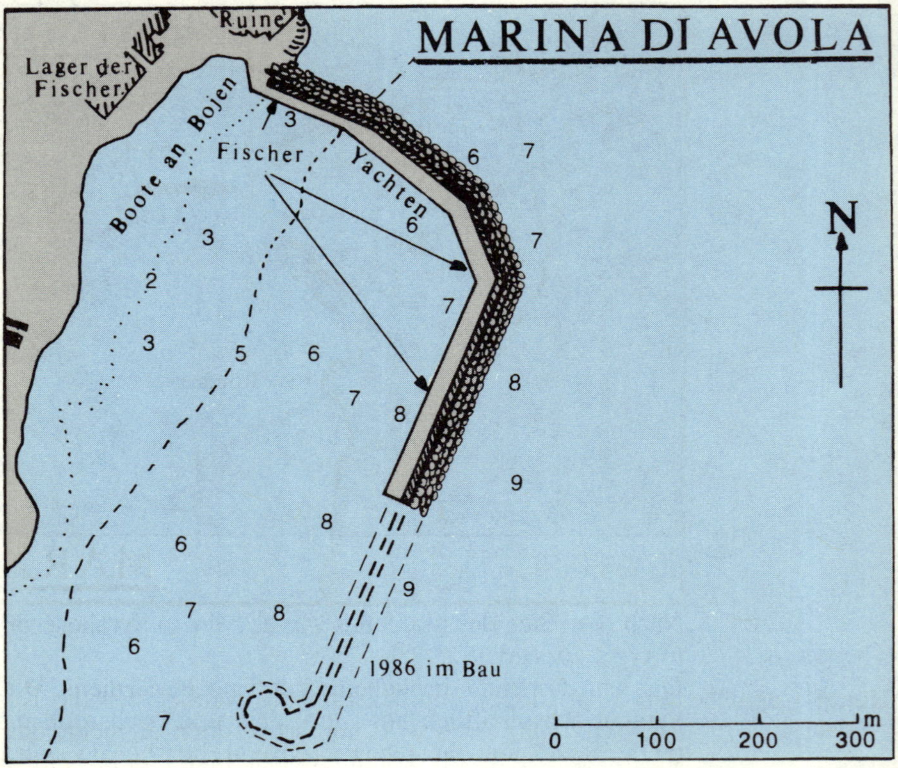

Marzamemi liegt an einer hübschen, offenen, vor westlichen Winden gut geschützten Bucht. In ihrem südlichen Teil gibt es einen kleinen Hafen für Fischerboote und kleine Yachten.

Ansteuerung (Seekarten: D 663, BA 1941 und 2123, I 21): Bei Tage ist das Einlaufen recht einfach, doch bei Nacht ist Vorsicht geboten. Der südliche Teil der Bucht wurde zu einem von zwei Molen gebildeten Hafen ausgebaut, dessen Einfahrt im Osten liegt. Wenn man sich von Norden nähert, ist sie nur schwer auszumachen.

Ankerplatz: a) In der offenen nördlichen Bucht lasse man auf 3,50 m Tiefe den Anker in sandigen Grund fallen, nahe der kleinen Anlegestelle des Dorfes.
b) In der Hafeneinfahrt beträgt die Wassertiefe 7 m, aber zum Nordufer hin steigt der Grund steil an und ist felsig. Kleine Yachten machen in diesem Hafen gewöhnlich auf dem Wege nach Malta Halt. Am besten liegt man neben den Trawlern an der Südseite, wo der Grund sandig ist. Der Kai an der Südostseite ist oft von Fischerbooten belegt.

Versorgungsmöglichkeiten: In der kleinen Ortschaft gibt es einige Geschäfte, Cafés und Restaurants sowie eine Tankstelle. Trinkwasser beim nördlichen Landeplatz.

Die Ortschaft liegt etwa 20 Minuten (zu Fuß) entfernt. Die Bucht eignet sich zum Baden.

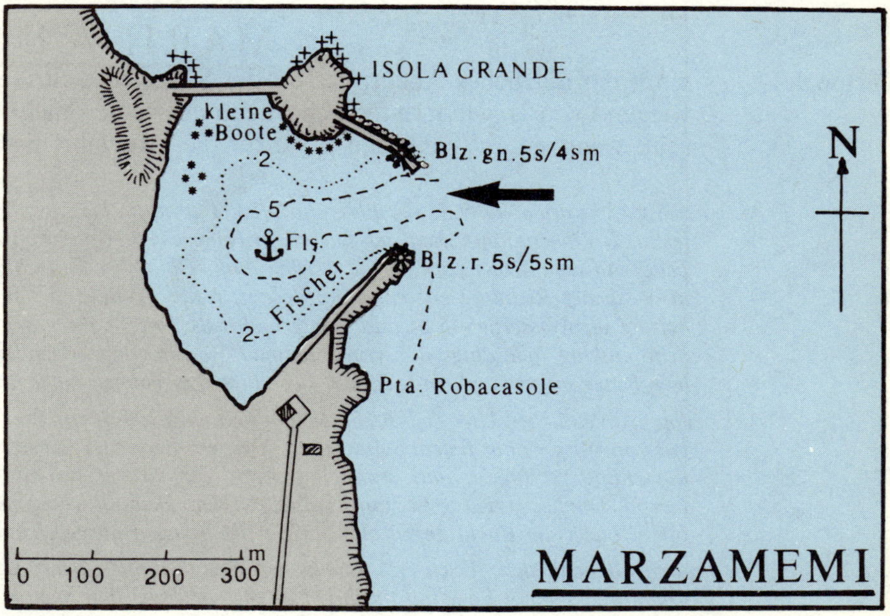

Hinter Capo Passero 4 sm südlich von Marzamemi, wendet sich die Küste nach Westen, wobei sie ganz flach wird und so verdorrt aussieht, daß man sie für die Küste Afrikas halten könnte. Dicht hinter dem Kap muß man auf die Netze der Thunfischer achten, die während des Frühsommers weit in südöstliche Richtung ausgelegt werden. Die Winde kommen im Frühling meistens aus westlicher Richtung, später im Jahr dann aus Süd und Südwest.

DIE SÜDKÜSTE

Portopalo heißt ein nützlicher Ankerplatz an der Südostecke Siziliens. Er wird vorwiegend von Trawlern aufgesucht, kann aber einer Yacht sehr von Nutzen sein, wenn sie auf günstigen Wind für die Überfahrt nach Malta wartet.

Ansteuerung (Seekarten: D 663, BA 1941 und 2123, I 20 und 21): Tagsüber ist das Einlaufen leicht. Bei Nacht kann man sich nach dem Feuer Cozzo Spadaro richten, das über das Feuer auf dem Molenkopf gepeilt werden muß. Die sich vom östlichen Arm der Bucht in westlicher Richtung erstreckende Mole ist rund 600 m lang. Dicht vor ihrem Kopf beträgt die Wassertiefe 5 m und wenig mehr als 3 m an ihrer dem Ufer zugekehrten Seite entlang, allerdings nur vor den unter Wasser vorspringenden Steinen. Obwohl hier Ringe angebracht sind, eignen sich diese Liegeplätze nicht für Yachten.

Ankerplatz: Am östlichen Ufer der Bucht entlang und etwa 100 m von ihm entfernt findet man gut 4 m Wasser über festem Sandgrund. 50 m vor dem Ufer hat sich die Wassertiefe auf die Hälfte verringert, und anstatt aus Sand besteht der Grund hier aus Tang und Geröll. Die felsige Küste ist zum Landen mit dem Beiboot wenig geeignet. Nach Süden offen, bietet die Bucht gegen alle übrigen Richtungen ausgezeichneten Schutz.

Versorgungsmöglichkeiten: Fischrestaurant sowie eine Eisfabrik beim Landeplatz. Bis Portopalo mit seinem Leuchtturm und einer meteorologischen Station sind es 20 Minuten zu Fuß. Zum Nachbarort Pichino fährt ein Bus. Dort hat man Verbindung nach Syrakus.

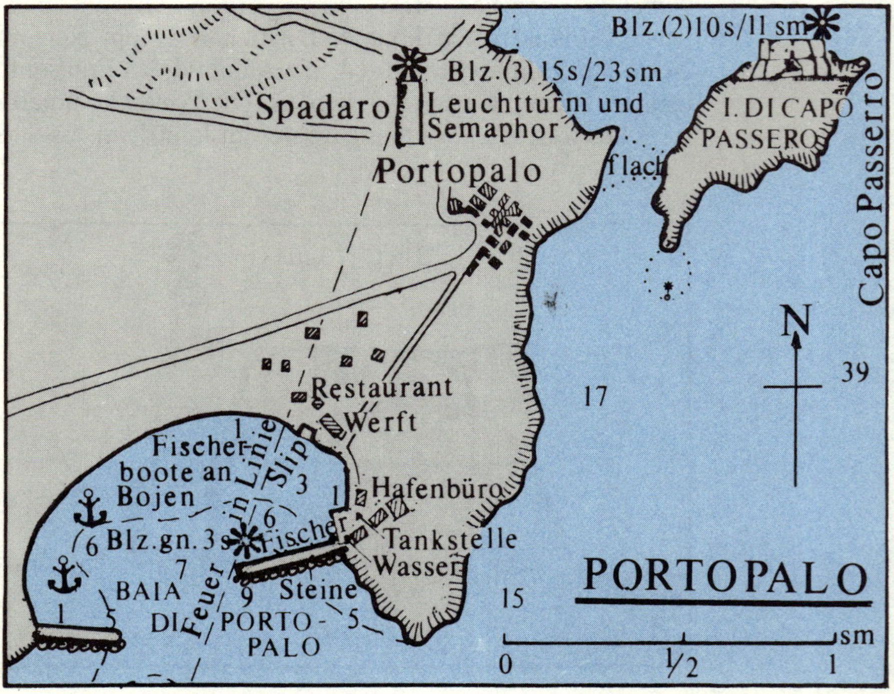

Pozzalo ist eine Stadt mit 12000 Einwohnern. Etwa 1000 m westlich davon liegt ein kleiner, gegen westliche und südliche Winde geschützter Hafen, der von einer 280 m langen und einer kürzeren Mole gebildet wird. Vom Knickpunkt der Molen zweigt eine Ölverladepier etwa 800 m nach Süden ab. Wasser und Kraftstoff sind am Hafen zu haben, alles andere im Ort.

Marina di Nodica verfügt über eine kleine Mole und einen Slip. Hier finden Yachten bis 1 m Tiefgang Liegemöglichkeiten.

Marina di Ragusa Eine rohe Steinmole schützt das Hafenbecken des Yachtclubs. Am Ufer stehen zwei Kräne, die kleinere Yachten aus dem Wasser heben können. Der Hafen ist nur Yachten bis 1,50 m Tiefgang zugänglich.

Donnalucata Der kleine Fischer- und Yachthafen liegt etwa 4 sm westlich von Marina di Ragusa. Eine 60 m in südwestliche Richtung verlaufende Mole ist an ihrer Innenseite zum Kai ausgebildet. Die Wassertiefe beträgt am Kopf 3 m, zum Ufer hin abnehmend. Am Ufer gibt es für die Fischer einen Slip, der durch eine kleine rohe Steinmole geschützt wird.

Scoglitti ein Fischer- und Yachthafen, liegt 14 sm südöstlich von Gela. Am Strand steht der Leuchtturm Scoglitti (Blz. (3) 10 s/12 sm). Hinter der alten Südmole beträgt die Wassertiefe zwischen 2,50 und 1 m. Die Molen sind nicht zu Kais ausgebaut, so daß man nicht direkt anlegen kann. Hinter der neuen Südmole ist das Wasser um 3 m tief, zum Land hin abnehmend. Versorgungsmöglichkeiten bestehen im Ort.

Gela (Seekarten: D 663 und 665, BA 2123, I 19 und 20) war schon früher eine bedeutende Seestadt. Heute hat es einen Öl- und Handelshafen und ist noch dazu Urlaubsziel vieler Sizilianer.

Nordwestlich des Öl- und Handelshafens, unterhalb der Ortschaft, liegt der Fischer- und Yachthafen, wo man gegen alle Winde gut geschützt liegt (Skizze S. 196).

Die Erdöl- und Erdgasvorkommen sowie die Kunstdüngerherstellung haben zu einer Expansion des Seehafens geführt, und die Einwohnerzahl ist auf 70000 angewachsen. Nur 300 m nördlich des Hafens kann man die Ruinen der einzigen öffentlichen griechischen Badeanstalt sehen, die bisher in Sizilien entdeckt wurde.

Das 690 v. Chr. gegründete Gela wurde bereits 405 v. Chr. von den Karthagern zerstört, so daß die einzigen nennenswerten Zeugen aus vergangenen Tagen die griechischen Festungsmauern westlich der Stadt sind. 1223 gründete Kaiser Friedrich II. die Stadt unter dem Namen Terranova neu. Erst 1928 erhielt sie wieder ihren alten Namen Gela.

Alle Versorgungs- und Reparaturmöglichkeiten sind gegeben. Eine Badegelegenheit befindet sich westlich der Stadt.

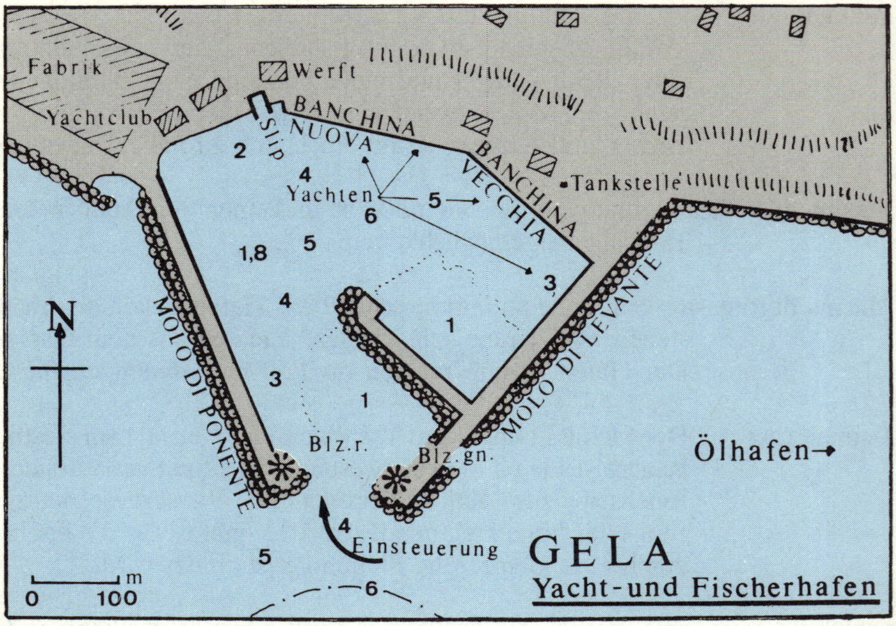

Licata ist ein großer Hafen mit sicheren Liegeplätzen. Eine große Fischereiflotte ist hier beheimatet.

Ansteuerung (Seekarten: D 665 und 660, BA 2123, I 19): Das Einlaufen ist leicht, und zwar bei Tag wie bei Nacht.

Liegeplatz: Nachdem man in den Hafen eingelaufen ist, halte man auf die in der Karte eingezeichnete Bake zu und lege sich mit Bug oder Heck zur östlichen Kaimauer in Nähe des Hafenamtes vor Anker. Bei den Anlegern beträgt die Wassertiefe etwa 6 m. Weitere Anlegemöglichkeiten befinden sich an der neuen Außenmole des westlichen Vorhafens.

Versorgungsmöglichkeiten: Wasser und Treibstoff sind am Molo di Levante erhältlich. Ein Werftbetrieb mit Slip und Kran führt Reparaturen aller Art aus – hauptsächlich an Fischerbooten. Lebensmittelgeschäfte, Cafés und gute Fischrestaurants liegen in der Nähe des Hafens.

Seit den Tagen der Griechen und Römer hat Licata große Teile der Welt mit Schwefel versorgt. In den letzten Jahren jedoch hat sich sein Anteil am Welthandel auf zwei Prozent reduziert. Dafür gibt es nun chemische Fabriken (vor allem für Kunstdünger und Asphalt). Auch der Agrarexport, besonders Oliven und Weintrauben, ist von einiger Bedeutung. Sehenswert sind die Kirche San Domenico und der Paladino mit Bildern des Barockmalers Guido Reni.

Marina di Palma Ein durch eine Kette von vorgelagerten Felsen geschützer Strand. Zwischen den Felsen und dem Strand kann man im Schutz der Felsenkette sehr gut ankern und mit dem Beiboot an Land gehen, wo sich mehrere kleine Geschäfte und eine hervorragende Pizzeria befinden.

San Leone (Lido di Agrigento) ist ein durch eine rohe Steinmole geschütztes kleines Becken für Yachten bis 1,20 m Tiefgang an der Mündung des Flusses Drago. Versorgungsmöglichkeiten bestehen in der Ortschaft San Leone.
Hier lag in der Antike der Hafen von Agrigent.

Porto Empedocle ist ein mittelgroßer Handelshafen, einer der sichersten an der Südküste Siziliens. Er ist ein guter Ausgangspunkt, wenn man die Tempel von Agrigent besuchen will.

Ansteuerung (Seekarten: D 665 und 660, BA 2123 und I 19): Man fahre bis in den inneren Hafen durch.

Liegeplatz: Yachten legen im Porto vecchio bei der Signalstation an. Dort liegen Festmachebojen aus, so daß der eigene Anker nicht benötigt wird.

Behörden: Die Hafenmeisterei liegt am Anfang des Molo di Ponente (äußere westliche Mole).

Versorgungsmöglichkeiten: Lebensmittel im Ort. In 15 Minuten erreicht man auf dem langen Wellenbrecher einige Restaurants und Bars. Eis bekommt man von der Fabrik. Wasser und Kraftstoff am Hafen, Reparaturmöglichkeiten.
Täglich verkehren Fähren zu den Inseln Linosa, Lampedusa und Pantelleria.

Im Hafen werden Schwefel und Salz verladen. Zahlreiche Fischerboote benutzen ihn ebenfalls. Die kleine und wenig ansprechende Stadt rings um den Hafen erhielt ihren Namen nach dem bedeutenden Philosophen, Gelehrten und Dichter Empedokles, der um 440 v. Chr. auf dem Gipfel seines Ruhmes stand. Eine seiner für das Gemeinwohl wirksamsten Leistungen war die Gründung der Schule für Medizin. Eine seiner bedeutendsten wissenschaftlichen Entdeckungen war die, daß Luft ein eigenes Element ist. Seine höchste Berühmtheit aber erlangte er dadurch, daß er sich angeblich selbst in den Krater des Ätna stürzte.

Agrigent hat 54000 Einwohner. Die Stadt liegt auf dem Bergrücken oberhalb von Porto Empedocle; bis 1927 war sie unter ihrem sarazenischen Namen Girgenti bekannt. Heute ist Agrigent nur noch ein Schatten der einstigen griechischen Stadt, deren Ruinen, von Mauerresten umschlossen, über 5 km^2 verstreut liegen. Die Stätte ist so weitläufig, daß man ohne Reiseführer nicht weiß, wo man mit der Besichtigung beginnen soll. Man sollte sich einen ganzen Tag Zeit dafür nehmen. Schon Vergil beschrieb die „majestätischen Reihen der mit mächtigen Mauern gekrönten Abhänge“, die man ersteigen muß. Alle halbe Stunde fahren Busse von Porto Empedocle zur Kuppe des Hügels, auf dem sich der Zugang zu den Tempeln befindet (Fahrzeit 20 Minuten).
In alter Zeit belagerten die Kreter die damals als Camicos bekannte Stadt fünf Jahre lang vergeblich. Während der griechischen Kolonialzeit dehnte sie sich gewaltig aus. „Sie bauen, als ob sie ewig leben würden“, schrieb Empedokles. Und zur Zeit des Römischen Imperiums hatte Agrigent

annähernd eine Viertelmillion Einwohner. Bald darauf begann jedoch ihr Abstieg, und noch bevor sie von den Sarazenen überrannt wurde, brachten Erdstöße so manchen ihrer Tempel zum Einsturz. Als dann im 11. Jahrhundert der Normanne Roger in Sizilien erschien, wurde der Ort wieder in Ordnung gebracht und zum Bischofssitz gemacht.

Siculiana Marina ist ein neuer Yachthafen 7,5 sm nordwestlich von Porto Empedocle. Nach seiner Fertigstellung soll er Yachten aller Größen sichere und bequeme Liegeplätze sowie alle Serviceeinrichtungen wie Duschen, Toiletten, Schiffszubehörhändler, Reparaturwerft, Cafés und Restaurant bieten.

Herakleia Minoa liegt an der Mündung des Platani dicht bei Capo Bianco. Bei schönem Wetter kann man in der Mündung ankern und mit dem Beiboot an Land gehen, um die Ruinen der alten Griechenstadt zu besichtigen. Einige interessante Ruinen aus hellenistischer Zeit sind erwähnenswert, doch reicht die Geschichte des Ortes viel weiter zurück. Herodot behauptet, daß er im 6. Jahrhundert v. Chr. als Kolonie von Selinunt gegründet wurde. Durch die Jahrhunderte war der Ort in den minoischen Sagenkreis einbezogen. Ein Theater aus dem letzten Viertel des 4. vorchristlichen Jahrhunderts kann man besichtigen, ebenso Reste der Wehrmauern und -türme. Ein Museum beherbergt viele Relikte aus der Antike.

Seccagrande Ein große Feriensiedlung mit einer gemauerten, 60 m langen Mole und einem wunderschönen Sandstrand laden im Sommer zum Anlegen ein. In der Feriensiedlung gibt es Cafés, Restaurants und Geschäfte aller Art.

Sciacca ist eine alte, ja urtümliche Stadt auf einer steilen Anhöhe. Der Hafen wurde teilweise ausgebaggert, und einige der kleinen Untiefen außerhalb wurden gleich mit beseitigt. Auf die restlichen aber ist weiterhin zu achten.

Ansteuerung und Liegeplatz: Zwischen Capo San Marco und dem Hafen auf Klippen und Thunfischnetze bis 1,5 sm vor der Küste achten. Wie aus dem Plan ersichtlich, ist für Yachten an der inneren Mole Platz vorgesehen.

Behörden: Hafenmeisterei und Zollamt.

Versorgungsmöglichkeiten: Eis gibt es in einer Fabrik. Wasser und Kraftstoff, Reparaturmöglichkeiten. Lebensmittelgeschäfte in der Stadt.

An die 350 Fischerboote liegen zeitweilig in diesem Hafen. Sie sind alle türkisblau bemalt. In der Regel sind die Fischer damit beschäftigt, ihre Netze auszubessern oder ihre Boote aufzuholen und zu reparieren.
Die aragonesische Stadt, die sich an den Hängen des Monte San Calogero hinaufzieht, hat mehr als 30000 Einwohner. Von ihrer großen, schattigen Piazza aus bietet sich ein schöner Blick auf den Hafen. Die vom normannischen Stil beeinflußte Kathedrale erinnert kaum noch an ihr ursprüngliches Aussehen, und das spanische Kastell ist eine leere Schale.

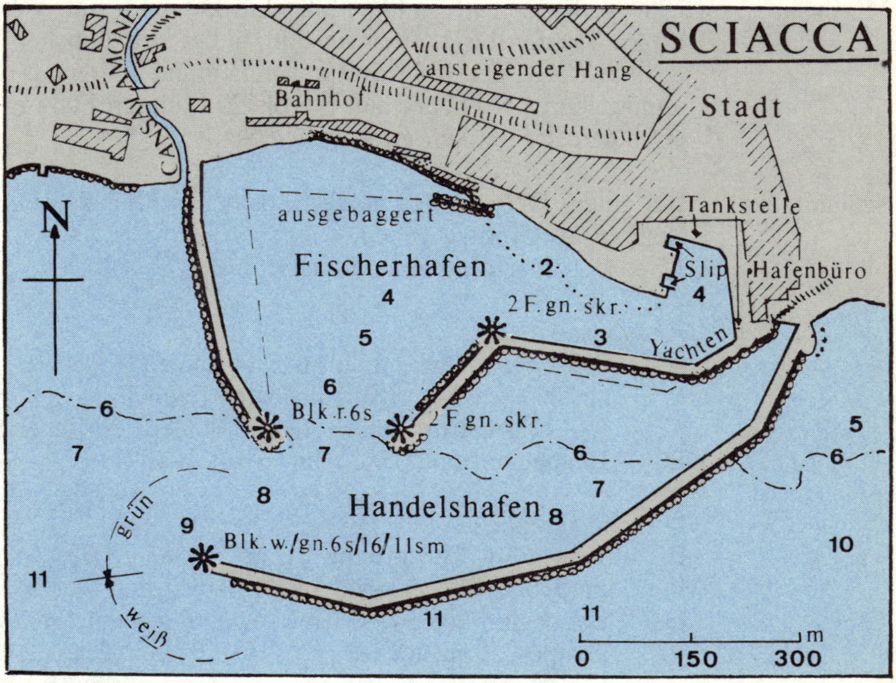

Die Altstadt und das Hafengebiet erscheinen dem Besucher wie ein Stück Orient – man fühlt sich unwillkürlich nach Nordafrika versetzt. Das Gewirr von Gäßchen und Durchgängen, kleinen Innenhöfen und Gärten wird gelegentlich von einer Palme überragt.

Die heißen, von den Römern Thermae Salinunte genannten Quellen auf dem Hügel östlich der Stadt haben ihr einen guten Ruf als Thermalbad verschafft. Die Sage weiß zu berichten, daß Daedalus nach seinem bemerkenswerten Flug von Kreta und seiner Entdeckung der heißen Quellen von König Minos mit Galeeren verfolgt wurde. Die Töchter des örtlichen Herrschers waren jedoch entschlossen, Daedalus zu beschützen, und lockten Minos geschickt zu den Quellen, wo er erstickte. Heutzutage werden die Thermalbäder nicht nur von Rheumakranken besucht. Sehr viel größer ist die Zahl derer, die an den weißen Sandstränden östlich der Stadt im Meer baden.

In Sciaccamare außerhalb der Stadt ist ein riesiges Ferienzentrum entstanden.

Porto Palo (di Menfi) Der kleine Fischer- und Yachthafen befindet sich 11 sm nordwestlich von Sciacca. Yachten bis 2,20 m Tiefgang können an dem nach Südosten abgeknickten Molenteil anlegen. Lebensmittelgeschäfte und ein Restaurant liegen am Hafen.

Marinella Eine östliche, eine mittlere abgeknickte und eine westliche Steinmole bieten Yachten bis 1,50 m Tiefgang außer bei südlichen Winden sicheren Schutz. Wegen der Steinschüttungen kann man nirgends direkt anlegen. In unmittelbarer Nachbarschaft (15 bis 20 Minuten Fußweg) liegen die Tempelruinen der antiken griechischen Stadt

Selinunt Bei gutem Wetter ist es möglich, dicht am Ufer zu ankern und mit dem Beiboot an Land zu gehen.
Übersicht über die sieben Tempel:

Akropolis
A 500–450 v. Chr. erbaut, 6 x 14 Säulen
B um 300 v. Chr. erbaut, kleinster Tempel
C 600–550 v. Chr. erbaut, 6 x 17 Säulen, dorischer Stil
D Baubeginn um 535 v. Chr., 6 x 13 Säulen

Östliche Gruppe
E 500–450 v. Chr. erbaut, 6 x 15 Säulen
F um 550 v. Chr. erbaut, 6 x 14 Säulen
G Baubeginn vor 500 v. Chr., Apollo geweiht, größter der sieben Tempel, 30 m hoch

Ansteuerung: Den größten Tempel sieht man schon aus 4 oder 5 sm Entfernung. Weiter westlich stehen die Tempel der einstigen Akropolis mit dem alten Museum kühn auf der Klippe. Die 3-m-Tiefenlinie verläuft knapp 300 m vom Ufer entfernt.

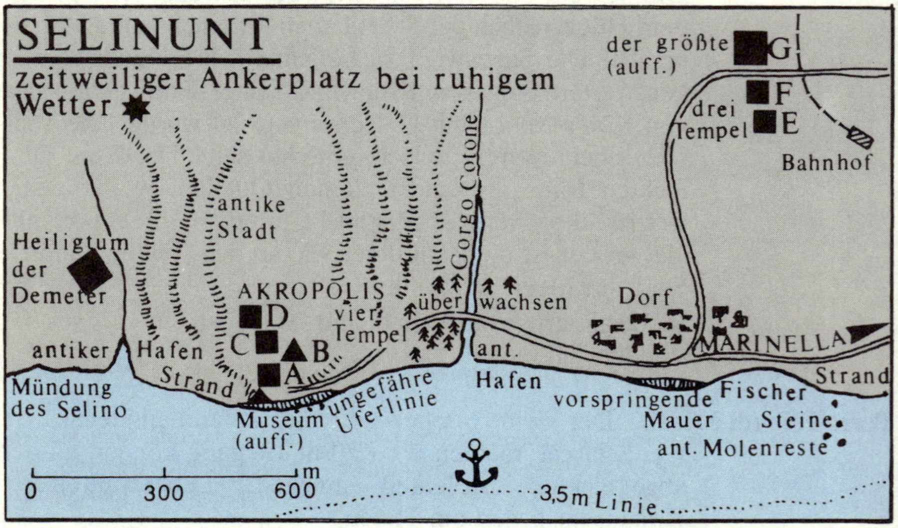

Ankerplatz: Es gibt keinen bestimmten Platz, aber eine Position südöstlich des Museums ist besonders günstig. Man sollte früh am Vormittag an Land gehen, bevor die Tagesbrise einsetzt.

Die Aussicht von der Akropolis belohnt für alle Mühe. Von dieser erhöhten Stelle aus kann man alle Tempel sehen und die Küstenlinie verfolgen.
Ursprünglich Selinum genannt, wurde der Ort von griechischen Kolonisten um die Mitte des 7. Jahrhunderts v. Chr. gegründet. Obwohl er keinen guten natürlichen Schutz gegen Angriffe von See aus hatte, gelangte er bald zu Wohlstand und wurde zu einer vornehmen Stadt, berühmt für ihre architektonische Schönheit. Ausgrabungen ergaben, daß sich östlich der Akropolis ein großer Hafen mit Kais und Lagerhäusern befand, und obwohl uns Handelsbeziehungen mit Chios, Rhodos, Paros und Etrurien überliefert sind, gibt es Gründe für die Annahme, daß Selinunt selbst keine Flotte besaß. Nachdem man zunächst die Karthager hatte zurückschlagen können, wurde die Stadt 409 v. Chr. schließlich erobert und zerstört und nie wiederaufgebaut.

INSELN VOR DER SÜDKÜSTE

Die dem südlichen Sizilien vorgelagerten Inseln eignen sich hervorragend als Zwischenstation auf dem Weg nach Malta oder Tunesien. Auch für sich allein lohnen sie durchweg einen Besuch. Der Archipel besteht aus Pantelleria und den drei Pelagischen Inseln Linosa, Lampione und Lampedusa. Sie bieten Yachten vielfältige Anlegemöglichkeiten. Nachts ist große Aufmerksamkeit erforderlich, da der Hauptschiffahrtsweg von Gibraltar nach Suez dicht an den Inseln vorbeiführt.

PANTELLERIA eine vulkanische Insel mit einem Hafen für Fischerboote und Fähren sowie mehreren Anlegemöglichkeiten, ist nach Sizilien, Sardinien und Elba Italiens viertgrößte Insel. Der Hauptort ist

Pantelleria mit seinem Fähr- und Fischerhafen an der nordwestlichen Ecke.

Ansteuerung (Seekarten: D 665, BA 2122, I 241): Punta San Leonardo mit dem Leuchtfeuer (Blz. 3 s/12 sm) ist eine gute Ansteuerungshilfe. Dicht südsüdwestlich liegt der Hafen.

Liegeplatz: Yachten legen entweder im Porto vecchio an den im Plan auf Seite 202 eingezeichneten Stellen vor Buganker, Heck zum Kai, große Yachten am westlichen Kai des Porto nuovo an.

Versorgungsmöglichkeiten: Lebensmittel und andere Vorräte kann man in den Geschäften an der Wasserfront kaufen; hier gibt es einige gute Restaurants. Fährverbindungen mit Porto Empedocle, Trapani und Tunis, Flugverbindung mit Sizilien. Wasser und Kraftstoff, Reparaturmöglichkeiten.

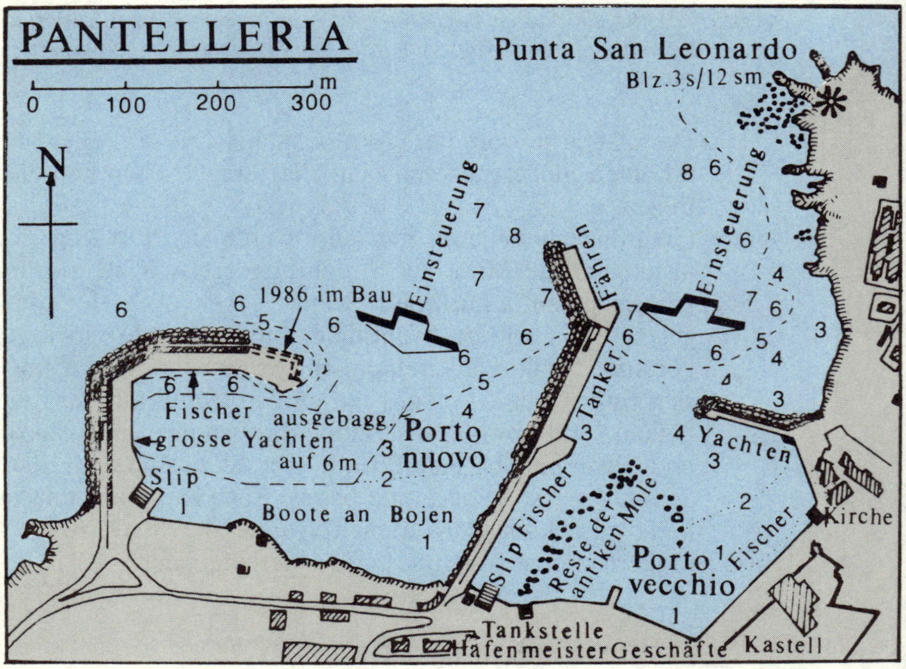

Die Berghänge sind erstaunlich grün und vielfach mit Weinstöcken, Obstbäumen und Gemüse bepflanzt; über sie verstreut liegen Bauerngehöfte. Weiter im Inneren sieht man die Gipfel einzelner Vulkane. Das Meer rundherum ist ein Paradies für Unterwassersportler.

Weitere Anlege- und Ankermöglichkeiten bestehen bei **Campobello** an der Nordseite der Insel, in der **Cala Levante** an der Ostseite, in **Porto dietro**

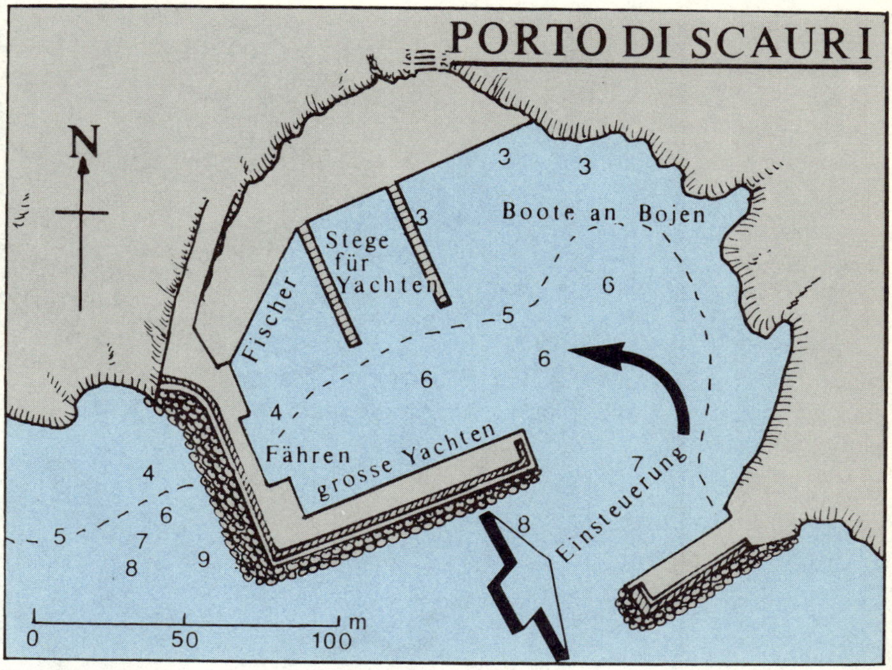

Isola an der Südecke und in **Scauri** an der Südwestseite. Bei starken Winden aus NW bis N legen die Fährschiffe hier an und nicht in Pantelleria. In der durch einen starken Wellenbrecher geschützten Bucht von Scauri wird ein Yachthafen gebaut (1986).
Im letzten Jahrhundert tauchte vor Pantelleria eine Vulkaninsel auf, die S. Fernando genannt wurde. Franzosen, Engländer, Spanier und Neapolitaner beanspruchten sie als ihr Eigentum, obwohl niemand seinen Fuß auf die Insel setzen konnte, da die Klippen noch unangenehm heiß dampften. Eine diplomatische Regelung des Besitzrechtes war damals nicht möglich. Als auch noch Türken und Russen ihre Ansprüche geltend machen wollten, versank die Insel kurzerhand wieder im Meer, wo sie noch heute mit 7 m Wassertiefe eine Untiefe darstellt.

LAMPEDUSA Diese südlichste italienische Insel liegt näher an Nordafrika (Tunesien) als an Italien (Sizilien). Sie ist im Gegensatz zu den anderen Inseln, die vulkanischen Ursprungs sind, ein Kalkriff, das geologisch zum afrikanischen Kontinent gehört – entsprechend afrikanisch ist auch das Klima. Die Insel ist sehr niedrig – die höchste Erhebung ist mit 133 m der Monte Alber Sole. Während die Nordküste steil ins Meer abfällt, besteht die Südküste aus endlosen Sandstränden. Das Meer ringsherum ist sehr fischreich; früher wurde um die Insel herum nach Badeschwämmen getaucht.

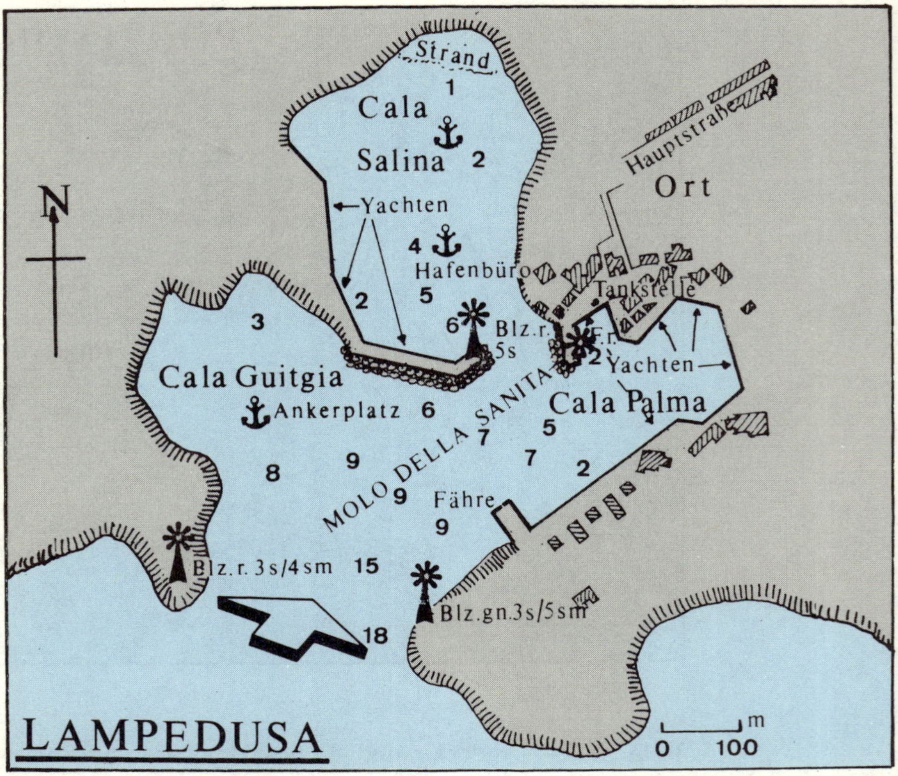

Ansteuerung (Seekarten: D 305, I 217): Der Hauptort mit dem Hafen liegt im Süden der Insel.

Liegeplatz: Yachten legen an den im Plan eingezeichneten Stellen jeweils mit dem Heck zum Kai bzw. zur Mole an, oder sie gehen in der Cala Salina oder der Cala Guitgia vor Anker. Da der Fischfang zu den Haupterwerbsquellen der 4000 Einwohner zählt, liegen ständig viele Fischerboote in dem Hafen.

Behörden: Hafenmeisterei und Zollamt.

Versorgungsmöglichkeiten: Wasser, Kraftstoff und Lebensmittel im Ort. Motorreparaturen sind möglich.

Weitere Liegemöglichkeiten bestehen in der **Cala Pisana** mit einer kleinen Mole an der Ostseite der Insel, ferner auf den Ankerplätzen **Cala Creta** im Osten, **Punta di Taccio Vecchio** im Norden sowie der Bucht, die die **Isola dei Conigli** mit Lampedusa bildet.

LINOSA ist eine kahle Fischerinsel vulkanischen Ursprungs. Die für Yachten beste Anlegemöglichkeit ist **Scalo Vecchio** im Süden.
Eine weitere Anlegemöglichkeit besteht in der **Cala Pozzolana** im Westen der Insel. Die Mole weist an ihrem Kopf noch 2 m Wassertiefe auf. **Cala**

Mannarazzo im Norden und **Cala di Faraglioni** südlich des Leuchtturms im Westen der Insel bieten sich als Ankerplätze an.

DIE WESTKÜSTE

Der westliche Teil Siziliens ist flach. Er wird vor allem landwirtschaftlich genutzt. Der Westen hat, ebenso wie der Nordwesten der Insel, nie zum griechischen Kulturkreis gehört (mit Ausnahme von Mazara), aber in den drei Hafenstädten Mazara, Marsala und Trapani finden sich bemerkenswerte Zeugnisse normannischer und barocker Architektur. Auf dem Gipfel

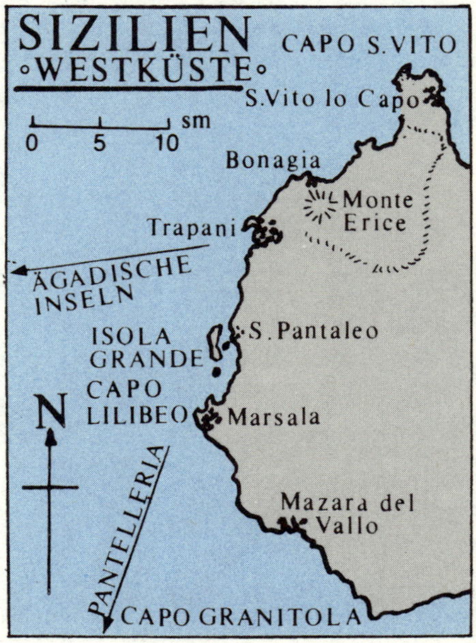

des Monte Erice, des einzigen Berges weit und breit, steht ein Adelsschloß, vor allem aber gibt es noch Fundamente eines frühgeschichtlichen Tempels einer weiblichen Gottheit aus phönikischer Zeit. Vor der Küste liegen die drei Ägadischen Inseln, bekannt durch ihre Thunfischerei, aber auch interessant für Wassersportler.

Wer an dieser Küste kreuzt, sollte folgendes beachten: Bald nach dem Passieren von Capo Granitola mit dem hohen Leuchtturm auf der Huk war man früher gezwungen, 2 sm Abstand zwischen sich und die Küste zu bringen, denn dort und in der Nachbarschaft – einschließlich der Umgebung von Trapani – lagen in langer Reihe Thunfischnetze. Wegen des Überfischens werden die Netze jedoch nicht mehr in jedem Frühjahr an den traditionellen Stellen ausgelegt. Trotzdem sollte man einigen Abstand halten wegen der Untiefen südlich von Capo Granitola. Unter der Küste läuft darüber hinaus ein unberechenbarer Strom, der bei Südostwind 1 kn Geschwindigkeit erreichen kann.

Mazara del Vallo ist eine durch die Mündung des Flusses Mazara gebildete Bucht, die zu einem Hafen ausgebaut wurde. Hier ist die größte Fischereiflotte Italiens beheimatet.

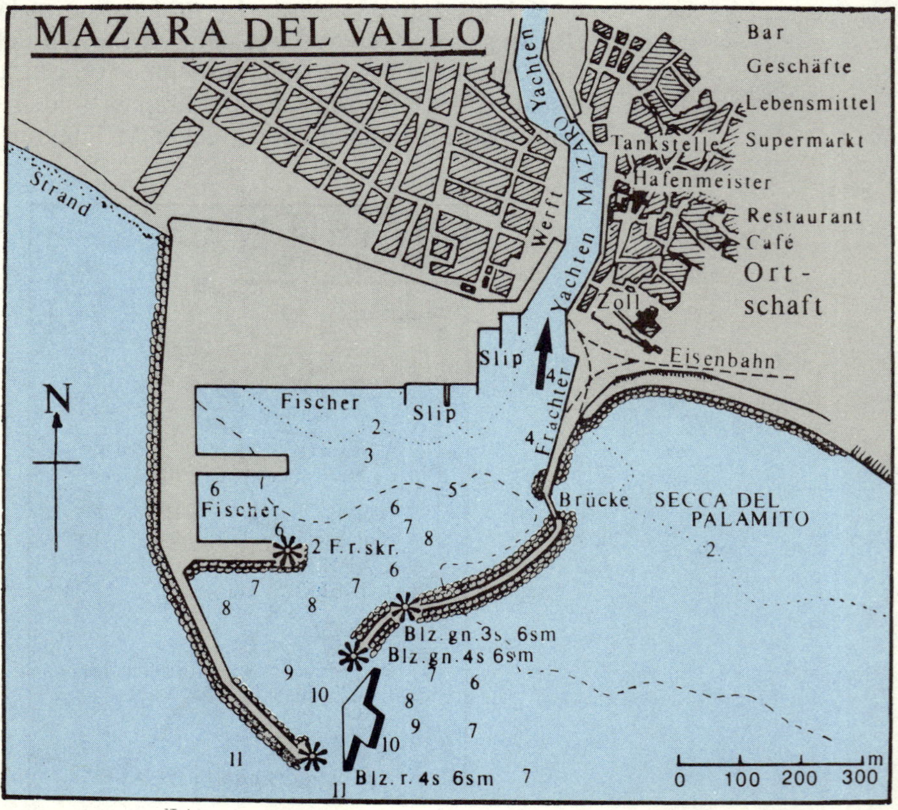

Liegeplatz: (Seekarten: D 660 und 665, BA 2122, I 18): Yachten legen an Steuerbord in der Flußmündung des Mazaro an. Weitere Liegeplätze für große Yachten sind am Kai westlich der großen Slipanlage.

Behörden: Hafenmeisterei und Zollamt.

Versorgungsmöglichkeiten: Einige gute Geschäfte und einen Supermarkt findet man in einiger Entfernung östlich vom Fluß, den nur wenig oberhalb der Liegeplätze eine Straßenbrücke überspannt. Wasser und Kraftstoff gibt es am Hafen. Reparaturmöglichkeiten (150-t-Helling, 10-t-Kran).

Der Hafen Mazara del Vallo ist bekannt und berüchtigt wegen der *marobbio,* einer Art kleiner Flutwoge, die den Meeresspiegel ganz plötzlich um mehr als 0,50 m anhebt, so daß das Wasser in die Flußmündungen und Einschnitte strömt. Binnen weniger Minuten flutet es zurück. Dieser Vorgang wiederholt sich manchmal mehrere Stunden lang alle zehn bis 15 Minuten. Es handelt sich hierbei um „Seiches" (periodische Niveauschwankungen der Wasserfläche), die gewöhnlich von feuchtem Wetter, Fallen des Barometers und Drehen des Windes nach Süd begleitet werden. Dieses Phänomen tritt auch in anderen Häfen des Mittelmeeres auf, wie z. B. Cindadela (Menorca), Bonifacio (Korsika) und Gala Xidhi im Golf von Korinth.

Für eine Yacht, die mit Heck zum Kai festgemacht hat, kann das recht gefährlich werden, weshalb man unbedingt entsprechende Vorkehrungen treffen sollte, sobald sich die genannten Wetterverhältnisse ankündigen.

Mazara del Vallo, einst von Griechen aus dem benachbarten Selinunt gegründet, hat sich zu einem blühenden Fischerhafen von 40000 Einwohnern entwickelt. In der Stadt gibt es eine überkuppelte Barockkirche mit Kampanile und Bischofspalast. In dessen Nähe liegt ein hübscher Platz, und hier, zu Füßen des Priesterseminars, steht die Statue des heiligen Vitus, des Schutzheiligen von Mazara, dessen man alljährlich am 15. Juni durch ein farbenfrohes Fest gedenkt. Als Sohn eines sizilianischen Adeligen mußte er in jungen Jahren das Martyrium erleiden. Dies geschah in den ersten Jahren des 4. nachchristlichen Jahrhunderts, als er bereits einen gewissen Ruhm erlangt hatte, weil er einige Krankheiten, darunter solche, die von Tieren übertragen wurden, zu heilen vermochte. Bis ins 9. Jahrhundert hinein wurde sein Name nicht allgemein genannt, dann aber breitete sich sein Kult (vor allem in Deutschland) rasch weiter aus, und der Name des Heiligen wurde gegen jene Geistesstörung beschworen, die bald nur noch „Veitstanz" hieß.

Jedes Jahr wird sein silbernes Bild aus der Kirche in ein Fischerboot getragen. Nachdem es rund um den Hafen gefahren ist, steuert das Boot den Salami-Fluß an, wo sich bereits der größere Teil der Bewohner versammelt hat. Begleitet vom dumpfen Dröhnen der Trommeln, dem Donnern der Kanonen, den Klängen der Stadtmusikanten und vom begeisterten Jubel der Zuschauer, wird das silberne Idol dann in einer Prozession wieder in die Kirche zurückgebracht.

Lange Zeit diente Mazara del Vallo als Einschiffungshafen für die Kreuzritter, die nach Malta wollten.

Marsala ist ein gut geschützter Handelshafen für den Export von Wein; die Stadt ist nicht besonders interessant.

Ansteuerung (Seekarten: D 660, 665 und 666, BA 2122, I 18): Der Hafen liegt dicht südlich von Capo Lilibeo, dem westlichsten Punkt Siziliens. Am Kopf des Molo di Ponente befindet sich ein weittragendes Leuchtfeuer (Blz. (2) 10 s/15 sm). Die Molenköpfe sind befeuert.

Liegeplatz: Yachten finden angenehme und sichere Liegeplätze in der nördlichen Ecke des neuen Hafens an der Banchina Martello.

Achtung: Marobbio kann hier genauso heftig auftreten wie in Mazara del Vallo. Wenn der Schwell mit kräftigem Strom und bis zu 1 m Höhe in den Hafen dringt, legt man sich am besten längsseits.

Versorgungsmöglichkeiten: Trinkwasser erhält man aus dem auf dem Kai befindlichen Hydranten. Kraftstoff ist ebenfalls zu haben. Ein Lebensmittelgeschäft liegt ganz in der Nähe; andere Läden findet man in der Stadt (15 Minuten Fußmarsch), ein Hotel mit

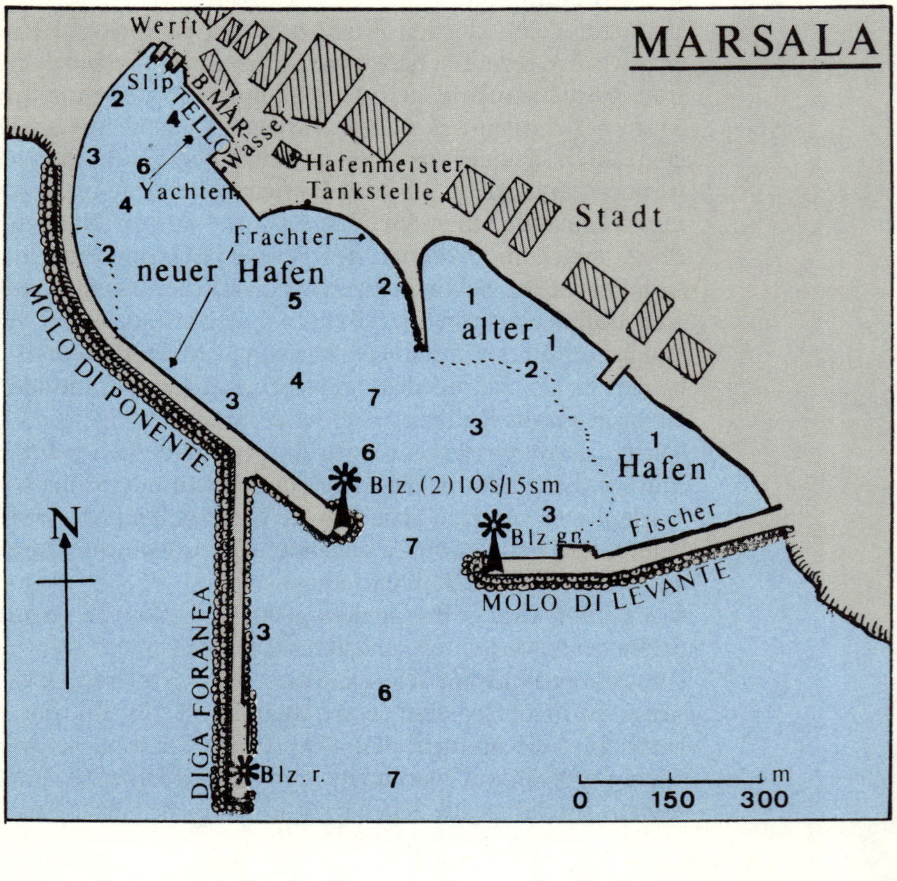

Restaurant liegt zehn Minuten vom Kai entfernt. Im Gymnasium „V. Pipitone“ in der Via Sarzana hat man ein Museum mit griechischen Altertümern eröffnet. Reparaturmöglichkeiten.

Marsala, ursprünglich eine phönikische Stadt und später ein bedeutender sizilianischer Stützpunkt für Karthago und Rom, wurde in arabischer Zeit Marsa Ali – der Hafen Alis – genannt. Bei Livius kann man nachlesen, wie die Römer ihn einst mit Steinen blockierten. Später waren es die Venezianer, die ihn zur Zeit der Seeschlacht von Lepanto absperrten, um seine Benutzung durch die Türken zu verhindern.
Heute denkt jeder bei dem Namen Marsala an die Süßweine gleichen Namens. Diese sind allerdings keine sizilianische Erfindung, sondern ein Produkt englischen Unternehmertums und Weingeschmackes. Um einen Ausweg aus der Süßweinkrise während Napoleons Herrschaft zu finden – die Engländer waren fast zwei Jahrzehnte von ihren Portweinquellen abgeschnitten –, versuchten im Jahre 1773 George Woodhouse und Ingham Whitaker, in Marsala einen Süßwein nach englischem Geschmack zu schaffen. Marsala war schon damals für seine kräftigen, alkoholhaltigen Weine bekannt und ein Zentrum des Weinanbaus. Durch den Einsatz von Rosinen, durch Kochen, Mischen und Zuckern schufen die beiden so die heute weltbekannten Süßweine. Höhepunkt der Veredelungsbestrebungen ist der Zusatz von Eigelb – „Marsala al Uovo“.
Das größte historische Ereignis Marsalas fand am 11. Mai 1860 statt, als die beiden kleinen Schiffe Garibaldis, „Piemonte“ und „Lombardo“, dicht besetzt mit norditalienischen Patrioten vor den Augen zweier neapolitanischer Kriegsschiffe in den Hafen dampften. „Lombardo“ geriet in der Einfahrt auf Grund, konnte aber ihre Mannschaften und die Munition an Land schaffen, bevor die Gegner das Feuer auf sie eröffneten. Vier Tage später widerstanden die „Tausend“ einem starken Aufgebot von Regierungstruppen bei Piantoclei Romani, wo es Garibaldi unter Aufbietung seiner ganzen Kriegskunst und -list gelang, die Kapitulation von 20000 Soldaten zu erzwingen.
Durch diese bemerkenswerte Tat erreichte Garibaldi den Gipel seines Ruhmes. Er gewann die Sympathie sämtlicher Sizilianer, und auch heute noch gibt es auf ganz Sizilien wohl kaum einen Ort, der nicht ein Denkmal oder eine Büste Garibaldis besitzt – oder doch wenigstens eine Straße, die nach dem Nationalhelden benannt ist.
Lange vor diesen Ereignissen jedoch, in den Tagen der Karthager und Römer, als Marsala noch Lilybaeum hieß, waren seine Befestigungen für ihre Stärke bekannt. Die Karthager machten es zu einer Militärbasis; und unter den Römern war es der einzige Ort, der Pyrrhus widerstand, als er versuchte, die Westgriechen von den Römern zu befreien.
5 sm nördlich von Marsala liegt innerhalb ausgedehnter Untiefen vor der Küste, geschützt durch die Isola Grande, die Insel San Pantaleo mit dem

phönikischen Ort Motya. Obwohl mit Feldern und Weingärten bedeckt, macht sie den Eindruck, als sei sie seit der Zerstörung durch Dionysos von Syrakus 377 v. Chr. nie wiederaufgebaut worden. Es gibt hier Fundamente von Toren, Treppen, Türmen und jüngere Ruinen aus hellenistischer Zeit. In dem Ansteuerungskanal südlich des Hafens wurden Wracks von antiken Schiffen und eine Anzahl römischer Anker entdeckt. Der an der Südwestspitze gelegene 60 x 20 m große antike Hafen wurde ausgegraben.
Das Museum ist werktags von 9–13 Uhr geöffnet.
Zwischen Marsala und Trapani muß man sich wegen Untiefen möglichst weit von der Küste freihalten.

Trapani ist eine aufstrebende Stadt mit einem Handels- und Fischerhafen. Von hier wird das in der Gegend gewonnene Salz abtransportiert; aber auch die Thunfischverarbeitung sorgt für regen Verkehr im Hafen. Westlich des Fischerhafens ist eine Steganlage der Lega Navale Italiana entstanden, vor dem Festungsleuchtturm Colombaia ein Yachthafen mit einigen hundert Liegeplätzen. Der größte Teil des östlichen Hafenbereiches ist für die italienische Kriegsmarine reserviert.
Von Trapani aus bietet sich Gelegenheit zu Ausflügen an der Küste.

Ansteuerung (Seekarten: D 666, BA 2122, I 17): Im Frühjahr und Frühsommer ist auf die ausgedehnten Thunfischnetze zu achten.

Liegeplatz: a) An den Stegen der Lega Navale westlich des Fischerhafens – nur für Yachten bis 2 m Tiefgang.
b) Im neuen Yachthafen vor der Isola Colombaia. Hier liegen Festmachebojen und Grundgeschirr aus. Yachten jeder Größe finden hier sichere und bequeme Liegeplätze.
c) Im Handelshafen westlich des Marinegebietes (etwas östlich vom Zollgebäude). Hier gibt es nur wenige Liegeplätze für Yachten. Die großen Festmachetonnen gehören der italienischen Marine.
Auch in Trapani tritt das Phänomen des Marobbio auf, allerdings nicht so heftig wie in Marzara del Vallo und in Marsala.

Behörden: Hafenmeisterei und Zollamt.

Versorgungsmöglichkeiten: Ein ausgezeichneter Markt an jedem Tag; Lebensmittelgeschäfte liegen in bequemer Nähe vom Kai. Eis bekommt man in einer kleinen, zehn Minuten zu Fuß vom Kai entfernten Niederlassung. Kraftstoff erhält man im Hafen. Reparaturmöglichkeiten.

Die zum großen Teil modernisierte, auf Eisenrosten errichtete Stadt hat 75000 Einwohner, die ihren Unterhalt mit dem Export von Salz, Thunfisch, Olivenöl und Wein verdienen. Eine Werft und eine Konservenfabrik grenzen an den Hafen, der nur wenig von der Großindustrie im Norden der Stadt ahnen läßt. Aus der Altstadt ragen einige Barockbauten und Gebäude anderer Epochen heraus – sie sind bereits von See her auszumachen.
In der Nähe der Hafeneinfahrt erblickt man die Überreste der starken mittelalterlichen Befestigungsanlagen. Auf dem Eiland Colombaia stehen die

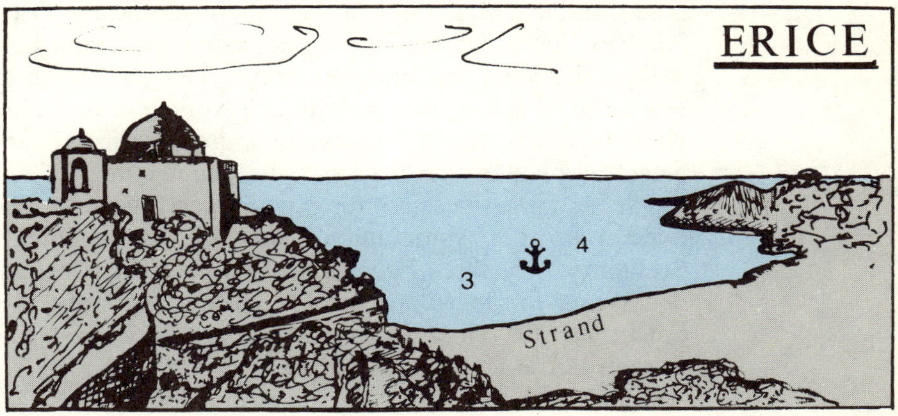

Grundmauern des einzigartigen, vor vielen Jahrhunderten errichteten Festungsleuchtturms. Dieses Felseneiland wurde schon von Vergil in seiner Geschichte des Aeneas erwähnt, der hier – dem Dichter zufolge – auf seiner Reise, von Karthago kommend, gelandet war, um die Begräbnisriten für seinen Vater Anchises feierlich zu begehen.
Auf der Kuppe des 762 m hohen Monte S. Giuliano liegt die aragonesische Ortschaft **Erice.** Von hier bietet sich ein großartiger Blick auf die Ägadi-

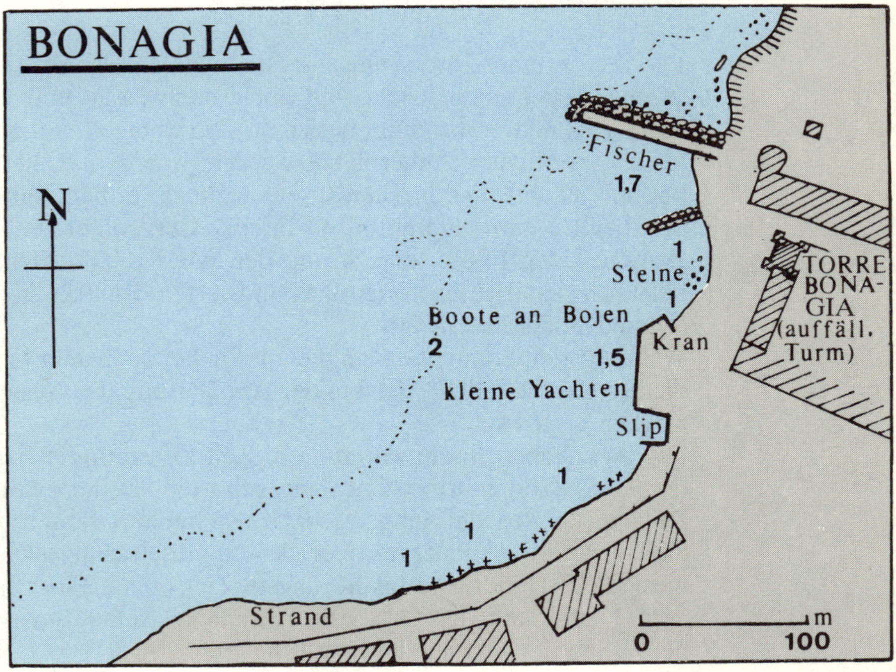

schen Inseln. Man erreicht den mittelalterlichen Ort mit seinen drei Kirchen, den gefliesten Gassen und dem grauen, zum Teil aus Steinen vom Tempel der Venus erbauten normannischen Kastell mit der Seilbahn. Auf jeden Fall ist es ein schöner Ausflug – vor allem an einem warmen Abend, wenn man in einem der Restaurants droben einkehrt und die kühle Luft genießt. Von alters her hat Erice als uneinnehmbare Festung gegolten und war schon immer berühmt für den schönen Blick aufs Meer. Mit Erice verbunden war der Aphroditekult, und die Überlieferung weiß von vielen Seefahrern, die ihren heiligen Tempel aufgesucht haben. Dieser Tempel der Venus wurde jedoch im 14. Jahrhundert abgebrochen, und heute erhebt sich an seiner Stelle die Chiesa Matrice mit Kampanile, sehenswertem Portal und Rosettenfenstern.
Als der Normanne Roger im 11. Jahrhundert Erice belagerte, soll ihm im Traum St. Julian erschienen sein. Fortan wurde der Ort jahrhundertelang San Giuliano genannt, bis er in den Tagen Mussolinis seinen einstigen Namen Erice (ursprünglich Eryx) zurückerhielt.

Bonagia bei dem weithin sichtbaren Torre Bonagia ist ein kleiner Yachthafen etwa 6 sm nordöstlich von Trapani, unterhalb von Erice. Der Hafen bietet Yachten bis 1,50 m Tiefgang Liegeplätze (Skizze S. 211).

DIE ÄGADISCHEN INSELN

Die drei in einer Entfernung bis zu 20 sm vor der Westküste Siziliens liegenden Ägadischen Inseln sind hoch, steilwandig und – mit Ausnahme von Favignana – nur dünn besiedelt. Die wenigen und obendrein nur teilweise geschützten Ankerplätze werden von den einheimischen Fischerbooten benutzt. Die meisten Inselbewohner verdienen ihren Lebensunterhalt beim Thunfischfang und in Fischkonservenfabriken.
Zwischen den Inseln setzt Strom, den Windverhältnissen entsprechend in nordöstlicher Richtung oder nach Südwesten. Im Frühling liegen hier nicht selten Thunfischnetze aus.
Während des Sommers sind die Inseln bei südlichen Winden oftmals in dichten Dunst gehüllt, der bei der Annäherung das Ausmachen der Landmarken erschwert.
Die Ägadischen Inseln waren lange Zeit Zentrum der sizilianischen Thunfischerei. Zwei Jahrhunderte lang gehörten sie der genuesischen Familie Pallavincini Rusconi, gingen jedoch vor hundert Jahren in den Besitz des Signor Florio aus Palermo über, dessen Gesellschaft auch die Leitung der hiesigen Fischindustrie bis in jüngste Zeit oblag. Florios Statue steht auf dem Hauptplatz der Ortschaft Favignana. Seine Luxusvilla am Kai ist heute Sitz der Gemeindeverwaltung.

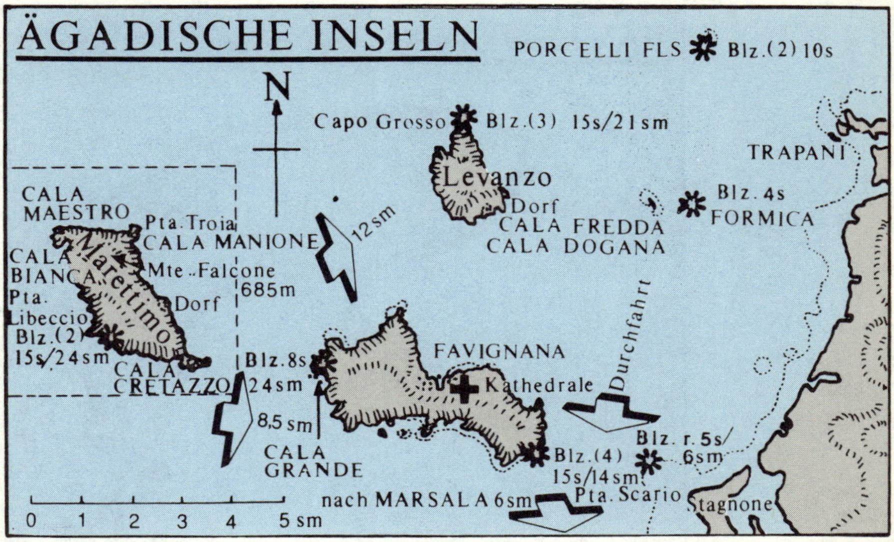

Bei Favignana und Levanzo gibt es altsteinzeitliche Höhlen mit gemalten oder in den Stein geritzten Figuren. Die bei Levanzo sind die interessantesten.

Alle drei Inseln werden durch die täglich verkehrende Fähre von Trapani aus miteinander verbunden. Außerdem fahren Tragflächenboote nach Favignana und Levanzo. Im Herbst sieht man Jäger mit Gewehren und Hunden von Trapani übersetzen. Auf ihrem Weg nach Süden machen zahlreiche Zugvögel auf den Inseln Station.

FAVIGNANA ist ein kleiner Fischerort. Der Haupthafen ist in den letzten Jahren erheblich erweitert worden.

Ansteuerung (Seekarten: D 666 und 660, BA 2122, I 17): Der Signalturm auf dem Hügel ist klar zu erkennen. Während der Thunfischfangsaison (im Frühling) ist es oft schwierig, die ausgelegten Netze zu meiden. Im Sommer liegt bisweilen Dunst vor der Küste.

Liegeplatz: Yachten legen Heck zum Kai oder zur Mole an, wie im Plan eingezeichnet. Der Schutz ist hier gewöhnlich gut, jedoch verursachen nordwestliche Winde unangenehmen Schwell.

Behörden: Hafenmeisterei und Zollamt.

Versorgungsmöglichkeiten: Wasser ist aus einem Hahn am Fuß der Mole erhältlich. Eine Tankstelle befindet sich auf der Mole. Bank, einige Restaurants und Bars, Lebensmittelgeschäfte.

Die Ortschaft, in der die meisten der 6000 Insulaner wohnen, ist nichts Besonderes. In früheren Zeiten, als im Hafen noch die Galeeren der

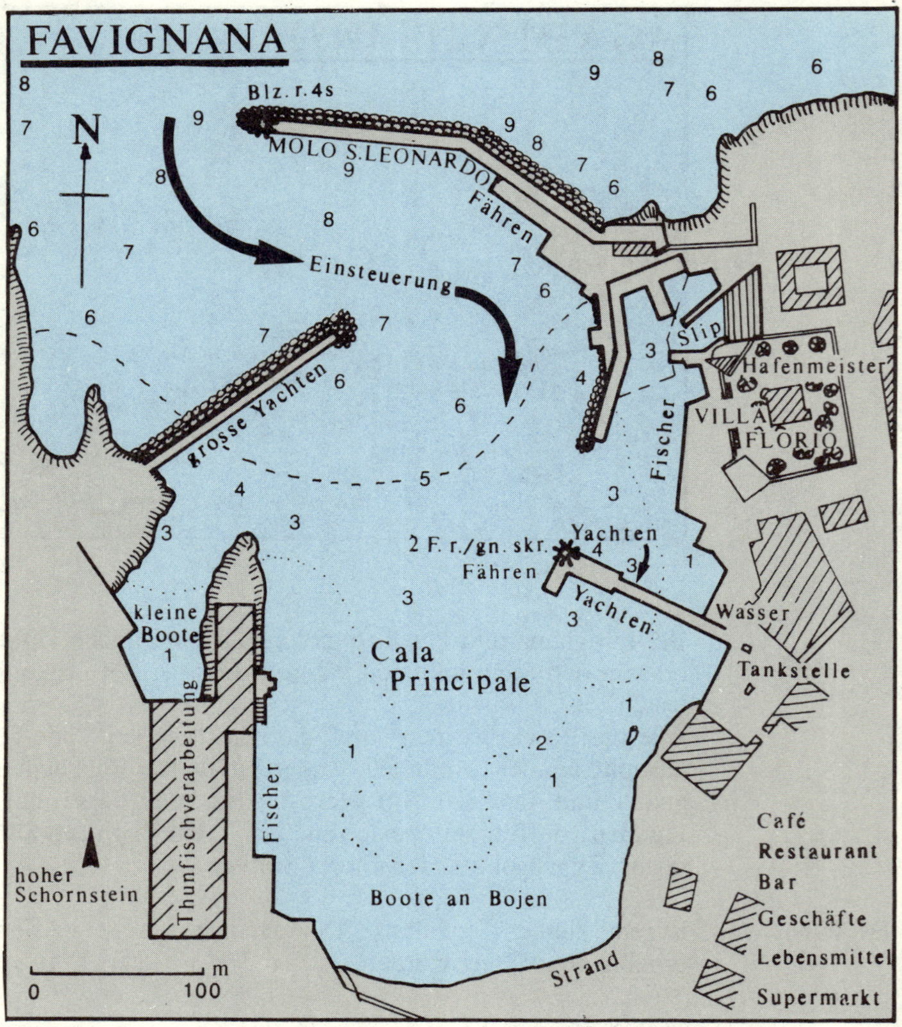

jeweils herrschenden Mächte lagen, wurde er von drei auf den Hügeln der Umgebung liegenden Festungen geschützt. Nur das aragonesische Fort S. Caterina steht heute noch und beherbergt eine Signalstation. Der schöne Ausblick über die Insel bis hin nach Sizilien entschädigt für die Mühe des Aufstiegs. Am Hafen sind noch die Galeerenschuppen zu sehen, in denen zu Florios Zeiten die zum Thunfischfang benutzten Leichter gelegen haben sollen.

In der Antike als Aegusa (Ziegeninsel) bekannt, ist Favignana mit jener Insel gleichgesetzt worden, auf der Odysseus bei seiner Weiterfahrt vom Lande der Lotophagen (Dscherba) seinen nächsten Landfall machte. Odysseus hielt sie für ein üppiges Eiland, und in der Odyssee wird sie

beschrieben als „mit Wäldern bedeckt und bevölkert mit unzähligen Ziegen".
Noch immer weiden Ziegen auf Favignana, doch üppig ist die Insel heute durchaus nicht mehr. Von einigen Süßwasserquellen abgesehen, ist sie im Sommer völlig ausgedörrt, so daß Wasser von Trapani herübergeschafft werden muß. Bis vor hundert Jahren war der ganze westliche Teil der Insel ein einziger Pinienwald. Heute jedoch ist er fast kahl. Im Frühling und Herbst machen Zugvögel hier Rast.

Unter den Ankerplätzen an der Küste von Favignana ist die

Cala Grande interessant. Sie liegt nur wenig südlich vom Leuchtturm auf der Scottile-Spitze und ist nur mäßig geschützt.

Ansteuerung: Ein paar weiße Häuser sind die einzigen Landmarken. Man sollte sich mit einem Kurs von etwa 075° nähern, um ein nördlich ausgelegtes Kabel zu meiden. Dichter unter Land sieht man nordwestlich der Häuser eine niedrige Felsenspitze ins Wasser hineinragen. Ihren Kopf sollte man an Steuerbord lassen, ehe man in die enge Bucht einläuft.

Ankerplatz: Ungefähr 100 m vor den Häusern und dem Hotel lasse man auf etwa 5 m Wasser den Anker fallen. Der Grund besteht aus dicht mit Seetang bewachsenem Sand. Obwohl die Bucht nur zwischen Westsüdwest bis Westnordwest offen ist, steht bei starkem Schirokko Dünung hinein.

Versorgungsmöglichkeiten: Im Hotel „Ulysses" kann man gut essen. Das komfortable Haus kann 70 Feriengäste aufnehmen. Die Straße führt nach Favignana.

Weitere Ankerplätze auf Favignana sind die **Cala Pozzo** im Nordwesten der Insel, die **Cala Rotonda** südlich der Cala Grande, die **Insenatura del Passo** im Süden, östlich der **Punta Longa** im Süden, **delle Pietre cadute** im Südosten dicht bei dem Club-Feriendorf „Punta Fanfalo", **del bove Marino** im Osten und die **Cala Rossa** im Nordosten der Insel.

LEVANZO liegt 3 sm nördlich von Favignana. Die Insel ist hoch, zerklüftet und hat an ihrer Südseite mehrere Buchten, in denen man auf bequemen Wassertiefen über gut haltendem Grund vor Anker gehen kann. Entzückend ist die

Dogana-Bucht Die Häuschen des kleinen Ortes stehen am Wasser zu Füßen eines steilwandigen, 275 m emporragenden Hügels. Hier kann eine mittelgroße Yacht auf einer Wassertiefe von 5 m über dicht mit Tang bewachsenem Sandgrund ankern oder an der Mole anlegen, sofern Platz ist.
Etwa 300 Menschen leben in diesem Ort. Täglich laufen die Trapani-Fähre und ein Tragflächenboot den Platz an.
Im Nordwesten der Insel gibt es neun herrliche Grotten, die auf der einzigen Straße der Insel zu erreichen sind. Von diesen ist die „Grotta del

Genovese“ mit ihren prähistorischen Felszeichnungen, die Jagd- und Fischfangszenen darstellen, sicherlich die schönste.

Die Fredda-Bucht gleicht der von Dogana, doch ist sie nicht ganz so hübsch. Keine von beiden ist bei Schirokko als Ankerplatz geeignet, wohl aber die

Cala Tramontana im Nordwesten der Insel. Man muß hier sehr dicht unter Land seinen Ankerplatz suchen, da der Meeresgrund steil abfällt.

Zwischen Levanzo und Trapani liegen die Formiche-Eilande.

FORMICHE ist die östlichere der beiden Inseln dieser Gruppe. Man erkennt sie an dem alten Turm und an den Gebäuden, die zum Aufholen der Thunfängerboote und zum Stauen der Fischereigerätschaften benutzt wurden. An der Südseite gibt es einen sehr kleinen Bootshafen; der Grund dicht davor ist mit großen Felsen bedeckt. Wer einen näheren Blick auf diese alten Gebäude werfen will, findet südöstlich vom Turm einen Ankerplatz mit Wassertiefen um 9 m über Sandgrund und kann mit dem Beiboot im Bootshafen landen. Dieser Ausflug lohnt sich zwar nur im Frühjahr, wenn die Thunfischfabrik in Betrieb ist, doch fällt es schwer, angesichts der ungewöhnlichen, ehrwürdigen Bauwerke, die geradenwegs aus dem Meer zu wachsen scheinen, seine Neugierde zu zügeln.

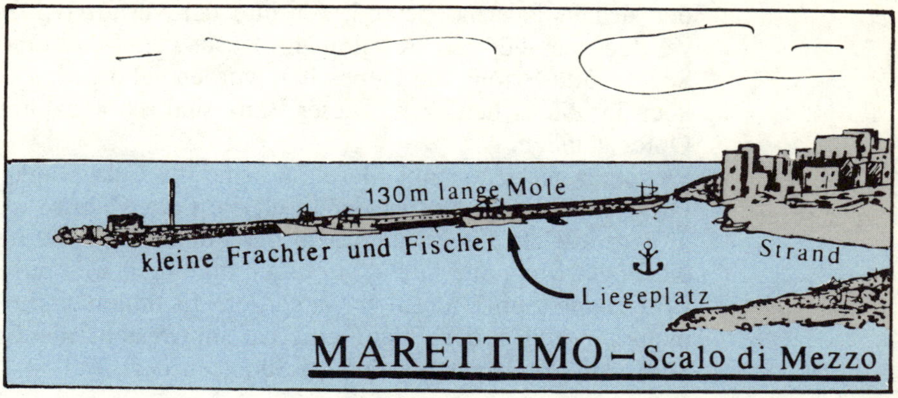

MARETTIMO ist die westlichste der Ägadischen Inseln. Sie ist hoch, kahl und steilwandig. Es gibt hier nur eine einzige kleine Ortschaft mit zwei Anlegern für die Fähren und Fischerboote sowie einige Ankerplätze.

Die Mole verläuft 130 m Richtung NNE und liegt am nordwestlichen Ende der Ortschaft (siehe Zeichnung). Hier legen kleine Frachtschiffe, Fischerboote und gelegentlich auch Yachten an (vor allem für größere Yachten zu empfehlen).

Der neue Hafen liegt am südlichen Ende der Ortschaft. Hier legen die Fähren und Tragflächenboote an. Yachten finden in der Mitte der Mole Liegeplätze.

Bei **Punta Troia** im Nordosten der Insel steht ein altes Kastell. Die Felsenküste unterhalb des Kastells wird oft von Unterwasserjägern aufgesucht.

Die Skerki-Bank mit dem Keith-Riff (weniger als 1,80 m Wassertiefe), etwa 52 sm westlich der Insel Marettimo, verursachte im Oktober 1804 den Totalverlust des mit 64 Kanonen bestückten H.M.S. „Athenian“. An Bord befanden sich Depeschen aus London für Admiral Sir Sidney Smith,

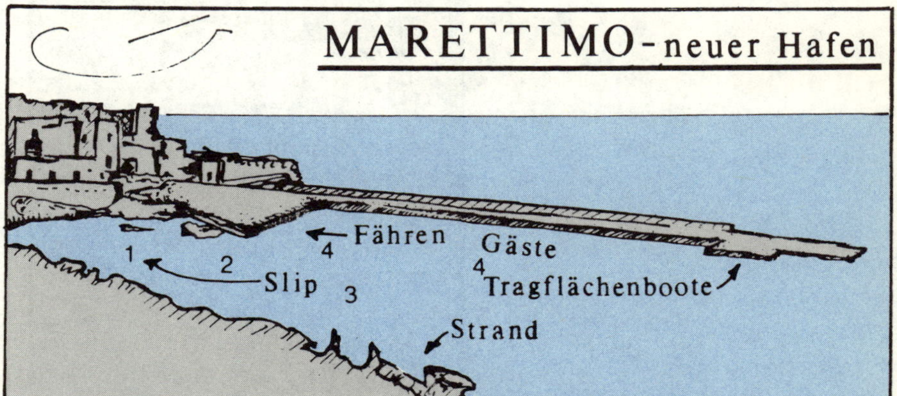

der sich in Palermo befand. Als ihm der Verlust des Schiffes gemeldet worden war, ließ der Admiral die Küste von Marettimo absuchen. Die Suche hatte Erfolg, die Depeschen wurden geborgen. Zu beklagen waren aber 351 Menschenleben. Dieser Bank sind schon zahlreiche Schiffe zum Opfer gefallen.
Weitere Ankerplätze auf Marettimo sind die **Cala Manione** unterhalb der Punta Troia im Nordosten der Insel, die **Cala Maestro** westlich der Punta Troia, die **Cala Bianca** unterhalb der Punta Mugnone im Nordwesten – die Punta Mugnone muß weiträumig umfahren werden, da erst in 800 m Entfernung zum Ufer 10 m Wassertiefe zu finden sind –, die **Cala Spalmatore** nördlich der Punta Libeccio im Westen, die **Cala Cretazzo** im Süden und die **Cala Martino** im Südosten der Insel.

DIE NORDKÜSTE

USTICA liegt etwa 30 sm vor der Nordküste Siziliens. Die Insel ist vulkanisch, begrünt und hat schroffe Ufer.

Cala Sta. Maria gleich südwestlich von Capo Falconara, ist der einzige Ankerplatz mit gutem Schutz. An dieser Bucht liegt eine Ortschaft, die für den Tourismus erschlossen wurde, mit dem Hafen der Insel, wo man am Kai festmachen kann.

Ansteuerung (Seekarten: D 666, BA 1976, I 16): Bei Tage kann man die Hotels und Sommerhäuser unterhalb des Hügels an der Südwestseite der Bucht ausmachen.

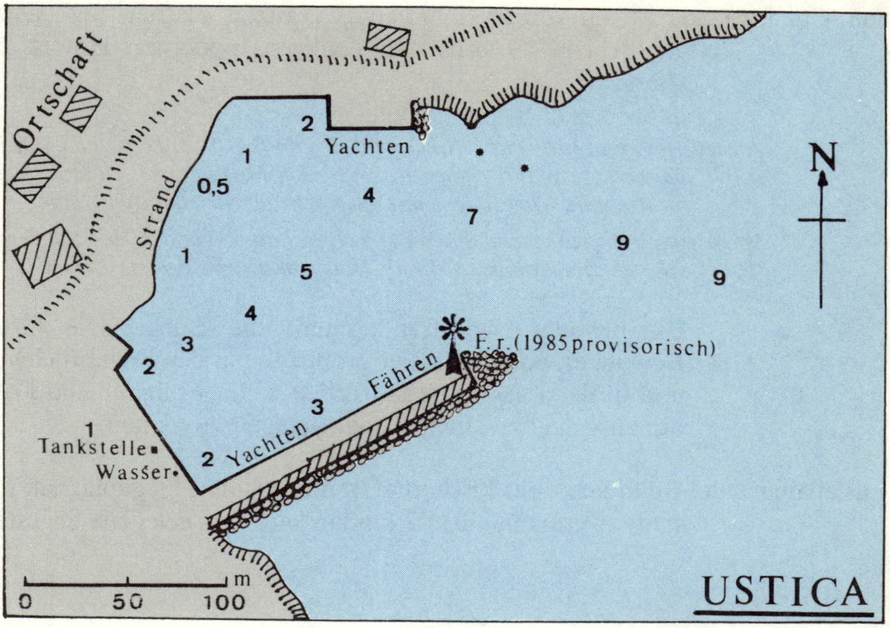

Liegeplatz: Yachten legen an den im Plan eingezeichneten Stellen vor Buganker, Heck zum Kai, an. Zeitweise liegen tagsüber Trawler an dem Kai an der Südwestseite.

Versorgungsmöglichkeiten: Wasser, Lebensmittel, Restaurants und Hotels. Fähre und Tragflächenboot nach Palermo.

Die Insel hat kaum mehr als 1200 Bewohner, die zum größten Teil in der Landwirtschaft tätig sind. Zu Zeiten der Griechen und Römer wurde sie Osteodes (Insel der Gebeine) genannt, weil die Karthager hier einst ein meuterndes Söldnerheer von sechstausend Mann aussetzten, das den Hungertod starb.

Die Nordküste von Sizilien beginnt bei Capo San Vito mit hohen, aus dem Meer aufsteigenden Bergzügen. Über 120 sm hin ist dieser Küstenstrich mit seinen fast überall grünen Bergen und Tälern (Weingärten, Zitronen- und Olivenpflanzungen sowie Pinienhaine) außerordentlich anziehend. Mehr als ein Dutzend Häfen und auch einige weniger gut geschützte Ankerplätze gibt es hier. Der anfangs vorherrschende Nordwestwind dreht mehr und mehr auf Nordost, je näher man dem östlichen Ende dieser Küste kommt. Vor bestimmten Küstenabschnitten setzt oft zur Zeit der Abenddämmerung eine Landbrise ein, die dann für etwa drei Stunden durchsteht.
Falls man Capo San Vito wegen starken Ostwinds nicht runden kann, findet man einen ruhigen Ankerplatz im **Golfo del Colfano** über 7 m Wassertiefe auf Sandboden.

San Vito Lo Capo ist ein von zwei Molen geschützter Fischer- und Yachthafen. Zu ihm gehört eine Ortschaft mit einigen modernen Hotels und einem Sandstrand.

Ansteuerung und Liegeplatz (Seekarten: D 666, BA 1983, 1976 und 2122, I 17): Man halte auf die breite Einfahrt zwischen den beiden Molenköpfen zu und suche dann einen Platz an der nördlichen oder am äußeren Ende der südlichen Mole.

Versorgungsmöglichkeiten: Ein Wasserhahn ist am Ende der Mole; außerdem gibt es Fischgeschäfte, Restaurants, mehrere Hotels und verschiedene Läden.

Ein schöner Sandstrand säumt die Bucht. Die Ortschaft hat 4000 Bewohner, von denen der größte Teil in den Steinbrüchen, in der Fischerei und in der Landwirtschaft arbeitet. Im Frühjahr und Frühsommer ist auf die ausgelegten Thunfischnetzanlagen zu achten.

Castellamare del Golfo heißt ein Fischerhafen mit sicheren Liegeplätzen, den man anlaufen sollte, wenn man das 12 km landeinwärts gelegene Segesta besuchen will.

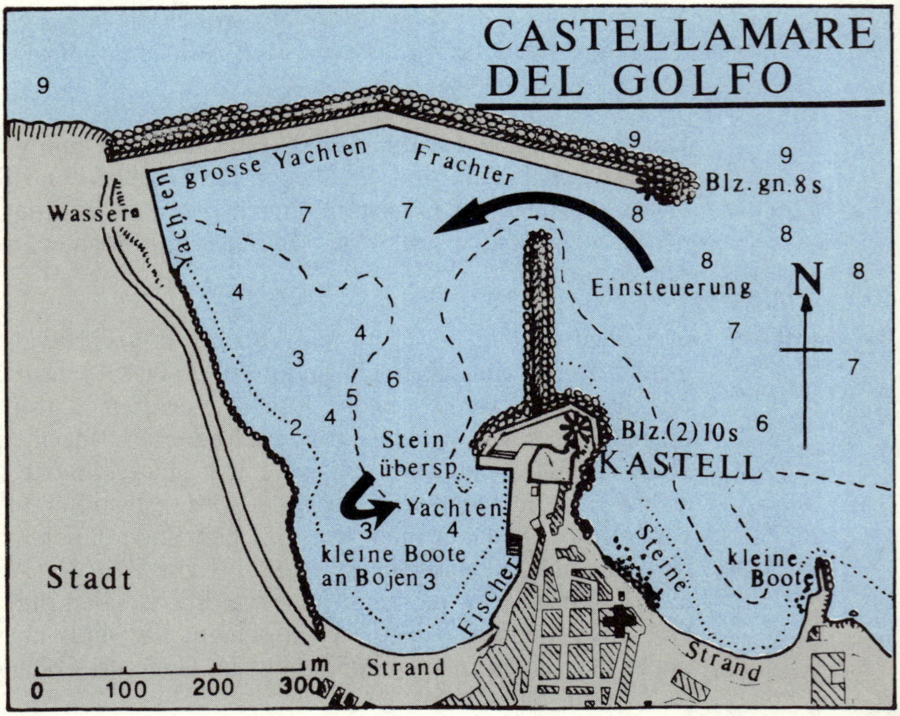

Ansteuerung (Seekarten: D 666, BA 1976, 1983 und 2122, I 16 und 17): Der Monte Inici, der sich über der kleinen Stadt erhebt, ist leicht auszumachen, und es ist weder bei Tag noch bei Nacht schwer, den Hafen zu finden.

Liegeplatz: Yachten machen an den im Plan angegebenen Stellen fest, je nach Windrichtung entweder hinter der Nordmole oder unterhalb des Kastells.

Versorgungsmöglichkeiten: Wasser an den Kais, Lebensmittel und Kraftstoff im Ort. Busse verkehren nach Palermo und Trapani.

Castellamare del Golfo hat 20000 Einwohner. Mit einem Mietwagen kann man von hier aus interessante Ausflüge ins Landesinnere unternehmen: Die Fahrt zu dem dorischen Tempel und dem Theater von **Segesta** dauert nur eine halbe Stunde. Der niemals ganz fertiggestellte Tempel ist berühmt wegen der beispielhaften Ausgewogenheit seiner Proportionen. Seine Lage in einem breiten Tal mit schroffen Felswänden im Hintergrund ist einmalig schön. Das Theater, das man vom Tempel aus nach einem Fußmarsch von einer halben Stunde hangaufwärts erreicht, ist im Stil des letzten Jahrhunderts v. Chr. erbaut.
Segesta erlitt das gleiche Geschick wie andere griechische Städte auf Sizilien auch. Nachdem es vergeblich in Athen und dann in Karthago Beistand gesucht hatte, wurde es während des Ersten Punischen Krieges von den Römern erobert.
Scopello ist ein kleines Fischerdorf nicht weit ab in nordwestlicher Richtung. Im Frühling sind seine Bewohner mit dem Auslegen des großen Thunfischnetzes beschäftigt, das sich vom Strand über 1 sm weit ins Meer erstreckt. Während des Sommers kommen Touristen hierher, um in der romantischen Felsenbucht zu baden.

Zwischen Castellamare del Golfo und Palermo liegen einige Ankerplätze und Yachthäfen.

Trappeto

7,5 sm östlich von Castellamare del Golfo ist ein kleiner Yachthafen. Er bietet Yachten bis 1,50 m Tiefgang sichere Liegeplätze.

Terrasini

Fischer- und Yachthafen, liegt zwischen Capo Rama und Punta Raisi, am östlichen Ende des Golfo di Castellamare.

Ansteuerung (Seekarten: D 666, BA 1976 und 2122, I 16 und 17): Das am Strand vor der Ortschaft stehende Leuchtfeuer (Blz. (3) 10 s/12 sm) ist eine gute Ansteuerungshilfe, ebenso wie der befeuerte Antennenmast des Flugfunkfeuers Punta Raisi (Wchs. w/gn. 35 sm). Bei der Einfahrt halte man sich dicht an die westliche Mole.

Liegeplatz: Yachten legen an der im Plan auf Seite 222 eingezeichneten Stelle am Westkai an.

Versorgungsmöglichkeiten: Geschäfte, Cafés und Restaurants im Ort, Wasser aus einem Zapfhahn am Hafen. Neben dem Hafen liegt ein schöner Sandstrand, der zum Baden einlädt.

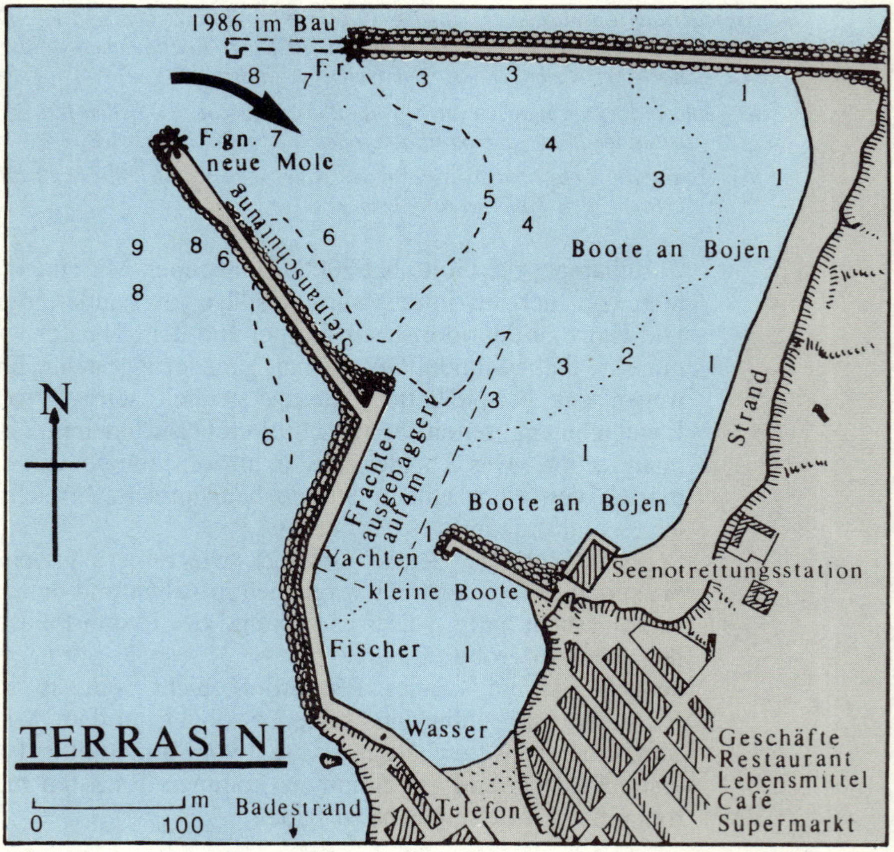
1986 im Bau
F.r.
F.gn. 7
neue Mole
Steinanschüttung
Boote an Bojen
Strand
Frachter ausgebaggert auf 4m
Boote an Bojen
Yachten
kleine Boote
Seenotrettungsstation
Fischer
Wasser
TERRASINI
Geschäfte
Restaurant
Lebensmittel
Café
Supermarkt
Telefon
Badestrand
0 100 m
N

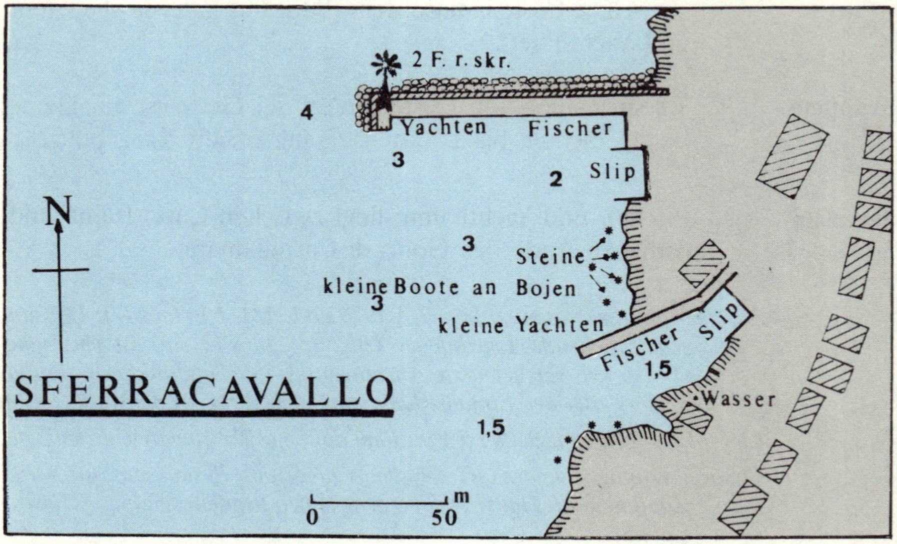
2 F. r. skr.
Yachten
Fischer
Slip
Steine
kleine Boote an Bojen
kleine Yachten
Fischer
Slip
Wasser
SFERRACAVALLO
0 50 m
N

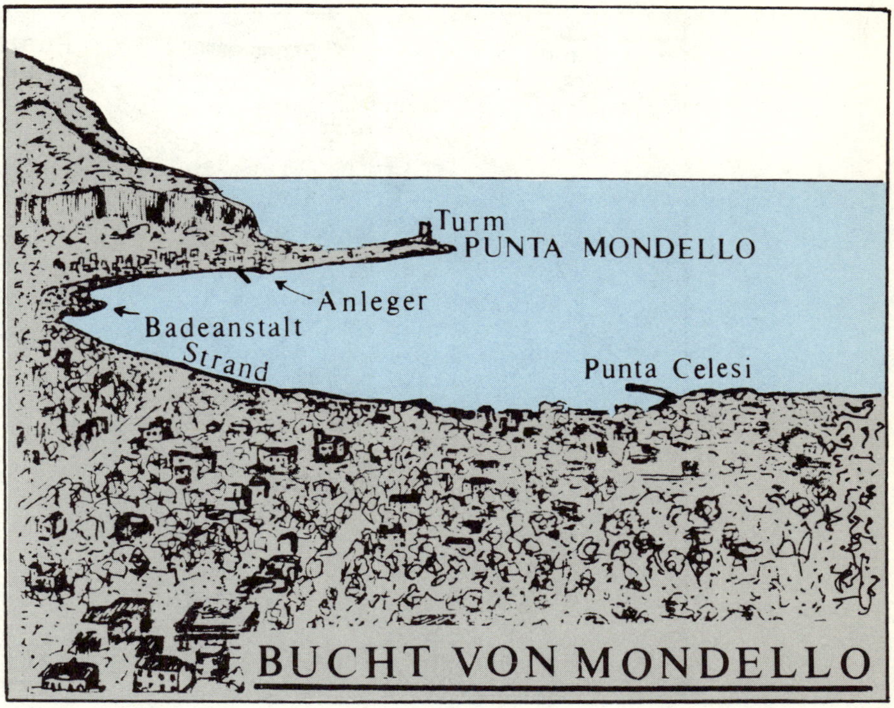

Isola delle Femmine heißt ein Ankerplatz im Osten der Carini-Bucht. Hier liegt man zwar gut geschützt, doch der Felsgrund hält nicht gut.
Auf der Insel Femmine selbst gibt es an der Nordseite einen kleinen Fischer- und Yachthafen, in dem einige Yachten bis 2 m Tiefgang Liegeplätze finden. Die Winterstürme zerstören regelmäßig die nördliche Außenmole. Im Frühjahr ist der Hafen deshalb häufig nicht benutzbar.

Sferracavallo (Seekarten: D 660 und 668, BA 1976, I 16). Yachten können hier am Kai an der Südseite der Mole anlegen (Skizze S. 222). Wasser und Kraftstoff sind erhältlich. Die Gegend entwickelt sich zu einem Ferienzentrum in einer malerischen Umgebung.

Die Mondello-Bucht (Seekarten: D 660 und 668, BA 1976, I 16) liegt hinter Capo Gallo, ist nach Osten ungeschützt und nur für Yachten bis 2 m Tiefgang geeignet. Der Grund ist steinig. Da Naherholungsgebiet für Palermo, gibt es hier Yachtclubs, Hotels und Restaurants.
Im Norden der Bucht von Mondello liegt der kleine Fischer- und Yachthafen

Mondello Im Sommer ist er regelmäßig überfüllt, so daß es schwerfällt, einen Platz zu finden (Skizze S. 224).

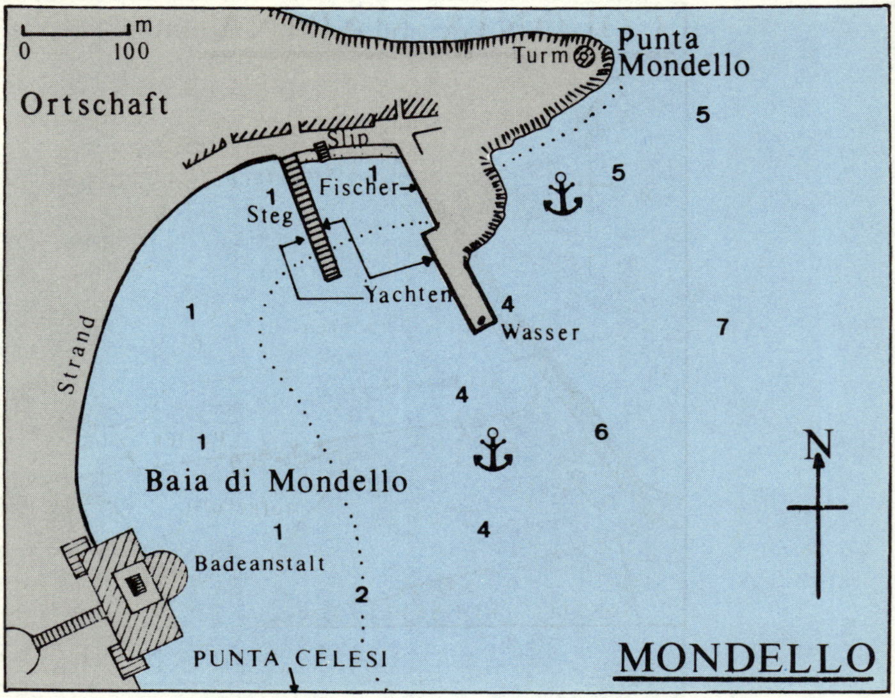
0 100 m
Ortschaft
Turm
Punta Mondello
Slip
Fischer
Steg
Yachten
Wasser
Strand
Baia di Mondello
Badeanstalt
PUNTA CELESI
MONDELLO
1
1
1
1
1
2
4
4
4
5
5
6
7

152.

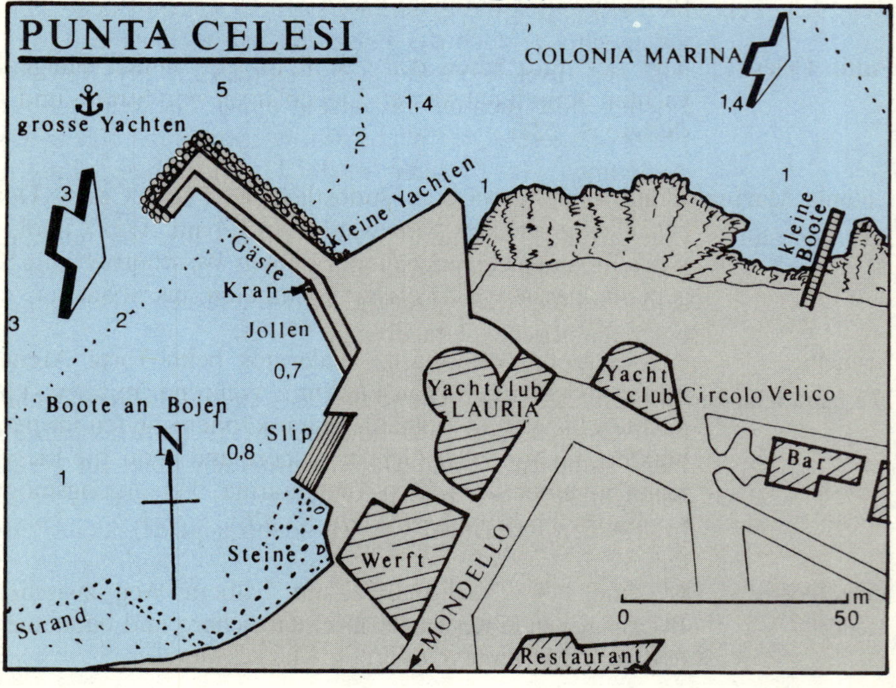
PUNTA CELESI
COLONIA MARINA
grosse Yachten
kleine Yachten
kleine Boote
Gäste
Kran
Jollen
Boote an Bojen
Slip
Steine
Strand
Yachtclub LAURIA
Yacht club Circolo Velico
Bar
Werft
MONDELLO
Restaurant
0 50 m
5
1,4
1,4
2
1
1
3
3
2
0,7
1
0,8
1

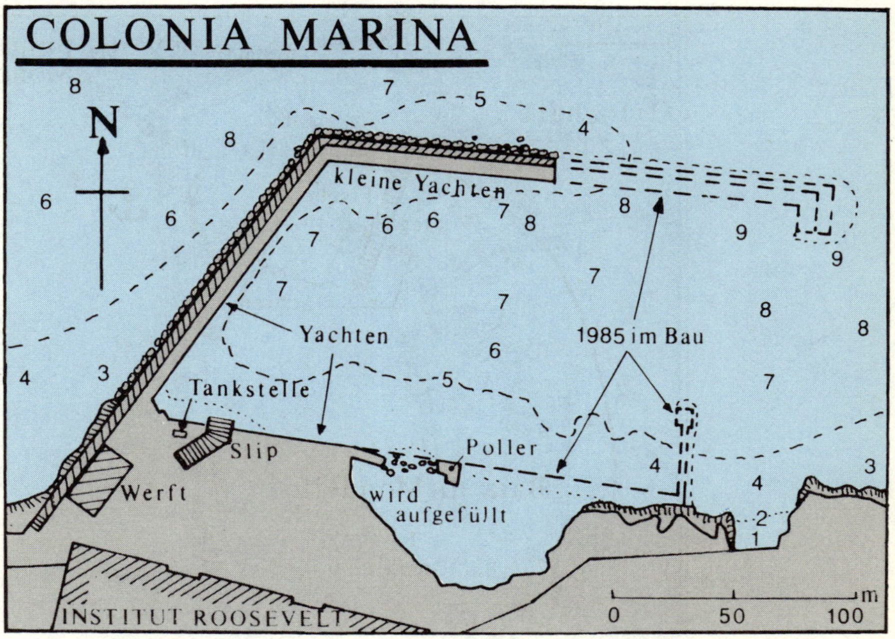

Im Süden der Mondello-Bucht vor der

Punta Celesi liegt der Yachthafen des C.C.R.L., der immer einige Plätze für Gastyachten bereithält. An den Liegeplätzen sind Strom- und Wasseranschlüsse (Skizze S. 224).

Colonia Marina/Addaura liegt etwa 1 sm südöstlich der Punta Celesi. Der zerstörte nördliche Wellenbrecher wird wieder aufgebaut. Der Circolo Motonautica di Addaura unterhält hier einen kleinen Werftbetrieb mit Slipanlage. Es ist geplant, das Areal zu einem Yachthafen auszubauen.

Arenella ist die große Yachtmarina Palermos beim Torre Arenella etwa 1,5 sm nördlich des Hafens von Palermo. Während im alten, kleinen Hafen nur Yachten bis 1,50 m Tiefgang liegen können, finden im neuen Hafen einige hundert Yachten aller Größen sichere und bequeme Liegeplätze mit allem Komfort einer modernen Yachtmarina. Versorgungsmöglichkeiten liegen in unmittelbarer Nähe (Skizze S. 226).

Villa Igea ist eine neue Yachtmarina auf halbem Weg zwischen Arenella und Palermo. Sie soll etwa 200 Yachten sichere und bequeme Liegeplätze und den Komfort einer modernen Marina bieten.

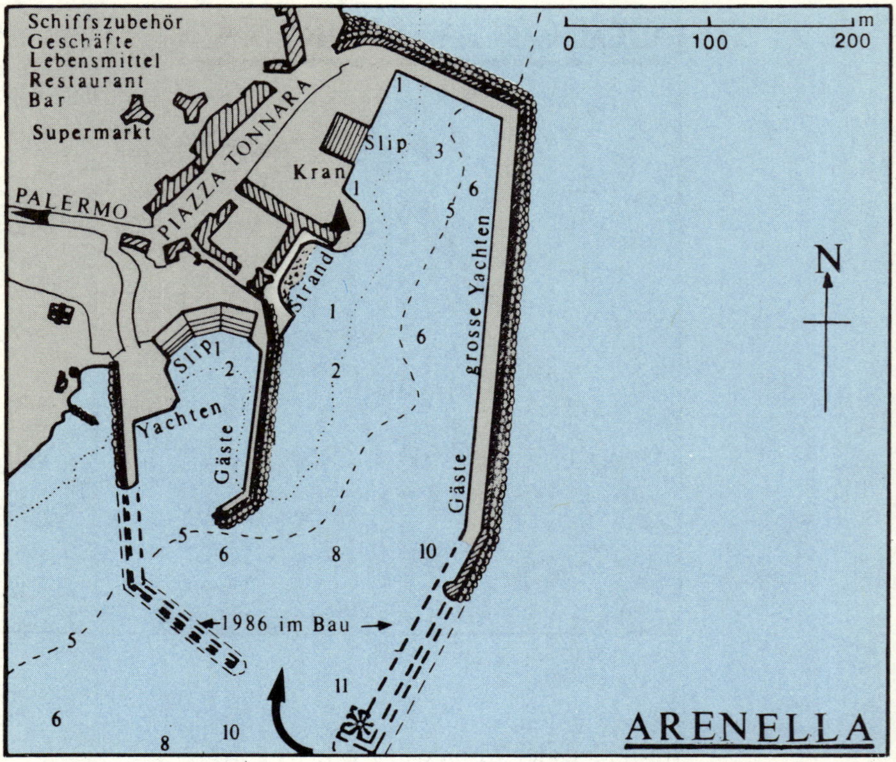

Palermo die Hauptstadt Siziliens, hat eine Fülle von Interessantem zu bieten und besitzt einen geräumigen Fähr- und Handelshafen.

Ansteuerung (Seekarten: D 666 und 668, BA 1976, I 16): Schwierigkeiten bestehen weder bei Tag nach bei Nacht.

Liegeplatz: Yachten legen im südlichen Hafenbecken Cala an der Innenseite der Südmole oder an den gegenüberliegenden Kais an. Die Liegeplätze für Yachten verfügen über Festmachebojen, so daß der eigene Anker nicht benötigt wird.

Behörden: Das große Gebäude des Hafenamtes befindet sich am Handelskai, wohin man etwa 20 Minuten zu gehen hat.

Versorgungsmöglichkeiten: Trinkwasser und Kraftstoff auf der Südmole, Reparaturmöglichkeiten. Die Geschäfte liegen etwa 20 Minuten zu Fuß vom Liegeplatz der Yachten entfernt. Einen Markt findet man vor dem Corso Vittorio Emmanuele, zahlreiche gute Restaurants in der Stadtmitte in der Umgebung der Oper. Hinter dem Anfang der Südmole befinden sich oberhalb der Wasserfront mehrere Gartencafés.

Die Anfänge der 650000 Einwohner zählenden Stadt lassen sich bis in die Tage der Punier zurückverfolgen. Unter dem Namen Panormos war sie ein karthagischer Militärstützpunkt. Obwohl später unter den Römern von

Bedeutung, wurde Palermo wohlhabend erst nach der Eroberung durch Sarazenen (948 bis 1072) und Normannen (1072 bis 1194). Dies zeigt sich heute noch an der Architektur der Sarazenen, aber besonders an den normannischen Kirchen, die die Zeiten überdauert haben. Das ärchäologische Museum besitzt Exponate aus drei Jahrtausenden Stadtgeschichte.

Im Sommer 1860 war Palermo nahe daran, Opfer einer Zerstörung zu werden, als die bereits in der näheren Umgebung stehenden Truppen Garibaldis sich anschickten, die in der Stadt befindlichen Stützpunkte der Royalisten anzugreifen. Neapolitanische Kriegsschiffe hatten schon das Feuer eröffnet und eine Anzahl von Gebäuden beschädigt, als H.M.S. „Hannibal" mit Admiral Mundy an Bord erschien. Dieser überredete die beiden royalistischen Generale, sich auf seinem Schiff mit Garibaldi zu treffen. Hier wurde dann ein Waffenstillstandsabkommen unterzeichnet.

Die meisten alten Viertel sind ebenso wie die Stadtmauern abgerissen und durch riesige Wohnblocks ersetzt worden. Nicht aber die vielen normannischen oder byzantinischen Bauten, die zur Berühmtheit der Stadt beigetragen haben. Besonders schön sind der Palazzo Reale mit seinen seltenen Zeugnissen weltlicher byzantinischer Kunst, der Dom sowie Santa Maria dell'Ammiraglio (oder della Martonara) und das Schloß Zisa. Am beeindruckendsten sind die völlig erhaltenen Mosaiken und Deckengemälde der Kathedrale von Monreale im Rücken der Stadt auf einem Hügel. Die Kreuzgänge haben herrliche Doppelsäulen aus Marmor.

Von Palermo ostwärts segelt man an den Ölverladeplattformen im Golf von Palermo vorbei. Am Capo Zafferano erheben sich 300 m hohe, schroffe Hügel. 1,5 sm weiter gelangt man zu dem gut geschützten Hafen

Porticello Dies ist ein unverfälschter kleiner Fischerhafen, den anzulaufen sich lohnt.

Ansteuerung und Liegeplatz (Seekarten: D 666 und 668, BA 1976, I 15 und 16): Nachdem man zwischen den äußeren Molenköpfen weit genug nach Norden gefahren ist, steuere man Südwest und laufe in das innere Becken ein. Dort findet man Wassertiefen um 4 m. Yachten machen an den im Plan auf Seite 228 eingezeichneten Stellen fest. Der Grund besteht aus Schlamm. Man liegt nach allen Richtungen hin geschützt. Die beiden Molenköpfe sind befeuert.

Behörden: Die Hafenmeisterei befindet sich nördlich vom Hauptkai.

Versorgungsmöglichkeiten: Im Ort Geschäfte aller Art. Der Fischmarkt ist von morgens bis abends in Betrieb; man kann dort hervorragend einkaufen. Wasser und Kraftstoff sind im Hafen erhältlich. Die Werft im Südwestteil des Hafens führt Reparaturen aller Art aus.

Zwei kleine Werften bauen in Porticello Boote eines ungewöhnlichen Typs: mit einem Achtersteven, der bis zu einem Meter über das Deck hinausragt, weshalb mit einer U-förmigen eisernen Pinne gesteuert werden muß. Von den Einheimischen „Dritto de Poppa" genannt, ähnelt dieser

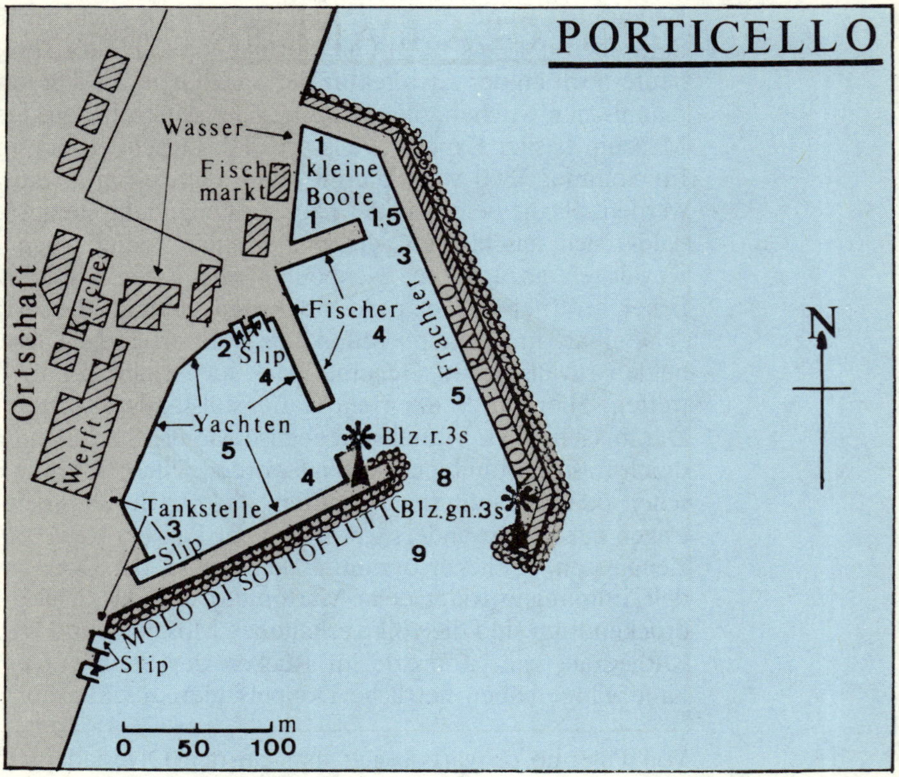

Achtersteven dem hochaufragenden Heck der maltesischen Dghaisa. Diese sizilianischen Bootstypen kann man auch noch in Cefalù und an ein oder zwei anderen Plätzen sehen. Im Gegensatz zur Dghaisa sind sie seetüchtig.

Folgt man der die Berge hinaufführenden Hauptstraße in Richtung auf den Monte Catalfano, so gelangt man zu den Ruinen von Solunto, der einstigen Phönikerstadt Solocis. Die Stätte selbst ist kaum interessant, doch bietet sich von hier aus ein herrlicher Blick auf die Küste.

Von nun an ist die Küste Siziliens weniger steil; die Berge treten zurück und geben einem grünen Gürtel Raum. Das Flachland ist berühmt wegen seiner Zitronenpflanzungen und Weingärten – der Weißwein von Casteldaccia ist der bei weitem beste auf Sizilien. Ortschaften breiten sich entlang der Küste aus, und auch einige moderne Villen sind zu sehen.

8 sm von Porticello erhebt sich das Kastell Trabia kühn über dem Meer. Die Einfahrt zu dem dazugehörigen Hafen

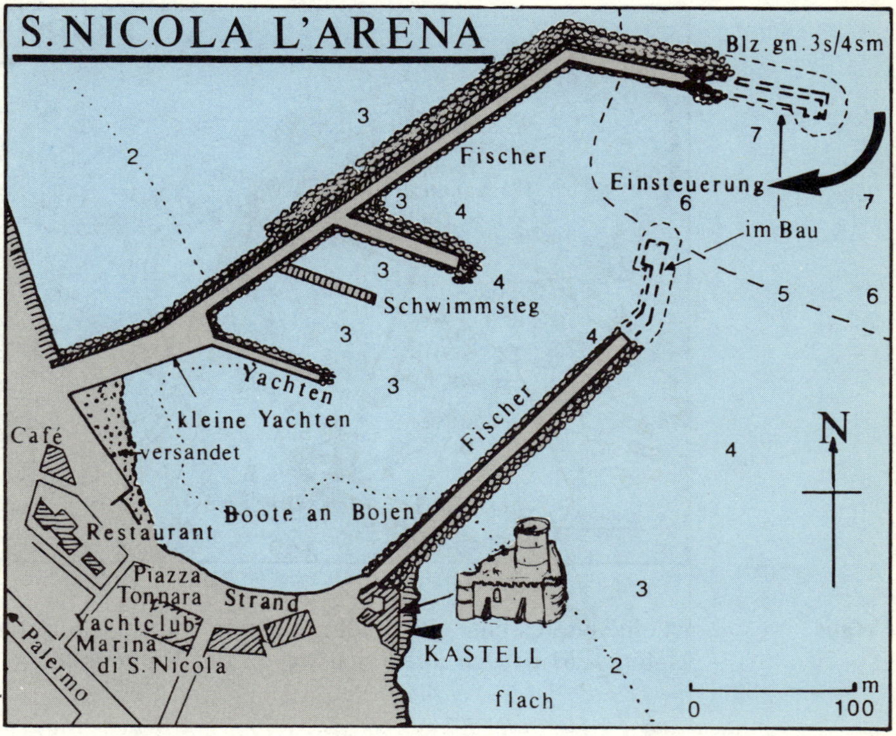

S. Nicolo l'Arena ist leicht zu finden. Für Yachten gibt es an der Innenseite der alten Außenmole und an dem Schwimmsteg zwischen alter und neuer Außenmole sichere Liegeplätze.

Termini Imeresi ist ein großer Handelshafen mit Wassertiefen um 5 m. Yachten bietet er sichere Liegeplätze.

Ansteuerung und Liegeplatz (Seekarten: D 666, BA 1976, I 15): Man halte sich an das mit Bojen gekennzeichnete Fahrwasser. Nach der letzten Tonne halte man auf das Ende der Südmole (Santa Lucia) und von dort auf den Kai zu. Im Fahrwasser beträgt die Wassertiefe 6,50 m, etwas weniger an der Westseite des Kais. Yachten legen an der Mole Santa Lucia und westlich davon am Kai an.

Behörden: Hafenmeisterei und Zollamt.

Versorgungsmöglichkeiten: Wasser und Kraftstoff am Hafen. Reparaturmöglichkeiten (50-t-Helling, 15-t-Kran). Lebensmittel erhält man in der Nähe, alles übrige im Ort.

Die an den Hängen liegende Stadt hat 25000 Einwohner und ist Erholungsort.
Weniger als 2 sm östlich von Termini Imeresi befindet sich ein Ölhafen mit einer langen Pier, der der Versorgung eines Kraftwerkes dient.

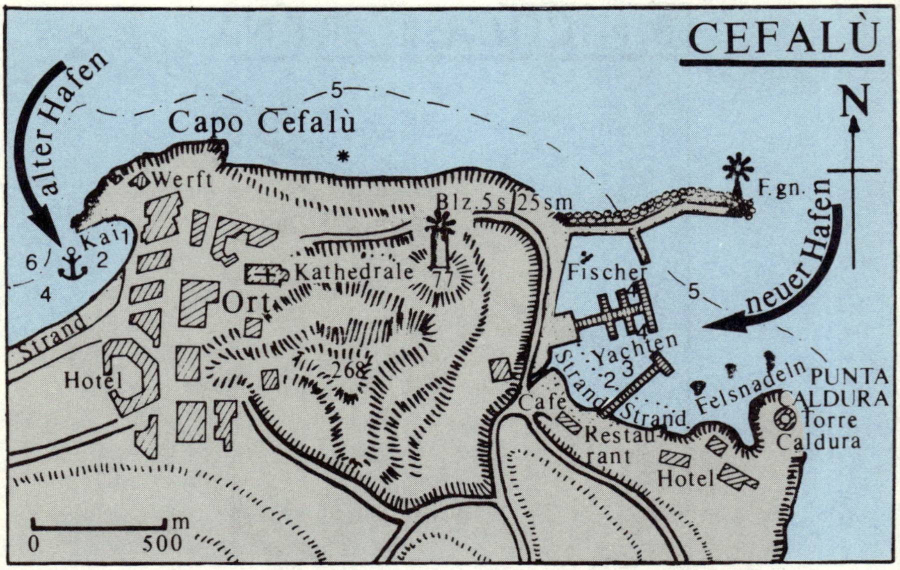

Cefalù ist eine interessante alte Stadt mit einem Touristenviertel und einem neuen Hafen. Ein Besuch lohnt sich wegen der Kathedrale.

Ansteuerung (Seekarten: D 507 und 666, BA 1976, I 15): Der alte Hafen liegt an der Westseite vor der Ortschaft, der neue Hafen östlich des Capo Cefalù. Das Capo Cefalù ist mit seinen 268 m Höhe schon von weitem gut zu erkennen. Das weittragende Leuchtfeuer (Blz. 5 s/25 sm) erleichtert bei Nacht die Ansteuerung. Die Molenköpfe des neuen Hafens sind befeuert.

Liegeplatz: Der alte Hafen ist bei ruhigem Wetter ein schöner Ankerplatz vor der malerischen Kulisse der Altstadt. Allerdings ist er von West bis Nord ungeschützt. Die wenigen Liegeplätze an dem 70 m langen Kai sind meist belegt. Die Wassertiefe am Kai nimmt von 3 m am Kopf auf 0,50 m ab.
Nach der Wiederherstellung des Wellenbrechers und der Errichtung umfangreicher Steganlagen finden Yachten im neuen Hafen sichere und bequeme Liegeplätze. Die Liegeplätze an den Stegen sind mit Festmachebojen ausgestattet.

Versorgungsmöglichkeiten: Wasser und Kraftstoff am Hafen. Vom neuen Hafen sind es 15 Minuten zu Fuß bis in die Stadt, in deren Läden so ziemlich alles zu haben ist.

Die schöne alte Stadt besitzt einige bemerkenswerte kirchliche Bauwerke, darunter die sehr schöne normannische Kathedrale, deren Apsis mit byzantinischen Mosaiken aus dem 12. Jahrhundert geschmückt ist. Es geht die Fama, daß Roger II., als sein Schiff auf der Rückkehr von Neapel in einen schweren Sturm geriet, für den Fall seiner Rettung gelobt habe, an dem Ort, wo er Schutz finde, eine Kathedrale zu errichten.
Das Museo Mandralisca lohnt einen Besuch. Hier sind die Funde aus der seit 1976 ausgegrabenen Nekropole bei Cefalù aus dem 4. bis 2. Jahr-

hundert v. Chr. ausgestellt sowie numismatische Sammlungen und eine Muschelsammlung mit über 20000 verschiedenen Exemplaren.
Viele Straßen der Altstadt, vor allem die Treppengassen, haben ein stark arabisches Gepräge.
Cefalù ist inzwischen ein großes Touristenzentrum mit über 20 Hotels und vielen kleinen Pensionen geworden.

Capo d'Orlando liegt 35 sm ostwärts von Cefalù. Das Kap ist berüchtigt wegen der dort häufig und plötzlich einsetzenden Böen und des oft starken Seegangs. Der kleine, südwestlich des Kaps gelegene Hafen ist durch Steinanschüttungen nur mäßig geschützt. Yachten bis 1 m Tiefgang können bei ruhigem Wetter in angemessenem Abstand von den Molen ankern.

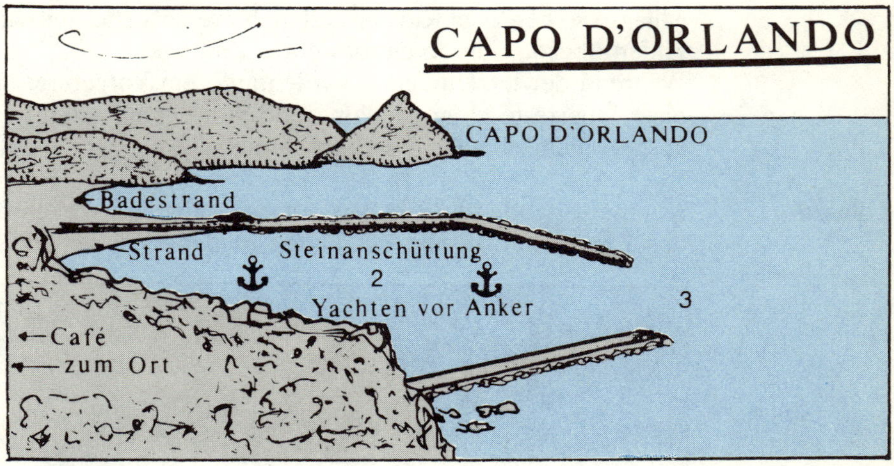

Wie berüchtigt das Capo d'Orlando schon zu frühen Segelschiffszeiten war, ist uns durch das Gedicht eines unbekannten Seemanns überliefert:

„Non fermanti qui, marinaio,
non riporre le tue vele per causa mia,
il porto che tu vedi è arido,
io sono solo una tomba."

Halt hier nicht an, Seemann,
berge deine Segel nicht wegen mir,
der Hafen, den du siehst, ist trocken,
ich bin nur ein Grab.

Die gebirgige Küste mit ihrem grünen Gürtel setzt sich ostwärts bis nach Milazzo fort. Die wenigen Ankerplätze an diesem Küstenstrich liegen nach Norden offen. Nähert man sich Capo Tindaro, so erblickt man ein schroffwandiges Kliff. Dahinter liegen die Ruinen der antiken Griechenstadt Tyn-

daris, die man besuchen sollte. Der nächste sichere Liegeplatz für Yachten ist aber erst Milazzo, weshalb es ratsam erscheint, diesen Hafen anzulaufen und von hier aus mit dem Taxi nach Tyndaris zu fahren. Die Ruinen dicht bei der Ortschaft stammen nicht nur von einem griechischen Theater, das später zu einem römischen Amphitheater geworden war, sondern auch noch von einer Basilika und einer byzantinischen Festung.
Die während des Sommers vorherrschenden Winde pflegen aus Richtungen zwischen Nord und Nordost zu wehen.

Capo Milazzo In der **San-Antonio-Bucht** gibt es einen Ankerplatz, der nur nach Westen offen ist. Der Sandgrund dicht unter dem Kliff – den Leuchtturm in 1000 m Entfernung über Nordwest gepeilt – hält gut.
Auf dem östlichen Ufer der mit hohen Bäumen bestandenen Halbinsel Milazzo stehen zwei Klöster und mehrere teils alte, teils neue Bauten. Den Hafen überragt die mauerbewehrte Zitadelle.
Während der letzten Jahre wurden auf dem Vorgebirge nahe dem Ankerplatz Überreste einer Siedlung und von Schmelzöfen aus der Bronzezeit ausgegraben, ebenso Tonscherben aus Mykene.

Milazzo ist eine reizende alte Fischerstadt. Von hier aus verkehren die Fähren zu den Liparischen Inseln; der Hafen ist dementsprechend unruhig.

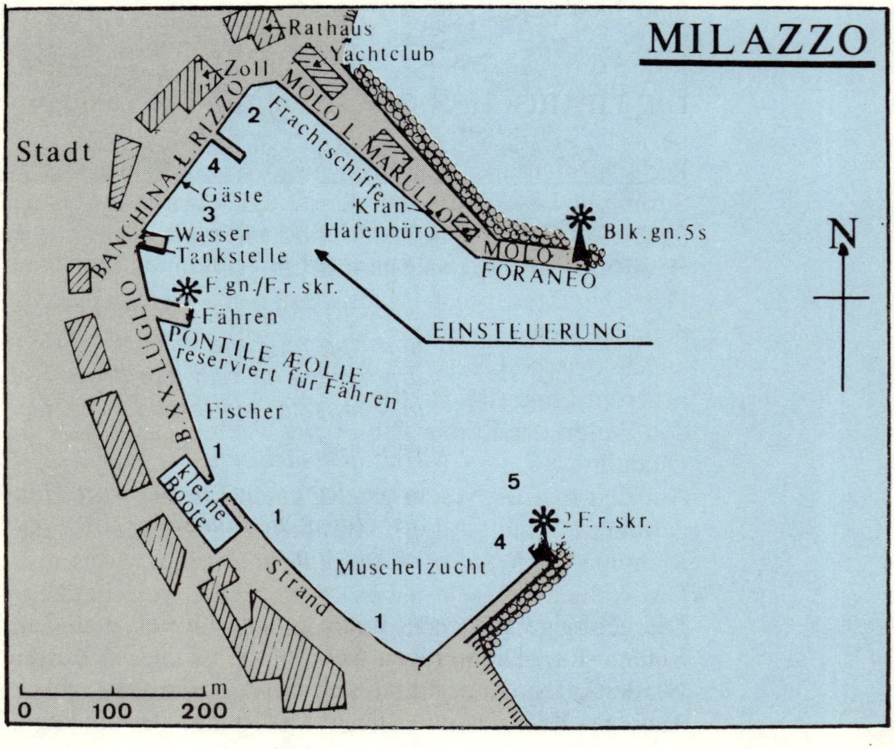

Ansteuerung (Seekarten: D 440, BA 1941, I 13 und 14): Die Zitadelle ist bei Tage leicht auszumachen, und auch die Ölraffinerie an der Südküste ostwärts des Hafens kann man kaum übersehen. Nachts ist die Einfahrt gut befeuert.

Liegeplatz: Yachten legen an der Banchina L. Rizzo im nordwestlichen Teil des Hafens zwischen den zwei kurzen Molen an (siehe Zeichnung). Im Südteil des Hafens ist eine Muschelzucht angelegt worden.

Versorgungsmöglichkeiten: Wasser und Treibstoff an der Mole südlich der Gastliegeplätze, Geschäfte aller Art, Cafés und Restaurants in der Stadt. Reparaturmöglichkeiten. An der Westseite der Landenge gibt es einen Badestrand. Verkehrsverbindungen: Tragflächenboot nach Lipari und Reggio, Bahn nach Messina und Palermo, Autofähre nach Genua.

Die Stadt, die heute 27000 Einwohner zählt, wurde als Mylae im 5. Jahrhundert v. Chr. von Griechen gegründet. Die Zitadelle erhebt sich in einer Höhe von etwa 100 m auf einem felsigen Plateau zwischen Hafen und Meer an der Westseite der Landenge. Der halbstündige Spaziergang lohnt sich, denn von dort aus hat man einen wundervollen Rundblick über die Berghänge bis nach Messina, auf die Küste Kalabriens und auf die Liparischen Inseln. An der Stätte der einstigen griechischen Akropolis erbaut, wurde die Zitadelle im Laufe der Jahrhunderte mehrfach erobert und ab und zu auch „renoviert" – nacheinander von den Normannen, den Truppen Karls V., den Franzosen und den Briten. Die letzte Belagerung fand 1860 durch Soldaten Garibaldis statt.

DIE LIPARISCHEN ODER ÄOLISCHEN INSELN

Die schroffen und gebirgigen Inseln Lipari, Vulcano, Salina, Panarea und Stromboli lassen sich mit dem Tragflächenboot von Milazzo aus in nur einer Stunde erreichen. Sie sind allesamt bewohnt. Die eingeborenen Bewohner sind spanisch-arabischer Herkunft.

Der Charakter dieser Inseln weist große Unterschiede auf: Auf der einen befindet sich ein tätiger Vulkan, auf der anderen gibt es interessante archäologische Überreste, während wieder eine andere sich einer gut organisierten Landwirtschaft und eines rentablen Bergbaus rühmen kann. Zu den Zeiten der Römer gab es hier – Plinius zufolge – Korallen von guter Qualität.

Auf den meisten Inseln gibt es einen kleinen Hafen, der Yachten Schutz gewähren kann. Alle Inseln haben Ankerplätze, die – je nach der Richtung des Windes – ein gewisses Maß an Leeschutz bieten.

Die Äolischen Inseln haben ihren Namen vom antiken Windgott Aeolus, dem „Herrn der Stürme mit der Gewalt, sie zu bändigen oder zu entfachen – wie immer er will". Er war es, der Odysseus einen günstigen Wind für die Heimfahrt nach Ithaka bescherte, zusammen mit einem Sack, in den er alle anderen Winde eingesperrt hatte. Seine neugierigen

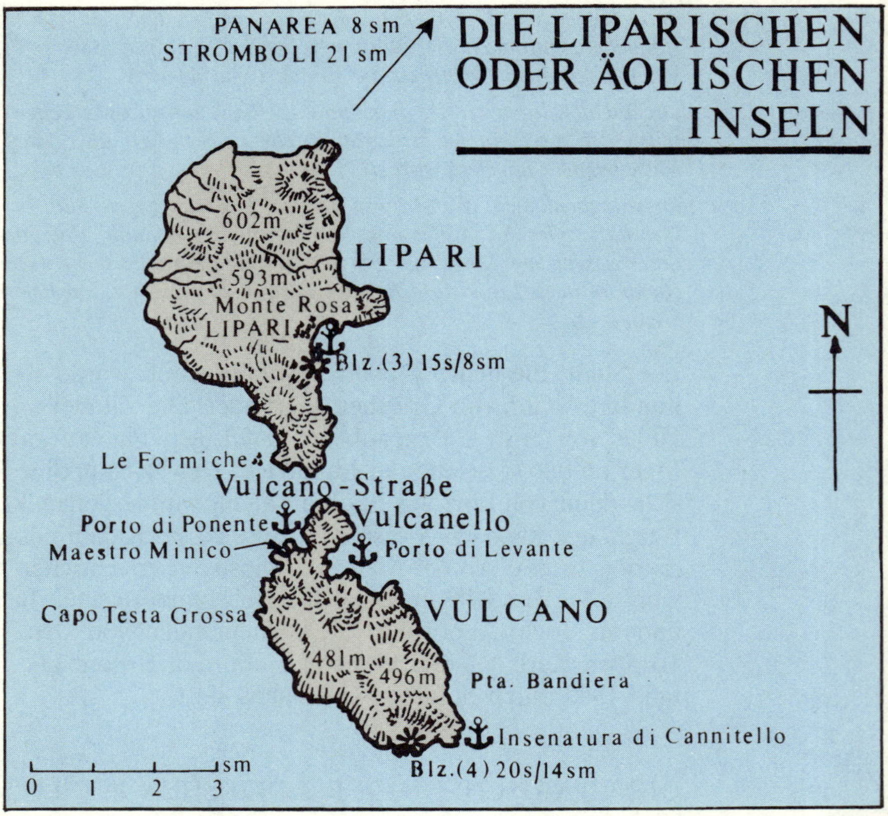

Begleiter öffneten den Sack, während Odysseus schlief. Anstatt bald heimzukommen, wurden sie erneut aufs Meer hinausgetrieben. Nur Odysseus sah die Heimat wieder – und das erst nach vielen Jahren.

LIPARI ist die am meisten entwickelte Insel des Äolischen Archipels. Der gleichnamige, interessante Ort liegt an der Ostseite.

Ansteuerung (Seekarten: D 507, BA 1976, I 14 und 248): Die Reede und die Hafenplätze liegen dicht südlich des Vorgebirges Monte Rosa.

Liege- und Ankerplatz: Von Nord nach Süd: a) Porto Pignataro. Die Mole in der Nordecke der Bucht besteht aus einem 300 m langen Wellenbrecher mit Kai und ausreichender Wassertiefe. Sie erstreckt sich in südwestlicher Richtung. Bei gutem Wetter können hier Yachten mit Bug oder Heck zum Kai festmachen. Der Molenkopf ist befeuert.

b) Ankerplatz zwischen den Versorgungsstegen und der Marina Lunga.

c) Marina Lunga liegt 0,5 sm südwestlich von Porto Pignataro. Hier gibt es Kais und eine kurze Pier, die zu verschiedenen Tageszeiten von den Fähren belegt sind. Yachten können an der in der Skizze auf Seite 236 eingezeichneten Stelle am Pontile di Sottomonastero festmachen.

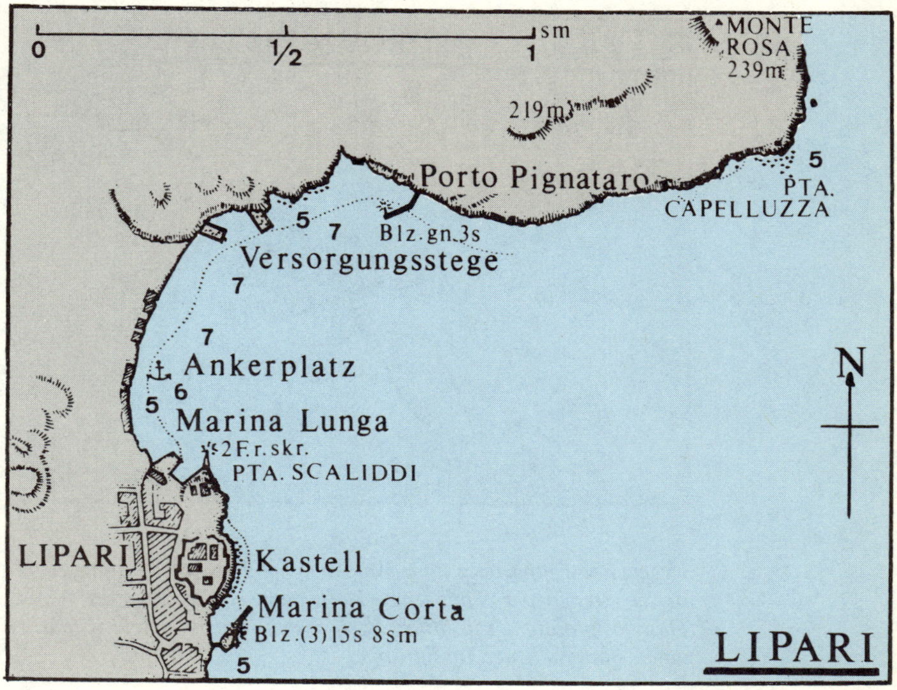

d) Marina Corta, unmittelbar südlich des Kastells, ist einer kleiner, aber gut geschützter Hafen mit 3 m Wassertiefe (Skizze S. 237).

Versorgungsmöglichkeiten: Wasser und Treibstoff erhält man am bequemsten an den eigens hierfür errichteten Versorgungsstegen. Sowohl in Porto Pignataro als auch in der Marina Lunga befindet sich ein Hydrant. Die Tankstelle in der Marina Lunga läßt

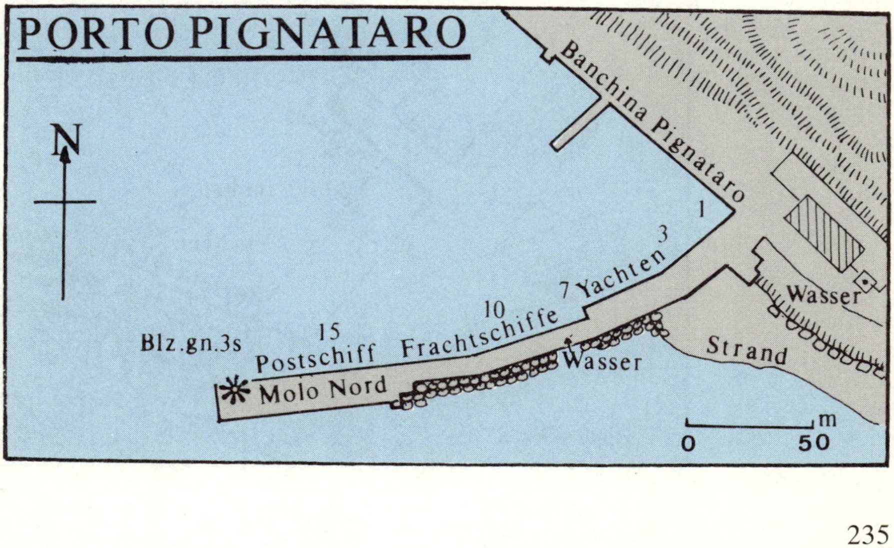

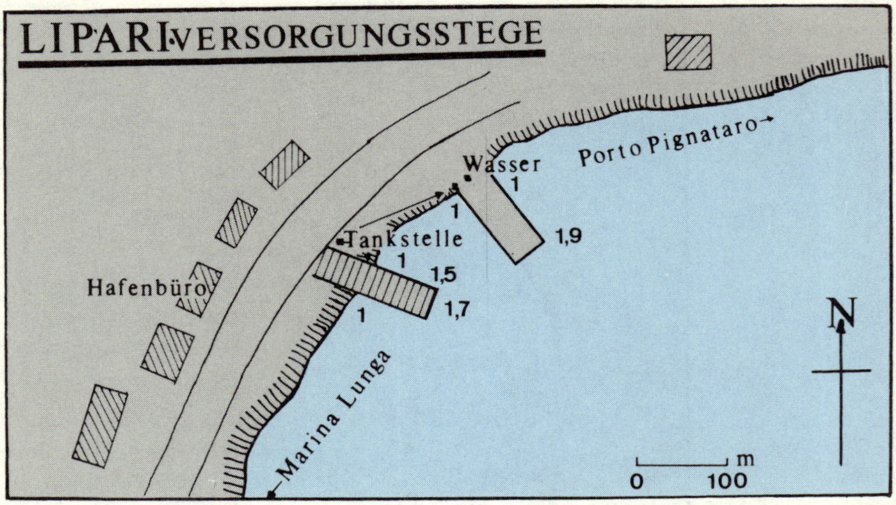

wegen der Entfernung zum Wasser keine Direktbetankung zu. Lebensmittelgeschäfte findet man in der Stadt (man kann auch ein Taxi mieten). Es bestehen regelmäßige Fährverbindungen mit Milazzo sowie den übrigen Inseln. Lipari ist zentraler Umsteigehafen innerhalb der Inselgruppe.

Während der letzten Jahre sind erhebliche Anstrengungen um den Tourismus unternommen worden.

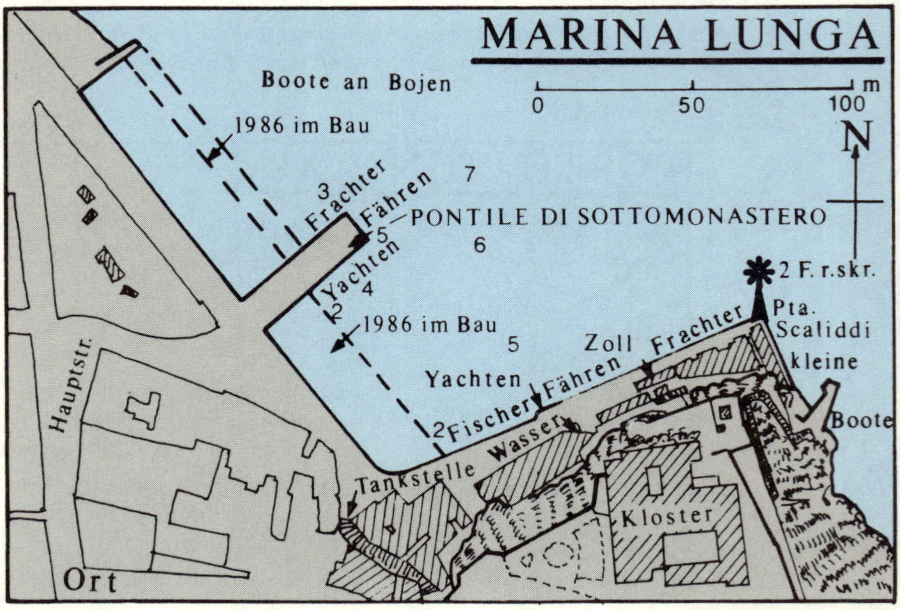

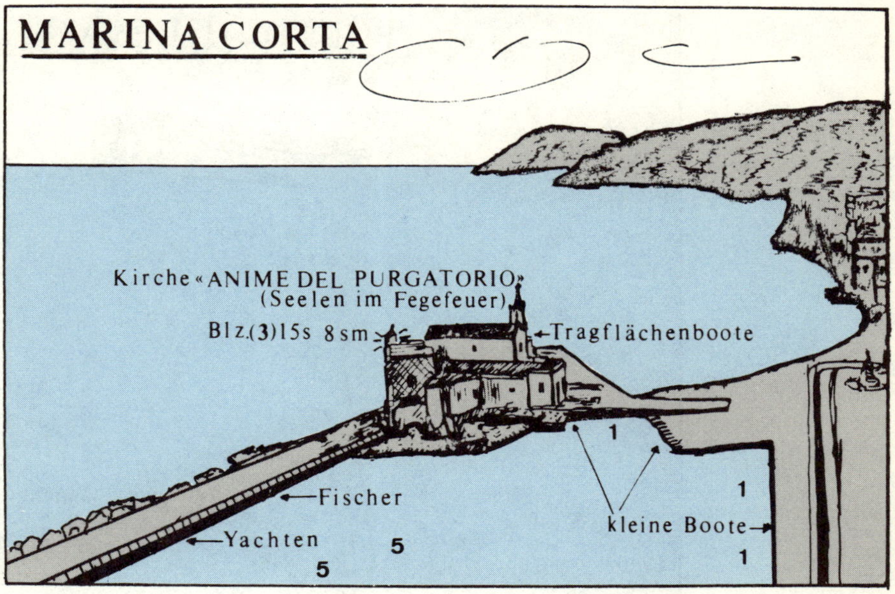

Die Insel hat 12000 Bewohner, weniger als die Hälfte der noch vor hundert Jahren hier lebenden Menschen. 50 Prozent wohnen in Lipari, einem Ort, der etwas eintönig wirkt. Enge Gassen führen steil zu der Zitadelle hinauf. In dem gotischen Bischofspalast, der jetzt als Museum dient, sind ein paar eindrucksvolle Funde aus vorgeschichtlicher und griechischer Zeit ausgestellt. Die ursprünglich normannische Kathedrale wurde durch Cheireddin Barbarossa weitgehend zerstört und von Karl V. in spanischem Stil wiederaufgebaut. Außerdem gibt es noch zwei byzantinische Kirchen. Am interessantesten aber ist das Museum.

Der erloschene Vulkan Monte Sant' Angelo erhebt sich bis zu einer Höhe von 590 m. Man kann ihn, einem steilen Pfad folgend, besteigen. Der Weg führt an den Steinbrüchen von Canneto vorüber, wo Obsidiane und Bimsstein gewonnen und über eigene Piers auf Schiffe verladen werden.

Auf der Insel wird auch Getreide angebaut. Bis in unser Jahrhundert hinein wurden alle Arbeiten von Frauen verrichtet, die sogar das Mahlen besorgen mußten. Zu diesem Zweck schirrte man sie an die Stangen, die das Mahlwerk bewegten: „Zwölf Sklavinnen sollen die Gaben der Ceres mahlen", heißt es bei Homer.

Außerdem wird, zumeist für den Eigengebrauch, ein relativ süßer Wein angebaut.

VULCANO erscheint von weitem als vollkommen unfruchtbar. Aber es gibt hier ein kleines landwirtschaftlich genutztes Gebiet.

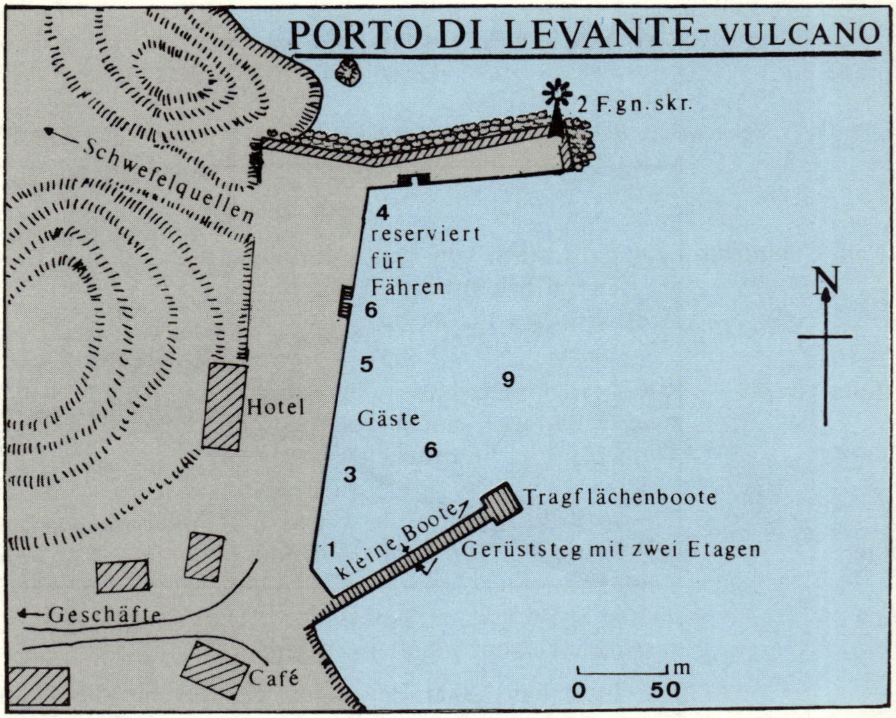

Porto di Levante ist der Hauptort.

Ansteuerung und Liegeplatz (Seekarten: D 507, BA 1976, I 14 und 246): Porto di Levante ist eine natürliche Bucht im Nordosten von Vulcano. Der Hafen besteht aus einer 115 m langen nördlichen Mole, die auf ihrer gesamten Länge für Fähren und Versorgungsschiffe reserviert ist, einem großen Kai mit den Liegeplätzen für Besucher und einem zweigeschossigen Gerüststeg mit einer Plattform am Ende, an der die Tragflächenboote anlegen. Die untere Etage dieses Steges eignet sich gut zum Anlegen mit dem Beiboot.

Versorgungsmöglichkeiten: Geschäfte aller Art, Cafés und Restaurants in Porto Levante – allerdings sind viele nur im Sommer geöffnet. Die heißen Schlamm- und Seewasserbäder haben eine heilende Wirkung bei rheumatischen Erkrankungen. Ein Tragflächenboot fährt täglich nach Milazzo, und Motorboote verkehren regelmäßig nach Lipari.

Porto di Ponente an der Nordwestküste hat eine kurze Pier für das Tragflächenboot. Seit hier Kabel verlegt wurden, darf man in diesem Bereich nicht mehr ankern.

Cala di Maestro Minico Die kleine Bucht liegt 500 m nordostwärts von Capo Monaco. Auf der Karte erkennt man sie an dem einzelnen Felsen in der Einfahrt, der 1 m aus dem Wasser ragt. Bei gutem Wetter kann eine Yacht an diesem Ankerplatz eine ruhige Nacht in völliger Abgeschiedenheit verbringen.

Einsteuerung: Man wähle den Weg nördlich an jenem einzelnen Felsen vorbei und halte sich in der Mitte zwischen ihm und der Küste. Dann fahre man in die Mitte der Bucht oder etwas südlich davon; so geht man einem überfluteten Felsen in der Nordostecke der Bucht aus dem Wege.

Ankerplatz: 100 m vor dem Kiesstrand ankere man auf 10 m Wassertiefe (Sandgrund mit einzelnen Steinen). Hier findet man guten Schutz vor Winden aus dem östlichen Quadranten.

Cala Cannitello liegt südwestlich von Punta Bandiera, der Südostecke der Insel. Dies ist ein weiterer Schönwetter-Ankerplatz mit 5 m Wassertiefe über Sandgrund. Er ist jedoch von Ost bis Südsüdwest offen.

Testa Grossa ist ein Ankerplatz hinter der Roccia Pillar. Man muß sich von Süden her nähern und bei einem Felsvorsprung ankern (wenig Halt). Auf den Klippen nisten Sturmtaucher.

Die Insel, die im Jahre 183 v. Chr. dem Meer entstieg, hat 400 Bewohner; sie leben vorwiegend von Tourismus, Fischfang und Landwirtschaft. Der große Krater liegt im Süden, dazu der Piano delle Grande Fumaroli, dem ständig Schwefeldämpfe entsteigen. Die Aussicht vom Rand des seit 1890 untätigen Vulkans ist überwältigend.

SALINA ist das antike Didyma (Zwillinge), benannt nach den beiden Berggipfeln, an denen die Insel zu erkennen ist. Mit 962 m ragt sie höher auf als die übrigen Inseln der Gruppe. Die 3500 Bewohner verteilen sich auf die Ort-

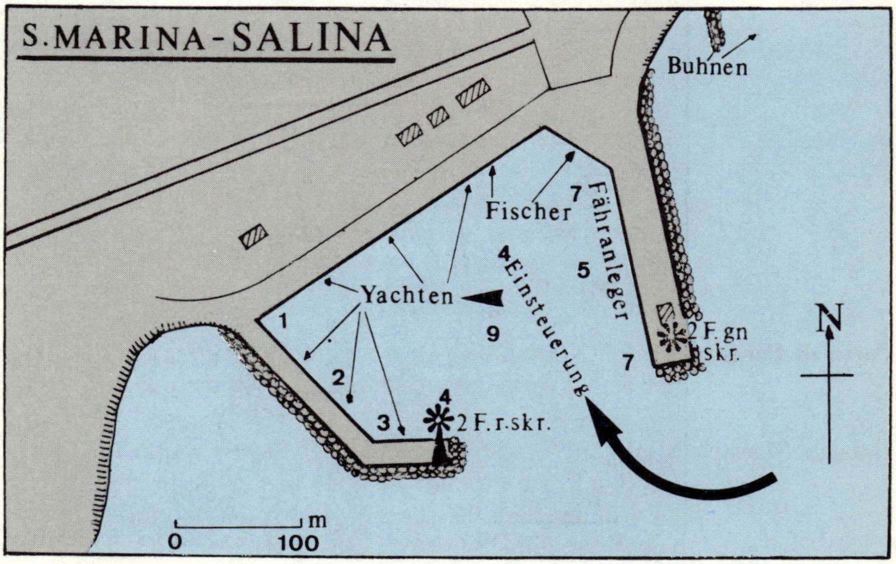

schaften Sta. Marina Salina, Malfa und Rinella und leben vorwiegend vom Weinanbau. Salina wird das „Weinfaß" der Äolischen Inseln genannt.

Rinella bietet eine Anlegemöglichkeit bei dem Weiler an einer kurzen Mole auf 5 m Wassertiefe über felsigem Grund. Gelegentlich legt hier ein Tankschiff an, um Wasser zu bringen. Manchmal kommen Archäologen hierher, um die alten Gräber weiter zu erforschen und nach weiteren Relikten aus griechisch-römischer Zeit zu suchen. In Rinella gibt es Lebensmittelgeschäfte, Cafés und Restaurants.

Sta. Marina Salina Diese nach Süden offene Bucht hat einen Fähr- und Fischerhafen mit geschützten Liegeplätzen für Yachten, die an den im Plan auf Seite 239 eingezeichneten Stellen anlegen können. Geschäfte, Cafés und Restaurants sind in der Nähe des Hafens bei den beiden Kirchen zu finden.

PANAREA ist gebirgig mit einer kahlen Steilküste im Norden und Westen. Um den Weiler San Pietro im Osten, in dem die meisten der wenigen Bewohner leben, wird die Insel landwirtschaftlich genutzt.

San Pietro Dieser Ankerplatz liegt gleich nördlich von Pta. Peppemaria und nahe bei der gleichnamigen Ortschaft. An dem Anlegesteg für die Fähren und Tragflächenboote kann auch ein Dutzend Yachten festmachen. Unmittelbar am Hafen gibt es Geschäfte, Cafés und Restaurants.

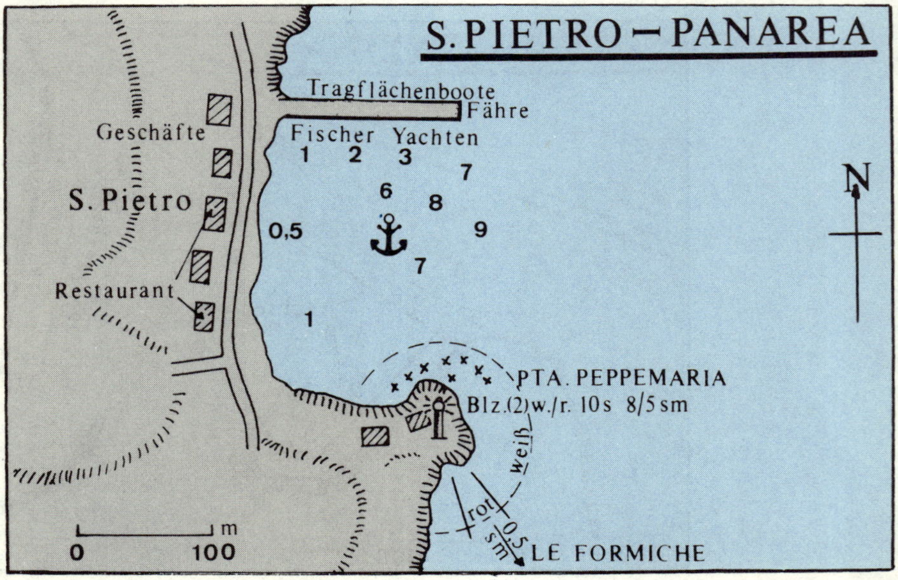

Cala Milazzese am Südende der Insel liegt an der Nordostseite von Capo Milazzese. In der westlichen Bucht gibt es einen schön gelegenen Ankerplatz auf 5 m Wasser über Sandgrund.

STROMBOLI hat einen furchterregenden tätigen Vulkan, der häufig rot aufglüht und feurige Lava ausspeit, die an seinen steilen Nordwesthängen 300 m tief ins Meer hinabrinnt. An der Nordostseite der Insel, wo die Hänge sanfter ansteigen, liegt der Ort Stromboli mit seinen weißgetünchten Häusern vor dem Grün der Weingärten.

Ankerplatz (Seekarten: D 507, BA 1941, I 13 und 14): Bei San Bartolommeo, in der Cala Ficogrande, ist ein Anlegesteg für die Tragflächenboote, an dem auch einige Yachten festmachen können. Südlich der Punta della Lena, bei San Vincenzo, gibt es zwei Stege, von denen der nördliche für Yachten bestimmt ist (am südlichen legen die Tragflächenboote an).

Früher war hier eine Fischerflotte beheimatet. Infolge der Abwanderung der Bewohner sind aber nur noch wenige Boote übriggeblieben. An die 350 Menschen leben noch im Ort.
Durch Weingärten, Olivenhaine und Bambusfelder führt ein Pfad zum Gipfel. Man sieht gelegentlich eine Schlange oder ein paar Eidechsen. Die letzten 300 m des Weges führen über ein rauhes Lavafeld.
Im Laufe der vergangenen Jahrhunderte haben Seeleute, die hier vorübersegelten, immer wieder ihre Eindrücke geschildert. Einer von ihnen, Leutnant Dummer, ein bedeutender Marinemaler, beschrieb 1664 den ungewöhnlichen Anblick des Stromboli als „überaus erstaunlich und

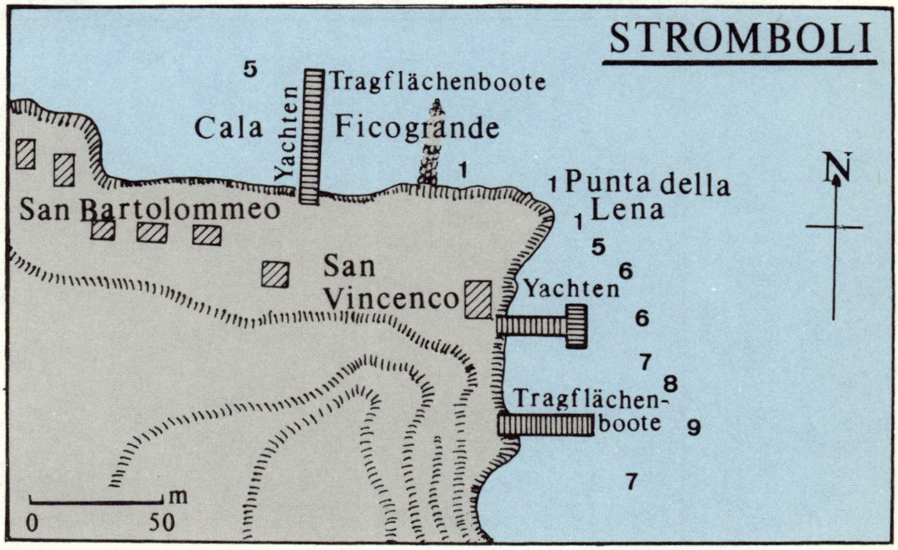

schreckenerregend, und wenn man sich in Hörweite des Ausbruches befindet, so ist der Eindruck ganz unbeschreiblich".

ALICUDO FILICUDI Die beiden westlichsten Inseln der Gruppe sind von Riffen und Klippen umgeben und bei Tauchern und Unterwasserjägern sehr beliebt. Sie werden nur von wenigen hundert Menschen bewohnt und sind mit Macchia bewachsen.

In Filicudi besteht die Möglichkeit, an dem Anleger des Tragflächenbootes kurzzeitig festzumachen.

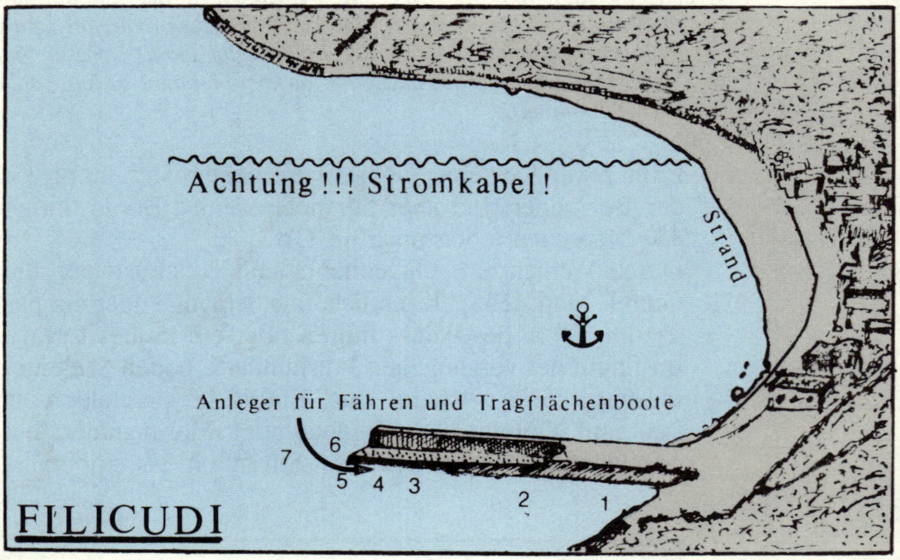

6 Die italienische Festlandküste und die vorgelagerten Inseln

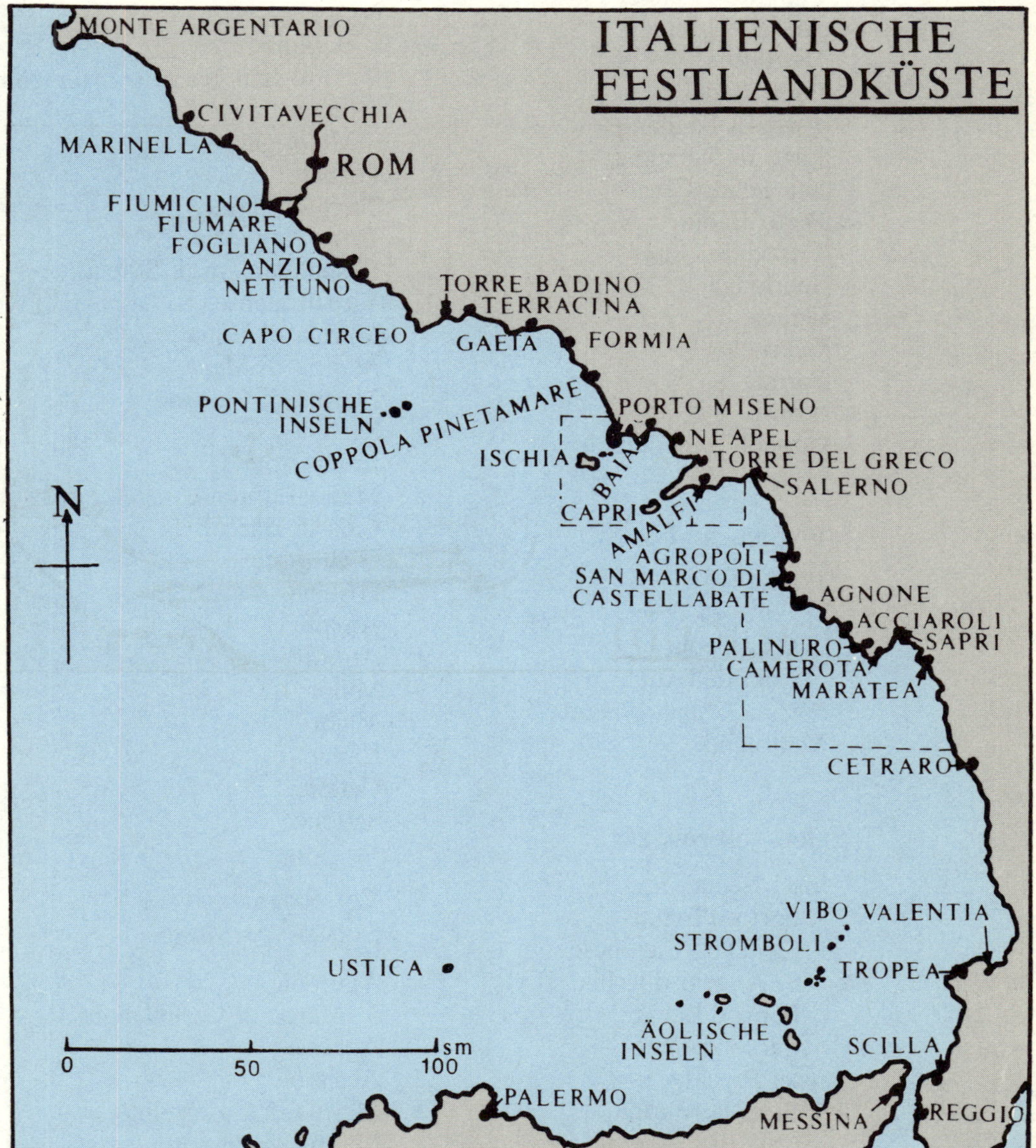

Marina di Camerota	Vibo Valentia Marina
Scario	Tropea
Policastro	Gioia Tauro
Sapri	Palmi
Maratea	Bagnara Calabra
Scalea	Scilla
Diamante	Villa San Giovanni
Marina di Belvedere	Reggio di Calabria
Cetraro	Saline Joniche

VON DER HALBINSEL ARGENTARIO BIS ZUM GOLF VON NEAPEL

Civitavecchia ist ein großer Handelshafen ohne bequeme Versorgungsmöglichkeiten für Yachten.

Ansteuerung (Seekarten: D 504 und 505, BA 158 und 1911, I 6): 1985 wurde die Außenmole verlängert. Die Ansteuerung ist bei Tage und bei Nacht problemlos. Die Molenköpfe sind befeuert, und der Hafen ist bei Nacht durch große Scheinwerfer taghell erleuchtet.

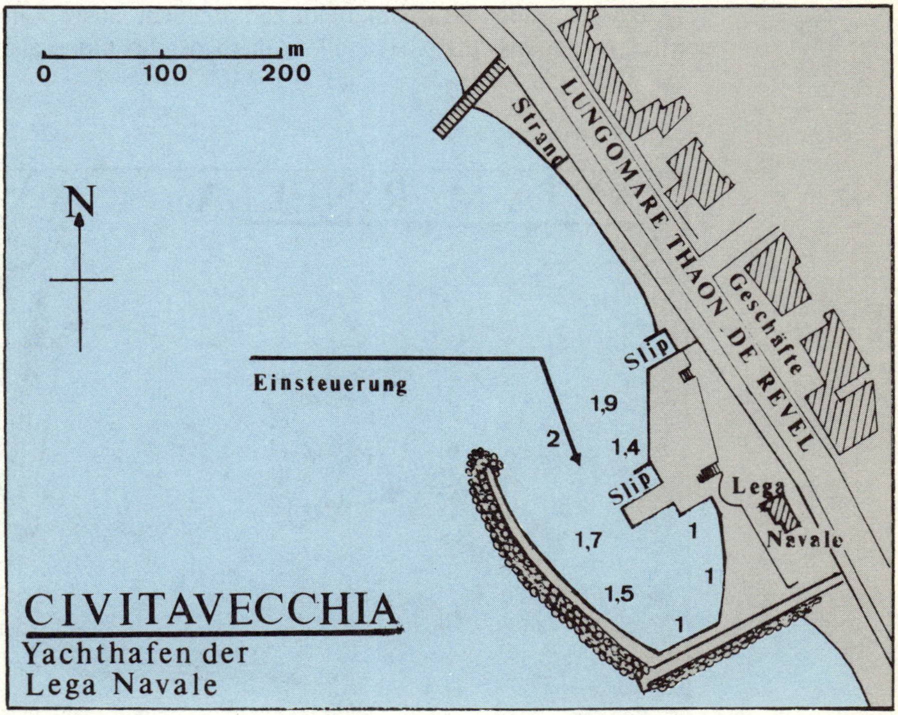

Liegeplatz: Große Yachten legen im Michelangelo-Bassin an; mittlere und kleine Yachten machen in der Darsena Romana an Schwimmstegen oder am Kai fest. Der Liegeplatz ist wenig ansprechend, dafür ist er jedoch ringsum von Land geschützt und ruhig. Kleinere Yachten bis 1,30 m Tiefgang können in dem Yachthafen der Lega Navale Italiana etwa 0,5 sm südlich der Einfahrt zu dem Handelshafen anlegen (Skizze Seite 245).

Behörden: Das Hafenamt befindet sich im Nordteil des Hafens.

Versorgungsmöglichkeiten: Trinkwasser und Kraftstoff ethält man auf dem Kai. Die Läden sind zehn Minuten zu Fuß entfernt. Es bestehen Zug- und Busverbindungen nach Rom. Autofähren verkehren nach Sardinien. Reparaturmöglichkeiten sind gegeben (600-t-Helling, Kräne). In Civitavecchia hat einer der größten Yachtausrüster Italiens seinen Sitz. Die Firma Finder bietet eine große Auswahl an Yachtzubehör und führt Reparaturen an elektronischen Geräten prompt und zuverlässig aus. Sie ist Generalimporteur für verschiedene ausländische Navigationsgeräte-Hersteller.

Ursprünglich war der Hafen als Marinestützpunkt von Kaiser Trajan angelegt worden, der hier eine Villa besaß. Im 13. Jahrhundert wurde er der Haupthafen Roms. Heute hat die Stadt 40000 Einwohner. Die alten Befestigungen, von denen noch viele erhalten sind, wurden im Jahre 1535 von Michelangelo entworfen.

Santa Marinella war früher ein kleiner Fischerhafen 2 sm ostwärts Capo Linaro. Jetzt ist es ein Touristenort, und der neue Hafen ist voll mit ortsansässigen Yachten. Trotzdem lohnend für einen kurzen Besuch, ausgenommen bei Südostwinden. Sehenswert ist vor allem das Castello Odescalchi.

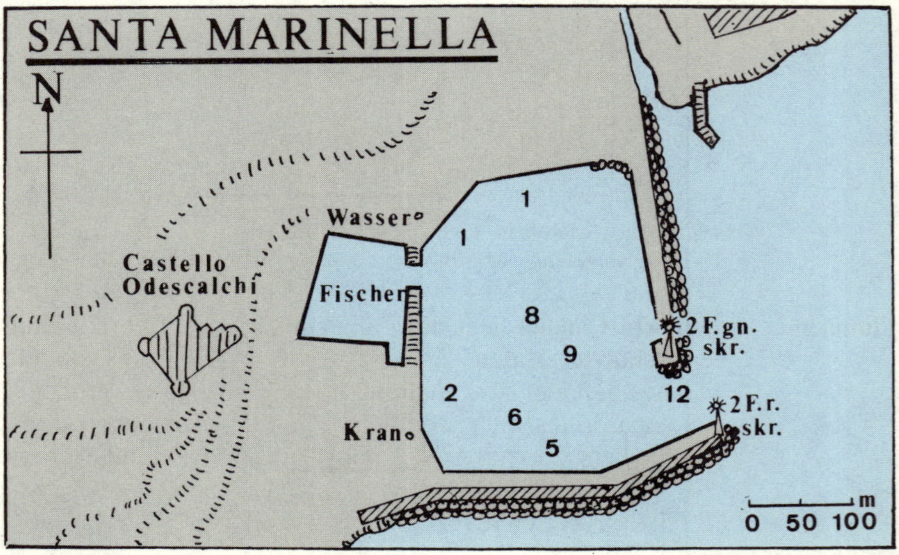

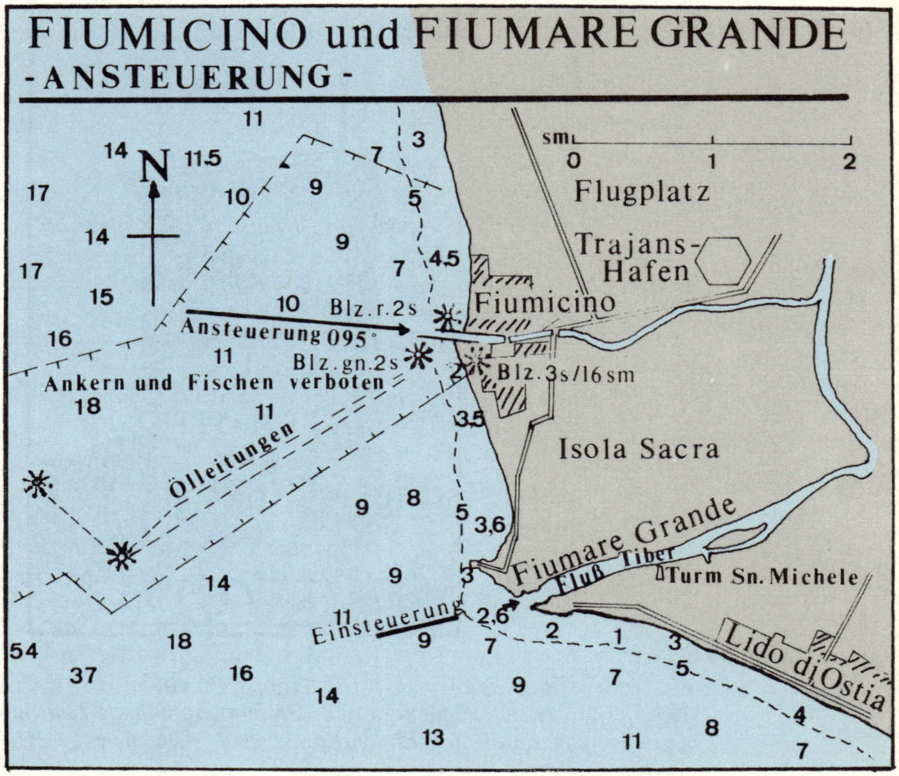

Ansteuerung (Seekarten: D 505, BA 1911, I 7): Bereits aus einer Position mehr als 2 sm östlich von Capo Linari kann man mit Ostkurs einlaufen, aber nicht bei hartem Südostwind. 5 m Wassertiefe in der Einfahrt, seichter werdend auf 3,50 m und weniger. Die Villa Odescalchi, ein grauer Bau mit Turm und Kuppel, ist eine auffallende Landmarke.

Ankerplatz: Wo Platz ist auf 2,50 m Tiefe. Man achte auf die unter Wasser vorkragende Steinschüttung. Oder ostwärts außerhalb der Nordmole ankern – der bessere Platz bei beständigem Wetter auf Sandboden mit 4,50 m Wassertiefe.

Versorgungsmöglichkeiten: Geschäfte verschiedener Art, Hotel, Bank und Post liegen im Umkreis weniger Minuten Spaziergang. Treibstoff und Wasser im Ort.

Fiumicino

(Porto Canale) liegt am Fiumicinoarm der Tibermündung und ist ein gut geschützter Hafen. Er verfügt über eine Anzahl von Yachtwerften. Allerdings befindet sich in unmittelbarer Nähe Roms großer Verkehrsflughafen Leonardo da Vinci, wodurch es immer wieder störende Flugzeuggeräusche vor allem der startenden und landenden Düsenriesen gibt.

Ansteuerung (Seekarten: D 505, BA 1911, I 7): Bei der niedrigen und konturenarmen Küste ist es wichtig, rechtzeitig ein oder mehrere klare Objekte auszumachen. Dafür bieten

sich der Tower des Flughafens und der Fiumare-Grande-Leuchtturm an. Wenn man 1 sm vor der nördlichen Einfahrtsmole steht, sieht man die Fischerhäuser. Oft sind davor Netze zum Trocknen ausgebreitet.

Die geringste Tiefe im Kanal beträgt 3,50 m. Die Ansteuerung erfolgt unter 095°, wobei man am rechten Kanalufer einlaufen und die Abdrift beachten sollte. Es gibt einen Weststrom, der mit 2 kn, besonders im Frühjahr aber auch mit bis zu 7 kn aus dem Tiber kommt. Außerhalb der Pierköpfe kann ein Nordwest- oder Südoststrom stehen – je nach Windrichtung. Bei frischen Südostwinden setzt Strom entlang der Südmole und erschwert das Einlaufen oder macht es gar unmöglich. Das Einlaufverbot wird durch eine rote Flagge auf dem Lotsenturm angezeigt. Weht dort die Flagge der Lotsen, so ist das Einlaufen gestattet. Ein- und Auslaufen unter Segeln ist verboten. Schiffe über 20 BRT Verdrängung müssen einen Lotsen anfordern.

Liegeplatz: Der Kanal mit Kais an beiden Seiten behält seine Tiefe von 3,50 m über 1,5 sm bei. Er wird von Brücken überspannt, die auf Wunsch geöffnet werden. Kleine Frachter und an die 30 Trawler legen sich längsseits an die Kais. Manchmal machen hier auch Yachten fest, aber bei frischen westlichen Winden steht Schwell im Kanal. Yachten gehen deshalb normalerweise in das dafür vorgesehene Becken, das auf 4 m ausgebaggert und wo der Schutz vollkommen ist. Der Untergrund ist weicher Schlamm. Leider ist es hier meistens überfüllt (zumindest während der Saison).

Behörden: Hafenmeisterei und Zollamt.

Versorgungsmöglichkeiten: Wasser und Treibstoff am Kai, Strom am Yachtbecken. Geschäfte aller Art zu beiden Seiten des Kanals, jedoch bietet die Nordseite bessere Einkaufsmöglichkeiten. Im Ort wird außerdem täglich Markt abgehalten. Verschiedene gute Fischrestaurants. Eine Wäscherei findet man am Yachtbecken, ebenso Mechaniker und

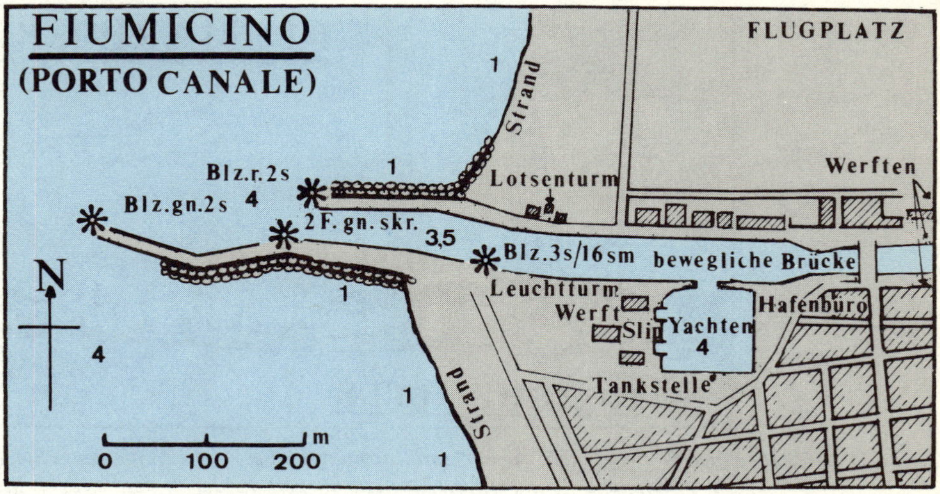

Reparaturwerkstätten. Gasflaschen können bei einem Depot auf der Kaiseite gefüllt werden. Busverbindung zum Flughafen, nach Ostia und Rom. Die Haltestelle ist an der Nordseite der Fußgängerbrücke. Zugverbindung mit Rom, die Fahrt dauert 45 Minuten. Viele Yachten haben ihren Dauerliegeplatz in dem Becken.

Abgesehen von einem Besuch Roms sollte man mit einem Bus oder Taxi nach Ostia Antica (8 km) fahren. Die Reste dieser ausgedehnten römischen Stadt wurden teilweise ausgegraben und können inmitten einer anmutigen grünen Umgebung besichtigt werden. Zu sehen sind das Forum, Kapitol, Theater, etliche Läden, Wohnungen, Statuen und Inschriften.

Der berühmte sechseckige Hafen am rechten Ufer des Fiumicino ist unter Trajan an der Wende vom 1. zum 2. Jahrhundert erbaut worden. Er hatte bald den Hafen der reichen Stadt Ostia überflügelt. Diese liegt jetzt etwa 5 km von der Mündung entfernt beim Landgut des Herzogs Sforza Cesavene. Das Meer wird jedes Jahr von den Ablagerungen des Flusses zurückgedrängt.

Fiumare Grande Die Hauptmündung des Tibers ist der größte Yachthafen des mittleren Tyrrhenischen Meeres, vor allem für die Winterlagerung. Die Tiefen in der Einfahrt ändern sich ständig und variieren zwischen 1,30 und 2 m. Einsteuern sollte man nur bei ruhigem Meer und mit größter Sorgfalt.

Der große Badeort Roms, Lido di Ostia, grenzt im Südosten an.

Ansteuerung: Der hohe Leuchtturm an der Nordseite der Einfahrt ist eine gute Orientierungshilfe. Die Tiefe an der Barre beträgt normalerweise 1,50 m.

Liegeplatz: An den Flußufern gibt es hölzerne Stege zum Anlegen. Ferner kann man an den Uferbefestigungen der verschiedenen Werftbetriebe festmachen.

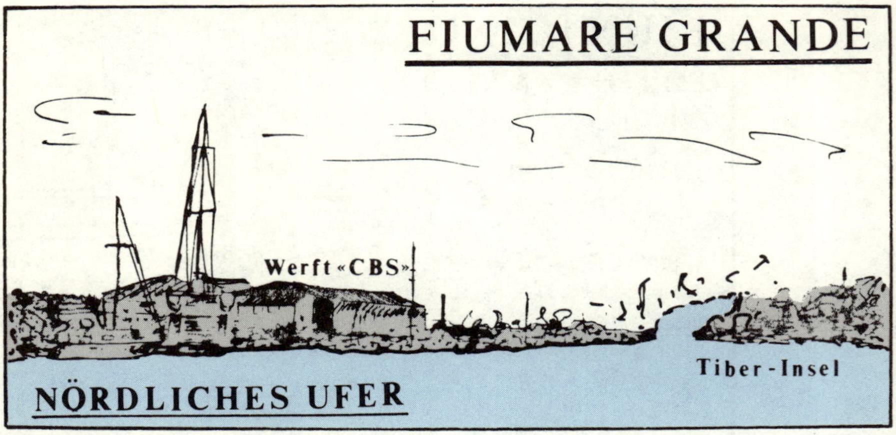

Versorgungsmöglichkeiten: Wasser- und Stromanschlüsse an verschiedenen Stegen und bei den Werftbetrieben. Kraftstoff erhält man an verschiedenen Tankstellen. Mehrere größere und kleinere Werftbetriebe führen Reparaturen aller Art aus.
Kräne und Slipanlagen stehen zur Verfügung. Gut sortierte Schiffsausrüster, Restaurants und Cafés liegen an den Flußufern.
Selbstbedienungsladen am Lido di Ostia neben dem Bahnhof. S-Bahn- und Zugverbindung mit Rom. Busverbindung mit Fiumicino.

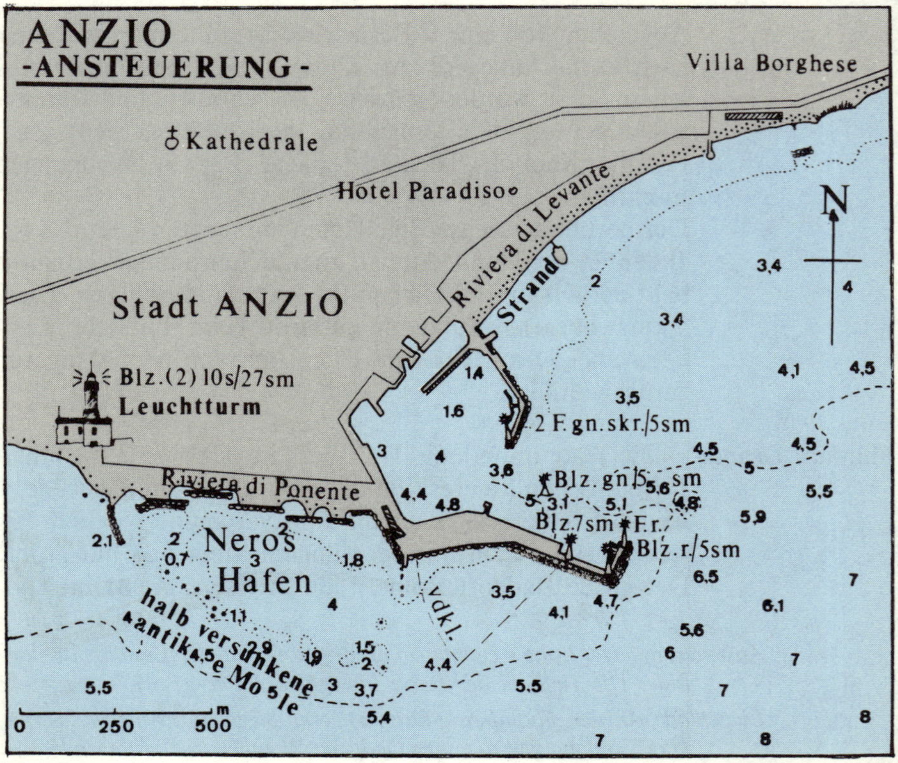

Anzio ist ein nützlicher, gegen nordwestliche Winde geschützter Hafen, von dem aus Rom sich leicht erreichen läßt.

Ansteuerung (Seekarten: D 505, BA 1911, I 7): Man nähert sich der Hafeneinfahrt am besten zunächst mit nördlichem Kurs auf die Villa Borghese zu. Sobald man eine Wassertiefe von 5 m lotet, öffnet sich die Hafeneinfahrt hinter dem Wellenbrecher. Nun steuert man mit Kurs Westnordwest die Einfahrt an, indem man zwischen dem Wellenbrecher und der grünen Tonne dem Fahrwasser bis in den Hafen folgt. Bei frischen südlichen Winden brechen sich die Seen über der dem Hafen dicht vorgelagerten Bank.

Liegeplatz: Man macht entweder Bug oder Heck zum Kai fest oder sucht sich einen Liegeplatz in dem ziemlich überfüllten, auf 2,50 m ausgebaggerten Yachthafen am Kai Pamphili. Dort liegt man gut geschützt, aber bei südlichen Winden steht Dünung herein. Am Hauptkai von einer kleinen Yacht an Land zu gehen, ist schwierig, weil er sehr hoch ist.

Behörden: Hafen- und Zollamt befinden sich am Kai.

Versorgungsmöglichkeiten: Kraftstoff am Kai. Geschäfte und Restaurants ganz in der Nähe. Trinkwasser nach Absprache mit dem Hafenmeister aus einem Hydranten. Stündlich fahren Busse nach Rom; die Fahrt dauert anderthalb Stunden. Für Reparaturen stehen eine 300-t-Helling, Kräne und Taucher sowie mehrere Werftbetriebe zur Verfügung.

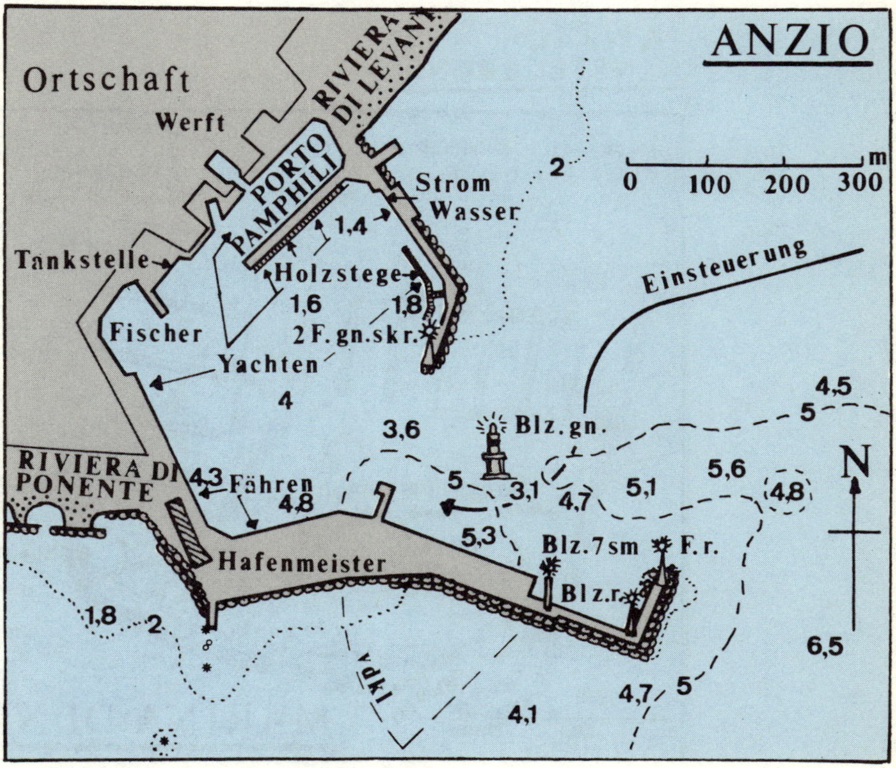

In einiger Entfernung von der Küste sind die Ruinen von Neros einst über 600000 m² großem Hafen Antium daran zu erkennen, daß sich die Seen über dessen äußerer Mole brechen. Als der Hafen gebaut wurde, war Antium ein beliebter Erholungsort der Römer. Cicero hatte hier einen Besitz; Caligula und Nero sind hier geboren. Nach dem Untergang des Imperium Romanum war der Ort mehr oder weniger verödet, bis gegen Ende des 17. Jahrhunderts Papst Innocenz XII. die Grundmauern des heutigen Hafens legen ließ. Er sollte seine Galeerenflotte aufnehmen. Die Baumaterialien gewann man durch Abbruch von Neros Seeschloß auf der Anzio-Spitze.

Nettuno ist ein hübsches Seebad mit einem sehenswerten Kastell. Der Hafen am Ostende der Stadt ist zu einer modernen Yacht-Marina mit 700 Liegeplätzen und Wassertiefen zwischen 3 und 4 m ausgebaut worden.

Ansteuerung (Seekarten: D 505, BA 1911, I 7): Der Hafen liegt etwa 1 sm östlich von Anzio. Der östliche Molenkopf ist befeuert (2 F.gn. skr.).

Liegeplatz: Für Yachten bis 20 m Länge stehen 700 Liegeplätze an den Stegen der beiden inneren Hafenbecken zur Verfügung. Die Liegeplätze sind mit Grundleinen ausgestattet. Größere Yachten können im Vorhafen vor Buganker – Heck zur Pier – anlegen.

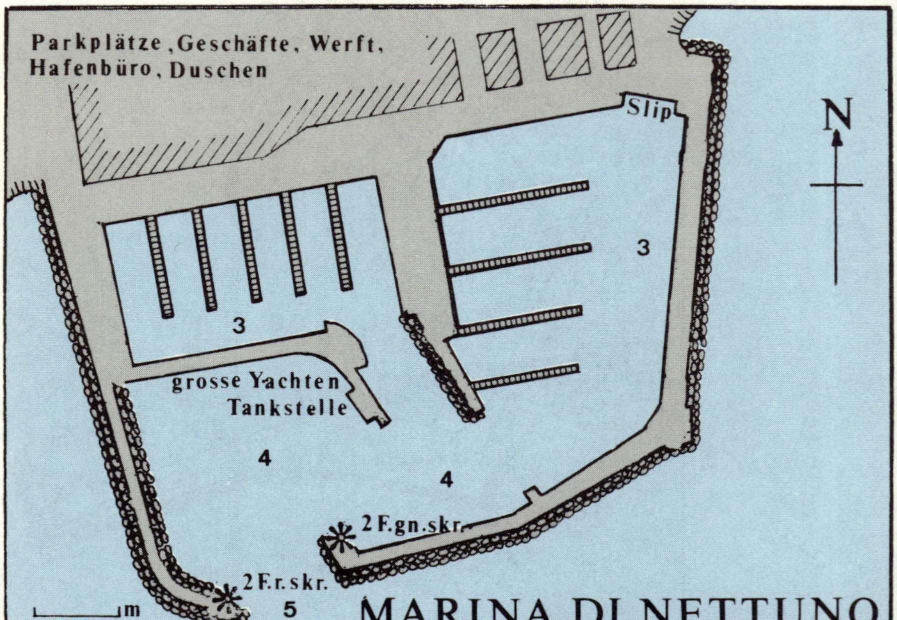

Versorgungsmöglichkeiten: Strom- und Wasseranschlüsse an allen Liegeplätzen; Kraftstoff erhält man an der Hafentankstelle. Yachtwerft, Schiffsausrüster am Hafen. Lebensmittelgeschäfte, Hotels und Restaurants in Nettuno.

Von Nettuno südostwärts an der niedrigen, zurückweichenden Küste entlangsegelnd, sieht man den Torre Astura als weithin sichtbare Landmarke.

Foce Verde Etwa 1,5 sm östlich des Torre Astura liegt der Kanalhafen Foce Verde, der kleinen Yachten mit einem Tiefgang bis maximal 1 m gute Liegeplätze bietet. Die Kanaleinfahrt ist befeuert (Blz. (2) 6s/6sm).

Torre di Fogliano Ein weiterer Kanalhafen südöstlich von Foce Verde, der Yachten bis 1 m Tiefgang sichere Liegeplätze und gute Versorgungsmöglichkeiten einschließlich Tankstelle und Slip bietet.

Lago di Sabaudia Die Einfahrt in die Lagune Sabaudia mit dem Beiboot ist ein lohnender Ausflug. Viele kleine Yachten haben hier ihren ständigen Liegeplatz.

Bei der Weiterfahrt kommt man an das riesige, über 500 m hohe Vorgebirge Circeo, das wie eine Insel an der Küste liegt. Aus den Gesängen Homers als Insel bekannt, war es seinerzeit mit dem Festland durch ein Sumpfgebiet verbunden. Unter Mussolinis Herrschaft wurden die Pontinischen Sümpfe trockengelegt, und so entstand eine fruchtbare Ebene.
Hier hatte die Zauberin Kirke ihren Palast, und hier erprobte sie ihren Charme an Odysseus, der seine Weiterreise ein volles Jahr unterbrach. Er hatte den Rat des Hermes befolgt: „Wenn Kirke mit langer Rute dich anrührt, siehe, dann reiße du schnell das scharfe Schwert von der Hüfte,

spring' auf sie zu und drohe, sie gleich zu erstechen. Sie nun wird in der Angst zu ihrem Bette dich rufen, und nun weigre dich nicht und besteige das Lager der Göttin, daß sie deine Gefährten erlös' und dich selber bewirte." Die Männer des Odysseus hatten nämlich weniger Glück als er: Sie waren, von Kirkes Zauberstab berührt, in Schweine verwandelt worden.

Der Monte Circeo ist das Ziel vieler Ausflügler. Sie steigen einen zum Semaphor-Hügel führenden Pfad hinauf, um dort oben zu rasten und den herrlichen Ausblick zu genießen. An der Nordseite des Berges lagen zahllose Ruinen römischer Villen; fährt man jedoch heute draußen auf See vorüber, so sieht man nur moderne Ferienhäuser und Hotels, die sich rings um die unteren Hänge, vor allem an der Südseite, ausgebreitet haben. Am Südosthang, nahe beim Torre del Fico, liegt

San Felice Circeo ein Yachthafen, der bei jedem Wetter sicher ist.

Ansteuerung (Seekarten: D 505 und 506, BA 1911, I 8 und 9): Der Wellenbrecher befindet sich 0,5 sm östlich vom Torre del Fico. Die Molenköpfe sind befeuert. Eine Sandbank erstreckt sich in Verlängerung des Wellenbrechers fast 100 m nach Nordosten.

Liegeplatz: Yachten legen an den Stegen oder der Innenseite der Ostmole an. Ist der Hafen überfüllt, was im Sommer häufig der Fall ist, so kann man außerhalb des Hafens neben der Ostmole ankern.

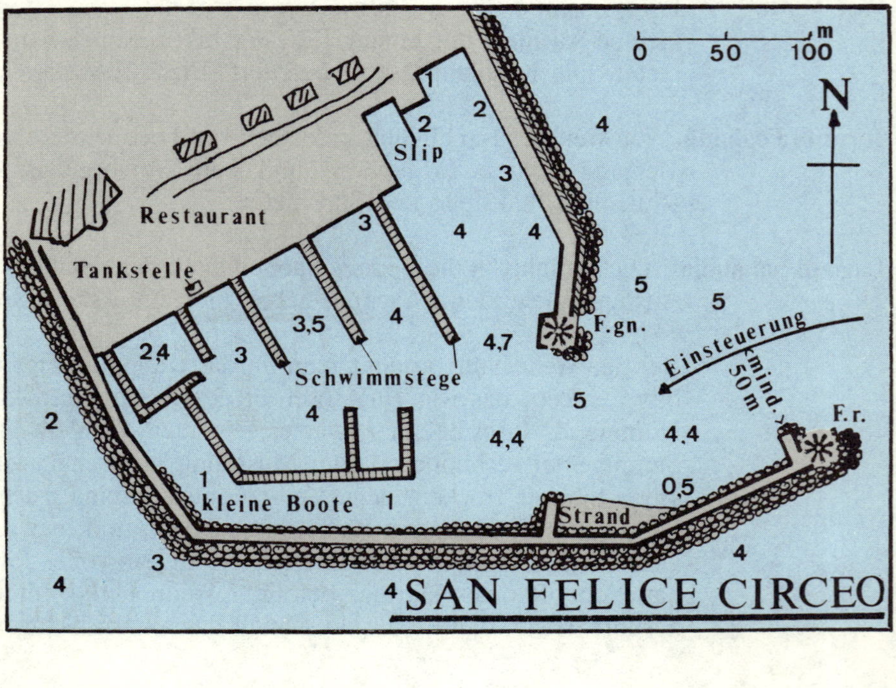

Versorgungsmöglichkeiten: Wasser- und Stromanschlüsse an den Liegeplätzen. Kraftstoff erhält man an der Tankstelle im Hafen. Ein Hotel mit Restaurant am Anfang der Mole. Lebensmittelgeschäfte im Ort (gut 20 Minuten). Der Ort ist reizend. Angenehmes Baden am Sandstrand dicht beim Hotel. Eine Buslinie verbindet mit Rom.

Der Hafen liegt landschaftlich besonders schön am Fuße des Monte Circeo. Östlich des Hafens sind einige Feriensiedlungen, jede mit einer kleinen Bucht zum Anlanden mit Beibooten.
Etwa 0,5 sm nordöstlich des Hafens von San Felice Circeo sind unterhalb des Hotels „Circeo" zwei kleine Hafenbecken angelegt worden, davon eines für die Hotelgäste.

Porto Badino Östlich des Torre Badino liegt die Einfahrt in den Kanalhafen Porto Badino, gut zu erkennen an dem weißen Hochhaus am östlichen Kanalufer. Die Einfahrt ist 15 bis 20 m breit. Über der Sandbarre in der Einfahrt

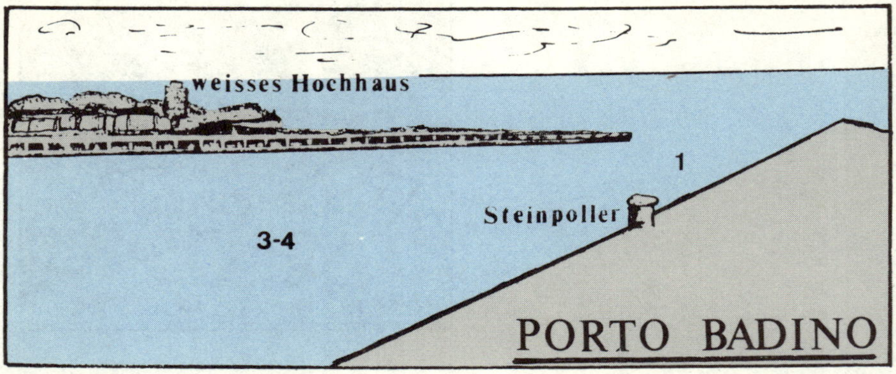

beträgt die Wassertiefe mindestens 1 m. In dem Kanal liegen die Wassertiefen zwischen 3 und 4 m. Die Ufer sind befestigt und mit Steinpollern zum Festmachen versehen. Motorenwerkstatt, 15-t-Kran, Slipbahn, Restaurants, Yacht-Club und Geschäfte an den Ufern.

Terracina ist ein kleiner Fischerei- und Handelshafen (offiziell heißt er Porto Canale), der interessant, aber fast ständig überfüllt ist. Im Sommer ist es oft schwer, hier einen Liegeplatz zu finden.

Ansteuerung (Seekarten: D 506 und Plan auf 1128, BA 1911, I 9): Der Anfang des Wellenbrechers kann bei der Ansteuerung unterhalb der erhalten gebliebenen Bögen des römischen Venustempels, die auf dem Berg S. Angelo stehen, ausgemacht werden. Unterhalb davon steht ein großer Monolith aus dunkelbraunem Fels. Die Mole hat an der Spitze einen kleinen roten Leuchtturm. Der Hafen neigt dazu, nach starken Südwinden zu versanden. Wenn sich der Wasserstand erhöht, sind starke Winde zu erwarten.

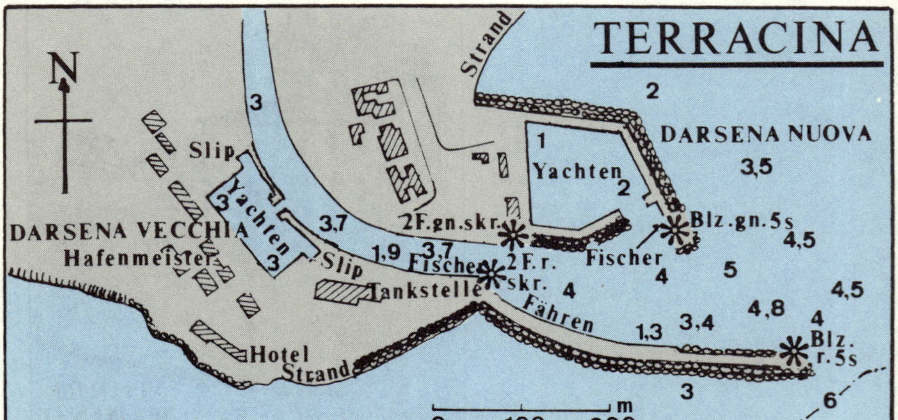

Liegeplatz: Yachten legen in der Darsena vecchia oder der Darsena nuova an. Die Wassertiefe beträgt in der Einfahrt zwar noch 2 m, nimmt dann aber rasch ab. Ein Anlegen an der Südmole ist wegen der schrägen Steinschüttungen unter Wasser nicht empfehlenswert.

Versorgungsmöglichkeiten: Wasserhahn auf dem Kai beim Becken. Geschäfte und Tankstelle in der Nähe. 50-t-Helling und Werkstätten.

Ihre einstige Bedeutung verdankte die Stadt ihrer Lage am südlichen Rand der Sümpfe, da hier die Via Appia die Küste berührte. Sie war das Tor nach Kampanien und viele Jahre hindurch ein römischer Badeort mit vielen großen Villen. Die alte Bischofsstadt erhebt sich heute an der Stelle, wo früher die römische Stadt gelegen hat: auf den südlichen Hängen der Hügel über den modernen Siedlungen. Sie hat 20000 Einwohner. Der schöne Kampanile von San Cesare, im 11. Jahrhundert errichtet und seither immer wieder umgebaut, steht an der Stelle des ehemaligen römischen Forums, dessen Pflaster größtenteils noch erhalten geblieben ist.

Die von den Römern in die senkrechte Felsenwand gemeißelten Flutmarken – sie spielten eine Rolle bei der Planung der Via Appia – zeigen, daß die Höhe des Wasserstandes beträchtlichen Schwankungen unterworfen war. Vor einem Jahrhundert entstand durch das fallende Wasser ein Morast, der erst in jüngerer Zeit trockengelegt wurde.

Weiter ostwärts ist die Küste mit ihren Kliffen und Wachttürmen fast kahl, bis die massigen Befestigungen auf der Landzunge von Gaeta in Sicht kommen.

Boote mit nicht zu großem Tiefgang haben vorher die Möglichkeit, das etwa in der Mitte gelegene

Sperlonga

zu besuchen. Neben seiner malerischen Lage über einer steil aus dem Meer aufragenden Felswand hat der Ort noch die berühmte Grotte des Tiberius und einen großen Badestrand zu bieten.

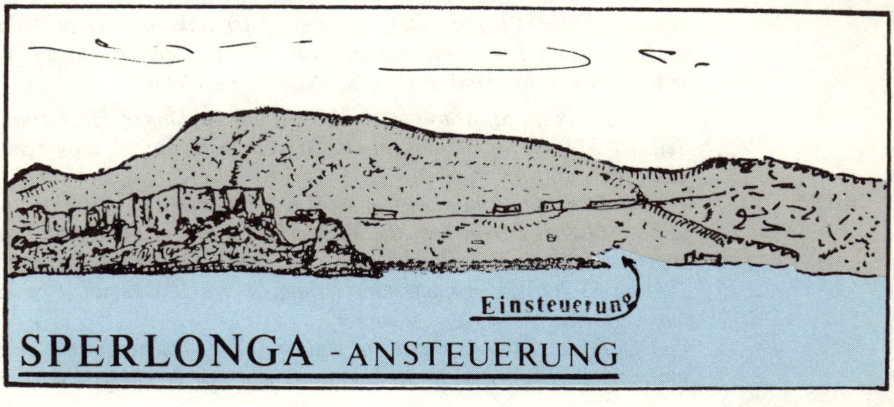

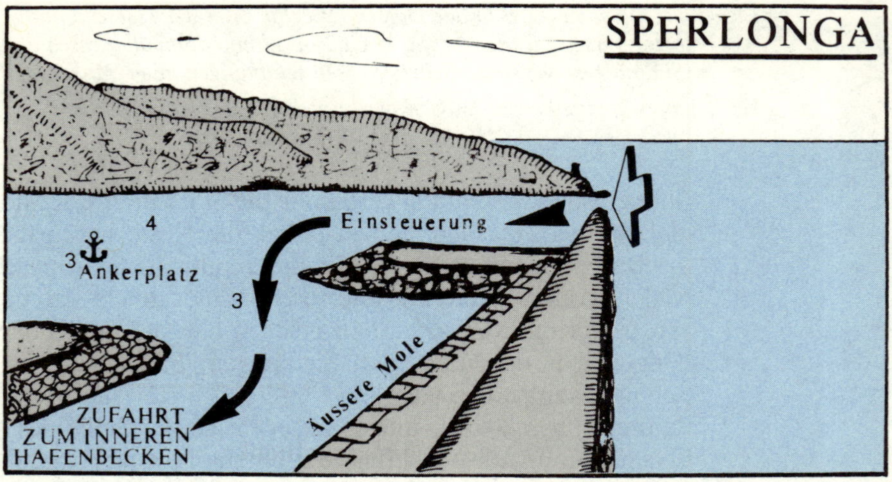

Der Ankerplatz mit 1 bis 2 m Wassertiefe wird geschützt von einer südöstlich verlaufenden Mole. Yachten mit nicht mehr als 1 m Tiefgang können in den künstlichen Kanal einlaufen, der in das innere Hafenbecken führt.

Bei beständigem Wetter setzt die sanft aus Südwesten wehende Tagesbrise für gewöhnlich um die Mittagszeit ein und dreht dann während des Nachmittags auf West. Bei Sonnenuntergang legt sie sich, und die ganze Nacht über bleibt es still. Bei Sonnenaufgang erhebt sich manchmal eine kühle, ablandige Brise.

Gaeta ist eine befestigte mittelalterliche Stadt mit Marinehafen. Ein Besuch lohnt sich.

Ansteuerung (Seekarten: D 506 und 1138, BA 1911, I 9): Das aragonesische Kastell und der Torre Orlando auf der Landzunge sind deutlich auszumachen.

Nachdem man in die südwestliche Ecke der Reede von Gaeta eingelaufen ist, erhebt sich die Frage, ob man dicht vor dem Ufer ankern oder in Nähe des alten Marinearsenals einen Liegeplatz suchen soll. Die auf der Reede ausgelegten großen Festmachetonnen der Marine sind bei Nacht eine Gefahr.

Liegeplatz: a) Im Porto St. Maria legen Yachten vor Buganker, Heck zum Kai an. Ein großer Teil der Kais ist für die italienische Marine reserviert, so daß freie Plätze hier rar sind (Skizze S. 260).

b) Der Porto St. Antonio ist in seinem westlichen Teil der italienischen Marine vorbehalten. Östlich davon liegt die Yacht-Marina Flavio Gioia, die Yachten bequeme und sichere Liegeplätze an den Stegen und Kais mit Grundketten zum Festmachen bietet (Skizze S. 260). Liegeplatzreservierung über UKW-Kanal 9 ist im Sommer empfehlenswert.

c) Der Porto Salvo ist meist mit einheimischen Fischerbooten belegt. Sollte man dort einen freien Platz finden, so liegt man sehr gut geschützt (Skizze S. 265).

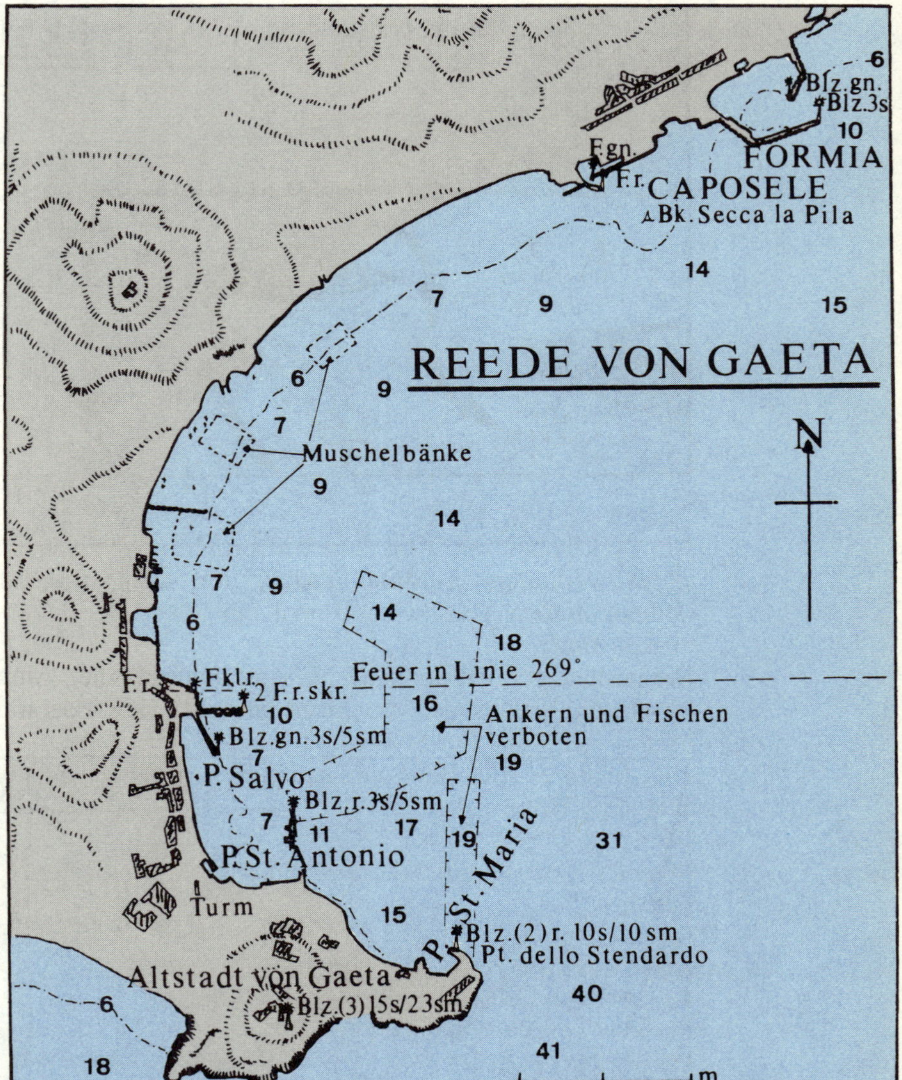

Behörden: Das Hafenamt befindet sich auf dem Kai, erkennbar an einem großen Anker über dem Torweg. Ein Stabsquartier der Nato ist dicht beim Hafen.

Versorgungsmöglichkeiten: Wasser und Kraftstoff auf dem Kai, eine Eisfabrik in einiger Entfernung. Lebensmittelgeschäfte und Restaurants in der Altstadt. Bessere Einkaufsmöglichkeiten, Banken und dergleichen findet man in dem neuen Viertel weiter nördlich. In der Marina Flavio Gioia gibt es Wasser- und Stromanschlüsse an den Liegeplätzen; Kraftstoff erhält man an der Hafentankstelle. Travellift, Slipbahn sowie eine Yachtwerft,

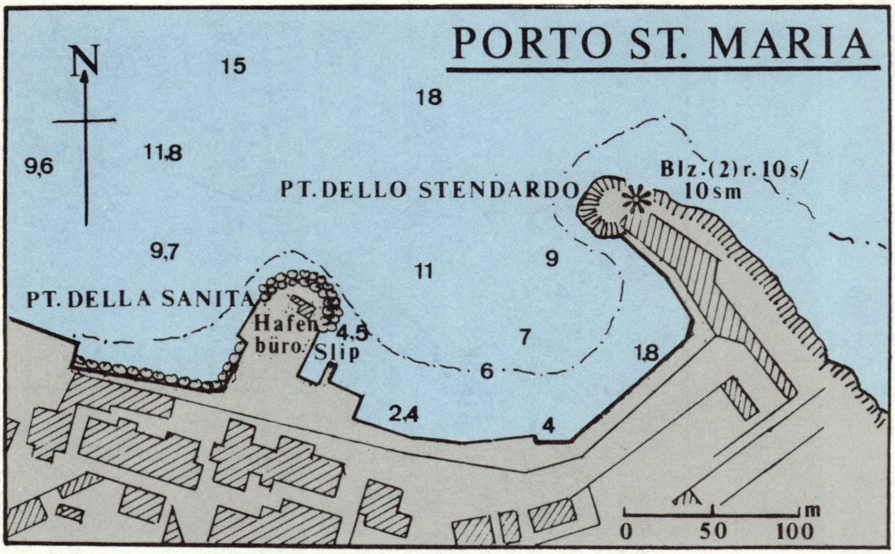

die Reparaturen aller Art ausführt, stehen zur Verfügung. Yachtclub mit Duschen und Toiletten in der Marina.

Während des Zweiten Weltkrieges wurde die Altstadt so schwer beschädigt, daß es nicht der Mühe wert war, sie wiederaufzubauen. So ent-

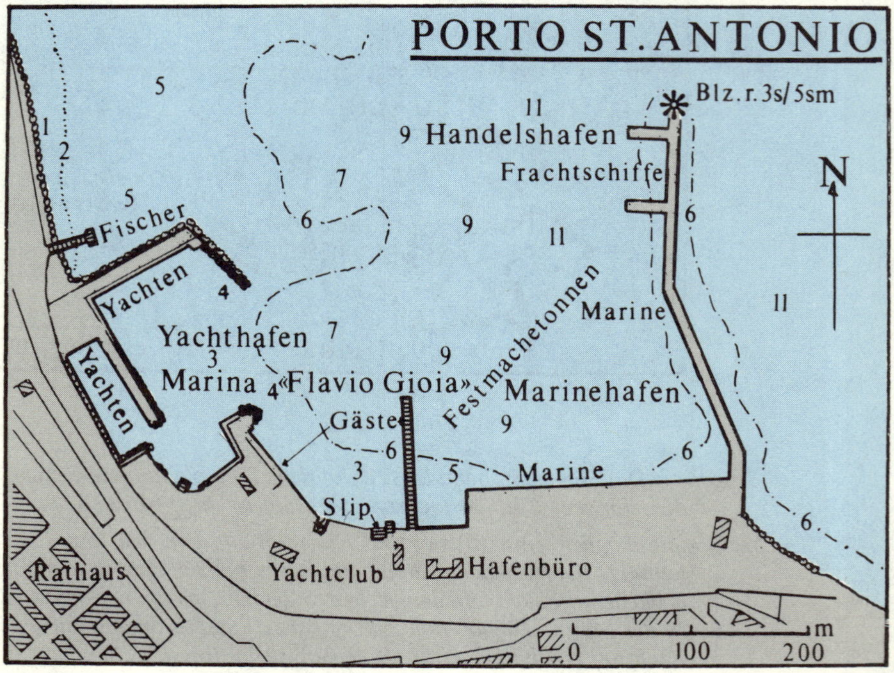

23 Positano, eine kleine, aber reizende Stadt mit offenem Ankerplatz in der Bucht

24

25

26

27

24 Das Castello Aragonese liegt auf einer Insel, die durch eine aragonesische Brücke mit Ischia verbunden ist

25 Das malerische Amalfi hat einen kleinen, halbmondförmigen Hafen

26 Die Altstadt von Pozzuoli bei Neapel

27 Die ungewöhnlichen Gesteinsformationen der Insel Capri, die aus einem riesigen Kalksteinblock besteht

28

29

28 La Valetta, Hauptstadt der Insel Malta – beeindruckend die gewaltigen Befestigungen des Ritterordens und die von ihnen umschlossenen Barockbauten

29 Malta: das „Blaue Fenster" bei Gozo

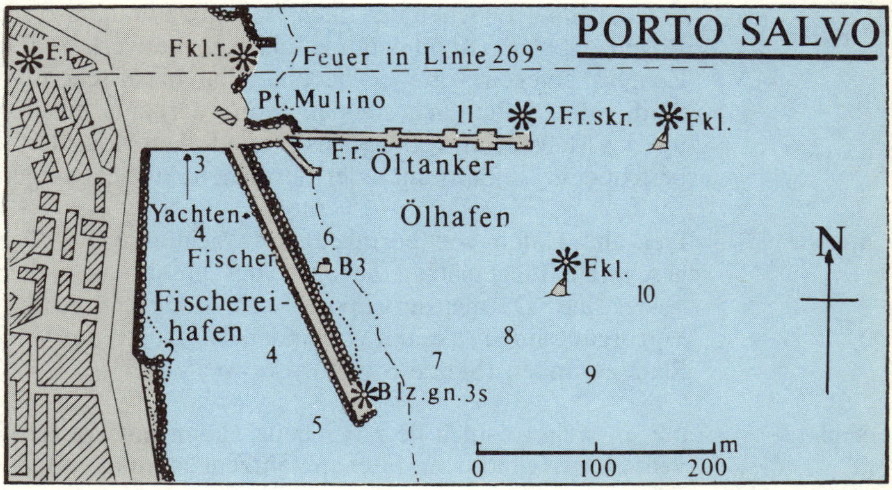

stand im Norden (an der Bucht) eine moderne Stadt. Eine breite Autostraße führt jetzt am Ufer entlang. Es lohnt sich, die aus dem 12. Jahrhundert stammende Kathedrale aufzusuchen mit ihrem Kampanile und dem romanischen Portal; sie liegt am alten Hafen. Hinter dem Hochaltar befindet sich, in einen Rahmen gespannt, das vom Papst gestiftete Banner, das von dem Flaggschiff der christlichen Flotte 1571 in der Schlacht von Lepanto geführt wurde.

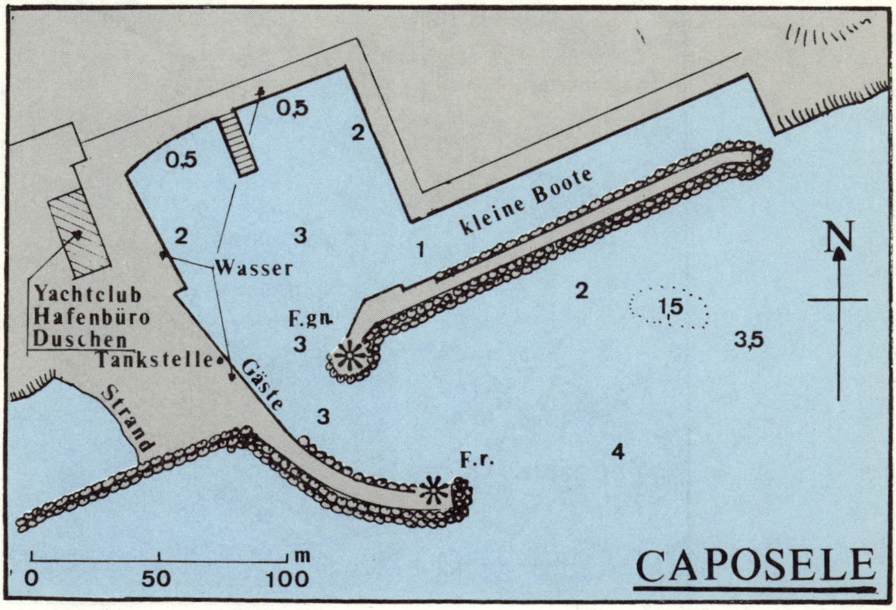

Wandert man zwischen den alten Gebäuden umher, so sieht man römische Bogen, Säulen, Kapitelle und altes Mauerwerk – Dinge, die beredt Zeugnis ablegen von der bedeutenden historischen Vergangenheit der Stadt. Man sollte auch auf den Monte Orlanda hinaufsteigen, nicht nur um das Mausoleum von Caesars Freund, dem Konsul Muratus Planeus, zu besichtigen, sondern auch der herrlichen Aussicht wegen.

Caposele Der alte Hafen von Formia bietet Yachten von 1,30 bis 3 m Tiefgang geschützte Liegeplätze, die allerdings meist von einheimischen Booten belegt sind. Da man in Caposele sehr ruhig und geschützt liegt und alle Versorgungsmöglichkeiten vorhanden sind, lohnt der Versuch, einen freien Platz zu finden (Skizze S. 265).

Formia 0,7 sm weiter östlich liegt der neue Hafen mit Wassertiefen um 5 m. Er wird vorwiegend von Fischereifahrzeugen und von den Ponza–Ischia-Fähren benutzt.

Ansteuerung (Seekarten: D 506 und 1128, BA 1911, I 9): Sobald man die beiden kleinen Baken auf den Molenköpfen ausmachen kann, sollte die Einfahrt mit Nordwestkurs angesteuert werden. Bei Nacht sind die Molenköpfe befeuert.

Liegeplatz: Yachten sollten an der Nordostmole innen festmachen. Man liegt hier gut geschützt auf 5,50 m Wasser – an der Mole sind es 4,50 m – über gut haltendem Schlamm. Die Südwestmole wird von Fähren und kleinen Frachtern in Anspruch genommen.

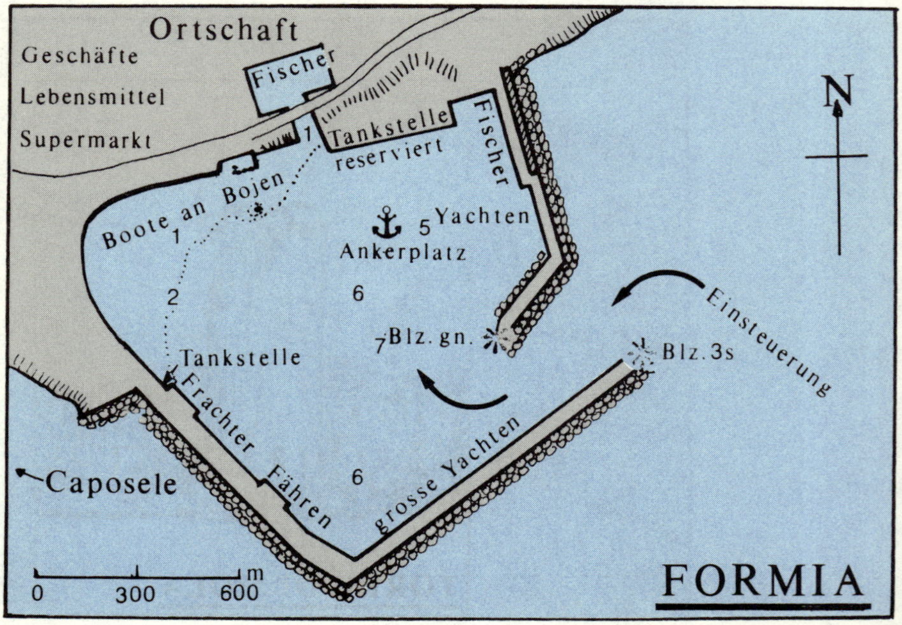

Versorgungsmöglichkeiten: Trinkwasser und Kraftstoff auf einem Kai, unweit vom Liegeplatz der Yachten. Es gibt viele Geschäfte, Restaurants und Hotels, die vom Kai aus in wenigen Minuten zu Fuß zu erreichen sind. Die Eisenbahnstrecke und die Hauptstraße von Rom nach Neapel führen durch Formia. Jeden Tag verkehren Fähren nach Ponza und Ischia. Reparaturmöglichkeiten.

Bis vor wenigen Jahren noch war Formia ein kleiner Badeort für die weniger wohlhabenden Italiener. Nach und nach aber hat es sich zu einer modernen Stadt mit 15000 Einwohnern entwickelt, die allerdings nichts Besonderes zu bieten hat.

Einige Seemeilen weiter östlich liegt, nach Umrundung des Kaps mit dem Torre di Mola der Yachthafen

Scauri

Dieser bietet Yachten bis 1 m Tiefgang sichere und bequeme Liegeplätze. Neben dem Hafen findet sich ein wundervoller Sandstrand, der zum Baden einlädt.

3,5 sm südöstlich von Scauri mündet der Garigliano. Bei ruhigem Wetter sollte man in der Nähe der Flußmündung ankern und mit dem Beiboot in den Garigliano einfahren. Die Fahrt führt kilometerweit zwischen grünen Ufern durch fast unberührte Natur. In einer weiten Flußbiegung unterhalb des Klosters San Castrese kann man das Beiboot am Ufer anbinden; nach etwa zehn Minuten Fußweg erreicht man das Kloster.

Wenn man entlang der Festlandsküste weiter nach Süden in Richtung auf den Golf von Neapel vorstößt, kommt man an der Mündung des Volturno vorbei. 3 sm südostwärts davon liegt der Yachthafen

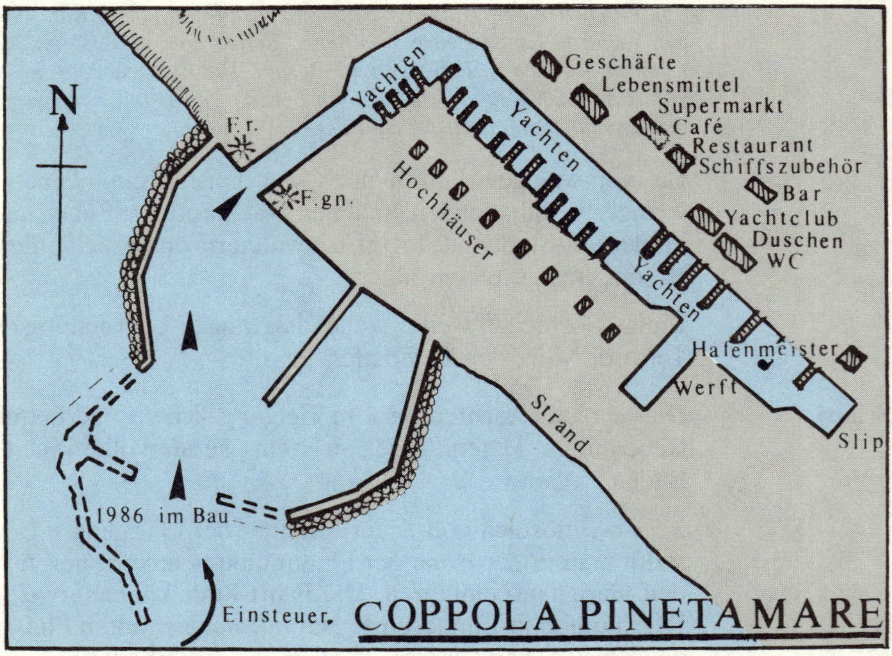

Coppola Pinetamare inmitten eines hübschen Dorfes mit allerlei Annehmlichkeiten. In seinem jetzigen Ausbaustadium bietet der Hafen 800 sichere und geschützte Liegeplätze. Der weitere Ausbau ist geplant.

Ansteuerung und Liegeplatz (Seekarten: D 506, BA 1911 und 1908, I 9): Eine Reihe von acht Hochhäusern kann bereits von See her ausgemacht werden. Man steuert dann zwischen den beiden in nordostwärtiger Richtung verlaufenden Molen hindurch. Die Wassertiefe nimmt dabei von 8 auf 2,50 m an der Einfahrt des eigentlichen Hafens ab. Dort wird man an einem der Stege einen Liegeplatz finden.

Behörden: Hafenmeisterei und Hafenagentur.

Versorgungsmöglichkeiten: Geschäfte, Restaurants, Postamt und Bank. Wasser und Kraftstoff am Kai. Drei Kräne bis 25 t Tragkraft und ein Slip stehen zur Verfügung.

DIE PONTINISCHEN INSELN

Diese Gruppe besteht aus fünf Inseln, von denen jede der Kraterring eines ehemaligen Vulkans ist.

PONZA ist die größte der Gruppe, hat eine reichgegliederte Küste, wird landwirtschaftlich genutzt und ist dicht bevölkert. Sie bietet Yachten verschiedene Anker- bzw. Liegemöglichkeiten.

Porto di Ponza Der Inselhafen ist reizend; er gewährt hinreichenden Schutz, und es lohnt sich, ihn anzulaufen, allein schon wegen der attraktiven Wasserfront mit den engbrüstigen Häusern.

Ansteuerung und Liegeplatz (Seekarten: D 506 und Plan auf 1128, BA 1911 und 1908, I 9 und 126): Bei ruhigem Wetter liegen die Yachten hier rings um das ganze Becken, Bug oder Heck zum Kai, die Anker zur Mitte hin ausgebracht. Doch der Hafen ist so klein, daß viele Yachten draußen in der Bucht vor Anker gehen müssen. Dieser Hafen gewährt normalerweise guten Schutz, nur bei nordöstlichen Winden steht Dünung herein.

Behörden: Die Hafenmeisterei befindet sich am Anfang der Mole.

Versorgungsmöglichkeiten: Kraftstoff, Wasser, Lebensmittel am Kai, viele gute Restaurants in der Nähe. Während der Sommermonate ist Trinkwasser knapp; es wird durch Tanker auf die Insel gebracht. Eis bekommt man bei einem Fischhändler am Kai. Es gibt eine Fährverbindung nach Gaeta, Formia und Neapel. Eine kleine sandige Bucht, die Baia del Frontone nordöstlich vom Anfang der Mole, ist ein angenehmer Badeplatz, solange die Tragflächenboote nicht verkehren.

Cala Feola ist eine Bucht an der Nordwestseite der Insel. Die kurze Mole an ihrer Nordwestseite bietet Yachten Schutz, so daß man sich mit Bug oder Heck an den Kai legen kann. Es gibt dort zahlreiche Sommerhäuser und mehrere Hotels (Skizze S. 270).

Nordöstlich an die Cala Feola schließt sich die

Cala dell'Aqua an. Der 120 m lange Steg mit einem schwachen Leuchtfeuer ist für Frachtschiffe bestimmt, die hier ihre Ladung löschen.

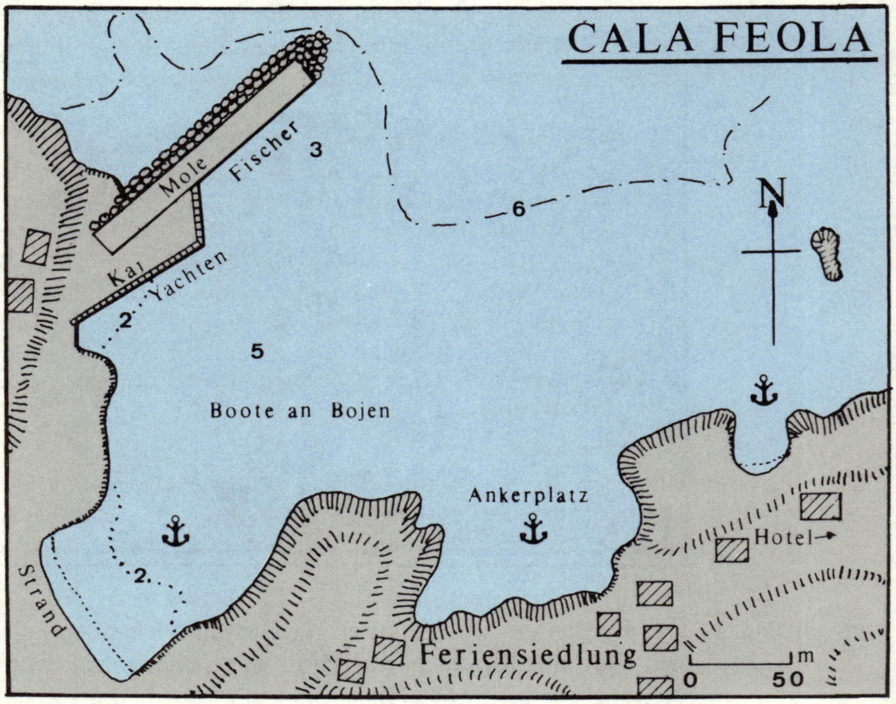

Sandige Buchten gibt es auch an der Südostküste der Insel; hier liegen immer einige Yachten vor Anker, deren Besatzungen von Bord aus baden.

Cala Chiaia di Luna ist eine wunderschöne Ankerbucht an der Südwestseite von Ponza, die geradezu zum Baden einlädt.

VENTOTENE ist eine ehemalige Sträflingskolonie mit einem unverfälschten Dorf und einem kleinen römischen Galeerenhafen, der zu Füßen des auf einem Hügel gelegenen Ortes aus den Tuffsteinfelsen gehauen wurde.

Ansteuerung (Seekarten: D 506 und Plan auf 1128, BA 1911 und 1908, I 9 und 126): Man sollte den Leuchtturm mit Kurs 260° ansteuern und dann, sobald man die enge Einfahrt erreicht hat, neben dem vorspringenden Felsen beim Leuchtturm einlaufen oder etwas nördlich in die Cala Rossano, den neuen Fährhafen, einsteuern.

Liegeplatz: a) Alter Hafen: Bug oder Heck zum Kai an der landwärtigen Seite – und zwar dort, wo die Bogen in den Felswänden beginnen. Man lege den Anker gegen Nordosten dicht unter dem Wellenbrecher aus, aber achte auf Unterwasserfelsen an der Kaiseite.

b) Cala Rossano: Am Kai an der eingezeichneten Stelle oder vor Anker im nordwestlichen Hafenbereich.

Behörden: Hafenmeister.

Versorgungsmöglichkeiten: Ein Wasserhahn befindet sich auf dem Kai. Das Trinkwasser ist im Sommer knapp, weil es von Neapel herübergebracht werden muß. Obst und Gemüse, ebenfalls vom Festland, sind in den Geschäften der auf dem Hügel (am Ende der Treppe) liegenden Ortschaft zu haben. Wöchentlich fährt eine Fähre nach Neapel und zweimal die Woche eine nach Ponza. Das Postamt findet man in demselben Gebäude wie die Banco di Napoli.

Die Insel hat etwa 800 Bewohner; es gibt ein Elektrizitätswerk und eine Branntweinbrennerei. Bis vor wenigen Jahren war Ventotene genau wie die nahegelegene Insel Santo Stefano eine Sträflingssiedlung.

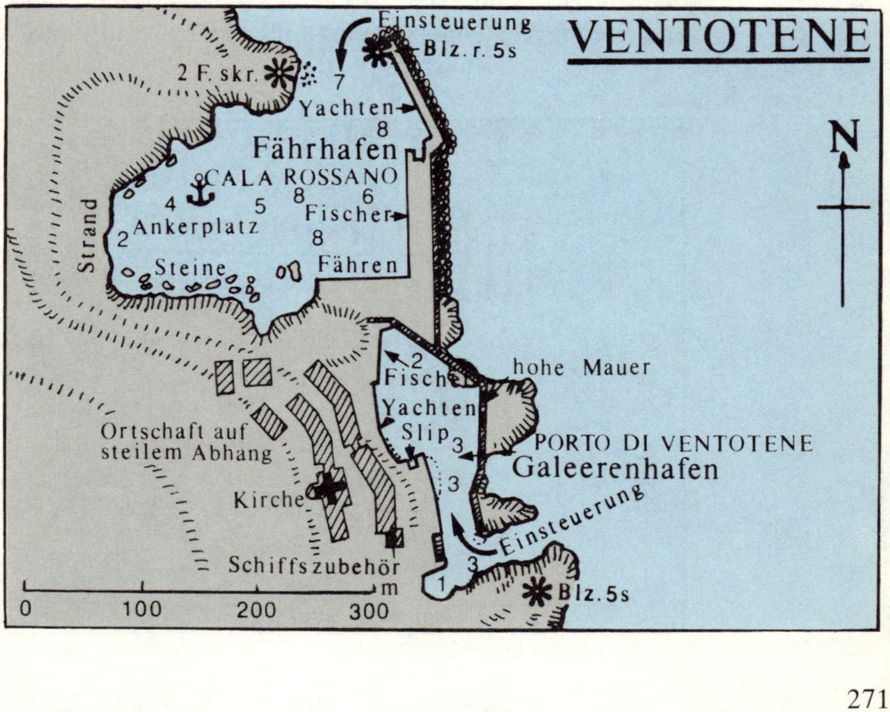

In römischer Zeit wurde Ventotene Pandataria genannt. Kaiser Augustus verbannte seine Tochter Julia ihres schamlosen Lebenswandels wegen auf diese Insel; hierher folgte ihr Scribonia, ihre Mutter, nachdem Augustus sich von ihr hatte scheiden lassen.

DER GOLF VON NEAPEL UND DIE VORGELAGERTEN INSELN BIS ZUM GOLF VON SALERNO

ISCHIA ist eine reizvolle, gebirgige Insel mit einer Größe von ungefähr 46 km². Ihre vulkanischen Hänge weisen einen reichen subtropischen Pflanzenwuchs auf. Die Badestrände und Wandermöglichkeiten haben in den letzten Jahren so viele Touristen angelockt, daß deren Zahl inzwischen die der 32000 Einheimischen übersteigt. Es gibt hier mehrere geschützte Yachthäfen und eine Anzahl zum Teil geschützter Ankerplätze.

Nachdem die Insel im 5. Jahrhundert v. Chr. von Griechen besiedelt worden war, mußte sie bald darauf, gewaltiger Vulkanausbrüche und Erdstöße wegen, wieder geräumt werden. Später wurde Ischia dann von den Römern in Besitz genommen, und seither ist es berühmt wegen seiner heilenden Quellen und seiner Weine.

Man darf nicht erwarten, in dem großen „Bagni" am Hafenkai ein Bad nehmen zu können, wie man es doch normalerweise in einem Badehaus oder im Hotel ganz selbstverständlich erhält. Hier muß man sich zunächst einer ärztlichen Untersuchung unterziehen, und dann wird der Vorgang

des Badens sorgfältig kontrolliert: Einerseits wird die Temperatur des Wassers geprüft, andererseits die Zeit, die man im Bad zubringt. Daß derartige Vorsichtsmaßnahmen nötig sind, hatten bereits die Römer erkannt, wenn auch nicht in die Praxis umgesetzt. Das geschah erst im Jahre 1588, als Iasoline ein Buch veröffentlichte, in dem er die heilenden Kräfte dieses Wassers darlegte und Anweisungen und Ratschläge erteilte, wie es zu trinken und auf welche Weise in ihm zu baden sei. Er führte auf, daß die Insel außer einem Dutzend Süßwasserquellen und 35 heißen Quellen auch Anlagen für bestimmte Bäder und Duschkuren besaß. Und als wolle sie ausdrücklich zur Mäßigung beim Benutzen dieses Wassers anhalten, mahnt eine alte lateinische Inschrift im Inneren der Diocletianischen Bäder: „Baden, Wein und Liebe verderben gesunde Körper. Gesunde Körper bekommt man durch Baden, Wein und Liebe.“

Der Hafen Ischia lohnt einen Besuch. Er bietet vollkommenen Schutz. Die ihn umgebende Landschaft ist interessant.

Ansteuerung und Liegeplatz (Seekarten: D 506 und 439, BA 1911 und 1908, I 9, 10 und 129): Man muß den Ansteuerungskurs zwischen 196° und 217° einhalten, weil sich zu beiden Seiten des Fahrwassers Untiefen ausbreiten. Fortwährend laufen Fähren durch die enge Einfahrt ein und aus. Yachten können überall rings an den Kais über Bug oder Heck festmachen. Hier gibt es Wassertiefen von etwa 5 m. Der Schlammgrund hält gut. Man liegt nach allen Richtungen hin ausgezeichnet geschützt. Fahrzeuge, die den Hafen außerdem benutzen, sind die Fähren von Neapel, die gegenüber der Einfahrt anlegen, sowie die Weinschoner und Tartanen, die ihre Liegeplätze bei den Weinlagern haben. Im Sommer ist der Hafen überfüllt.

Behörden: Das Amt des Hafenkapitäns befindet sich nahe beim Fähranleger an der Wasserfront.

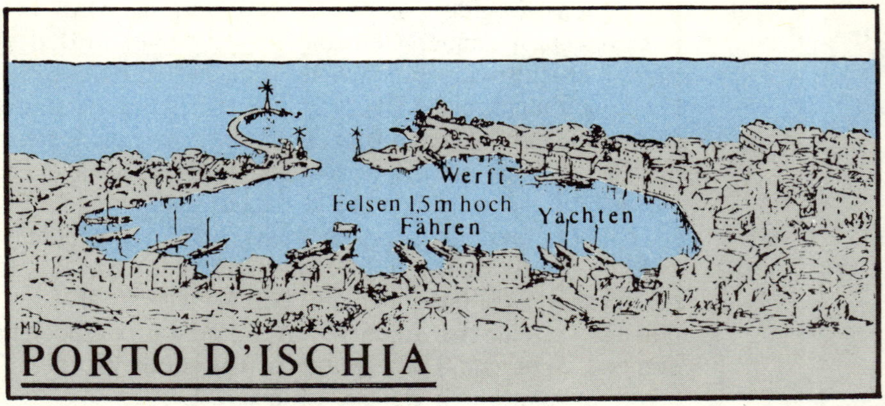

Versorgungsmöglichkeiten: Lebensmittel in nächster Nähe des Kais. Wasser auf den Kais, Kraftstoff rechter Hand von der Einfahrt. Die auf Ischia und auf dem gegenüberliegenden Festland angebauten Weine (bianco, rosso oder roseto) sind ausgezeichnet. Die Bootswerft ist auf Yachtreparaturen eingestellt und kann selbst schwere Schiffe (bis 80 t) auf Slip nehmen. Heiße Thermalbäder gibt es sowohl in der Nähe wie auch an anderen Stellen auf der Insel. Häufig verkehrt außer den Fähren auch ein Tragflächenboot von und nach Neapel und Capri.

Den schönsten Blick auf den Hafen hat man vom 257 m hohen Montagnone, dessen Kuppe man mit einer gleich südwestlich vom Hafen abgehenden Seilbahn erreichen kann.

Wo sich heute der Hafen befindet, war früher der Lago del Bagno, an dem – Plinius zufolge – eine kleine Stadt lag, die infolge eines Erdbebens versank und von der See überflutet wurde. Der scheinbare Vulkankrater blieb einige Jahrhunderte hindurch so, wie er sich gebildet hatte. Erst 1853 (unter der Regierung Ferdinands II.) wurde die Landenge, die ihn vom Meer trennte, durchstochen. So entstand der heutige Hafen Ischia.

Die um die Insel herumführende Straße folgt mehr oder weniger der Küste. Die Nord- und Westküste mit ihren am Ufer liegenden freundlichen Ortschaften und mit den durch Pinienwälder und Weingärten führenden Wanderwegen sind besonders reizvoll.

Castello Aragonese (La Marinella) Etwa 1,5 sm südöstlich des Hafens Porto d'Ischia liegt der Isolotto (Inselchen) del Castello, der durch eine aragonesische Brücke mit der Insel Ischia verbunden ist. Nördlich und südlich der Brücke bieten sich je nach Windrichtung gute Ankermöglichkeiten. In der nördlichen Bucht kann man an einer nordwärts gerichteten Mole mit 4 m Wasser am Kopf anlegen. Die südliche Bucht wird nach Süden durch die Secca (Untiefe) S. Anna begrenzt.

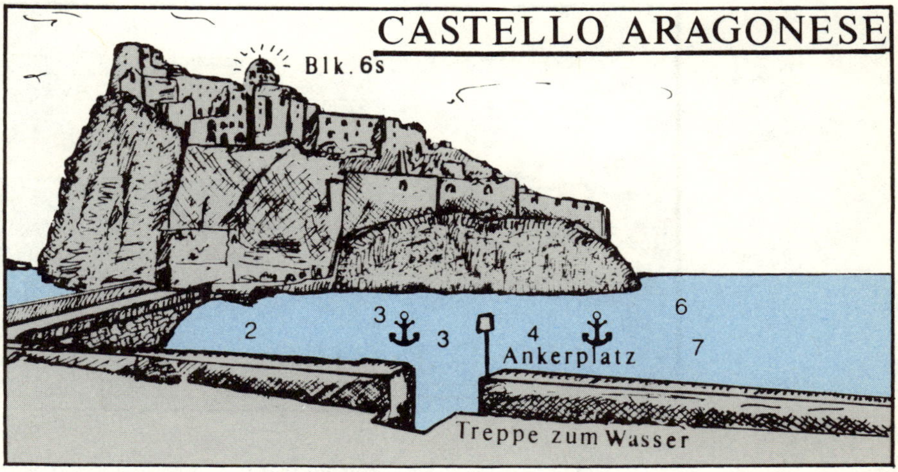

S. Angelo d'Ischia ist ein kleiner Hafen an der Südküste der Insel Ischia. Er bietet bei allen Winden guten Schutz.
Yachten legen an dem Steg oder am südlichen Kai vor Buganker, Heck zum Kai, an.

Forio d'Ischia ist ein kleiner Hafen an der Westküste der Insel, der etwa einem Dutzend Yachten Liegemöglichkeiten bietet. Die Tiefen an dem Steg nehmen zum Ufer hin schnell ab. Am Kopf des Steges legt das Tragflächenboot an (Skizze S. 276).

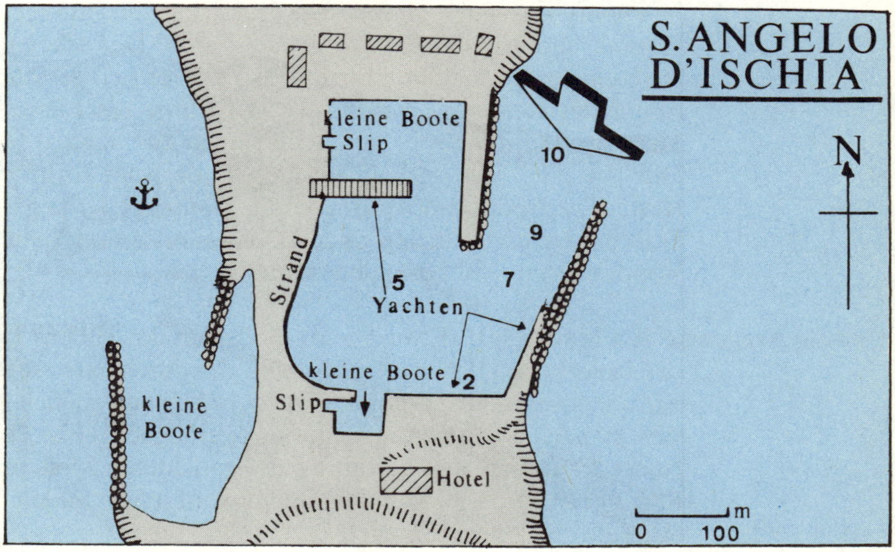

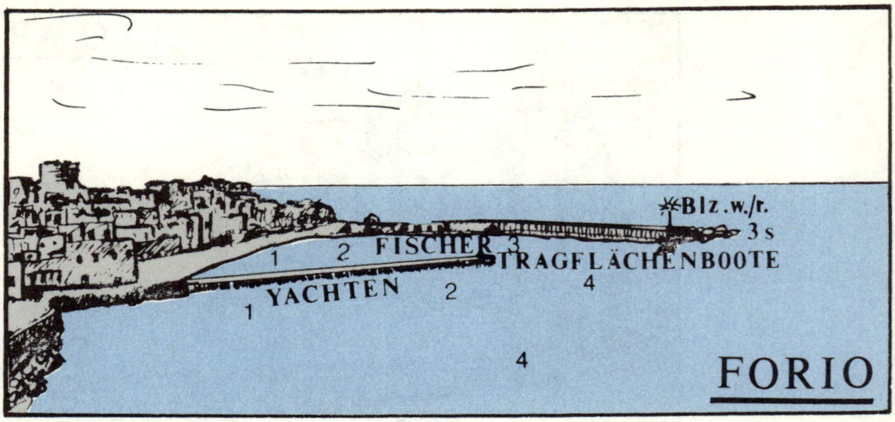

Lacco Ameno Östlich der Punta di M. Vico liegt der Hafen Lacco Ameno. Er wird durch einen 155 m langen Betonsteg in nordnordöstlicher Richtung sowie mehrere Steinwälle gebildet. Da der Betonsteg 2 m über dem Wasser liegt, ist er für das Anlegen von kleinen Yachten nicht sonderlich gut geeignet. Der Ort ist sehr hübsch und verfügt über schöne Sandstrände. Es lohnt in jedem Fall die Mühe, einen Platz am vorderen Teil des Steges zu suchen oder vor dem Hafen zu ankern und mit dem Beiboot an Land zu gehen.

Lacco Ameno wurde im 7. Jahrhundert v. Chr. von den Griechen unter dem Namen Herakleion gegründet. Heute ist er ein international bekannter Thermalkurort. Lohnenswert ist ein Besuch der Kirche Santa

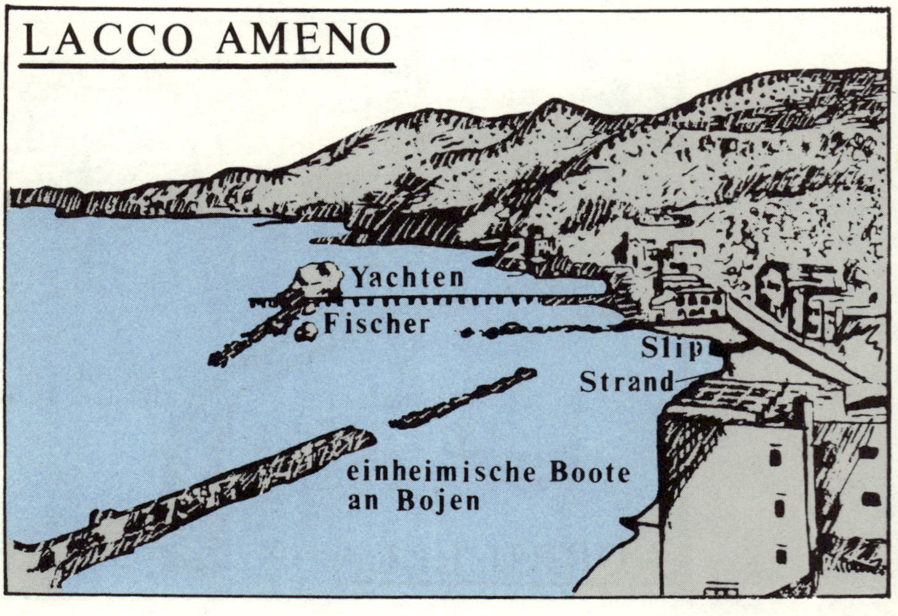

Ristituta. Im Zugang zur Krypta aus dem 4./5. Jahrhundet ist ein archäologisches Museum eingerichtet, in dem Funde aus frühchristlicher Zeit ausgestellt sind.

PROCIDA ist ein kleines und verhältnismäßig niedriges Eiland mit schroffen Steilküsten. Ein Besuch lohnt sich. Es gibt immerhin drei Häfen, in denen Yachten liegen können.

Procida Marina der Haupthafen bei der Ortschaft an der Nordküste, ist schon von weitem zu erkennen an den ausgedehnten Befestigungswerken, die den östlichen Ausläufer der Insel säumen. Man liegt geschützt in dem östlichen kleineren Yachtbecken, da das Haupthafenbecken, mit Ausnahme des seichten Teiles an seinem Ostende, von Fähren, Tragflächenbooten und anderen Schiffen beansprucht wird. Versorgungs- und Reparaturmöglichkeiten sind gegeben.
Zwischen Punta della Lingua östlich der Marina und Punta dei Monaci darf man sich der Insel wegen der Strafkolonie nicht mehr als 500 m nähern.

Cala di Corricella hat einen schönen, aber allseitig offenen Ankerplatz mit Wassertiefen um 4 m nahe bei der Einfahrt des seichten Fischerhafens; man kann mit dem Beiboot an Land gehen. Bei der Annäherung an diesen Ankerplatz muß man einige gefährliche Unterwasserfelsen meiden, die etwa 200 m südlich der Einfahrt liegen und über denen weniger als 3 m Wasser stehen.

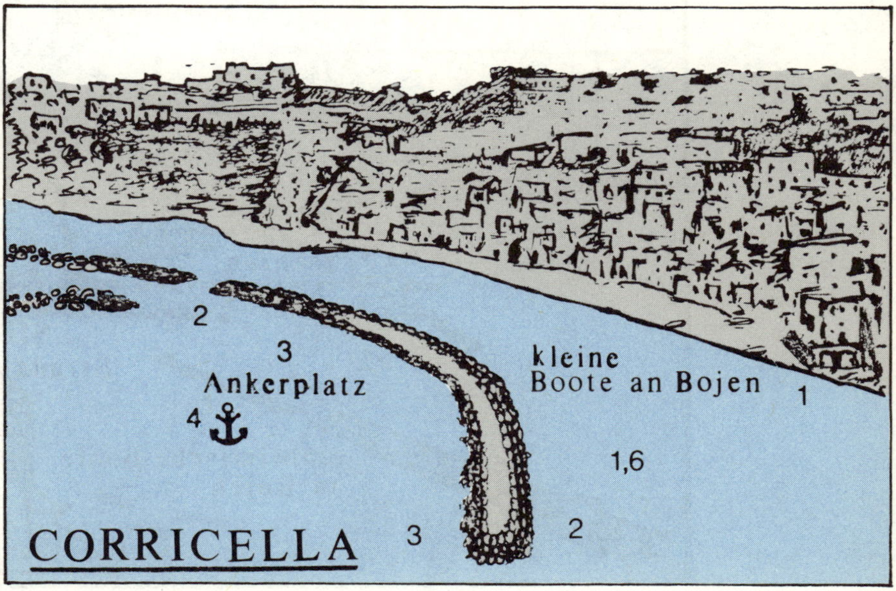

Das Fischerdorf hier ist recht bemerkenswert: Alte und malerische Häuser erheben sich von der Wasserfront Stufe um Stufe bis hinauf zur Kante des Kliffs. Ihre Fassaden sind durch hohe, überwölbte Torwege und Fenster unterschiedlicher Größen und Formen aufgelockert. Die Häuser sind rosa, gelb und manchmal auch rot angestrichen. Im Hafen zu ihren Füßen liegen die kleinen, türkisblau bemalten Kutter und Fischerboote.

Chiaiolella ist durch zwei kurze, unbefeuerte Molen geschützt, verfügt über einige Steganlagen und hat in der Einfahrt Wassertiefen von 5,50 m und im Inneren des Beckens 3,50 m, die sich aber nach den Seiten hin rasch verringern. Yachten mit weniger als 2,50 m Tiefgang können an der Westmole vor Buganker, Heck zur Mole, anlegen.
Überdies ist der Ankerplatz zwischen Procida und der Insel Vivara, die durch eine Brücke miteinander verbunden sind, als Zufluchtsort bei starken Nordwinden zu empfehlen.

Diese kleine, vulkanische Insel mit ihren etwa 12000 Bewohnern hat einen ganz eigenartigen Charakter. Bestimmte Gebiete sind bisher kaum vom Tourismus berührt. Die malerische kleine Stadt Marina mit ihren flachdachigen, blaßroten und gelben Häusern steigt in der Art eines Amphitheaters an den Hügelhängen bis zum Kastell hinauf, das noch immer dem

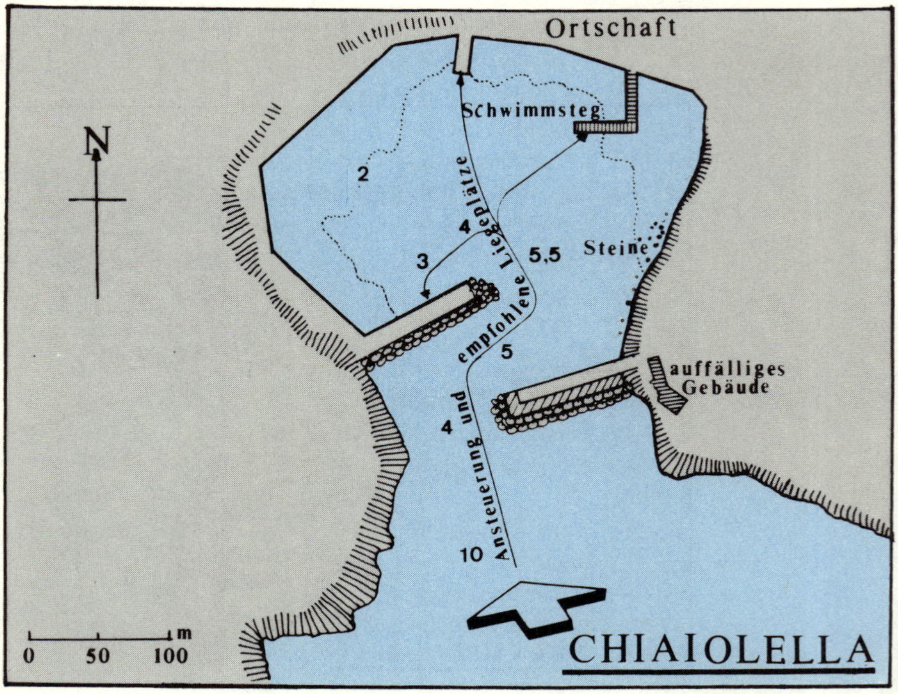

Strafvollzug dient. Im Inneren des Landes liegen die Wohnhäuser eingebettet in Weinpflanzungen, Obstgärten und Apfelsinenhaine. Die noch erhaltenen schönen Häuser aus dem 18. Jahrhundert legen Zeugnis ab von dem Reichtum des neapolitanischen Adels früherer Zeiten.
Procida wurde durch Erdbeben aus dem Meer gehoben. Dieser Ansicht war schon Plinius, der die alten Berichte von dem Vulkanausbruch auf Ischia im 5. Jahrhundert v. Chr. studiert hatte. Während des Mittelalters gab es eine Ansiedlung auf der Insel, und von der Geschichte wird überliefert, daß im Jahre 1282 ein gewisser Giovanni von Procida jenen Aufruhr gegen die Franzosen angestiftet habe, der als „Sizilianische Vesper“ bekannt geworden ist. Im 16. Jahrhundert griffen die Türken Procida wiederholt an. Im Jahre 1544 zerstörte Cheireddin Barbarossa nicht nur alle Gebäude und zivilisatorischen Einrichtungen auf der Insel, sondern nahm auch viele Bewohner als Gefangene mit.

GOLF VON NEAPEL (Seekarten: D 506 und 439, BA 1908, I 10 und 129). Steuert man in den Golf von Neapel ein, so entdeckt man bald, daß seine 40 sm lange Küste dem Yachtsegler einiges zu bieten hat. Die Gegensätze im Landschaftsbild sind auffällig: hier die kühn aufragenden, oft mit einer mittelalterlichen Burg gekrönten Vorgebirge, dort die üblichen Einschnitte und Buchten. Es kommt einem seltsam vor, wenn man Industriegebiete sich an altehrwürdigen Stätten und berühmten alten römischen Erholungsorten ausbreiten sieht.

Torre Gaveta Dicht südlich des Torre Gaveta an der Westküste des Capo Miseno gibt es eine 190 m lange Mole in westsüdwestlicher Richtung, an der man auf den ersten 50 m noch mehr als 2 m Wassertiefe findet. Der schöne Sandstrand südlich des Anlegers kann ein vorübergehendes Festmachen an der Mole lohnen. Ansonsten bietet die Mole keinerlei Schutz.

Aquamorta heißt ein neuer Yachthafen südlich der Felseninsel San Martino, die durch eine Brücke mit dem Festland verbunden ist. 1986 wurde noch daran gebaut.

Porto Miseno ist ein enger Einschnitt an der Nordseite des Vorgebirges; er hat bis in den inneren Hafen hinein Wassertiefen von etwa 5 m. Seine Seiten bestehen aus kahlen Steilhängen. Im Lago Miseno entsteht ein großer Yachthafen (1986).

Ansteuerung (Seekarten: D 506 und 439, BA 1908, I 10 und 129): Zwei Richtbaken in Linie 296° weisen den Weg in den Hafen. Man sollte zwischen der Außenboje und einer steinernen Bake einsteuern, um mit den Resten der Mole aus alten Römertagen klarzukommen, die fast 200 m weit in die Einfahrt hineinreichen und zum Teil weniger als 2 m tief liegen. Dann folge man den Tonnen an Steuerbord des Fahrwassers bis in den

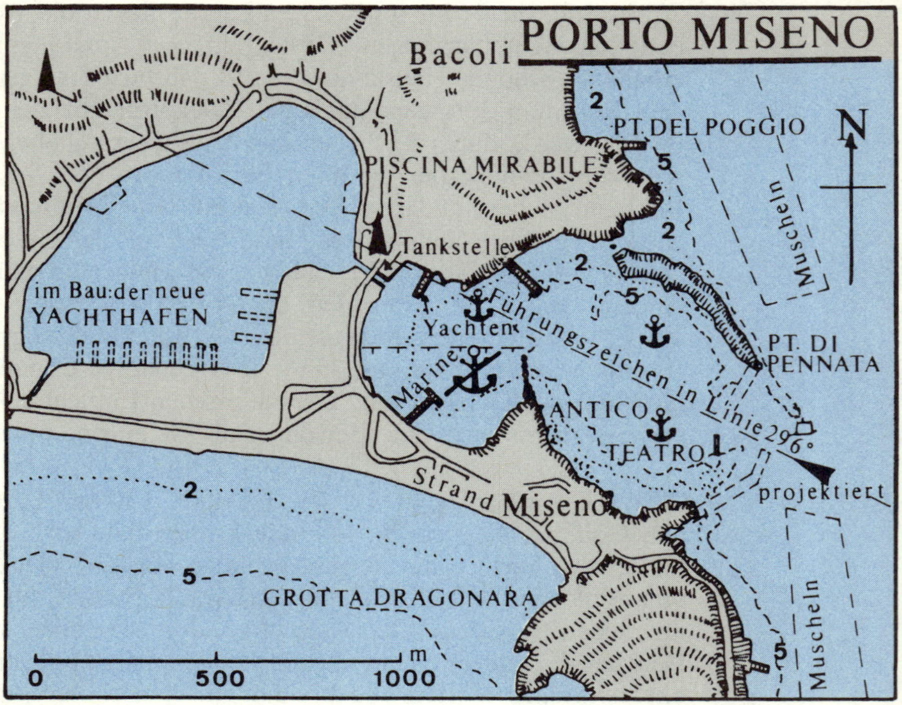

Hafen. Hier findet man 5 bis 7 m Wasser, ehe man das innere Becken erreicht, wo die Wassertiefen sich rasch verringern.

Liegeplatz: Bis zur Fertigstellung des Yachthafens im Lago Miseno bestehen nur wenige Anlegemöglichkeiten an den Stegen des Innenhafens. Sind diese belegt, so kann man im äußeren Hafen ankern, liegt dort aber recht unruhig.

Versorgungsmöglichkeiten: Lebensmittel, kleine Yachtwerft (Reparaturmöglichkeiten), Tankstelle.

Vergil zufolge wurde Miseno nach dem Hornbläser des Äneas benannt, der hier ertrunken und begraben sein soll. Augustus hatte vor dem Ort einen hervorragenden Hafen mit drei Becken bauen lassen. Er konnte sich damals durchaus mit dem Hafen von Ravenna messen und diente der tyrrhenischen Hochseeflotte als Hauptstützpunkt. Heute ist kaum noch etwas da, was an das einstige Marinearsenal erinnert. Läuft man in den Hafen ein, so liegen an Backbord die halb versunkenen Steinquader des römischen Hauptwellenbrechers. Ein paar Trümmer nahe bei seinem Anfang – das ist alles, was von jener großen Sommervilla des Lukull noch zu sehen ist, die später zum Kaiserpalast avancierte. Tiberius ist hier bei einem Ausflug von seinem Alterssitz Capri gestorben.

Mit Kurs auf die Sarparella-Spitze weitersegelnd, gelangt man zu den Ruinen eines Theaters und eines in der Nähe befindlichen römischen

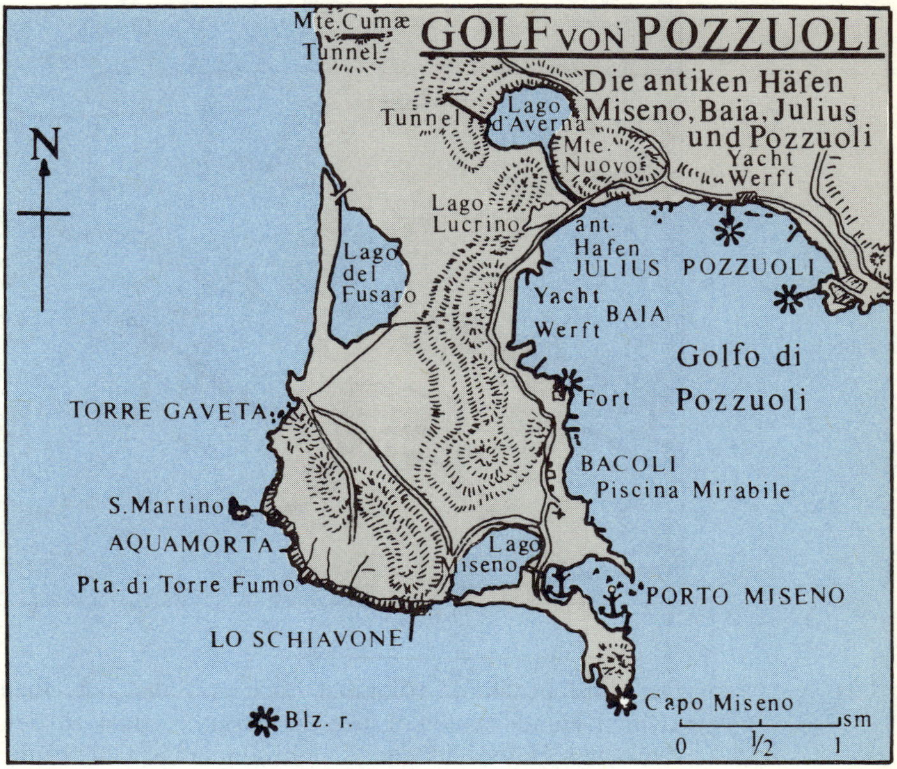

Bades. Zwischen diesen Ruinen und dem Hafen lagen sowohl die Kasernen für die Besatzungen der Galeeren wie auch jene Admiralität, in der sich der jüngere Plinius vermutlich aufhielt, als im Jahre 79 n. Chr. der schreckliche Ausbruch des Vesuv erfolgte. Einige Grotten in den Steilhängen (man sieht sie an Steuerbord) dienten als Magazine für die Galeeren. Eine der erstaunlichsten Einrichtungen waren die ausgedehnten unterirdischen Zisternen, aus denen die Galeerenflotte mit Trinkwasser versorgt wurde. Das innere Becken, das heute Mare Morto (Lago Miseno) heißt, ist mit dem Haupthafen durch einen Kanal verbunden, der von einer Brücke überspannt wird. Rings auf den begrünten Hängen liegen nun einige moderne Villen und Ferienhäuser.

Nachdem man Miseno verlassen hat, kommt man zu den Ufern des Golfes von Pozzuoli. Dieses Gebiet ist zum größeren Teil mit modernen Häusern und Industrieanlagen bebaut.

Bacoli mit dem angeblichen Grabmal der Aggrippina, der Mutter Neros, bietet kleinen Yachten geschützte Liegeplätze (Skizze S. 282).

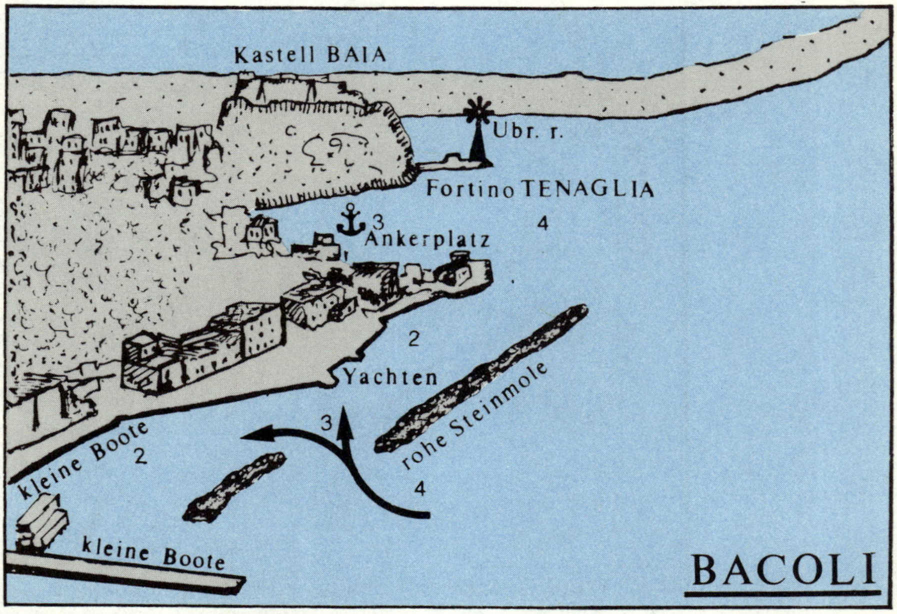

Baia Der einst berühmte römische Badeort Baiae hat einen anspruchslosen, kleinen Handelshafen. Einer der Gründe, Baia zu besuchen, ist, einen römischen Hafen aus dem 1. Jahrhundert n. Chr. kennenzulernen.

Ansteuerung und Liegeplatz (Seekarten: D 439, BA 1908, I 10 und 129): Yachten können an den im Plan eingezeichneten Stellen östlich und westlich der Werft anlegen.

Versorgungsmöglichkeiten: Wasser am Kai, Lebensmittel in der Nähe, ebenso wie Restaurants. Kraftstoff ist zu haben, Reparaturen sind möglich (700-t-Helling).

Heute ist Baia ein kleiner Badeort für die Neapolitaner. Horaz schrieb (Epistolae 1.83): „Nichts auf der Welt kommt der lieblichen Bucht von Baiae gleich." Zu seiner Zeit mag das Ufer um etwa tausend Meter weiter nach See zu gelegen haben, und das ganze Gebiet war ein einziger großer Vergnügungsort, dessen Bauwerke ihrer Schönheit wegen Berühmtheit erlangten. Wo sich heute das graue aragonesische Kastell erhebt, stand einst die großartige Villa Cäsars, und am nördlichsten Punkt der Bucht liegen die Ruinen der römischen Bäder und des Merkurtempels.

Misenum (jetzt Miseno) war das Marinearsenal der tyrrhenischen Flotte und Puteoli der große Handelshafen für Rom. Gegen Ende der Bürgerkriege bekam Agrippa von Oktavian den Befehl, einen dritten Hafen, Portus Julius, zu bauen, indem man die Küste des Pozzuoli-Golfes mit dem Avernus-See verbinde und von da durch Tunnel unter der Feste Cumae einen Ausgang zum Tyrrhenischen Meer schaffe. Alle diese Groß-

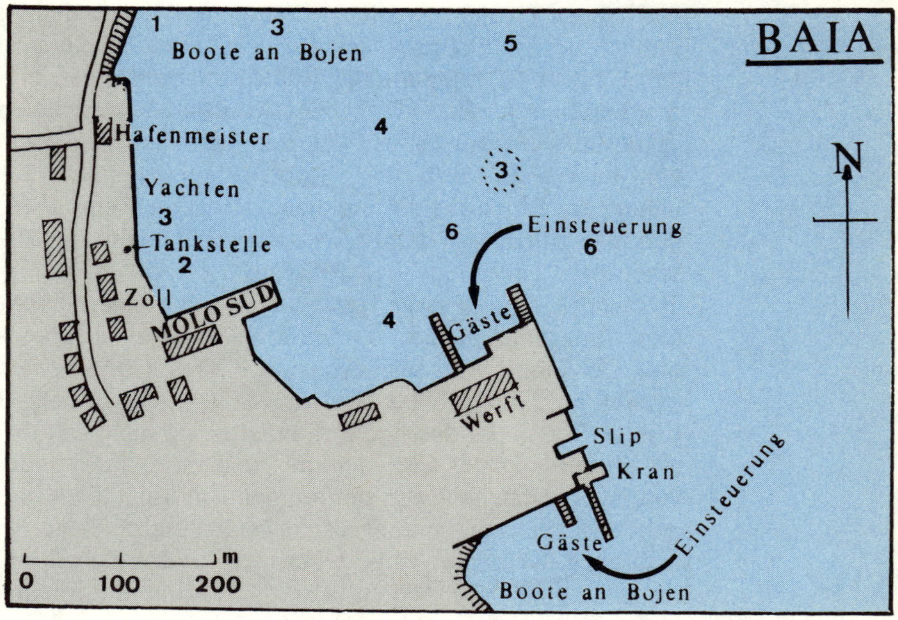

taten der Ingenieurkunst kann man nun bewundern – die Tunnel wurden erst vor 40 Jahren entdeckt –, aber man muß dabei bedenken, daß sich die Küstenlinie seither in mehrfacher Weise verändert hat: einmal, indem sich das Meer fast einen Kilometer von der Steilküste bei Cumae nach Westen zurückzog, und zweitens durch den Monte Nuovo (131 m), der 1538 plötzlich als Vulkankegel entstand. Der Seegrund zwischen Misenum und Pozzuoli hebt und senkt sich auch heute noch.

Trotz dieser hervorragenden Leistungen der römischen Ingenieure blieb der neue Hafen Julius nur wenige Jahre in Betrieb, denn nach der Schlacht von Actium 31. v. Chr. wurde er nicht mehr gebraucht und verlor so schnell an Bedeutung, während Misenum noch einmal Marinearsenal wurde. In unseren Tagen aber erinnert nichts mehr an den Portus Julius.

Die Landschaft mit ihren grünen und teilweise bewaldeten Berghängen ist heute idyllisch und friedlich, aber in jener vergangenen Zeit soll der See pestilenzialische Dämpfe von solcher Intensität ausgeströmt haben, daß kein Vogel, der ihn überflog, am Leben blieb. Damals war er ein alter, von dichten Wäldern umgebener Krater, dem heiße Quellen entsprangen. Die Alten hielten ihn für einen der Eingänge in die Unterwelt. Äneas, Odysseus und Orpheus – sie alle benutzten ihn. Im sechsten Buch der Äneis wird dieser Zugang ganz genau beschrieben, eine Schilderung, die Dante später für seine „Göttliche Komödie“ auswertete.

Auf einem großen Bergrücken liegen, nordwestlich vom See und das Meer überblickend, die Ruinen der uralten griechischen Stadt Campania. Das ist

das heutige Cumae. Vor fünfzig Jahren lenkten Archäologen die Aufmerksamkeit der Weltöffentlichkeit auf sich, als sie nahe beim Tor der Akropolis den Eingang zu einer antiken Höhle fanden. Einige Zeit lang glaubten sie, den berühmten unterirdischen Zufluchtsort der Sibylla entdeckt zu haben: „Eine tiefe Grotte war da, weit und leer, geschützt vom dunklen See und von der Wälder Düsternis“, wie es in der Äneis (VI, 237.8) heißt. Doch nähere Nachforschungen ergaben, daß es sich um einen Tunnel handelte, den man zu strategischen Zwecken gebohrt hatte, um die Verbindung zwischen dem Hafen und der Seeküste herzustellen.
Tatsächlich gab es zwei Tunnel, beide von Cocceius Anctes, dem römischen Ingenieur, gebaut, der ähnliche Anlagen auch bei Neapel geschaffen hat. Der eine führte vom Avernus-See zur Hochebene von Cumae (dort befand sich der größere Teil der Stadt), der andere direkt unter dem Cumae-Massiv hindurch. Jahrhundertelang hielt sich diese große Festung als Mittelpunkt des Christentums; und im 5. Jahrhundert, als der Kaiser von Byzanz erschien, um sie fremden Eindringlingen zu entreißen, galt sie neben Neapel noch immer als die bedeutendste Feste Kampaniens. Wenn man auch nur noch wenige Überreste aus der Zeit ihrer Größe vorfindet, so sollte man doch einen Ausflug dorthin unternehmen, allein schon wegen der herrlichen Aussicht, die sich von ihrer Höhe aus bietet.

Pozzuoli eine ausgedehnte, früher nur Wohnzwecken dienende Vorstadt Neapels, ist jetzt vor allem ein Industriegebiet. Yachten finden in dem Becken der Base Nautica Maglietta gute Liegemöglichkeiten.

Ansteuerung und Liegeplatz (Seekarten: D 439, BA 1908, I 10 und 129): Man halte auf den Kopf der langen Mole zu, die westlich von der Westecke des Vorgebirges ausgeht, dann auf die ins Auge fallenden Hallen am Kai. Dort liegen Bojen, am Kai sind Poller. Nur bei steifen westlichen Winden kann es dort ungemütlich werden.

Versorgungsmöglichkeiten: Wasser, Kraftstoff und Strom gibt es an jedem Liegeplatz, Geschäfte in der Nähe. Vorortverkehr nach Neapel. Die Werft ist auf Reparaturen an Yachten eingestellt.

Die moderne Stadt hat 70000 Einwohner. Einst wurde sie von den Römern nach ihren Schwefelquellen „Puteoli“ genannt. Über zwei Jahrhunderte war Puteoli eine wichtige Handelsstadt. Für die Blütezeit sind Einfuhren von Eisenerzen aus Elba sowie der Import von Kaninchen (die mit Hilfe libyscher Frettchen gefangen wurden) und von Austern aus Spanien oder Getreide aus Sardinien und von anderen Gütern aus Afrika, den Häfen des Vorderen Orients – Phöniziens, Zyperns und Ägyptens etwa – oder auch aus Indien nachgewiesen. Zeitgenossen haben die Aufregung der einheimischen Bevölkerung zu Beginn der Segelsaison geschildert, wenn die ersten Schiffe aus fernen Ländern gesichtet wurden. Die Stadt war damals auch ein Mittelpunkt für den Export. Plinius erwähnt die Purpurfabrikation und die Molybdängewinnung. Töpferwaren aus allen Ortschaften der Umgebung wurden hierhergebracht, und die Überseekaufleute von Syrien, Tyrus, Beirut und Heliopolis unterhielten hier Faktoreien und Tempel.

Ein kurzer geschichtlicher Abriß des römischen Hafens mag für den Yachtsegler von Interesse sein. Die große Ingenieurstat jener Zeit war der Bau der Südmole. Von einem Punkt südlich der heutigen Mole ausgehend, erstreckte sie sich in westlicher Richtung. Ihr Unterbau bestand aus einer Art hartem Zement, der, Strabo zufolge, aus vulkanischer Asche und Kalk zusammengemischt war. Man wußte, daß solche Lavaasche, die heute Tuff genannt wird, sehr hart und dauerhaft zu werden pflegt, weshalb man auf derartige Fundamente den breiten Kai und die Bogen erbaute. An jeder Seite eines Bogens befanden sich Ringe zum Festmachen der Schiffstaue.

Vom Kopf dieser Mole ließ der römische Kaiser Caligula eine schwimmende Brücke nach Baiae hinüberschlagen, um damit prahlen zu können, daß er „zu Pferde über das Wasser von einer Stadt zur anderen geritten" sei. Suetonius sagt, die Brücke habe eine Länge von wenig mehr als zwei Meilen gehabt. Der Kaiser ließ Handelsschiffe von überallher kommen und sie in zwei Reihen dicht nebeneinander vor Anker legen; dann wurden sie mit Planken überdeckt, und auf diese wurde Erde gehäuft. So entstand eine Straße wie die Via Appia.

Im Jahre 59 kam hier ein berühmter Reisender an: Es war der Apostel Paulus, der sich in einem nach der Galionsfigur „Die himmlischen Zwillinge" (Castor und Pollux) genannten Schiff auf dem Wege von Alexandria nach Rom befand. In der Apostelgeschichte (Kap. 28, Vers 12/13) lesen wir nämlich: „Von dort – Syrakus – fuhren wir der Küste entlang und gelangten nach Regium. Da tags darauf der Südwind sich erhob, erreichten wir in zwei Tagen Puteoli."

Man mag sich wundern, weshalb so wenig über diesen römischen Hafen bekannt ist. Aber selbst Luftaufnahmen enthüllen dem Forscher so gut wie nichts, und in dem trüben Wasser fällt es auch Tauchern schwer, etwas Wesentliches zu entdecken. Die 13 Säulen und Bogen der Südmole sowie mehrere Säulenkapitelle wurden bereits vor zweihundert Jahren in der Nähe der heutigen Strandlinie aufgefunden. Es hat den Anschein, als ob die einstige Küstenlinie und die damals von den Römern gebauten Kais an der Westseite der Bucht etwa eine halbe Seemeile vor der Küste in einer Wassertiefe von ungefähr 3 m liegen. Der Meeresgrund, der sich im 2. Jahrhundert n. Chr. zu heben begonnen hatte, bis die Wassertiefe nur noch weniger als 5 m betrug, hat sich inzwischen wieder auf sein normales Niveau gesenkt, doch neigt er dazu, sich von neuem zu heben. Obendrein hat das Bild des Meeresgrundes bedeutende Veränderungen erfahren.

Wir wissen, dank Strabo, einiges über das Bassin, in dem die Ladungen der Schiffe gelöscht wurden, sowie über den 50×40 m großen Ripa-Markt, der noch heute, obschon zum Teil überflutet, in der Stadt zu sehen

ist. Im 2. Jahrhundert n. Chr. verlor der Hafen an Bedeutung; das lag nicht allein an der Zerstörung seiner Mole, sondern vor allem daran, daß sich der lange Transport der Waren auf dem Landwege als unwirtschaftlich erwies und die Römer deshalb den Hafen Ostia ausbauten. Nach und nach verließen die Einwohner die Gegend; die Stadt Puteoli, die einst so große Zeiten erlebt hatte, verkam immer mehr. Sie hatte das drittgrößte Amphitheater des Imperiums, dazu außer Bibliotheken eine Akademie und zahlreiche Heilbäder sowie die prächtigen Villen prominenter Römer, wie etwa die von Cicero und Sulla.
Nachdem Puteoli im Mittelalter geplündert worden war, wurden einige der antiken Säulen und Steinquader zum Bau der Kathedrale benutzt.

Bagnoli und die Insel Nisida Bagnoli ist eine kleine Industriestadt mit mehreren langen Piers zum Verschiffen von Erzen, die sich vom Ufer aus weit ins Meer erstrecken. Der Raum zwischen diesen Piers und dem kleinen gebirgigen Eiland Nisida ist ein geschützter Ankerplatz. Er gilt als der beste Liegeplatz in der Umgebung von Neapel.

Ansteuerung und Liegeplatz (Seekarten: D 439, BA 1908 und I 10): Es ist mit keinerlei Schwierigkeiten verbunden, den Hafen zu finden, da die kurze (von der Insel Nisida ausgehende) Mole befeuert ist. Yachten legen je nach Tiefgang am Molo Capellini, den Schwimmstegen, den kleinen Stegen vor dem Strand an oder ankern an den im Plan

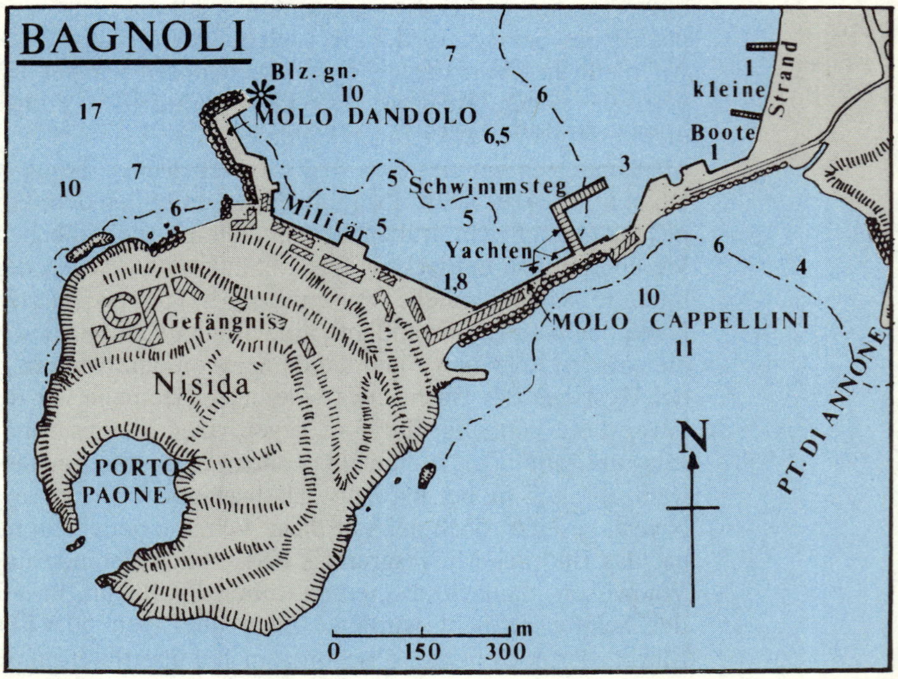

eingezeichneten Stellen. Achtung: Ein großer Teil der Kais bei der Insel Nisida ist für das Militär reserviert!

Versorgungsmöglichkeiten: Wasser erhält man an verschiedenen Stellen an den Kais und Stegen. Ein Kran steht zur Verfügung. In der Nähe des Hafens gibt es mehrere Lebensmittelgeschäfte, Cafés und gute Restaurants.

Die Ufer bei Bagnoli sind heute reine Industriegebiete, die nichts Interessantes aufzuweisen haben. Sie sind durch einen Damm mit der steilwandigen kleinen Insel Nisida verbunden. Auf der Insel gibt es eine kleine, kreisrunde Bucht, die diese Form dem Kraterrand eines früheren Vulkans verdankt. Sie ist ein wunderschöner Naturhafen. Die Einfahrt ist etwa 50 m breit; die mittlere Tiefe des Beckens beträgt etwa 3 m. Man kann hier zwar ankern, darf das Schiff jedoch wegen des Gefängnisses auf der Insel nicht verlassen.
Nisida war das Nesis der Römer, wo Brutus und Cassius ihre gegen Cäsar gerichteten Pläne schmiedeten. Hier nahm Brutus Abschied von seinem Weibe Portia, als er in die Schlacht bei Philippi zog, deren Ausgang Brutus' Tod besiegelte und Portia dazu trieb, Selbstmord zu begehen, indem sie glühende Kohlen verschlang.

Neapel macht es einer Yachtbesatzung nicht leicht, die Stadt zu besuchen. Der riesige Handelshafen ist ständig mit Fahrzeugen der Großschiffahrt überfüllt, und die Yachthäfen sind meist voll, so daß Besucher es schwer haben, einen freien Liegeplatz zu finden.

Posilippo Von Kap Miseno kommend, ist der erste Yachthafen Neapels der kleine Privathafen des Yachtclubs Posilippo. Er wurde 1960 für die Olympischen Spiele in Rom errichtet. Damals fanden in Posilippo die olympischen

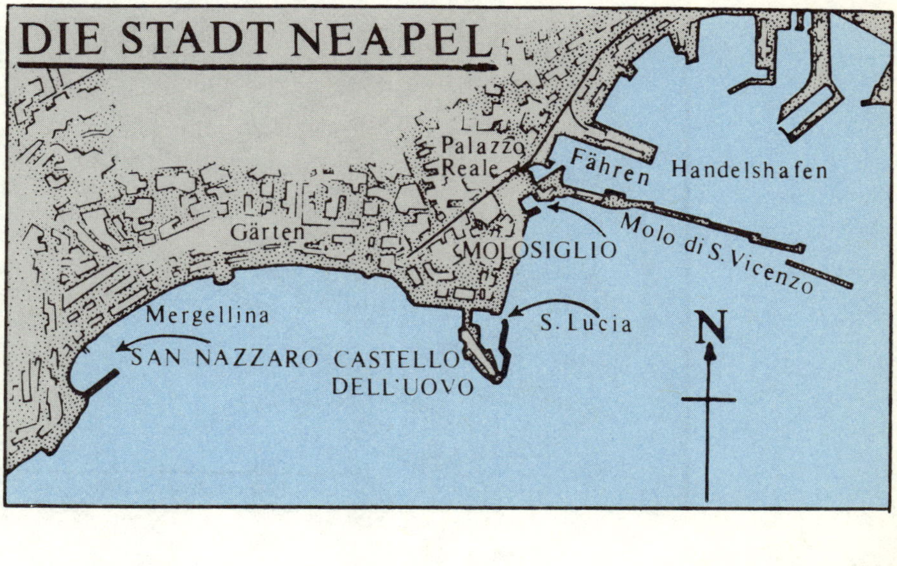

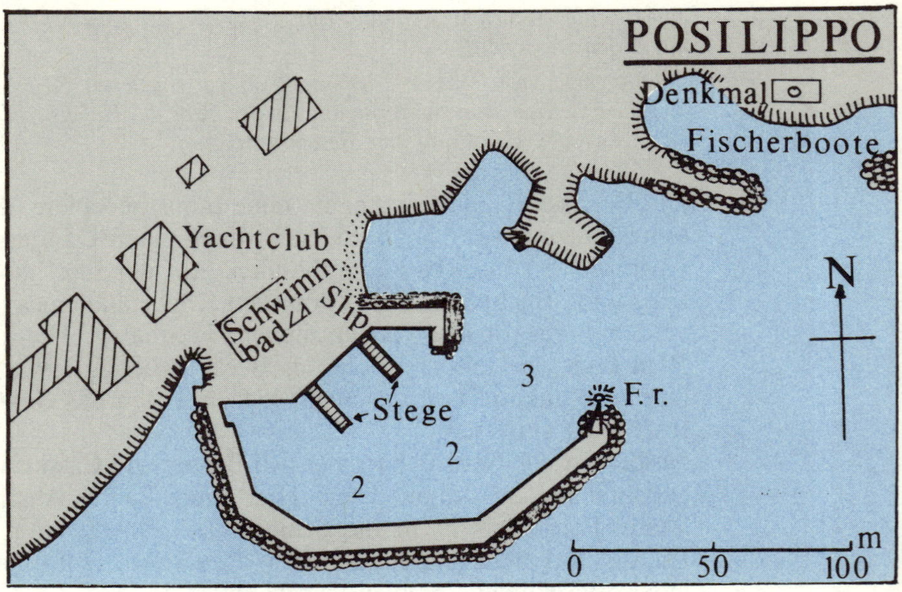

Segelwettbewerbe statt. Der Hafen wurde für die olympischen Jollenklassen gebaut und bietet daher nur kleinen Yachten Platz. Er hat den großen Nachteil, weit weg von der Stadt Neapel zu liegen.

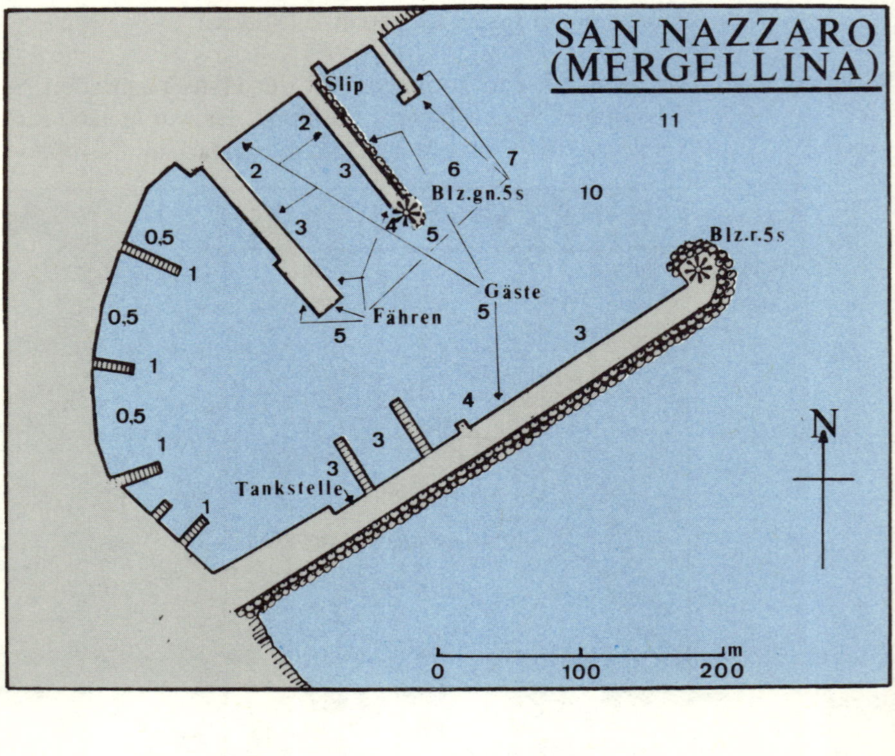

Porto San Nazzaro (Mergellina) Der Hafen San Nazzaro liegt an der Reede von Mergellina. So heißt auch der ganze Vorort, etwa 3 km vom Zentrum entfernt. Der Hafen dient in erster Linie dem Fährverkehr (auch mit Tragflächenbooten), bietet aber auch Liegemöglichkeiten für Yachten.

Ansteuerung und Liegeplatz (Seekarten: D 439, BA 1908, I 10): Die Einfahrt ist mit Südwestkurs anzusteuern. Yachten machen über Heck an der Mole oder an den Stegen fest. Der landwärtige Teil des Hafens ist seichter, bietet aber Platz für kleine Yachten.

Versorgungsmöglichkeiten: Der Hafen liegt ziemlich weit ab vom Stadtzentrum und von den Geschäften. Trinkwasser ist an verschiedenen Zapfstellen an den Kais und Stegen erhältlich. Kraftstoff an der Tankstelle. Ein 20-t-Kran steht zur Verfügung.

Santa Lucia ist zwar auch dauernd überfüllt, aber doch der angenehmste der drei Yachthäfen, denn von ihm aus kann man die Stadt bequem zu Fuß erreichen.

Ansteuerung (Seekarten: D 439 und 1128, BA 1908 und I 10): Man halte auf das Castello dell'Uovo zu und laufe dann in die Einfahrt ein (siehe Skizze Seite 290).

Liegeplatz: Bug oder Heck zum Kai oder an den Stegen.

Behörden: Der Hafenmeister hat eine Nebenstelle an dem Damm zwischen dem Castello dell'Uovo und dem Festland. Außerdem gibt es in Santa Lucia mehrere Yachtclubs.

Versorgungsmöglichkeiten: Trinkwasser auf den Kais. Hier gibt es auch einige teure Restaurants. Kraftstoff und Eis erhält man bei einer Tankstelle an der Südseite des Hafens.

Das den Hafen beherrschende Kastell wurde an der Stelle einer früheren römischen Villa erbaut und tritt, von See aus gesehen, deutlich hervor.

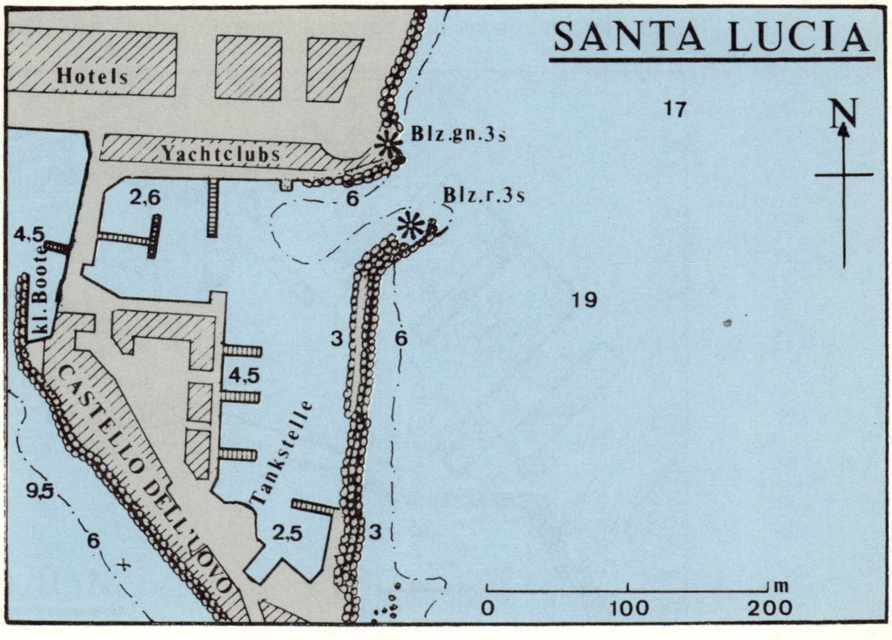

Molosiglio ist ein kleiner Yachthafen nur wenig nordöstlich von Santa Lucia. Dort trifft man auf Wassertiefen von 3 bis 4 m. Ein Dutzend großer Yachten liegt für gewöhnlich an seiner Südmole, die kleineren genau gegenüber. Auch dieser Hafen ist stets dicht belegt, und es ist unwahrscheinlich, daß eine fremde Yacht hier einen Platz findet (Skizze unten).

Der Handelshafen von Neapel ist ausschließlich der Handelsschiffahrt vorbehalten. Yachten können nur anlegen, um Transitwaren zu übernehmen, müssen aber vorher Erlaubnis einholen.

Die Stadt Neapel hat 1,8 Millionen Einwohner. Man braucht einen Reiseführer, wenn man sich hier länger als nur ein paar Tage aufhalten will. Bleibt man aber nur

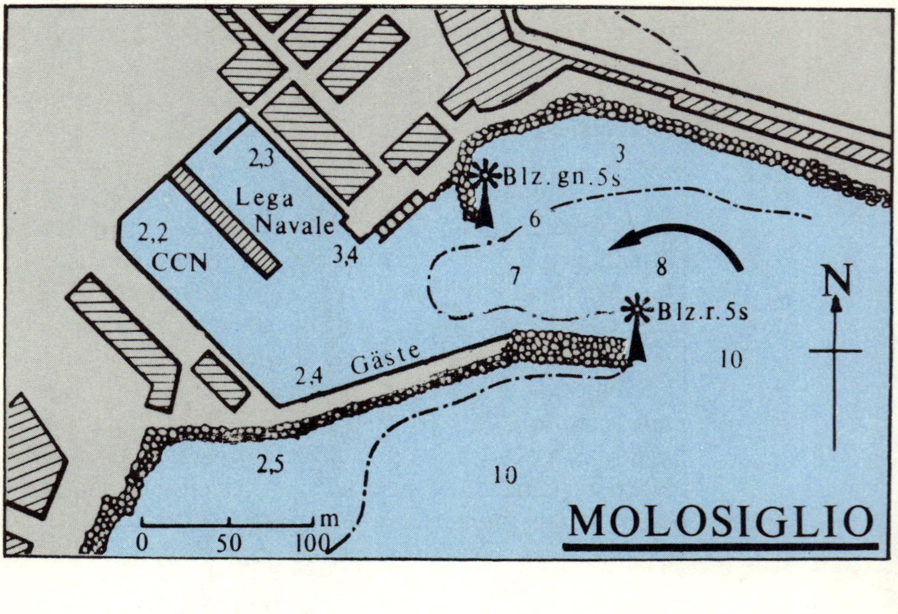

kurze Zeit, so ist der Besuch von Herculaneum, Pompeji und des „Museo Nazionale" in der Stadt selbst zu empfehlen. Hier findet man antike Kunstwerke, die aus Pompeji, Paestum und Herculaneum stammen oder über See ins Land gebracht worden sind. Auch das Aquarium sollte man sich ansehen.
Der heutige Handelshafen wurde erst in jüngerer Zeit ausgebaut, aber schon seit vielen Jahrhunderten gab es an seiner Stelle einen kleineren Hafen. Das Arsenale de Marina, von Mendoza im 16. Jahrhundert erbaut, hatte eine 500 m lange Mole und „einen schönen Leuchtturm" – den „Sailing Directions" von 1805 zufolge.
Das war die Epoche des größten Wohlstandes für Neapel, das damals weit größer und reicher war als Paris und London. Textilindustrie, Maschinenbau und Werften blühten und gediehen: 1818 lief hier das erste Dampfschiff im Mittelmeerraum vom Stapel. Nach der Einigung Italiens verschob sich der wirtschaftliche Schwerpunkt des Landes in die Industriezentren des Nordens.

Der Vesuv

Seit frühester Zeit hat der Vesuv das Schicksal jener Küstenstädte bestimmt, die in den Tagen der Griechen und Römer rings um den Golf von Neapel entstanden waren. Heute ist der Monte Vesuvio ein ziemlich verstümmelter Kegel von 1270 m Höhe, dessen untere und mittlere Hänge in einem Winkel von nur zehn Grad ansteigen. Eine Straße führt bis zu einem Punkt oberhalb des Observatoriums, von wo aus sich ein großartiger Blick auf das Meer und die Berge bietet. Die Fahrt mit dem Bus dauert gut drei Stunden. Um den Gipfel gefahrlos zu erreichen, muß man einen Führer nehmen. Es gibt aber auch einen Lift.
Zur Römerzeit, genauer: während der Regierungszeit des Augustus, war dieser Vulkan genauso ruhig wie heute. Unter Neros Regierung jedoch wurden die Neapolitaner in heftigen Schrecken versetzt, als der Berg plötzlich unter furchtbaren Erdbeben zum Leben erwachte und die Orte Herculaneum und Pompeji größtenteils vernichtete. Im Laufe der nächsten Jahre folgten weitere Erdbeben, bis sich dann im Jahre 79 n. Chr. jener wütende Ausbruch ereignete, durch den Pompeji, Herculaneum, Stabiae und andere Orte an der Küste total zerstört wurden. Aus diesem Anlaß ging der Oheim des jüngeren Plinius, der damals die Galeerenflotte bei Misenum kommandierte, unter Segel, um zu retten, was noch zu retten war. Der ältere Plinius begab sich nach Stabiae hinüber, um wissenschaftliche Beobachtungen anzustellen. Dabei kam er ums Leben; er erstickte an den Dämpfen. Ähnliche gewaltige Ausbrüche werden auch aus späterer Zeit berichtet. Einer fand im Jahre 471 n. Chr. statt, und es heißt, der Wind habe Asche bis hin nach Konstantinopel getragen.
Noch im Jahre 1906 war der Vesuv fast ein Jahr lang tätig. Als die Aktivität des Vulkans ihren Höhepunkt erreichte, war Neapel in völlige Finsternis gehüllt, und Hunderte von Menschen kamen ums Leben. Das Land

östlich vom Berg wurde verwüstet. Das letzte Mal trat der Vesuv 1944 in Tätigkeit, doch war der Ausbruch nicht ganz so gefährlich, obschon einige an seinen Hängen liegende Ortschaften zerstört und die Aschewolken bis nach Bari getragen wurden. Augenblicklich ist das einzige Zeichen seiner Tätigkeit die Rauchwolke, die dem Krater entströmt.
Noch immer ist die Erdkruste an den Küsten des Golfes von Neapel in Bewegung, und aus geschichtlich überschaubaren Zeiten liegen Berichte über Veränderungen des Meeresgrundes vor. Sie sind am deutlichsten im Raume Pozzuoli. Man kann an den Wasserstandsmarken an den antiken Gebäuden exakt feststellen, daß in den 1200 Jahren vom Untergang West-Roms bis in die Mitte des 17. Jahrhunderts eine Senkung um 10 m erfolgt ist, dann eine Hebung um 7 m, insgesamt also eine Bewegung um 17 m oder mehr als 1 m pro Jahrhundert. Im Gegensatz dazu gibt es im Zentrum der Bucht bei der Stadt Neapel keine derartigen Veränderungen, wie sich an dem im 12. Jahrhundert erbauten Castello dell'Uovo (Santa Lucia) erkennen läßt.

Portici (Seekarten: D 439 und 1128, BA 1908, I 10), 4 sm südostwärts von Neapel gelegen, ist ein langweiliger Handelshafen, der eine 200 m lange, in Richtung Westnordwest verlaufende Mole hat. Eine Yacht findet an der inneren Seite des Kais guten Schutz, aber schlecht haltenden Ankergrund. Als Folge starker Westwinde versandet die Einfahrt. Der Hafen bietet jedoch alle Versorgungs- und Reparaturmöglichkeiten. Trotzdem wird man ihn kaum anlaufen, gibt es doch 2 sm weiter südostwärts einen viel besseren Hafen:

Torre del Greco war früher der Fischerhafen einer angrenzenden Industriestadt; inzwischen gibt es hier jedoch auch einen Yachthafen.

Ansteuerung (Seekarten: D 439 und 1128, BA 1908 und I 10): Bei normalem Wetter ist das Einlaufen leicht. Gefährlich wird es jedoch bei südöstlichen Winden, ferner bei Nacht durch ausliegende Festmachetonnen.

Liegeplatz: Beim Torre del Greco Yacht Club oder an den anderen Stegen des Hafens.

Behörden: Hafenmeisterei und Zollamt.

Versorgungsmöglichkeiten: Beim bzw. im Clubgelände gibt es Wasser, Kraftstoff und Duschen. Lebensmittel in der Stadt. Vier kleine Werften bieten Reparaturmöglichkeiten, eine davon verfügt über einen 25-t-Kran bzw. 600-t-Slip. Eine Drahtseilbahn führt auf den Vesuv, Bahnhof am Hafen.

Im Jahre 1631 traf den kleinen Ort ein schweres Unglück. Die Lava floß vom Vesuv herab ins Meer, und fast 3000 Bewohner kamen ums Leben. Heute ist es der größte Industrieort am Südrand von Neapel mit 80000 Einwohnern, von denen immer noch viele Schwamm- und Korallenfischer sind.

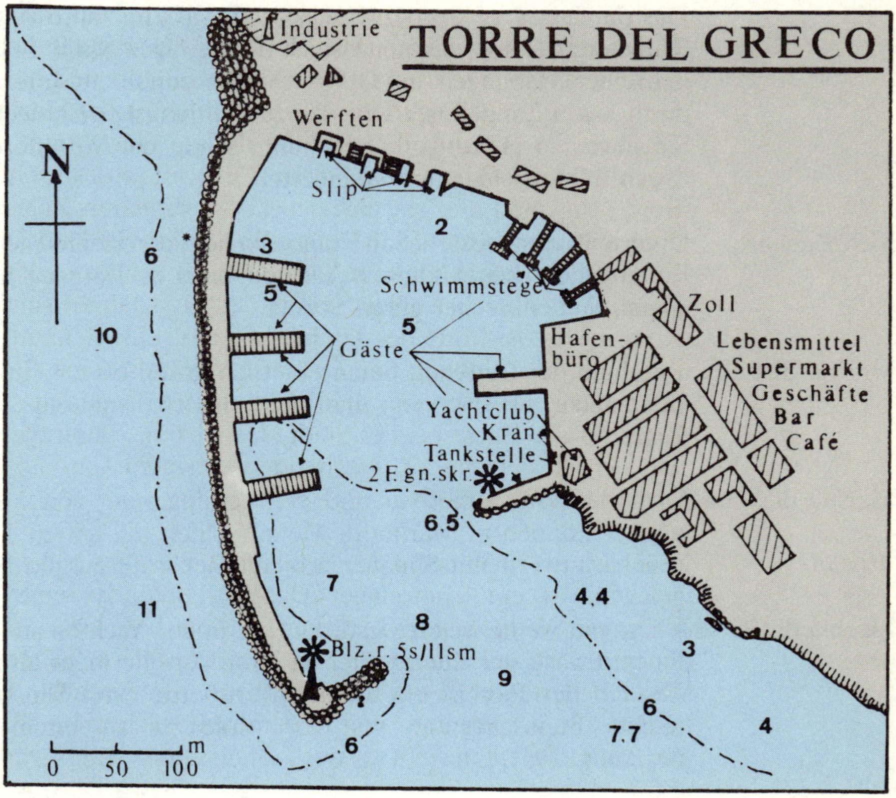

Torre Annunziata heißt ein geräumiger und für gewöhnlich leerer Handelshafen, der, von Südostwinden abgesehen, guten Schutz gewährt.

Ansteuerung und Liegeplatz (Seekarten: D 439 und 1128, BA 1908 und I 10): Die besten Liegeplätze sind an den Stegen des Circolo Nautico und in der Nuova Darsena.

Dieser Hafen, der zum Löschen von Getreideschiffen benutzt wird, ist nur 3,5 km von Pompeji entfernt; alle 20 Minuten fährt ein Bus dorthin. Bei Oplontia haben Archäologen in jüngerer Zeit ein riesiges Landgut mit mehr als 50 Räumen entdeckt, von dem man annimmt, daß es Neros Gemahlin gehörte.

Castellamare di Stabia hat sich zu einem großen Handelshafen mit Marinewerft, aber auch zu einem Badeort mit Mineralquellen entwickelt. Das östlich liegende Yachtbecken wurde auf 4 m Wassertiefe ausgebaggert, so daß dort gute Liegemöglichkeiten vorhanden sind. Die Stadt – sie hat etwa 35000 Einwohner und bietet alle Versorgungsmöglichkeiten – zieht sich am Wasser hin.

Das durch den großen Ausbruch des Vesuvs im Jahre 79 n. Chr. zerstörte Stabiae der Römer lag nordöstlich der heutigen Stadt. Seit 1950 sind systematische Grabungen im Gange. Von besonderem Interesse dürften die drei großen Landhäuser sein, die zu den jüngsten Entdeckungen gehören. Sie liegen in anmutiger Umgebung; schon der Weg dorthin führt durch reizvolle Maisfelder und Weingärten.

Vico Equense Unterhalb des Klosters San Francesco liegt der kleine Yachthafen von Vico Equense. Er bietet kleinen Yachten bis 1 m Tiefgang hinter dem 85 m langen Wellenbrecher guten Schutz.

Marina di Equa unterhalb der Ortschaft Seiano bietet Yachten bis 1,30 m Tiefgang sichere Liegeplätze. Im Ort kann man sich mit Lebensmitteln und Treibstoff versorgen.

Marina di Meta Nach dem Wiederaufbau und der Verlängerung von Mole und Wellenbrecher können in Marina di Meta Yachten bis 1,50 m Tiefgang anlegen. Eine Yachtwerft mit Slipanlage bietet Reparaturmöglichkeiten.

Marina di Cassano liegt nur wenig weiter westlich. Hier finden Yachten an der ersten Hälfte der nordwärts gerichteten Pier an ihrer Ostseite mehr als 2 m Wassertiefe. Westlich der Pier ist ein kleiner Werftbetrieb mit Slipanlage. Die abgeknickte Steinschüttung vor der Mole ist an ihrem Kopf befeuert (Skizze S. 295).

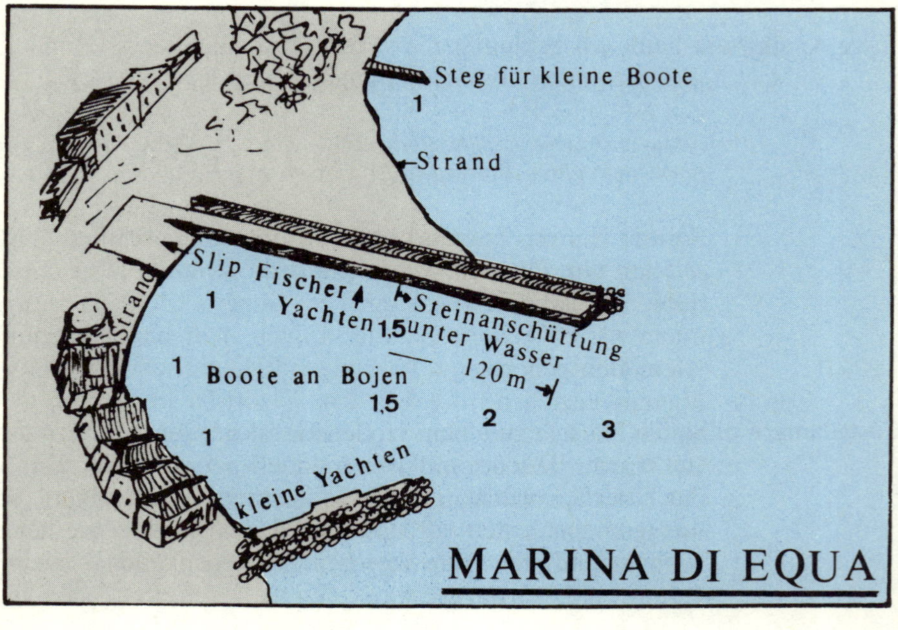

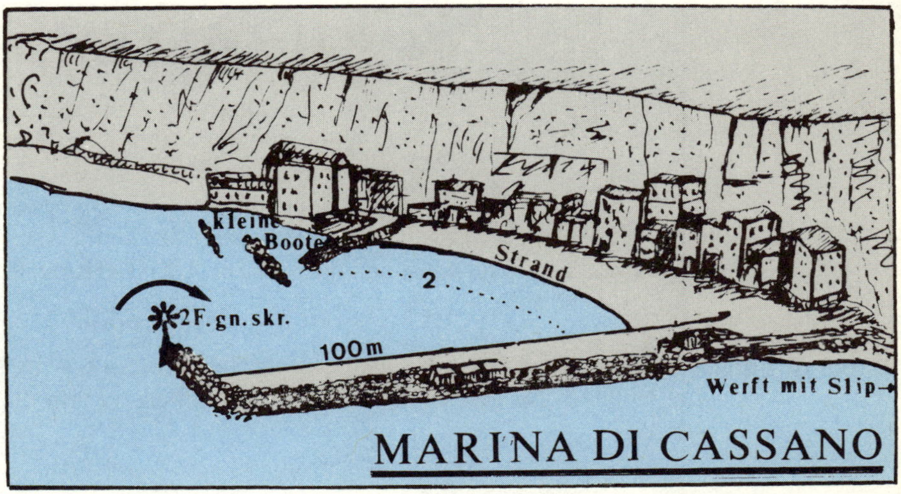

Sorrent ist ein hübscher, wenn auch ziemlich ungeschützter Hafen. Er liegt vor einer reizvollen Küste.

Ansteuerung und Liegeplatz (Seekarten: D 439 und 1128, BA 1908 und I 10): Das große Hotel „Victoria" (oben auf dem Kliff) fällt sofort auf. Yachten können vor dem Badestrand des Hotels auf Wassertiefen von 3 bis 5 m vor Anker gehen. Die Mole bietet gegen die Tagesbrise Schutz, doch wird sie weitgehend von Fährbooten und einheimischen Fahrzeugen in Anspruch genommen. Nach allen anderen Richtungen hin ist dieser Ankerplatz ungeschützt.

Behörden: Hafenmeister und Zoll.

Versorgungsmöglichkeiten: Im Hafen Wasser und Kraftstoff. Die meisten anderen Dinge lassen sich in der Stadt besorgen, die man zu Fuß auf einem Serpentinenweg in etwa 20 Minuten erreicht. Es gibt große Hotels und Restaurants in der Stadt, die preiswerteren findet man unten am Hafen.

Sorrent war das Surrentum der Römer. Es hieß so, weil man dachte, dies sei der Ort, an dem Odysseus dem Gesang der Sirenen widerstanden habe.

CAPRI Diese kleine, gebirgige, unzähligen Italienreisenden wohlbekannte Insel ist überaus anziehend; sie hat dem historisch Interessierten eine Menge zu bieten. Der Hafen **Marina Grande** ist im Sommer jedoch meist überfüllt. Bei starken nördlichen Winden sollte man in der **Marina Piccola** im Süden der Insel Schutz suchen. Starke Winde aus dem 1. Quadranten bewirken unangenehmen Schwell und Brandung. Nach der (geplanten) Verlängerung des äußeren Wellenbrechers wird man ruhiger liegen.
Fähren und Tragflächenboote benutzen den westlichen Teil des Hafens.

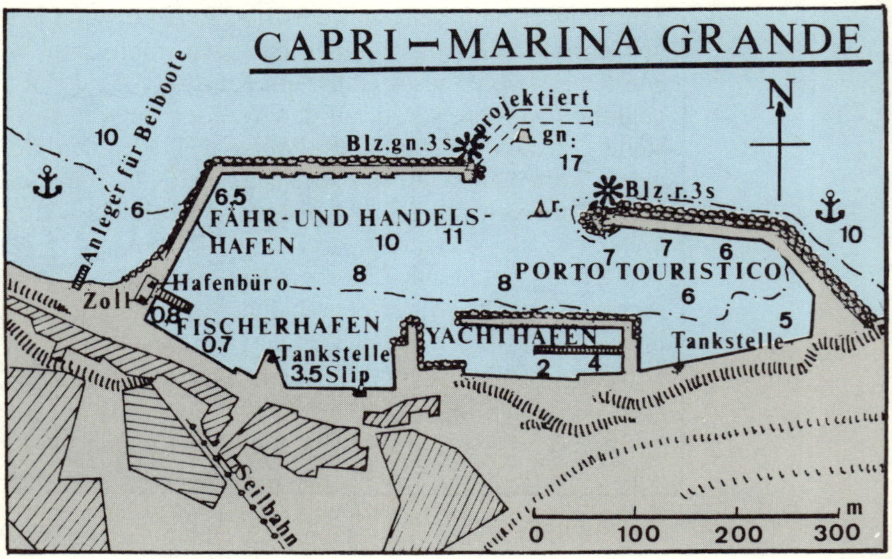

Ansteuerung und Liegeplatz (Seekarten: D 439 und 1128, BA 1908, I 10 und 132): Bei Tage hebt sich der Hafen vor dem hellen Kalkriff ab, bei Nacht sind die Molenköpfe befeuert. Liegeplätze findet man in der Darsena Touristica und im Porto Touristico. Bedingt durch den Schwell, den die Fähren erzeugen, sind die Liegeplätze allerdings recht unruhig.

Behörden: Hafenmeisterei und Zollamt befinden sich am Anfang der westlichen Mole.

Versorgungsmöglichkeiten: Wasser und Strom an den Kais, Lebensmittelläden, Restaurants und andere Geschäfte an der nahen Wasserfront. Eine Seilbahn, die berühmte „Funicula", führt hinauf zur Piazza, von wo aus man mit Bussen Ausflüge rund um die Insel unternehmen kann. Häufig verkehren Fähren sowie auch ein Tragflächenboot nach Neapel, Ischia, Amalfi und Salerno.

Auf der Insel, einem riesigen Kalksteinblock, gibt es Bergformationen, die ungewöhnlicher und kapriziöser sind als irgendwo sonst in Italien. Die Stadt Capri liegt auf dem Sattel zwischen dem jäh aufragenden, 500 m hohen Gipfel von Anacapri und dem steilwandigen Berg am Ostende. Die berühmte „Blaue Grotte" wurde erst zu Anfang des letzten Jahrhunderts entdeckt und ihr Ruhm von deutschen und anderen westlichen Schriftstellern sowie von jenen Sonderlingen, die sich um diese Zeit auf Capri niederzulassen begannen, über die ganze Welt verbreitet. Bald war diese Grotte sehr viel bekannter als die einstmals führende Grotta Oscura, die wenige Jahre zuvor durch einen Erdrutsch verschüttet worden war. Im Inneren der Grotte sind noch Spuren einer römischen Treppenflucht zu sehen. Sie befinden sich sechs Meter unter dem Meeresspiegel und beweisen, daß die Insel seit der Zeit des Tiberius beträchtlich gesunken ist. „San Michele" ist ein Landhaus, das in den achtziger Jahren des letzten

Jahrhunderts von dem schwedischen Arzt Dr. Axel Munthe am Berghang auf den Grundmauern einer einstigen römischen Wohnstätte errichtet wurde. Er baute dieses Haus, um Kunstwerke, die an antiken Stätten ausgegraben worden waren, an den Wänden aufhängen oder im Garten aufstellen zu können. Auf diese Weise wollte er den Besuchern Capris ein wenig vom Erbe der Römer zugänglich machen. Seine Autobiographie „Das Buch von San Michele“ findet auch heute noch viele Leser in aller Welt.

Ehe Tiberius sich auf Capri zur Ruhe setzte, war die Insel bereits durch Augustus, der nach der Seeschlacht von Actium im Jahre 31 v. Chr. hier in seiner prächtigen Villa lebte, gesellschaftsfähig gemacht worden. Er ließ gewaltige fossile Mammutknochen, die man für Gebeine von Giganten hielt, sammeln, um seine Villa mit ihnen zu schmücken. Im Laufe der Jahrhunderte, in denen Capri in Vergessenheit geriet, erging es seiner Villa wie vielen anderen Gebäuden: Sie wurde zerstört. Anfang unseres Jahrhunderts führte ein hier beheimateter Arzt und Naturforscher namens Ignazo Cenio bei Quisisana Ausgrabungen durch. Der Ausgrabungsort liegt nahe bei der Stelle, wo die Villa gestanden hatte. Cenio förderte zahlreiche paläolithische Überreste zutage.

Während des 17. Jahrhunderts war Capri der Sitz eines Bischofs, dessen Kleriker zu beträchtlichem Wohlstand gelangten, indem sie Schlingen stellten und die auf diese Weise erbeuteten Zugvögel verkauften. Zu jener Zeit waren die Männer entweder Schiffszimmerleute oder Matrosen auf den spanischen Galeeren. Während der napoleonischen Kriege wurde Capri, nachdem der König und die Königin beider Sizilien bereits nach Palermo geflohen waren, von den Franzosen besetzt. Bald darauf eroberten die Briten unter Sir Sidney Smith, der bei Akro Ruhm erworben hatte, Capri zurück und hielten es zwei Jahre lang, bis es Sir Hudson Lowe, der spätere Bewacher Napoleons auf St. Helena, im Jahre 1808 wieder an die Franzosen verlor. Die französischen Stoßtruppen führten lange Leitern mit sich, die sie den neapolitanischen Laternenanzündern weggenommen hatten. Mit ihrer Hilfe erstiegen sie die steile Nordwestküste der Insel und brachen auf diese Weise den Widerstand der Briten. Dieses kühne Unternehmen ist in dem Wort „Capree" verewigt, das auf dem Arc de Triomphe zu Paris eingemeißelt ist.

In jedem Frühling geht der Strom der Zugvögel über die Insel hinweg. In der Vogelflugwarte San Michele wird eine Anzahl von ihnen beringt. Nachtschwalben, Wiedehopfe, Rotschwänzchen, Nachtigallen und viele Arten von Singvögeln gehören zu den regelmäßigen Besuchern.

Die nördliche Küste des Golfes von Salerno Steuert man, von Capri kommend, das Festland an, so erreicht man die gebirgige Küste des Golfes von Salerno bei Capo Campanella.

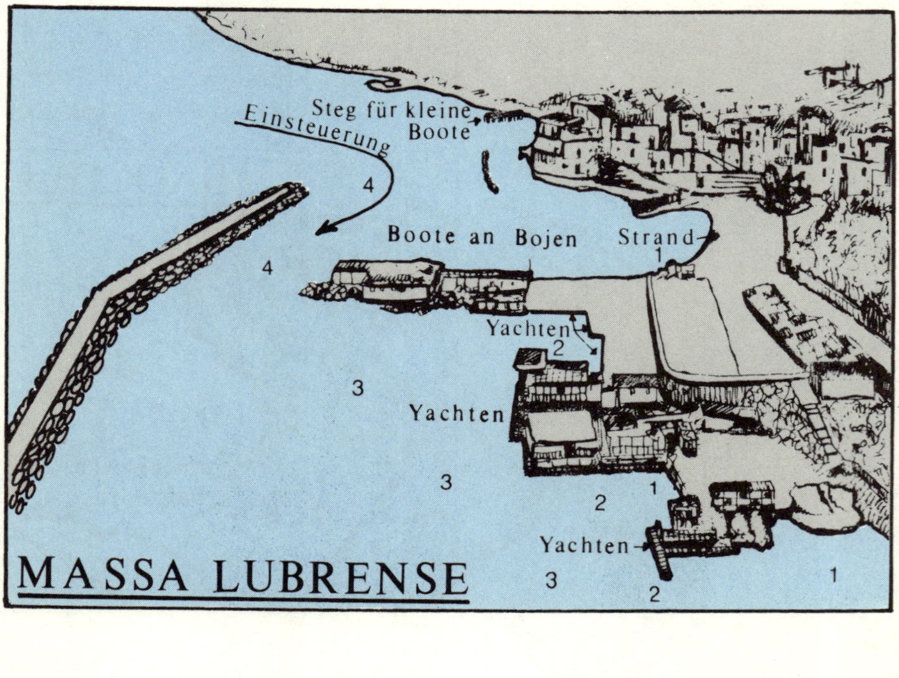

Etwas nördlich liegt der Yachthafen

Massa Lubrense Der Ort ist eine reine Feriensiedlung und bietet im Sommer alle erdenklichen Versorgungsmöglichkeiten (Skizze S. 298).

Auf halbem Weg zwischen Massa Lubrense und dem Capo Campanella liegt die bezaubernde Ankerbucht

Cala di Baccoli mit ihrem Sandstrand und wunderbar klarem Wasser, das zum Baden einlädt. Am Strand finden sich ein Hotel und ein Restaurant (Skizze).

Ab Capo Campanella erstreckt sich die reizvolle, gebirgige Küste 21 sm in östlicher Richtung bis nach Salerno. Obgleich viele Yachten in der offenen Bucht vor Positano ankern, ist Amalfi der einzige kleine Hafen, bevor man den überfüllten, aber sicheren Hafen Salerno erreicht.

Die Galli-Inseln liegen knapp 2 sm vor dem südlichen Ufer der Halbinsel von Sorrent. Galle Grande, die größte von ihnen, findet man 1,5 sm südlich von S. Elia. Sie ist mit Gestrüpp überwuchert, und mittendrin stehen ein Turm und ein Landhaus. Die beiden anderen Inseln liegen 200 m von Galle Grande entfernt.
Dies waren die Inseln der Sirenen, deren Gesang so viele Seeleute in den Tod gelockt hat. Als Odysseus sich ihnen näherte – vorsorglich hatte er die Ohren seiner Gefährten mit Wachs verstopft –, ließ er sich selbst mit Kopf und Fuß so lange an den Mast binden, bis die Versuchung vorüber war.
Als die Argonauten in diese Gegend kamen und von der „Argo" die Gesänge des Orpheus erklangen, stürzten die Sirenen sich, von seiner lokkenden Stimme überwältigt, ins Meer und versteinerten.
Es gibt auf den Inseln weder Ankerplätze noch Anlegemöglichkeiten.

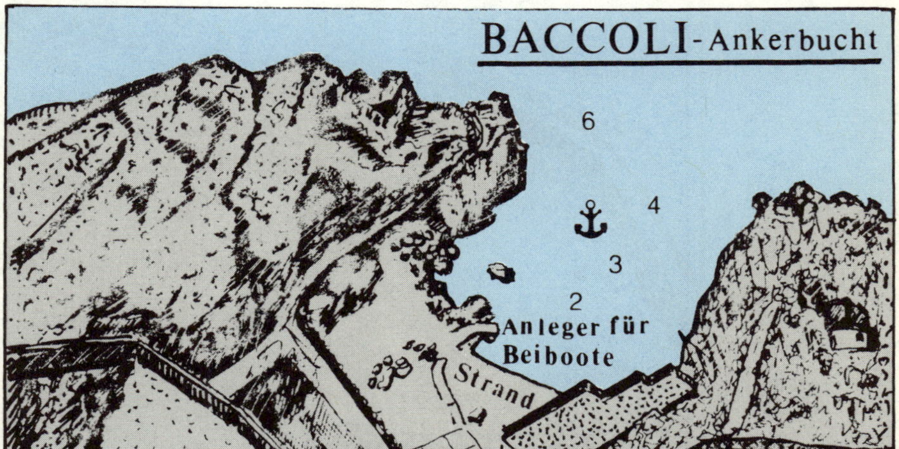

Positano (Seekarten: D 439 und 506, BA 1908 und I 10) ist eine kleine, aber reizende Stadt mit offenem Ankerplatz in der Bucht. Sie wird bei ruhigem Wetter tagsüber häufig von Yachten aufgesucht. Die Stadt liegt auf dem schroffen Berghang. Im Sommer wimmelt es dort von Besuchern. Vor mehr als drei Jahrhunderten war der Ort stark befestigt. Nachdem er jedoch von den Pisanern erobert und geplündert worden war, vermochte er sich nie mehr so recht zu erholen. Er wurde zu einem unbedeutenden Fischerdorf, und erst der moderne Tourismus erweckte ihn wieder zum Leben.

Amalfi ist eine malerische kleine Stadt inmitten einer bergigen Landschaft, die einen an der Mündung eines tiefeingeschnittenen Tales liegenden Hafen hat.

Ansteuerung (Seekarten: D 504 und 1128, BA 1908 und I 10): Nähert man sich von Süden, so ist der Ort nur mit Mühe auszumachen. Unter Umständen fällt einem aber der Friedhof auf der Höhe auf, der allerdings aussieht wie eine Anzahl übereinandergetürmter Terrassen. Bei Annäherung von Osten sieht man das zum Hotel umgebaute Kapuzinerkloster hoch über dem Hafen.

Liegeplatz: Yachten machen hier über Bug oder Heck zum Kai fest. Bei ruhigem Wetter ist der Hafen angenehm. Wenn jedoch das Barometer fällt und ein Schirokko zu wehen beginnt, darf man das Boot nicht unbeaufsichtigt lassen. Nach einer südlichen Dünung kann der Wind auf Nord drehen und zu einer Tramontana werden. Dann fallen heftige Böen von den Bergen her ein, die das Boot gegen den Kai drücken und schwere Beschädigungen verursachen können. Für diesen Fall findet eine kleine oder mittelgroße Yacht in der Mitte der Bucht hinreichend Raum, um vor Anker zu schwoien.

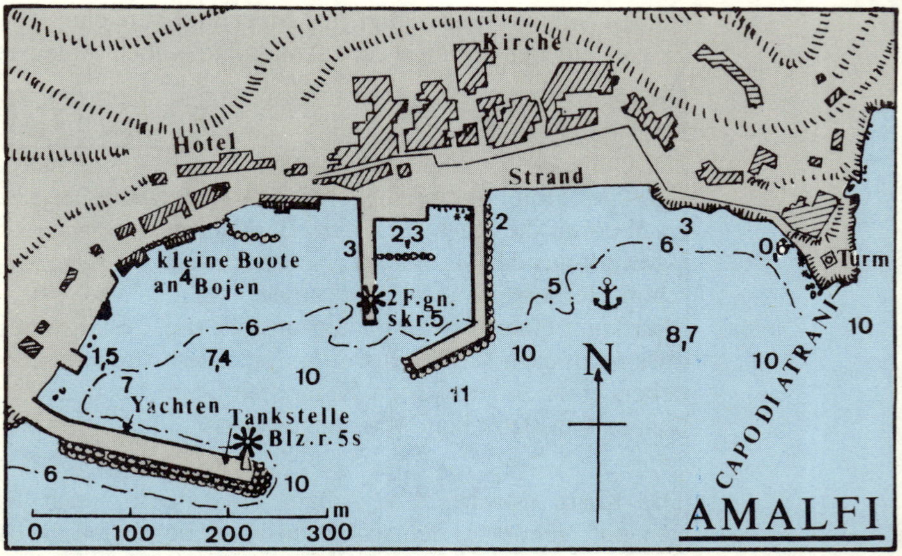

Behörden: Das Hafenamt befindet sich nahe beim Anfang der Mole.

Versorgungsmöglichkeiten: Trinkwasser und Kraftstoff auf dem Kai. Reparaturmöglichkeiten (20-t-Helling, 3-t-Kran). Es gibt hier eine Anzahl guter Hotels, Restaurants und Geschäfte, die aber während des Sommers von Touristen überlaufen sind. Die Touristen pflegen überdies vor dem Kieselstrand innerhalb des Hafens zu baden. Die einheimischen Weine sind denen von Capri und Ischia gleichwertig.

Amalfi mit seinen 8000 Einwohnern ist ein überaus farbenfroher und anziehender Ort. Er soll 320 n. Chr. von Soldaten des Kaisers Konstantin gegründet worden sein, die aus dem adriatischen Küstenort mit dem Namen Melphe kamen. Aus „a Melphe" wurde „Amalfi".

Es fällt schwer, sich diese kleine Stadt zur Zeit der Kreuzzüge vor 800 Jahren vorzustellen, als sie noch ein mächtiger Stadtstaat mit 50000 Bürgern war und sich im Wettstreit mit größeren Städten wie Pisa oder Genua befand. Ihre Bedeutung war so groß, daß die in Amalfi entwikkelten Seegesetze von der Mehrheit der im Mittelmeer Handel treibenden Nationen anerkannt wurden. So kommt es, daß die italienische Handelsflagge das Wappen von Amalfi führt – zusammen mit denen von Pisa, Genua und Venedig.

Die in normannisch-lombardischem Stil erbaute Kathedrale ist noch immer schön, obgleich sie zu Beginn des letzten Jahrhunderts erneuert worden ist. Der vierstöckige Kampanile, dessen Kuppel von griechischen Säulen aus Paestum getragen wird, wurde vor 600 Jahren gebaut. Die berühmten Bronzetüren – sehenswert wegen ihrer feinen Reliefs – kamen aus Konstantinopel; sie stammen aus dem 11. Jahrhundert. Aus derselben Stadt wurde auch der Leib des Apostels Andreas, des Schutzpatrons von Amalfi, nach hier überführt und in der Krypta beigesetzt.

Nahe bei der Piazza del Duomo steht die Statue des Flavio Gioia, des ersten Abendländers, der einen Schiffskompaß benutzte, den er aus dem Orient mitgebracht hatte. Um den König von Neapel zu ehren, wurde anstelle des Buchstabens N die heraldische Lilie der Bourbonen an den Kopf der Kompaßrose gesetzt.

Ein Gebäude ganz anderer Art, das die Blicke auf sich zieht, ist ein einzigartiges Hotel in einem ehemaligen Kapuzinerkloster (13. Jahrhundert). Es überragt die Stadt auf einem Berghang westlich von Amalfi und ist ein Bauwerk aus der Stauferzeit. Neben Zeiten, wo es leer stand, war es auch schon Herberge und Seefahrtschule.

Man kann einen Wagen mieten und im steil ansteigenden Iragone-Tal die etwa 6 km nach Ravello hinauffahren. Diese alte und schöne Bergstadt hat neben einer sehenswerten Kathedrale auch noch andere Bauwerke von hohem künstlerischen Wert aufzuweisen.

Die Küste ostwärts von Amalfi bis Salerno, auch Riviera di Amalfi genannt, gehört zu den schönsten Küstenlandschaften Italiens. Man fühlt

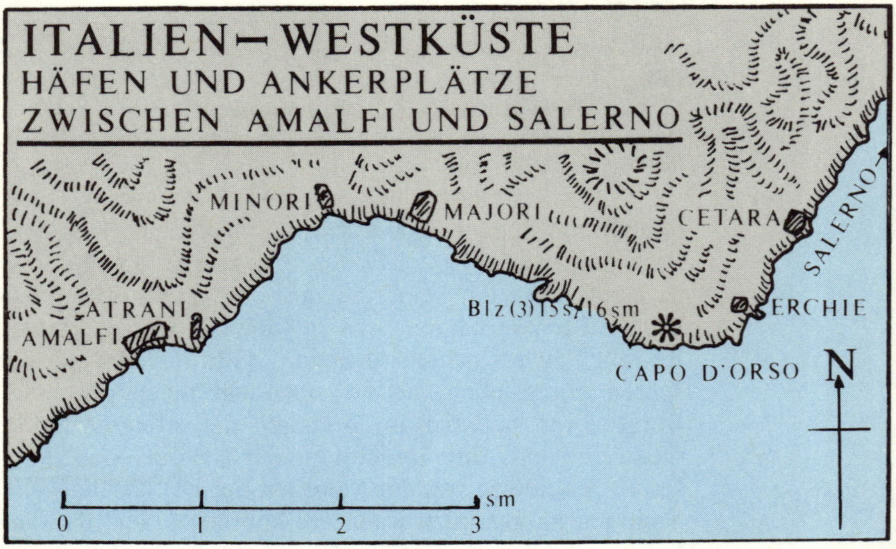

sich unwillkürlich an die Riviera di Levante bei Sestri und Lavagna erinnert. Malerische Ortschaften thronen hoch über der Steilküste, die immer wieder durch Strandbuchten unterbrochen wird.

Atrani Östlich an Amalfi schließt sich das malerische Atrani hoch über den Klippen an. Eine kleine Bucht bietet sich bei gutem Wetter als Ankerplatz an – der Ort verlockt zu einem Besuch.

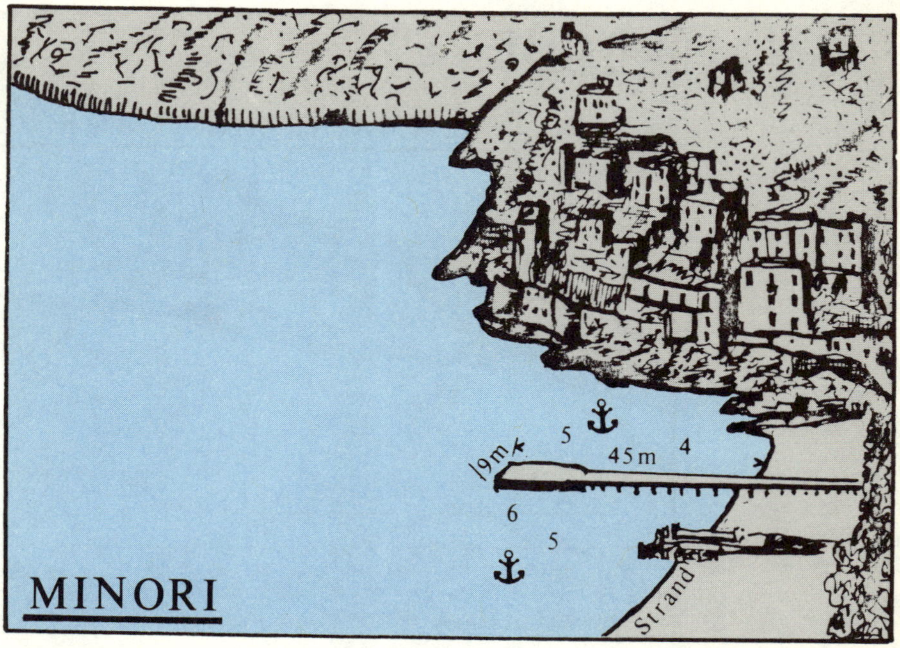

Minori

1,5 sm nordöstlich von Atrani liegt Minori, das über einen 45 m langen Anlegesteg verfügt. Die Wassertiefen sind auch für größere Yachten ausreichend – 6 m am Kopf des Steges, zum Strand hin langsam abnehmend. Hier kann man bei gutem Wetter durchaus schon mal eine Nacht verbringen und abends in einem der vielen guten Restaurants des zauberhaften Ortes speisen.

Majori Vor dem Torre di Majori lädt ein herrlicher Sandstrand zum Baden ein. Von dem Turm aus hat man einen prächtigen Ausblick über den gesamten Golf von Salerno. Vor dem Strand kann man auf gut haltendem Sandgrund ankern. Die Ortschaft Majori mit ihren verwinkelten Gassen lohnt einen Besuch (Skizze S. 303).

Erchie Kurz hinter dem Capo d'Orso mit seinem Leuchtfeuer (Blz. (3) 15 s/ 16 sm) liegt der malerische Ort Erchie. Unter dem mittelalterlichen Kastell

findet man einen gut geschützten Ankerplatz, an dem man durchaus eine Nacht verbringen kann. Der Strand verlockt zum Baden, die kleinen Felsen zum Tauchen und Schnorcheln.

Cetara ist ein hübscher Ort etwa 1,5 sm östlich des Leuchtfeuers Capo d'Orso (Blz. (3) 15 s/16 sm), der einen Besuch lohnt (Skizze S. 304).
In dem kleinen Hafen vor dem Ort können Yachten bis 1,50 m Tiefgang festmachen. Größere Yachten ankern vor dem Hafen (Skizze unten).

Salerno hat einen ausgedehnten Handelshafen und ist eine reizende Stadt.

Ansteuerung und Liegeplatz (Seekarten: D 506 und Plan auf 1128, BA 1908 und I 10): An der Westseite des ursprünglich kleinen Hafens ist ein geräumiger Hafen für die Großschiffahrt entstanden (Skizze S. 306).
Wenn man sich von weitem nähert und Wellenbrecher samt Stadt noch unter dem Horizont sind, sollte man bereits markante Punkte auszumachen versuchen, z. B. die Burg auf dem Hügel und den Gipfel des Monte San Liberatore.
Man hat die Wahl zwischen folgenden Liegeplätzen:
a) Im Handelshafen (Nuovo Bacino) im östlichen Teil an den Stegen vor dem Yachtclub.
b) An den Stegen und der Mole nördlich der Untiefe Secca di Manfredi.
c) Im neuen Yachthafen (Porto Masuccio Salernitano) an den Stegen der Lega Navale Italiana.
d) Vor Anker zwischen dem Porto Nuovo und dem Porto Touristico.

Behörden: Hafenmeister, Zollamt dicht neben dem alten Hafen.

Versorgungsmöglichkeiten: Wasser, Treibstoff etc. im neuen Yachthafen und beim Yachtclub im alten Yachthafen. Lebensmittelgeschäfte und ein Luxushotel in der Nähe. Reparaturmöglichkeiten (zwei Werften), 500-t-Helling und Kräne.

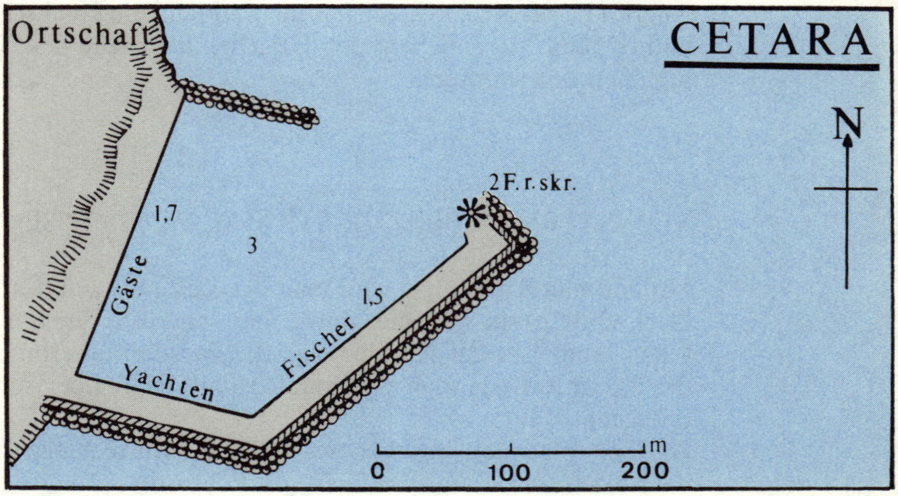

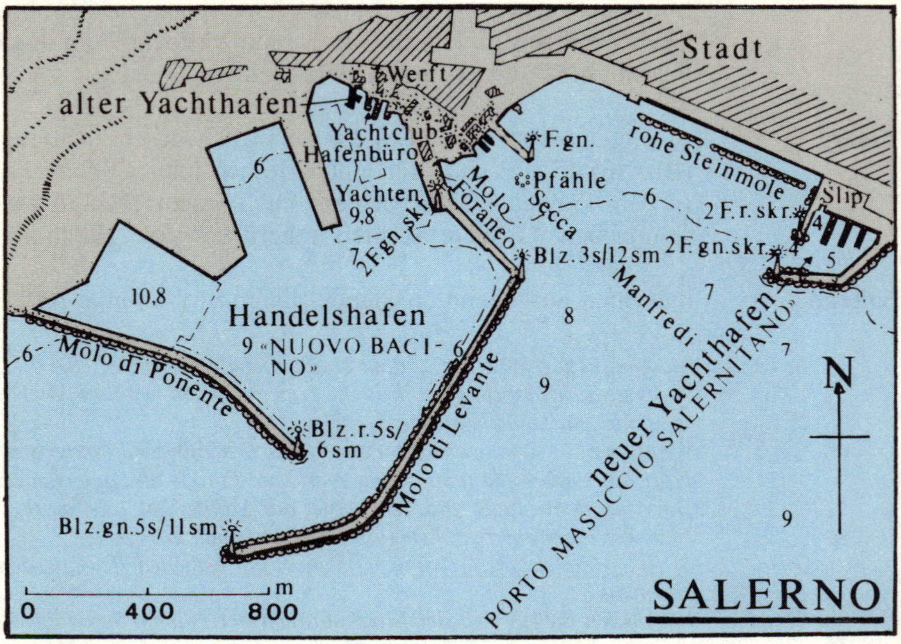

Die schöne Kathedrale aus dem 12. Jahrhundert mit ihrem Kreuzgang, deren Fundamente der Normanne Robert Guiscard legen ließ, wurde aus den Säulen und Steinquadern errichtet, mit denen die Römer die griechischen Tempel in Paestum vervollständigt hatten. Bemerkenswert sind die Bronzetüren und die aus dem 12. Jahrhundert stammende Kanzel. Auch gibt es hier ein Museum mit griechischen und römischen Töpferwaren und Statuen. Es ist architektonisch geschickt in ein altes Gebäude eingefügt. Salerno besaß über fast ein Jahrtausend lang ein Hochschule für Medizin, und es heißt, sie habe von den Griechen die Lehre des Hippokrates übernommen und verbreitet.

VON SALERNO BIS ZUR STRASSE VON MESSINA

Verläßt man Salerno, so wird man der Küste bis zum Capo Licosa folgen. Nach etwa 20 sm wird die Monotonie der Küste durch eine Gruppe dorischer Tempel in der Küstenebene bei Paestum unterbrochen. Man sollte die 3,5 sm bis Agropoli weiterlaufen und die Tempel auf dem Landwege besuchen.
Auf den folgenden 40 sm erstreckt sich die Küste zunächst nach Südosten, dann nach Osten bis zum Golf von Policastro.

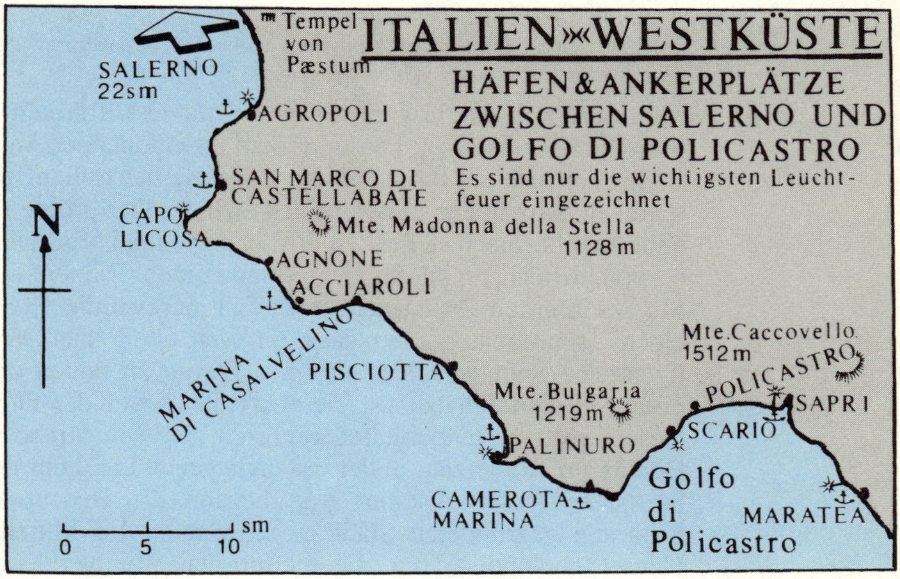

Agropoli hat gute Liegemöglichkeiten, so daß man von hier aus die Tempel von Paestum besichtigen kann.

Ansteuerung (Seekarten: D 506, BA 1908, I 10): Tagsüber sind die alte Stadt auf dem Vorgebirge und der Leuchtturm an der Punta Fortino ins Auge fallend.

Liegeplatz: Bei ruhigem Wetter kann man sich an den Kai legen – Anker nach Norden –, sonst an die Innenseite des Wellenbrechers, wo der Schutz besser ist.

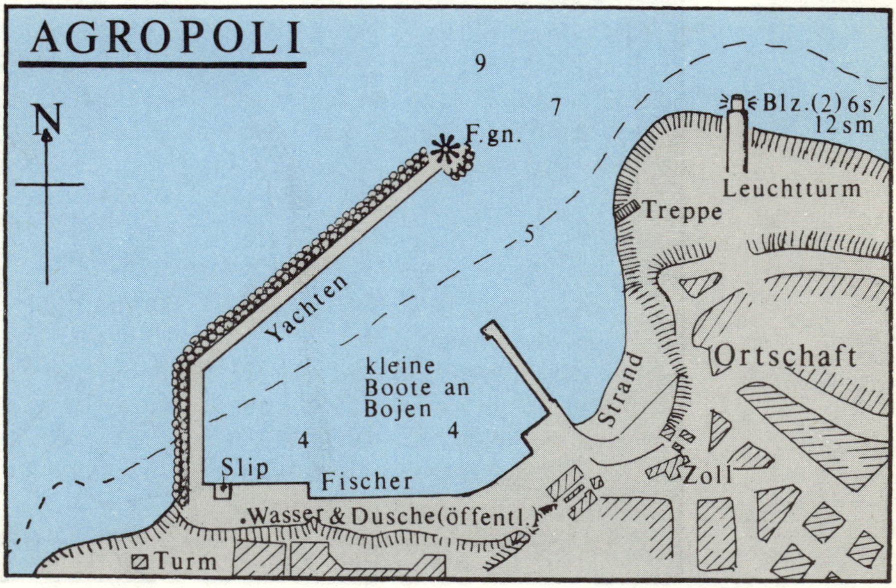

Versorgungsmöglichkeiten: Lebensmittel usw. in der nahegelegenen Stadt. Agropoli hat sich seit dem Zweiten Weltkrieg sprunghaft entwickelt und verfügt über eine Anzahl von Hotels und Restaurants in der Neustadt.

Man muß sich ein Taxi mieten und etwa 13 km fahren, um zu den drei dorischen Tempeln von Paestum, dem Poseidonia der Antike, zu gelangen. Es handelt sich um die schönsten Beispiele der frühen griechischen Architektur in ganz Italien einschließlich Sizilien. Der größte soll auch der vollendetste aller noch stehenden dorischen Tempel sein. Die aus dem 5. und 6. vorchristlichen Jahrhundert stammenden Bauten liegen unweit des Meeres inmitten der Küstenebene. Ein merkwürdiges Gefühl überkommt einen, wenn man sie so ganz für sich allein hier stehen sieht, ohne irgendeine Spur von dem einstigen Forum zu finden oder vom Theater oder von dem Schatzhaus, die doch alle, bevor der Fluß versandete, zu diesem großen Handelshafen gehörten, wie von Strabo überliefert wird. Bereits zur Römerzeit, in der das umliegende Land nur noch wegen seiner herrlichen Rosen bekannt war, begann die Bedeutung der von den Sybariten gegründeten Stadt zu schwinden. Im Mittelalter wurden die Häuser geplündert; nur die marmornen Wandverkleidungen, die zum Schmuck der Kathedralen von Amalfi und Salerno dienen mußten, blieben erhalten. Die Tempel indes waren von großem Nutzen für die Seefahrer, denn die Genuesen behielten den Brauch bei, sie auf ihren Seekarten als hervorstechende Landmarken an dieser Küste einzuzeichnen.

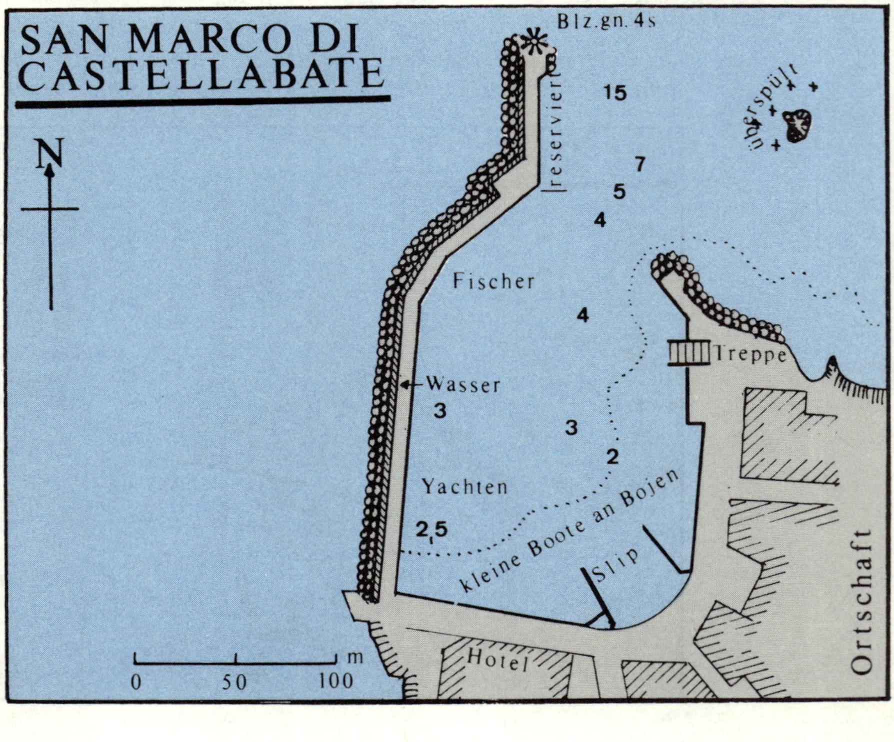

San Marco di Castellabate liegt etwa 2 sm südlich der Punta Pagliarolo und ist ein kleiner Fischerhafen, der auch Yachten Liegemöglichkeiten bietet.

Ansteuerung (Seekarten: D 506, BA 1908 und I 10): Der Hafen ist von See aus nicht immer leicht auszumachen. Wohl aber kann man meist das Dorf Castellabate mit seinen Burg- und Klosterruinen am Berghang sehen. Gleich südlich vom Hafen steht ein Hotel, erkennbar an Bogenreihen über den Balkonen in mehreren Stockwerken.

Liegeplatz: Am Wellenbrecher auf 2,50 m Wassertiefe. Der Hafen ist oft von Fischerbooten voll belegt.

Versorgungsmöglichkeiten: Wasserhahn auf dem Wellenbrecher (s. Plan S. 388), einige Geschäfte und ein großes, modernes Hotel sowie ein Restaurant.

Agnone ist ein wunderschöner Ort etwa 5 sm südöstlich der Punta Licosa mit einem Hafen für Yachten bis 1 m Tiefgang. Größere Yachten können außerhalb des Hafens ankern (Skizze).

Acciaroli ein Fischerhafen, liegt 7,5 sm südlich von Capo Licosa, dicht bei einem modernen Urlaubsort.

Ansteuerung (Seekarten: D 506, BA 1908 und I 11): Den Hafen erkennt man an der weißen Kirche und einer Turmruine. Südlich der Hafeneinfahrt sieht man eine Autobahnbrücke, in deren Nähe ein schwarz-weiß gestreifter Leuchtturm steht. Wenn man sich mit Nordostkurs nähert, macht man knapp 1 sm nordnordwestlich der Stadt eine Gruppe von Felsen aus.
Die Einfahrt ist etwa 80 m breit und 4 m tief, aber Geröll erstreckt sich von dem Wellenbrecher noch gut 15 m nach Nordosten.

Liegeplatz: Auf den Kais gibt es Poller und Ringe. Der Hafen ist oft voll von Fischerbooten. An den Kais ist das Wasser 3 bis 4 m tief. Südwinde können Schwell verursachen.

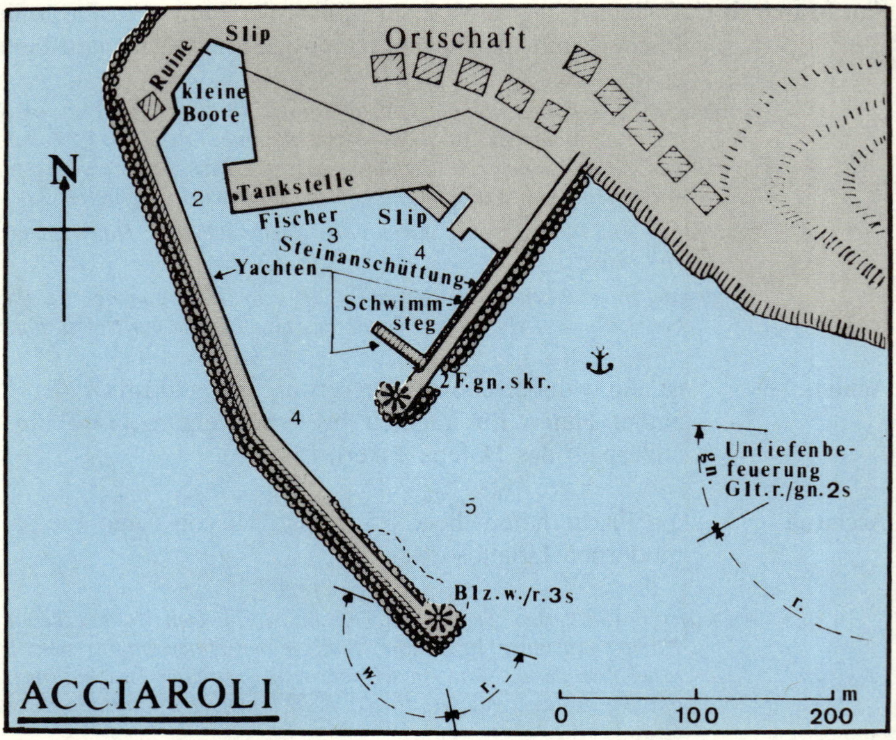

Versorgungsmöglichkeiten: Wasser in der Nordecke des Hafens, Restaurant und Läden aller Art in der Hauptstraße. Zahlreiche Hotels und Restaurants in dem modernen Stadtteil, der sich nördlich an den Hafen anschließt. Die Autobahn führt oberhalb des Ortes vorbei. Der nächste Bahnhof ist 23 km entfernt.

Dieser hübsche alte Hafen mit all seinen modernen Einrichtungen ist einen Besuch wert.

Marina di Casalvelino liegt 2 sm südostwärts von Acciaroli und ist ein kleiner Fischer- und Yachthafen mit Wassertiefen zwischen 2 und 4 m. Lebensmittelgeschäfte, Cafés und Restaurants liegen dicht am Hafen (Skizze S. 311).

Marina di Pisciotta Unterhalb der Ortschaft Pisciotta ist der Yachthafen Marina di Pisciotta entstanden, der Yachten bis 2,50 m Tiefgang sichere Liegeplätze bietet. Am Hafen gibt es ein Lebensmittelgeschäft, Cafés, Restaurants und ein Hotel (Skizze S. 311).

Obwohl man während der Sommermonate hier mit gutem, beständigem Wetter rechnen kann, tut man gut daran, auf die wichtigsten Wettervorzeichen zu achten. Sind die Gipfel des Monte Bulgeria und des Monte

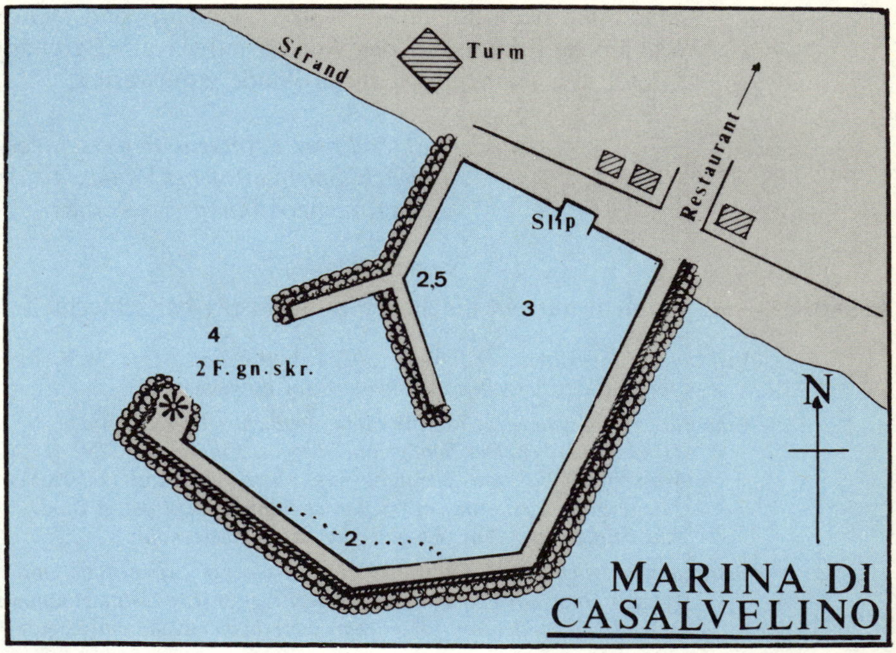
Strand
Turm
Restaurant
Slip
2,5
3
4
2 F. gn. skr.
2
N
MARINA DI
CASALVELINO

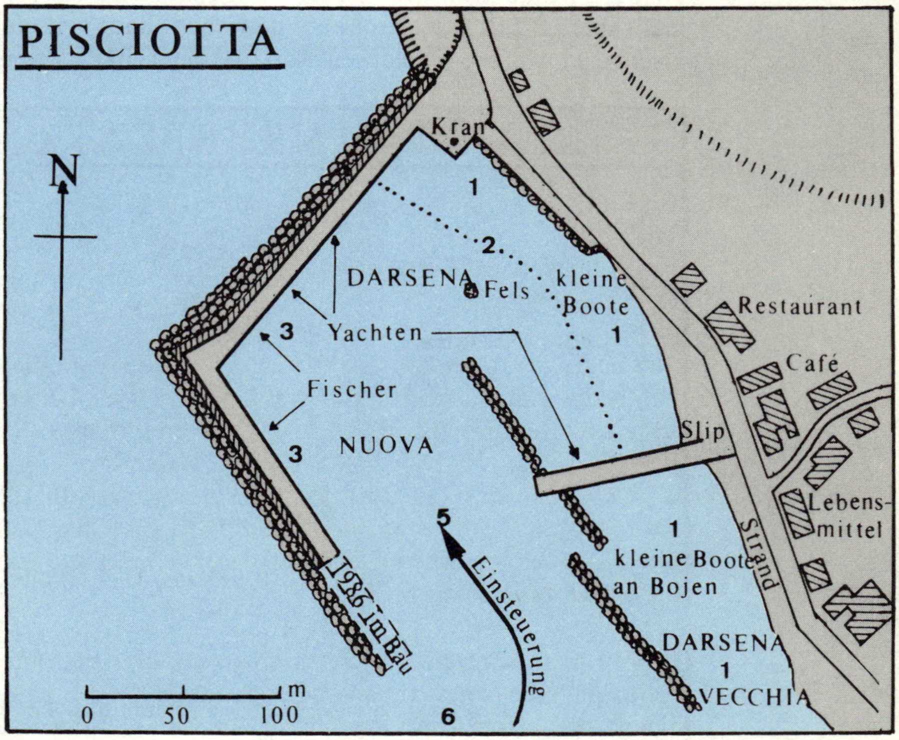
PISCIOTTA
Kran
1
2
DARSENA
Fels
kleine
Boote
1
3
Yachten
Fischer
3
NUOVA
Restaurant
Café
Slip
Lebens-
mittel
5
Einsteuerung
1
kleine Boote
an Bojen
Strand
1986 im Bau
DARSENA
1
VECCHIA
N
0
50
100
m
6

Madonna della Stella in Wolken gehüllt, sind Nordwestwinde wahrscheinlich. Bilden sich die Wolken jedoch am Berghang und lassen die Gipfel frei, dann sind südliche Winde zu erwarten.

„Der Lotse Palinurus rief erschreckt:
Welch' Sturm aus jener Wolke, die den Himmel deckt,
Sagt meine Ahnung mir voraus...“
Vergil, Äneis

Palinuro ist nicht nur ein nützlicher Zufluchtsort bei schlechtem Wetter.

Ansteuerung (Seekarten: D 506 und 507, BA 1908 und I 11): Nach Studium der Karten und obiger Skizze ergeben sich keine Schwierigkeiten.

Ankerplatz: Man gehe etwa 70 m vor dem westlichen Ufer der Bucht auf einer Wassertiefe von 11 m vor Anker. Der Sandgrund hält gut. Ein Kai von 250 m Länge zieht sich an der Wasserfront bis zum Berghang hin. Mit Ringen und Pollern versehen, ist er für die Fischerboote bestimmt, mit denen er oftmals dicht belegt ist. Die Wassertiefe vor dem Kai beträgt über 2 m. Es gibt hier einen Wasserhahn.

Versorgungsmöglichkeiten: Kraftstoff, Trinkwasser und Lebensmittel in der 1,5 km entfernt liegenden Ortschaft Palinuro. Die notwendigsten Lebensmittel kann man auch am Hafen bekommen; außerdem findet man ganz in der Nähe einige gute Restaurants.

Palinuro wurde nach dem Steuermann vom Schiff des Äneas benannt, der hier über Bord fiel, an Land getrieben und von den Eingeborenen erschlagen wurde. Bemerkenswert ist die Einfahrt wegen des steilwan-

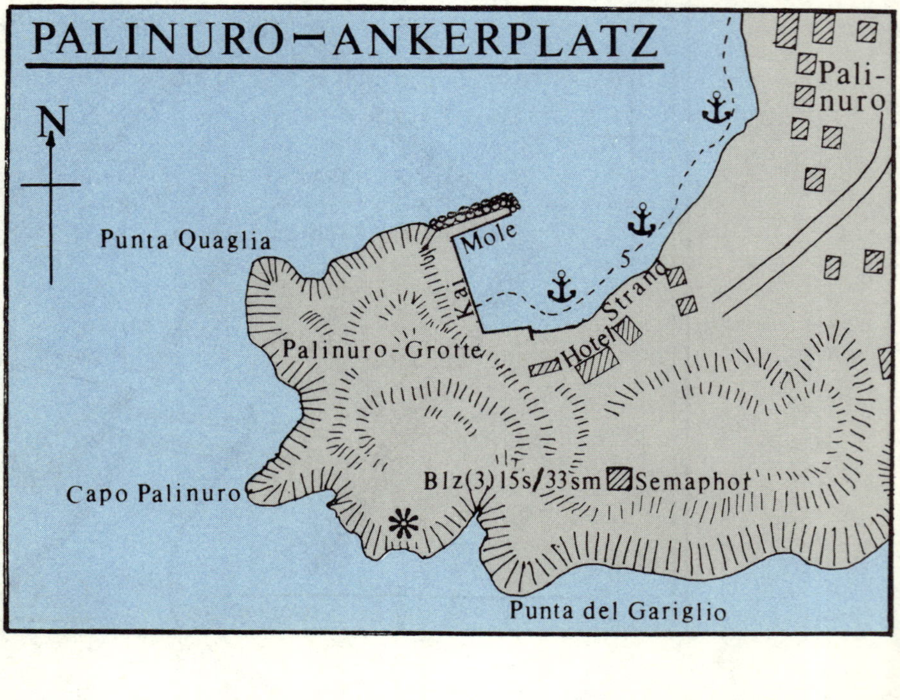

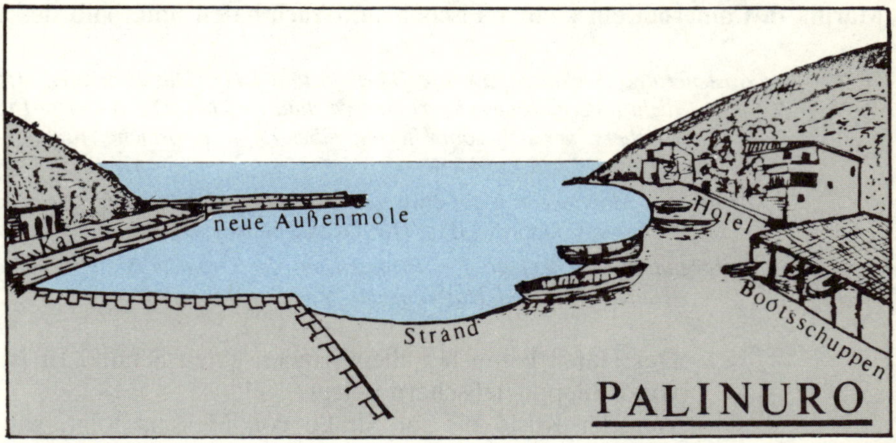

digen, Schutz gewährenden Vorgebirges, das sich bis zu 200 m hoch aus dem Meer erhebt. Der Gipfel ist abgeflacht und trägt die Ruinen des Forts: Zeugen für die einstige Bedeutung dieses Ankerplatzes.

Von Palinuro zur Straße von Messina Dem langen Küstenstrich in südöstlicher Richtung folgend, steuern die meisten Yachten einen der etwa 120 sm entfernten Häfen bei Messina direkt an. Wer auf diesem Kurs in schlechtes Wetter gerät, sollte dichter unter Land gehen und in einem der folgenden Fischerhäfen Schutz suchen.

Wenig südwärts von Palinuro schirmt eine Landzunge die Bucht von Camerota gegen nordwestliche Winde ab. Hier liegt die

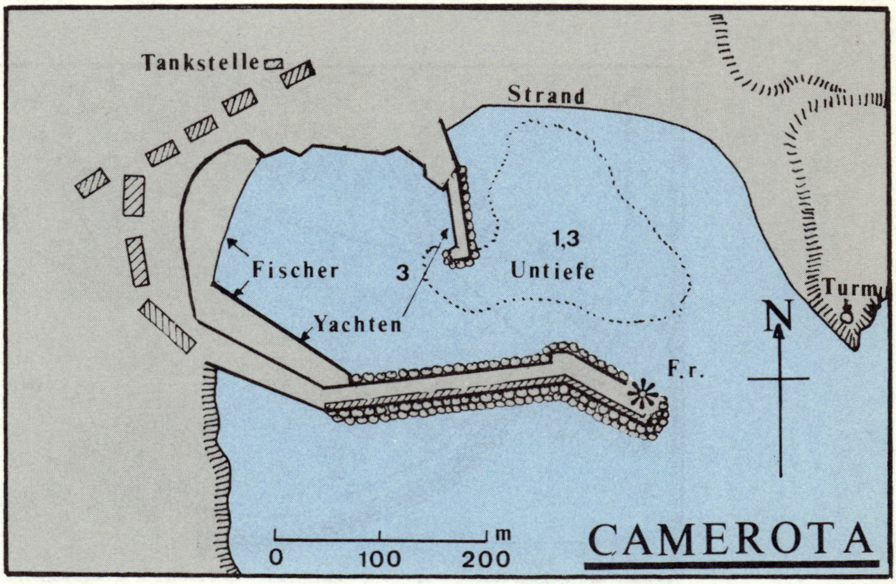

Marina di Camerota ein kleiner Fischer- und Yachthafen unterhalb des Ortes Camerota.

Ansteuerung (Seekarten: D 507, BA 1908 und I 11): Das Einlaufen erfolgt von Osten, von dicht unterhalb des viereckigen Wachtturmes her. Das äußerste Ende des Hauptwellenbrechers, der sich vom Ufer aus über 150 m in östlicher Richtung erstreckt, ist durch ein rotes Licht markiert.

Liegeplatz: Man lege sich auf etwa 5 m Wassertiefe mit Bug oder Heck zum Südkai oder zur Ostmole (Skizze S. 313). Der Grund besteht aus verkrautetem Sand.

Versorgungsmöglichkeiten: Ein Brunnen auf der Ortsseite ist 50 m entfernt. Lebensmittelgeschäfte, Bars und Hotels in der Nähe.

Der Hafen bietet bei allen Winden guten Schutz. Er ist zum großen Teil von Schleppnetzfischern belegt.
Wer der Küste bis zur Straße von Messina folgt, wird die Landschaft anziehend und den Abstand zwischen den kleinen Häfen manchmal groß finden.

Scario An der Westküste des Golfes von Policastro ist vor dem Ort Scario ein Hafen entstanden. Direkt am Hafen gibt es ein Lebensmittelgeschäft, Cafés und ein Restaurant. Eine Tankstelle im Ort (etwa 1 km entfernt) liefert auf Anforderung Treibstoff in den Hafen.

Policastro Etwa 2 sm nordnordöstlich von Scario ist ein Yachthafen entstanden.

Sapri eine nach Südwesten offene Bucht, liegt in einer schönen Umgebung.

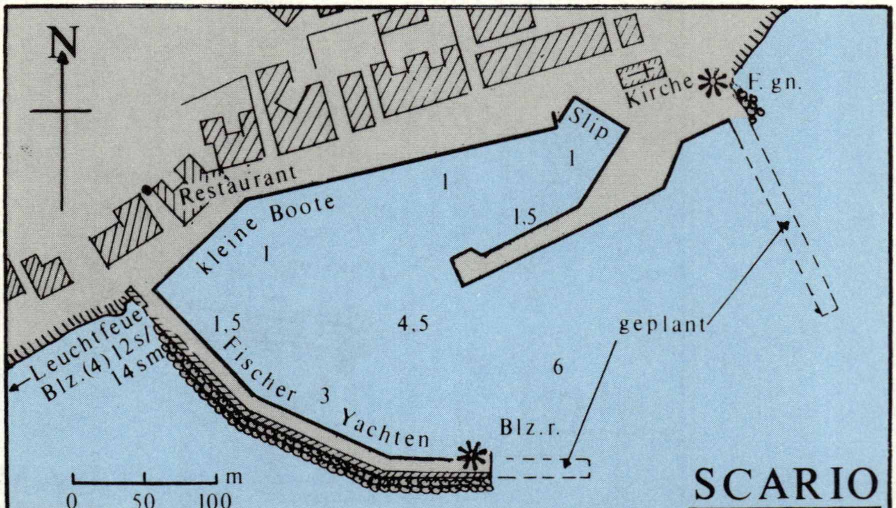

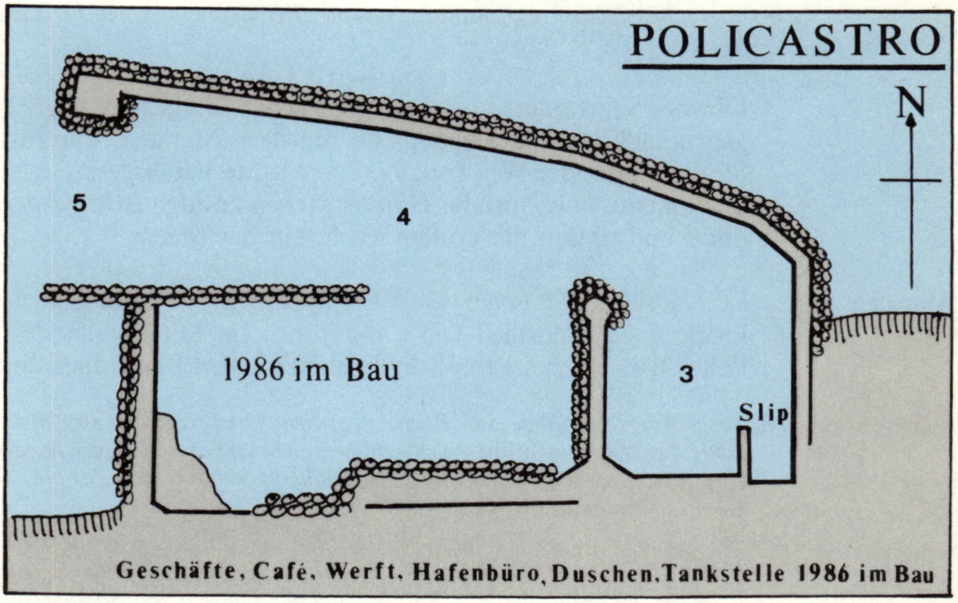

Ansteuerung (Seekarten: D 507, BA 1908 und I 11): Ein Wellenbrecher erstreckt sich vom östlichen Ufer der Bucht nach Westen und bietet Schutz. Der Steg vor der Tankstelle hat am Kopf 1,50 m Wassertiefe.

Liegeplatz: Hinter dem 250 m langen Wellenbrecher vor Buganker, Heck zur Mole, oder in dem Hafenbecken vor Anker.

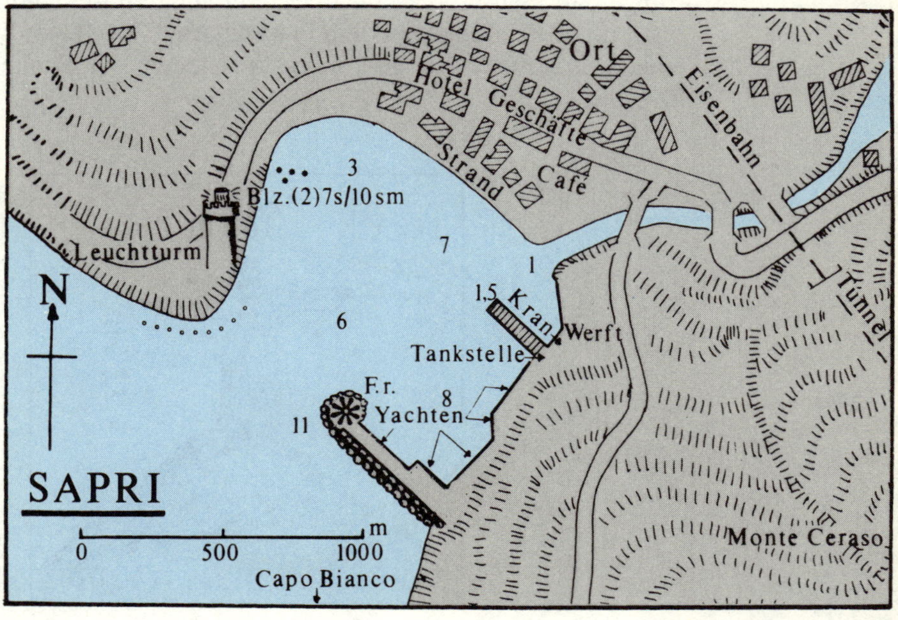

Versorgungsmöglichkeiten: Lebensmittelgeschäfte, Restaurants und Hotels nächst der Wasserfront.

Obwohl Sapri selbst noch in einer flachen Umgebung liegt, erheben sich gleich südlich steile Klippen, bis hin nach Maratea. Für Eisenbahn und Straße mußte der Weg entlang dieser Küste herausgesprengt werden. Bei Tramontana (aus Nord bis Nordost) fegen kräftige Böen vom Gebirge herunter und treffen mit großer Wucht auf das Meer.

Maratea ist ein sicherer Fischer- und Yachthafen 6 sm südsüdöstlich von Sapri, knapp 1 sm südöstlich von Capo Testo. Im Mittelpunkt des Golfes von Policastro gelegen, ist er von einer herrlichen Landschaft umgeben.

Ansteuerung: Auf dem Monte San Biagio über dem Ort breitet eine große, weiße Christusstatue die Arme aus. Ein viereckiger Turm steht 200 m südlich der Hafeneinfahrt 25 m über dem Meer auf einer Klippe. Die Mole, etwa 150 m lang, ist über 6 m hoch und hat an ihrem äußersten Ende ein Feuer.

Liegeplatz: Nachdem die alte Ostmole abgebrochen und durch eine größere weiter südöstlich ersetzt wurde, bietet der Hafen gut geschützte Liegeplätze. Yachten legen vor Buganker, Heck zur Südmole oder zum Kai an. Sind alle Plätze belegt, so kann man in dem vergrößerten Hafenbecken ankern.

Versorgungsmöglichkeiten: Wasser an einer Zapfstelle im Hafen. Treibstoff kann man in der Hafenbar bestellen; er wird dann von einer Tankstelle im Ort an das Schiff gebracht. Lebensmittelgeschäfte, Cafés und Restaurants liegen am Hafen. Der Ort (2000 Einwohner) befindet sich 2 km entfernt.

Einige alte Häuser, die eins über dem anderen die halbkreisförmige Wasserfront umstehen, geben dem Platz Charme. Nach Nordwesten hin bilden einige moderne Villen hoch über der steilen Bergflanke einen hübschen Kontrast.

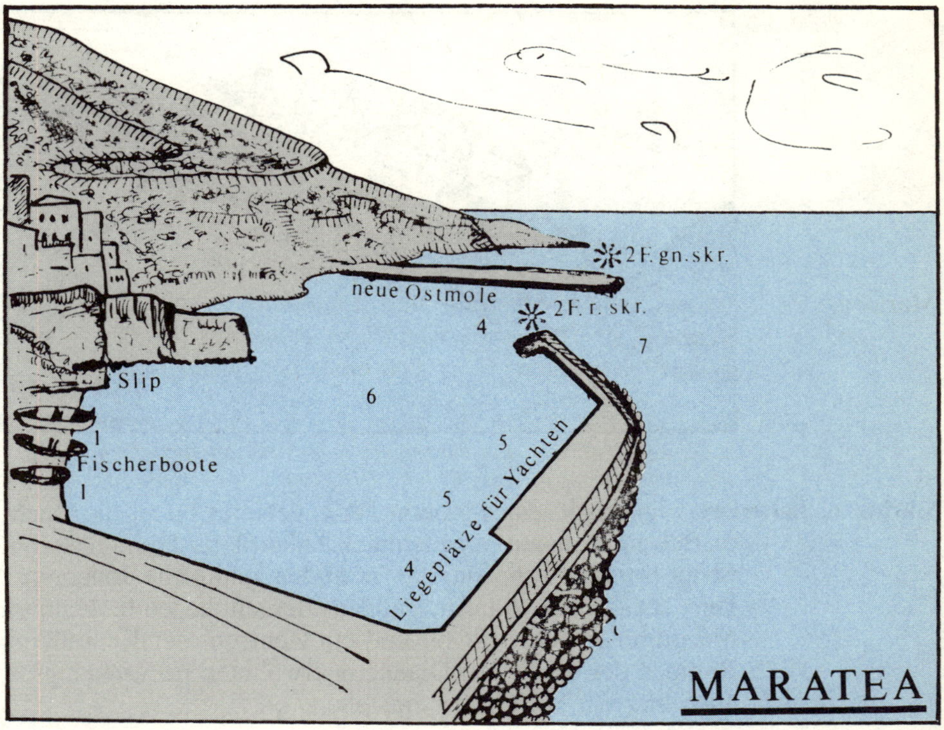

Von hier ab verläuft die Küste beinahe exakt nach Süden bis zur Straße von Messina – von einer Ausbuchtung nach Westen bei Vibo Valentia Marina einmal abgesehen. Auf dem Wege dorthin gibt es nur wenige Häfen, die brauchbaren Schutz gewähren.

Scalea

Zwischen S. Nicola Arcella und Scalea in einem natürlichen Einschnitt am Capo Scalea wurde 1986 mit dem Bau eines Yachthafens begonnen. Der Ort Scalea am Südabhang des gleichnamigen Kaps hat mehr Treppen als Straßen – daher auch der Name „Treppe“. Von dem Leuchtturm am Capo Scalea (Blz. 5 s/17 sm) hat man eine herrliche Aussicht auf den Golf von Policastro bis zum Capo Palinuro.

Diamante

Vor der malerischen Kulisse des Ortes, der auf steilen Felsen über das Meer ragt, lädt ein schöner Sandstrand zum Baden ein. Ein kleiner Anlegesteg erleichtert Yachten, die vor dem Strand ankern, den Besuch der Ortschaft (Skizze S. 318).
Im Rahmen eines großangelegten Entwicklungsprogrammes für den Bootstourismus in Süditalien ist hier der Bau einer Yachtmarina geplant.

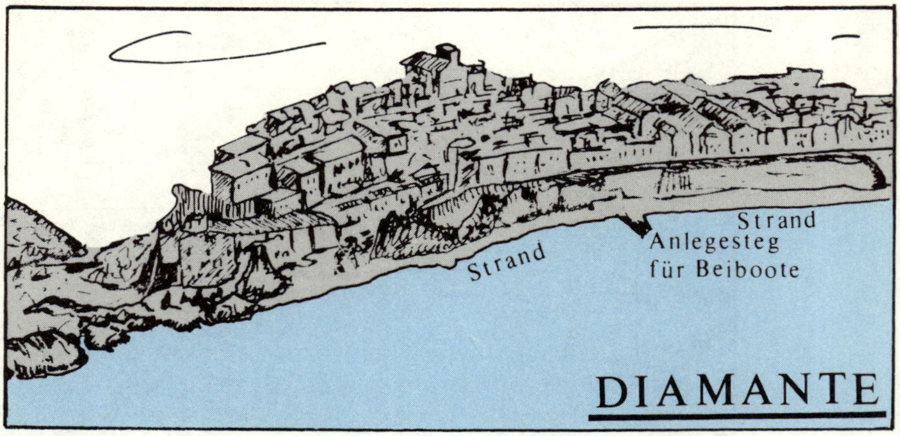

Marina di Belvedere Innerhalb eines großen Feriengebietes bietet die Bucht von Marina di Belvedere einen angenehmen Ankerplatz. Die Segelschule am Strand ist im Sommer sehr aktiv – es finden zahlreiche Jollenregatten statt.

Der etwa 1 km entfernt in den Bergen liegende Hauptort Belvedere Marittimo ist sehr reizvoll und ein Zentrum der Keramikproduktion. Im Rahmen des bereits bei Diamante erwähnten Entwicklungsprogramms soll auch hier ein Yachthafen entstehen.

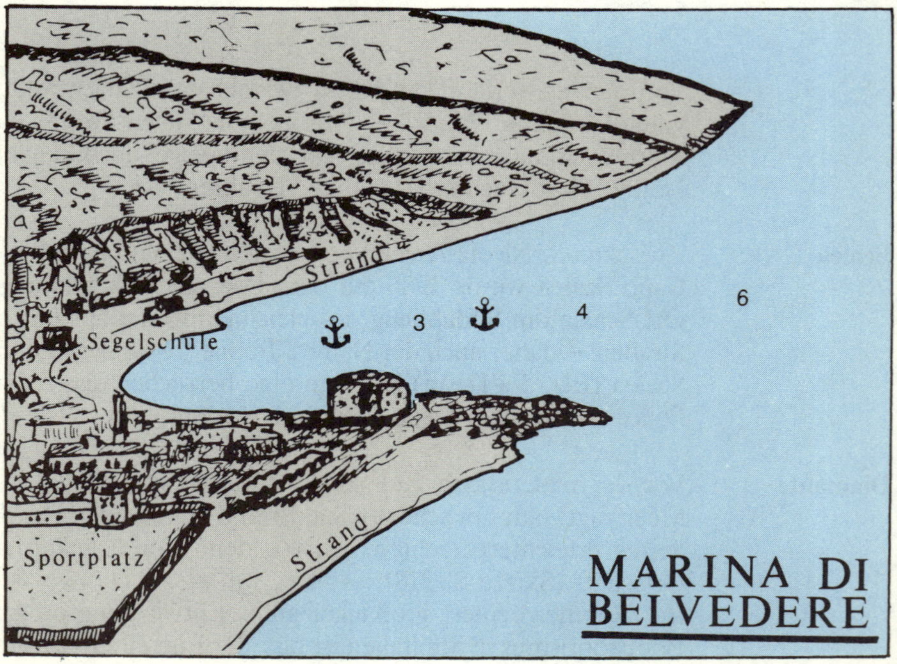

Cetraro war noch bis vor wenigen Jahren ein kleiner Fischerhafen. Dann begann er zu versanden. In der Einfahrt bildete sich eine Barre, die nur eine etwa 10 m breite Lücke ließ.

Ansteuerung (Seekarten: D 507, BA 1908 und I 12): Die Einfahrt in den Hafen sollte nur mit größter Vorsicht und bei ruhigem Meer erfolgen – etwa gemäß der Skizze. Sicherer ist es, zunächst vor dem Hafen zu ankern und die augenblickliche Situation mit dem Beiboot zu erkunden. 2 m Wassertiefe findet man nur an den eingezeichneten Stellen. Bisher haben sich die Versandungsverhältnisse von Jahr zu Jahr verändert.

Liegeplatz: An den in der Skizze angegebenen Stellen.

Im Rahmen des bereits bei Diamante erwähnten Entwicklungsprogramms wurde 1986 mit der Ausbaggerung des Hafens begonnen. Eine Verlängerung der Mole, um der Versandung Einhalt zu gebieten, ist ebenso geplant wie die Errichtung weiterer Stege, um den Hafen zu einer Yachtmarina auszubauen. Den örtlichen Yachtclub wird es freuen – seine Mitglieder sind sehr freundlich und hilfsbereit.

Auf der Weiterfahrt nach Süden kommt man an dem Ort Paola vorbei. Der kleine Hafen Marina di Paola wurde vor einigen Jahren durch Winterstürme zerstört. Die Küste um Paola ist ein großes Feriengebiet. Im Rahmen der weiteren touristischen Erschließung soll auch der Wellenbrecher von Paola wiederaufgebaut werden und ein kleiner Yachthafen entstehen.

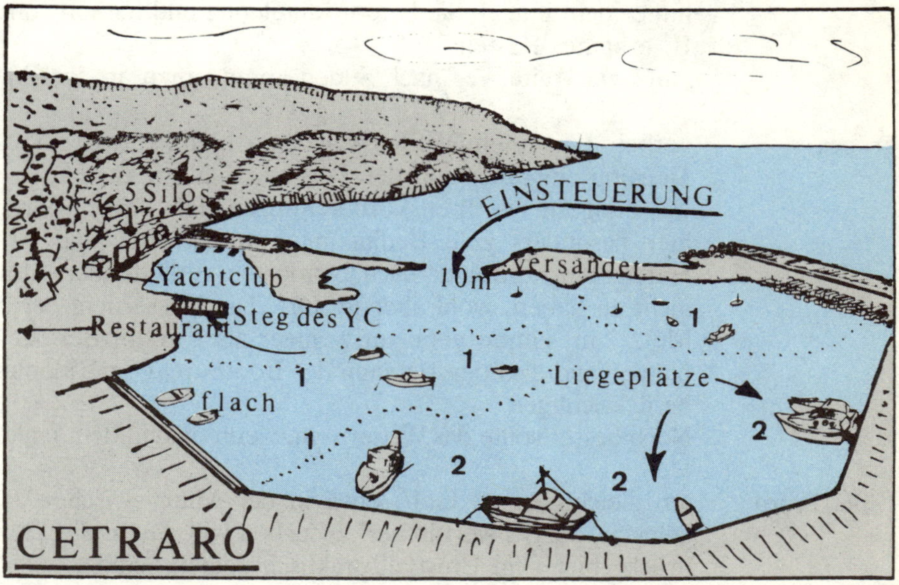

Am **Golf von S. Eufemia** gibt es einen langgestreckten Sandstrand, an den sich eine Ebene anschließt. Hier ist ein Ankerplatz vor der Ortschaft **S. Eufemia** und ein anderer bei **Pizzo;** beide sind durch eine Zementpier oder eine Mole teilweise geschützt.

Vibo Valentia Marina ist ein Fischerei- und Handelshafen am südlichsten Punkt des Golfes von S. Eufemia mit leidlichem Schutz bei starken Winden. Ein Besuch lohnt sich.

Ansteuerung (Seekarten: D 507, BA 1976 und I 12): Ausgenommen nachts und bei Starkwind gibt es keine Schwierigkeiten. In der Nacht kann man die Eisenbahnsignale beim Bahnhof mit den Hafenlichtern verwechseln. Bei starken Westwinden tritt gewöhnlich kurz vor der Einfahrt eine unvorhersehbare Strömung auf.

Liegeplatz: Yachten legen in der Südwestecke des Hafens an der Banchina Tripoli oder an den Holzstegen des Yachtclubs (Pontile di Carmelo) im Südosten des Hafens an. Im Rahmen des bereits erwähnten Entwicklungsprogramms sollen die Steganlagen erweitert werden.

Behörden: Das Hafenamt befindet sich nahe am Kopf des Hafens zwischen den beiden Molen.

Versorgungsmöglichkeiten: Trinkwasser erhält man mit Hilfe eines Schlauches aus einem Hahn auf dem Kai bei einer weißen Boje – unweit vom Liegeplatz für die Boote der Küstenwache. An den Stegen des Yachtclubs Wasser- und Stromanschlüsse an den Liegeplätzen. Einige gute Geschäfte findet man ganz in der Nähe, einen Markt ebenfalls. Direkt am Kai liegen ein Restaurant und eine Trattoria. Eine Eisfabrik ist nur 30 m vom Liegeplatz entfernt. Die Hauptstrecke der Eisenbahn von Rom nach Syrakus führt durch die Stadt. Die Fahrt nach Rom dauert acht Stunden.

Die eigentlich zu diesem Hafen gehörende Stadt (10000 Einwohner) liegt hinter dem Hügel. Sie heißt Monteleone und hat ein von Kaiser Friedrich II. erbautes Kastell.
Auf dem Weiterweg nach Süden kommt man an dem kleinen Hafen

Tropea vorbei. Bei gutem Wetter mag man hier mit einer Yacht mit geringem Tiefgang einlaufen und den Wasserskifahrern zuschauen oder den Unterwasserjägern bei ihren Vorbereitungen. Für beide Sportarten findet man hier besonders gute Bedingungen vor. Wasser und Kraftstoff sind am Hafen, der von einer nach Nordosten verlaufenden Mole gebildet wird, nicht zu haben, wohl aber im Ort. Die Wassertiefe beträgt am Kopf der Mole 2 m, nimmt aber auf weniger als 1 m ab. Bei der Wahl des Liegeplatzes sind also der Tiefgang des Bootes und der Tidenhub gebührend zu berücksichtigen.
Noch besser sollte das Wetter sein, wenn man in dem malerischen Seebad

Gioia Tauro am gleichnamigen Golf, etwa in der Mitte zwischen Tropea und Scilla gelegen, die Schwertfischer aufsuchen will. Denn die 130 m lange Anlegebrücke bietet im Ernstfall praktisch keinen Schutz.

Nördlich des alten Seebades sieht man schon von weitem eine riesige Baustelle. Hier geht das fünfte Stahlzentrum Italiens seiner Vollendung entgegen. Ein mehrere Kilometer langer Küstenstreifen, einige Dörfer und etliche Quadratkilometer jahrhundertealter Ölbaumplantagen fielen dem Projekt zum Opfer. Da die Rohstoffe aus Übersee kommen und der Stahl hier nicht weiterverarbeitet werden soll, entsteht gleichzeitig ein großer Tiefwasserhafen. Angesichts der Krise der europäischen Stahlindustrie ist es allerdings fraglich, ob hier je Stahl verladen wird.
Im Rahmen des bereits erwähnten Entwicklungsprogramms soll auch ein Yachthafen errichtet werden.

Palmi 5 sm südlich von Gioia Tauro, ist ein inzwischen völlig versandeter Fischer- und Yachthafen. Zwei Dutzend Fischerboote und kleine Yachten werden auf den Strand gezogen.

Bagnara Calabra liegt 4 sm südlich von Palmi. Auch hier ist im Rahmen des bereits erwähnten Entwicklungsprogramms der Bau einer Yacht-Marina geplant.

Scilla ist ein nützlicher Hafen, wenn man Schutz oder einen Liegeplatz für die Nacht sucht, weil er gleich nördlich der Straße von Messina liegt.

Ansteuerung und Liegeplatz (Seekarten: D 507 und 440, BA 198 und 1941, I 13 und 23): Weder am Tag noch bei Nacht gibt es beim Einlaufen in den Hafen besondere Probleme. Der in alter Zeit berüchtigte Wirbel ist heute kaum noch wahrzunehmen. Einen bequemen Liegeplatz findet man an der Außenmole (s. Plan S. 322). Auf dem Kastell über dem Hafen brennt ein weit tragendes Leuchtfeuer (Blz. 5 s/30 sm). Das Ende der Außenmole wird durch ein grünes Festfeuer markiert.

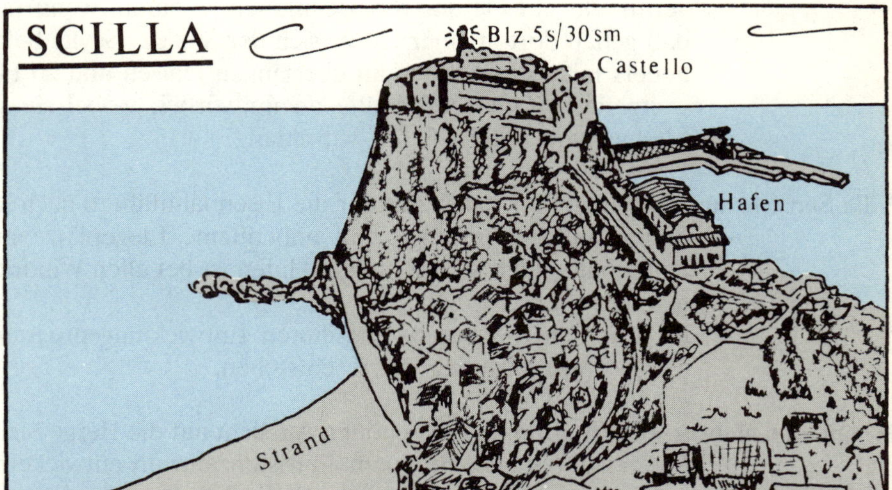

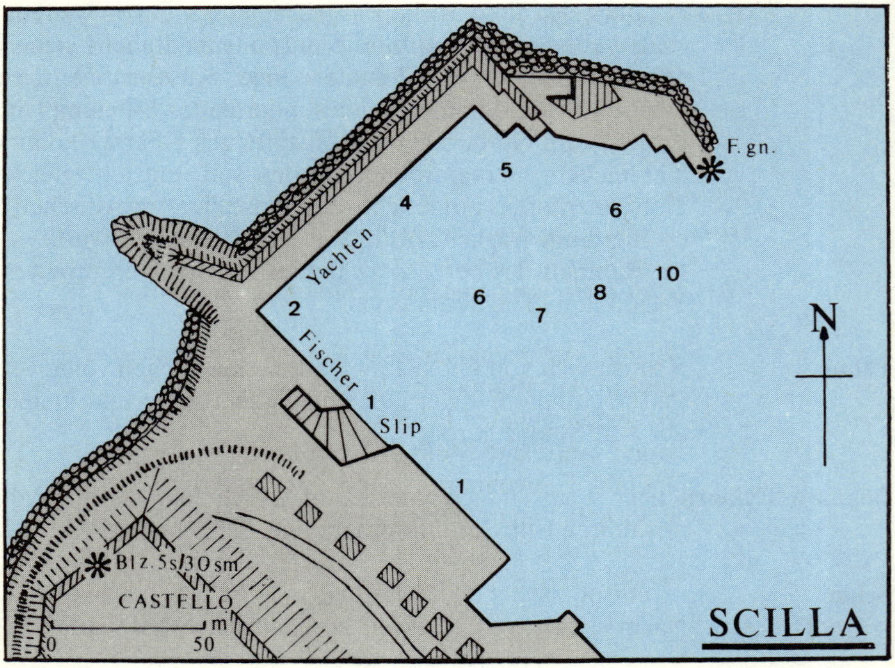

Versorgungsmöglichkeiten: Am Hafen liegen Geschäfte, Cafés, Restaurants und eine Tankstelle. Weitere Geschäfte findet man im Ort Scilla. Eine Straße unter einer Galerie mit Rundbögen führt zum Strand südlich des Kastells. Dort gibt es weitere Geschäfte und Restaurants.

Die hohe Mole achteraus oder voraus und der 60 m hohe Felsen zur Seite vermitteln ein Gefühl von Beengtheit – zumal wenn man daran denkt, daß genau dort in einer Höhle sich der Sitz der Scylla befand, eines Ungeheuers mit sechs Köpfen an überlangen Hälsen und 20 Füßen. Der schon weitgereiste Odysseus mußte an ihr vorbei, wobei sie sechs der besten Männer von seinem Schiff verschlang.

Villa San Giovanni ist ein großer Fährhafen für die Eisenbahnfähren nach Messina. Yachten finden äußerst unruhige und unbequeme Liegeplätze am Kai vor dem Hafenbüro. Der Schutz in dem Hafen ist bei allen Windrichtungen hervorragend.
Im Rahmen des bereits erwähnten Entwicklungsprogramms sollen auch hier weitere Yachtliegeplätze entstehen.

Reggio di Calabria Die Stadt mit ihrer schönen Aussicht auf die Berge Siziliens jenseits der Meerenge hat sich zu einem Touristenzentrum entwickelt. In dem abseits liegenden Hafen wird der Eisenbahn-Fährbetrieb abgewickelt.

Ansteuerung und Liegeplatz (Seekarten: D 440, BA 198 und 1941, I 13 und 23): Gleich bei der Einfahrt zum Haupthafen gibt es ein kleines Becken für Yachten. Dies ist ein günstiger Platz, um eine Nacht zu verbringen, wenn man durch die Meerenge fahren will. Die Tiefe beträgt bis zum hinteren Ende des Beckens 4 m, und der Schutz ist ausgezeichnet. Obwohl nur wenige Belegpoller vorhanden sind, gehen die Yachten gewöhnlich längsseits.

Behörden: Hafenmeisterei, Zoll und Polizei in einem Gebäude am Fährkai.

Versorgungsmöglichkeiten: Kraftstoff und Trinkwasser an der Nordwestecke des Yachtbeckens, Lebensmittel in der zu Fuß in etwa 15 Minuten erreichbaren Stadt. Zugverbindung nach Rom (neun Stunden), Fährdienst nach Messina.

Reggio, ursprünglich eine Kolonie aus Euböa ausgewanderter Griechen und in der Römerzeit als Rhegium bekannt, hat schwer unter Erdbeben zu leiden gehabt. In den Jahren 1783 und 1908 wurde es vollständig zerstört; zahlreiche Menschen kamen dabei ums Leben. Die Stadt mit ihren 150000 Einwohnern wurde zwar an derselben Stelle wiederaufgebaut, jedoch hat man nur zweistöckige Häuser errichtet. Das führte zu einer Ausweitung der Bebauungsfläche. Heute ist sie zudem ein moderner, wohlgeplanter Erholungsort.

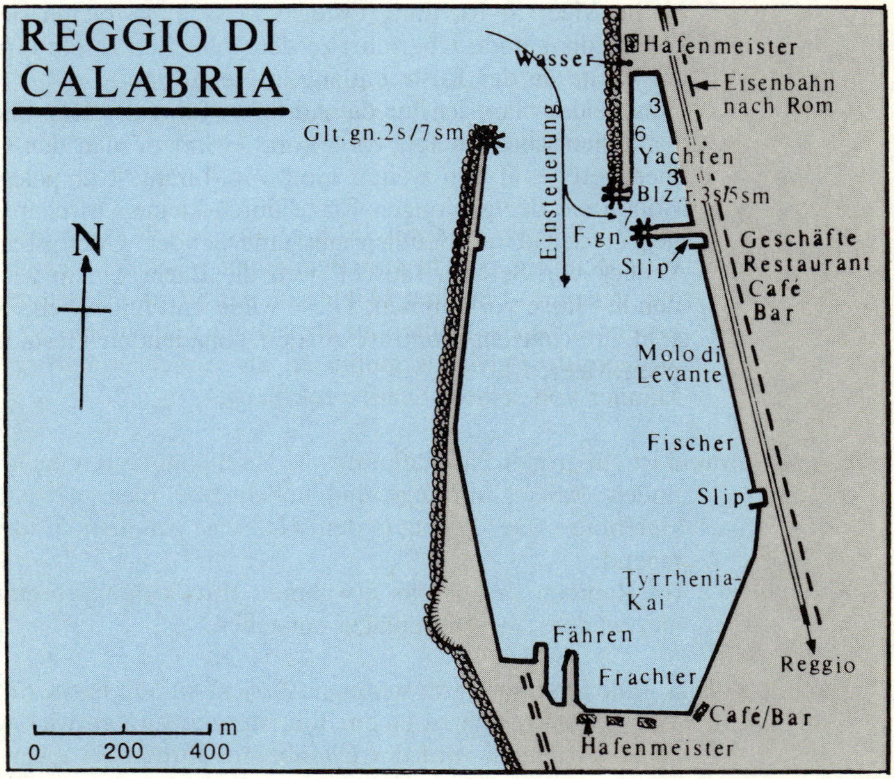

Das Museo Nazionale in Reggio lohnt einen Besuch, allein schon wegen der beiden griechischen Bronzefiguren aus der Zeit, als die griechische Klassik auf ihrem Höhepunkt war. Sie wurden 1971 aus dem Ionischen Meer gefischt und dann in Reggio und Florenz in zehnjähriger Arbeit von den Muschel- und Salzkrusten befreit, die sich in 2500 Jahren auf ihnen abgelagert hatten. Im Untergeschoß des Museums ist eine neue Abteilung über Unterwasser-Archäologie eingerichtet worden mit Darstellungen der Scylla und Charybdis sowie einer großen Sammlung von Ankern, Amphoren, antiken Handelswaren und Bruchstücken von Bronzestatuen.

Saline Joniche ist der südlichste Hafen an der Straße von Messina. Er wurde als Tiefwasserhafen zum Verladen von Eiweißkraftfutter für die Viehzucht gebaut. Bisher verließ allerdings noch kein Zentner Futter die neue große Fabrik, denn bereits während der Planung war festgestellt worden, daß das Kraftfutter (auf Erdölbasis) krebserregend ist. Der Hafen soll jetzt im Rahmen des bereits erwähnten Entwicklungsprogramms in einen Yachthafen umgewandelt werden.

An diesem südlichsten Punkt des italienischen Stiefels ist die Grenze zwischen Tyrrhenischem und Ionischem Meer erreicht. Will man das Tyrrhenische Meer in Richtung Osten verlassen, so bieten sich zwei Möglichkeiten: die gerade Überfahrt zu den Ionischen Inseln Griechenlands oder die Route an der Küste entlang in die Adria.
Entscheidet man sich für die Adria, so führt der Kurs dicht an der Sohle des italienischen Stiefels vorbei und – indem man den Golf von Sqillace überquert – in den weiten Golf von Tarent. Nur gelegentlich wird die Monotonie der gebirgigen Küste durch kleine Ortschaften unterbrochen, die an den Ufer deutlich auszumachender Gebirgsbäche liegen. Der Anblick von See her täuscht, weil die Bäche einem wie breit dahinströmende Flüsse vorkommen. Diese wilde und ungastliche Küste Kalabriens steht in scharfem Kontrast zu den einladenden Gestaden des Tyrrhenischen Meeres…

7 Malta mit den Inseln Comino und Gozo

Die Inseln mit ihrer großen Vergangenheit und ihren engen Bindungen zur See sind seit 1964 unabhängig und Mitglied des Commonwealth. Von Malta aus verkehren täglich Maschinen nach London, dreimal wöchentlich geht eine Fähre nach Syrakus und Reggio, zweimal nach Neapel und Tripolis. Einige moderne Hotelkomplexe sind in letzter Zeit hier entstanden, vor allem im Nordosten, wo die Buchten St. Paul's und Mallieha fest in den Händen der Touristen sind.
Viele Sehenswürdigkeiten, darunter archäologische Grabungsstätten, lassen sich mühelos mit dem Bus erreichen. Folgende Stätten sind ein Muß: die mittelalterliche Stadt von Mdina, die Katakomben und die römische Villa von Rabat, das Typogeum in Tarxien und die Tempel von Hagar Qum aus dem 3. Jahrtausend v. Chr.

Sprache Auf Malta wird englisch und maltesisch gesprochen. Die maltesische Sprache ist phönikischen Ursprungs mit romanischen Bestandteilen und offizielle Amtssprache. Mit Englisch kann man sich überall verständigen.

Winde Im Sommer kommen die Winde zu 30 % aus Nordwest. Im Frühjahr und besonders im Herbst weht zu 13 % der Schirokko aus Südost. Er führt Sand und Staub mit sich und nimmt über dem Meer viel Feuchtigkeit auf. Wer wetterfühlig ist, empfindet bei Schirokko körperliches Unbehagen. Im Winter schließlich weht es zu 15 % aus Nordost. Es ist der Gregale, der meist drei Tage durchsteht und nicht selten Sturmstärke erreicht. Dann steht starker Schwell in die Häfen.

Wettervorhersagen in englischer Sprache werden für die Küstengewässer um Malta bis 50 sm seewärts täglich um 0603, 1603 und 2103 UTC auf 2625 kHz gesendet. Über UKW-Kanal 16 können bei Valletta Radio Wetterberichte abgefragt werden.

Transitwaren Weine, Spirituosen und Tabakwaren sind bei Saccone & Speed, Simonds Farsons und Captain Caruana erhältlich und werden 24 Stunden vor dem Auslaufen unter Zollverschluß geliefert.

Winterlager und Reparaturen Eine Yacht kann auf Malta sehr gut überwintern, allerdings kommt hierfür nur der Hafen von Valletta in Frage. Yachtagenturen:
Ripard, Larvan & Ripard, Ltd. 156 Coast Road, Ta'Xbiex.
Yacht Services (Malta) Ltd. 165 Ta'Xbiex Coast Road, Ta'Xbiex.

Die Tätigkeit dieser Firmen besteht in der Hauptsache darin, nach den für den Winter aufgelegten Yachten zu sehen und im Frühjahr ihre Ausrüstung zu organisieren.
Die Firmen haben feste Preise für ihre Dienstleistungen. Sie werden nach der Länge über alles des Fahrzeuges und pro Woche berechnet und schließen Kontrolle der Leinen, Reinigung, Lüftung, Auspumpen der Bilge, Pflege von Motor und Batterien sowie Sauberhaltung des Bootes ein. Alle anderen Arbeiten wie Lackieren, Kalfatern, Malen, Aufriggen, Überholen der Maschine usw. erfolgen auf schriftliche Anweisung und werden nach der Arbeitszeit berechnet.
Außerdem können diese Agenturen veranlassen, daß das Boot für Routinearbeiten (Reinigung des Unterschiffes, Unterwasseranstrich oder Reparaturen) aufgeslippt wird, wofür hauptsächlich zwei Firmen in Frage kommen:
– Manoel Island Yacht Yard (Tel. 34453) verfügt über sieben Slipanlagen. Damit können Yachten bis 500 t oder 21 Boote mit bis zu 24 m Länge gleichzeitig gedockt werden. Außerdem gibt es einen 30-t-Travellift.
– Malta Marine Repairs and Services in Hay Wharf, Pieta Creek, verfügt über ein Schwimmdock mit allem Gerät für Rumpf- und Maschinenreparaturen an Yachten.

Seekarten Smith & Co., 12 Christopher Street, Valletta, ist die Vertriebsstelle für britische Admiralitätskarten.

Übernachtungsverbot In maltesischen Gewässern dürfen Yachten von zehn Minuten vor Sonnenuntergang bis Sonnenaufgang nur an folgenden Plätzen ankern oder festmachen: in der Marina (Marsamxett Harbour), im Kalkara Creek im Grand Harbour, in Marsaxlokk im Süden Maltas und in Mgarr auf Gozo. An allen anderen Anlege- und Ankerplätzen besteht für Yachten generelles Übernachtungsverbot.

Valletta die Hauptstadt von Malta, wurde von Johanniterrittern erbaut, auf der Halbinsel, die Grand Harbour von Marsamxett Harbour trennt. Marsamxett Harbour ist die eigentliche Marina. Grand Harbour, der bei weitem interessantere wegen der eindrucksvollen Befestigungen und der zumeist aus dem 16. Jahrhundert stammenden glanzvollen Paläste, ist ein reiner Handelshafen.

Ansteuerung (Seekarten: D 435 und 311 mit Hafenplänen, BA 2123): Nähert man sich aus nördlicher Richtung, so ist die Höhe von Valletta, die den Hafen unterteilt, schon von weit her auszumachen. Bei Nacht erleichtern die Leuchtfeuer auf Fort St. Elmo und Fort Tigné die Einsteuerung.
Yachten müssen beim Einlaufen die gelbe Flagge zeigen und direkt in den Lazzaretto Creek fahren, wo sie vor dem Zoll- und Hafenbüro am Kai festmachen. Es liegen Festmachebojen aus, so daß der eigene Anker nicht benötigt wird. Hier sollte man das Ein-

treffen der Behörden (Immigration Officer und Zoll) abwarten. Zum Einklarieren sind vorzulegen: Schiffspapiere, Reisepässe der Besatzung, eine Crewliste in doppelter Ausfertigung mit Status der einzelnen Personen an Bord (Gast oder Crewmitglied). Signalpistolen und Waffen an Bord sind anzumelden. Vom Immigration Officer erhält man einen Stapel Papiere über Verkehrsvorschriften und sonstige Bestimmungen in maltesischen Gewässern. Nach dem Entrichten der Liegeplatzgebühren wird ein Liegeplatz zugewiesen.

Vor der Ausreise muß die offizielle Abmeldung beim Immigration Officer und beim Zoll erfolgen.

Liegeplatz: An dem Kai an der Südseite des Lazzaretto Creeks können nur noch wenige Yachten, Heck zum Kai, an Festmachebojen liegen, da dieser Kai von den Mediterranean Oilfield Services beansprucht wird. An der gegenüberliegenden Seite bei der Insel Manoel befinden sich weitere Liegeplätze. Die Kais zu beiden Seiten des Msida Creeks sind so ausgebaut, daß sie Yachten bequeme Liegeplätze bieten: Dies ist der am besten geschützte Platz gegen die Winterstürme, die meistens aus Nordost wehen. Zwar ist auch der Schutz im Lazzaretto Creek normalerweise gut, doch kann hier bei starkem Ostwind Dünung hineinstehen.

Als Ersatz für die verlorengegangenen Yachtliegeplätze im Lazzaretto Creek wurde ein Kai für Yachten im Kalkara Creek im Südosten des Grand Harbour ausgebaut. In dieser entlegenen und wenig geschützten Bucht machen allerdings nur sehr wenige Yachten fest.

Kein Schiff darf auf Malta längere Zeit unbeaufsichtigt im Wasser liegen bleiben.

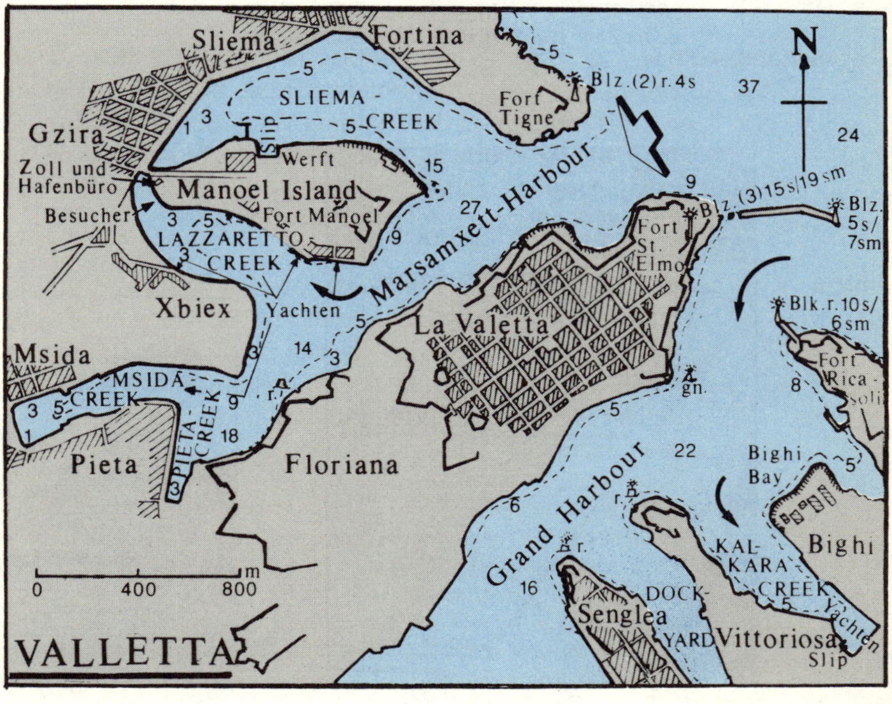

Liegeplatzgebühren in Malta-Pfund (Preise pro Woche und pro Meter Schiffslänge):
Yachteigner mit ständigem Wohnsitz auf Malta:
– an den Kais mit Serviceinrichtungen 0,30
– an anderen Kais 0,18
mindestens aber 11 Malta-Pfund
Auf Malta registrierte Yachten, deren Eigner ihren ständigen Wohnsitz aber nicht auf Malta haben:
– an den Kais mit Serviceeinrichtungen 0,37
– an anderen Kais 0,25
mindestens aber 17 Malta-Pfund
Alle anderen Yachten:
– an den Kais mit Serviceeinrichtungen 0,45
– an anderen Kais 0,36
mindestens aber 22 Malta-Pfund (etwa 130 DM)
Für den Mindestbetrag kann eine 12-m-Yacht vier Wochen hier liegen.

Behörden: Am Grand Harbour, darüber hinaus Nebenstellen am Lazzaretto Creek und an der Brücke zur Insel Manoel.
Post sollte folgendermaßen adressiert werden: An die Yacht… c/o Yacht Marina, Gzira, Malta.

Versorgungsmöglichkeiten: Wasser-, Strom- (240 und 120 V) und Telefonanschlüsse in der Marina. Für einen permanenten Wasseranschluß muß man 40 Malta-Pfund Kaution hinterlegen; im Sommer ist Wasser im übrigen häufig knapp. Die Grundgebühr für Strom beträgt 2 Malta-Pfund zuzüglich 2 Pfund Vorauszahlung. Einen passenden Stecker muß man sich bei einem Schiffszubehörhändler besorgen.
Der Malta Yacht Club im Fort Manoel auf der gleichnamigen Insel unterhält eine Bar und ein kleines Restaurant; Yachtbesatzungen sind dort willkommen. Der Club veranstaltet eine ganze Anzahl Hochseeregatten.

Marsaxlokk ist eine anziehende Ortschaft im Süden von Malta mit einem gut ausgebauten Hafen, der Yachten sichere Liegeplätze bietet. Auch hier ist ein großer Kai für die Mediterranean Oilfield Services reserviert, die Arbeiter zu den Ölbohrplattformen vor der nordafrikanischen Küste transportiert. Weitere beliebte Tagesankerplätze auf Malta: **Mellieha Bay** und **St. Paul's Bay** mit einem kleinen Hafenbecken im Nordwesten der Insel. **St. George's Bay** und **St. Julian's Bay** im Westen dicht nördlich von Valletta, **Marsaskala** und **St. Thomas** südlich und nördlich von Ras il Quarrabu im Südwesten, **Il Prajjet** im Westen und **Cirkewwa** im Nordwesten der Insel.

COMINO bietet nur in der Bucht **Il Mats** Gelegenheit für eine Yacht, tagsüber zu ankern.

GOZO wurde bis heute nur an wenigen Stellen für den Tourismus erschlossen, dementsprechend urwüchsig ist die Insel. Sie verfügt über einige hübsche Hafen- und Ankerplätze.

Mgarr ist der Haupthafen von Gozo. Hier können Yachten übernachten. Die besten Liegeplätze sind nördlich des Fähranlegers oder vor Anker hinter dem östlichen Wellenbrecher, wenn man eine Festmacheleine zu der Stahltrosse ausbringt, die die Steinschüttung des Wellenbrechers umspannt.

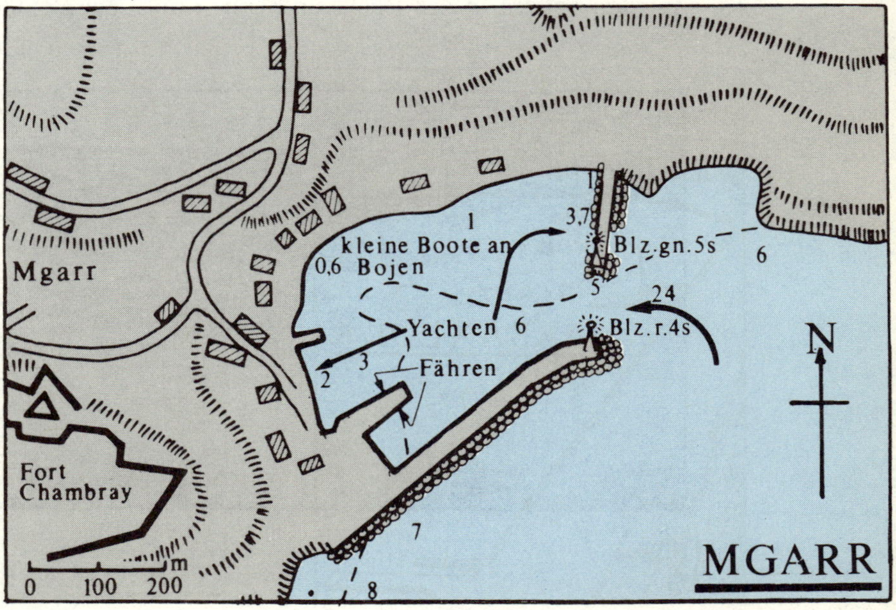

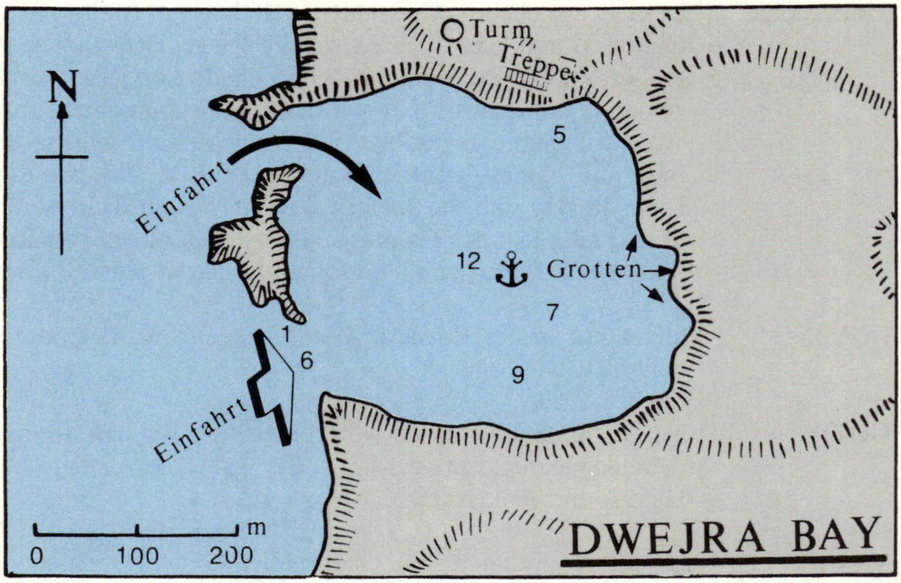

Weitere Ankerplätze: **Ix-Xini** westlich von Mgarr im Süden der Insel und **Dwejra** mit seinen Grotten im Westen.

Marsalforn ist ein tiefer Einschnitt im Norden von Gozo mit einem kleinen Hafenbecken, in dem Yachten bis 1,50 m Tiefgang anlegen können. Größere Yachten ankern in der Bucht und gehen mit dem Beiboot an Land.

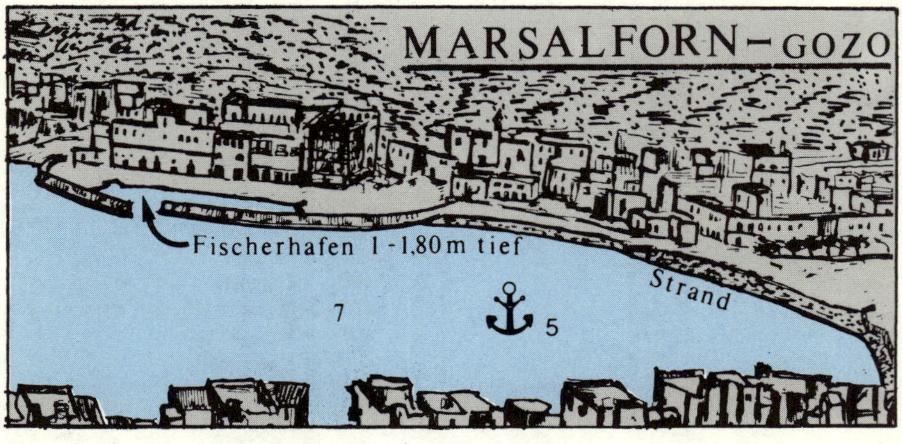

Register

F = Farbfoto auf der hinter F genannten Seite

D

E

F

R

S